Zum Autor

Andrew Collins wurde im Jahr 1957 geboren. Nach seiner Ausbildung an der Gesamtschule Wickford in Essex wurde er Expedient in London, wo er sich 1976 der Punk-Rock-Bewegung anschloß und eine eigene, inzwischen legendäre Band gründete.

1979 gab er seine Punk-Ideale zu Gunsten seiner Faszination für paranormale Rätsel auf und schrieb als Journalist für das Magazin ›Strange Phenomena‹ – ›Seltsame Phänomene‹. Im Rahmen dieser Tätigkeit tat er sich mit dem Forscher und Parapsychologen Graham Phillips zusammen. Gemeinsam haben sie etwas erlebt, was zu einem der sensationellsten übernatürlichen Abenteuer dieses Jahrhunderts zählt – die dramatische Jagd nach einem grünen Talisman-Juwel, dem sogenannten Meonia, und einem Schwert mit dem persönlichen Monogramm Königin Marys von Schottland. Die Entdeckung dieser historischen Artefakte wird in zwei anderen Büchern geschildert: ›The Sword and the Stone‹ und ›The Green Stone‹ von Graham Phillips und Martin Keatman.

Collins prägte den Begriff ›Psychic questing‹ – was soviel bedeutet wie ›parapsychische Suche‹ –, und Graham entwickelte eine eigene Methode, um verborgene Artefakte und vergessene Geheimnisse mit Hilfe paranormaler und mystischer Verfahrensweisen aufzuspüren. Die Mischung aus moderner Magie, Hexerei und übernatürlicher Dramatik hat das ›Questing‹ zur aufregendsten, wenn auch kontroversesten Form der Para-Forschung in England gemacht.

Seit 1984 arbeitet Collins mit einem Parapsychologen und Medium namens Bernard zusammen. Diese Verbindung hat die beiden Männer auf ihren mystischen Suchen durch das ganze Land geführt.

MYSTERIES IM
TASCHENBUCH-PROGRAMM:

13 972 Die Außerirdischen von Roswell
13 982 Im Tunnel der Zeit
13 991 Die Jäger mit dem zweiten Gesicht
14 137 Unheimliche Gäste
14 172 Secret Files
14 187 Der Schwarze Alchimist

ANDREW COLLINS

DER SCHWARZE ALCHIMIST

Aus dem Englischen
von Cécile G. Lecaux

MYSTERIES

BASTEI
LÜBBE

BASTEI LÜBBE TASCHENBUCH
Band 14 187

Erste Auflage: Februar 1999

Sie finden uns im Internet unter
http://www.luebbe.de

Originalverlag: Random House
Originaltitel: The Black Alchemist
Lektorat: Annerose Sieck
Titelbild: The Stock Market
Umschlaggestaltung: Manfred Peters, Bergisch Gladbach
Satz: KCS GmbH, Buchholz / Hamburg
Druck und Verarbeitung:
Brodard & Taupin, La Flèche, Frankreich
Printed in France
ISBN 3-404-14187-3

Der Preis dieses Bandes versteht sich einschließlich der gesetzlichen Mehrwertsteuer

*Für Bernard und Graham,
die dieses Buch erst ermöglicht haben*

Danksagungen

Meinen Dank an (in alphabetischer Reihenfolge): Christine Baxter, Bernard, Gerry Beskin, Eric Briggs, Ann Chadwick, Alan Cleaver, Brian Fenning, Bob Gilbert, Rita Goold, Clive Harper, Fiona Kaye, Johnny Merron, Debbie Newman, Joan Newton, Toyne Newton, David und Marilyn Overton, Colin und Gelly Paddon, Graham Phillips, Hugh Pincott, Chesca Potter, Terry DuQuesne, Carole Smith, Ken Smith, Gilly Street, Gaynor Sunderland, Marion Sunderland, Cara Trimarco, Charles Walker und Caroline Wise.

Lieben Gruß und viel Spaß beim Lesen.

Inhalt

Vorwort

Dieses Buch schildert Ereignisse, die wirklich stattgefunden haben. Es wurden alle notwendigen Maßnahmen ergriffen, um sicherzustellen, daß der Inhalt in jeder Hinsicht absolut korrekt ist. Dort, wo Gesprächsinhalte, Begegnungen oder Situationen gekürzt wurden, ist dies deutlich gekennzeichnet und wird in den umfangreichen Anmerkungen am Ende des Buches erläutert.

Nichts wurde übertrieben. Alles, was in »Der Schwarze Alchimist« beschrieben wird, hat sich genauso zugetragen und greift auf das umfassende Recherchematerial, die Tagebücher und Originalnotizen des Autors zurück.

Sämtliche Personen, die im Bericht eine Rolle spielen, haben die Richtigkeit der von ihnen gemachten Angaben überprüft – ihnen wurde das noch unveröffentlichte Manuskript vorgelegt, zur Korrektur und Kommentierung jener Abschnitte, in denen sie vorkommen.

›Der Schwarze Alchimist‹ ist das Ergebnis einer engen Zusammenarbeit zwischen dem Autor, einem erfahrenen Para-Forscher und einem begabten Medium, das derzeit in Essex lebt und nur mit seinem Vornamen Bernard genannt werden möchte. Ich habe diesen Wunsch respektiert, da seine Position als Manager sowie sein hochgeschätztes Privatleben zweifellos gefährdet wären, wenn seine paranormalen Aktivitäten bekannt würden.

Zahlreiche Leser dieses Buches werden vermutlich die Authentizität seines außergewöhnlichen Inhaltes in Frage stellen – zumal einiges uns tatsächlich an unserem Verständnis der menschlichen Fähigkeiten zweifeln läßt. Diese Haltung ist verständlich, und ich respektiere sie, ich möchte jedoch die Skeptiker bitten, die Geschichte bis zum Ende zu lesen, bevor sie ihre eigenen Schlüsse ziehen.

Andrew Collins, im September 1988

Was ist ›Psychic questing‹?

›Der Schwarze Alchimist‹ ist ein Buch über ›Schatzsuche‹ auf paranormaler Ebene, der derzeit aufregendste und wohl auch kontroverseste Aspekt der Para-Forschung. Einfach ausgedrückt: Es führt das Medium aus dem Séance-Raum hinaus in die Welt. Visionäre Experimente, machtvolle Träume, übernatürliche Begegnungen, die Entdeckung verborgener Relikte und anderer, heimlicher Aktivitäten verschmelzen zur Grundlage dieses sich ausbreitenden Betätigungsfeldes, das für einige klingen mag, als handle es sich um Auszüge aus Romanen von Dennis Wheatley oder J. R. R. Tolkien.

Die Renaissance des ›Psychic questing‹ oder einfach ›Questing‹, wie man inzwischen sagt, begann 1979, als der Autor und ein Parapsychologe namens Graham Phillips durch eine außergewöhnliche Reihe parapsychischer Ereignisse zu einem abgelegenen Teich in Worcestershire geführt wurden. Hier, im Schutz der Dunkelheit und in einem Wettlauf mit der Zeit, fanden sie ein Schwert, das mit dem persönlichen Monogramm Königin Marys von Schottland versehen war, sowie später noch weitere verborgene Schätze, darunter ein grüner Talisman-Edelstein, der in einer alten Bronzeschatulle entdeckt wurde.

Seit dieser Zeit haben Graham Phillips und der Autor unabhängig voneinander mit verschiedenen Medien zusammengearbeitet und die Mysterien dieser Gegend enthüllt und zahlreiche weitere antike Artefakte gefunden.

Am Ende des Buches findet der Leser eine Aufstellung verschiedener sachspezifischer Ausdrücke.

Das Omen

Frühlingsäquinoktium 1985. Das Zuschlagen einer Autotür störte in dieser Stunde vor dem Morgengrauen die Stille der Nacht. Sekunden später löste sich eine menschliche Silhouette aus dem Fahrzeugschatten und stieg langsam den schmalen, von Backsteinen eingefaßten Weg hinauf zum dunklen Kirchhof.

Die Gestalt war nervös, fürchtete sich sogar ein wenig. Der Mann wußte nur zu gut, daß der Besitzer des kleinen Cottages links des Weges einen wachsamen Hund hatte, der jedesmal anschlug, wenn jemand vorbeiging. Wenn er das Tier weckte, würde seine heimliche Anwesenheit auffliegen, und damit wäre sein Vorhaben zum Scheitern verurteilt. Er mußte den Kirchhof vor Sonnenaufgang erreichen, sonst ließ sich das Ritual nicht vollenden, und dann würde er nicht erscheinen. Dann wäre sein ganzes Leben, das er dem Großen Werk gewidmet hatte, umsonst gewesen.

Der Gedanke ließ ihn schaudern. Aber der Hund war nirgends zu sehen, und so setzte er seinen Weg zügig fort.

Mit wachsender Angst betrat die schattenhafte, vermummte Gestalt durch das Tor den von Bäumen gesäumten Kirchhof und schritt zwischen den wenigen noch verbliebenen verwitterten Grabsteinen hindurch. Der grimmige Blick, mit dem er die an einen Wächter erinnernde Kirche maß, verriet seinen Haß und seine Abscheu gegen dieses Haus Gottes – ihres Gottes. Und doch empfand er die friedliche Stille, die sie umgab, als beruhigend. Das Christentum schlief um diese frühe Stunde.

Im ersten fahlen Licht des nahenden Morgengrauens

tauchte ein niedriger, rechteckiger Block aus Steinen und Mörtel auf, die letzten Überreste des Kirchenschiffes, das schon vor langer Zeit abgerissen worden war. Der Block sollte ihm als Altar dienen.

Er stellte seine okkulten Instrumente auf das unebene Fundament und wickelte ein gelbes Seil von seiner Taille, so daß seine schwarze Kapuzenrobe lose herabfallen konnte. Am einen Ende befestigte er einen kurzen Dolch, das andere knotete er an einen rohen Holzstab, den er daraufhin mehrere Fuß vom steinernen Altar entfernt in das dichte, weiche Gras bohrte.

Die lange Kordel als Radius eines weiten Kreises nutzend, ritzte der Mann mit der scharfen Dolchklinge einen Kreis in den Boden, um dann das Seil zu verkürzen und mehrere Zentimeter innerhalb des ersten einen zweiten Kreis zu markieren. Dies würde seinen magischen Schutzkreis gegen jedwede psychische Interferenzen von außerhalb darstellen.

Zähe, nervenaufreibende Minuten wartete die Gestalt darauf, daß die glutrote Sonnenscheibe am östlichen Horizont auftauchte und ihre ersten fingerartigen Strahlen auf die alten Grabsteine fielen.

Der Mann in der schwarzen Kutte starrte in das Sonnenauge und wartete einen präzisen Augenblick ab, ehe er zögernd die Arme über den Kopf hob.

Es war soweit.

Er stieß gutturale, zischende Laute aus, dann senkte sich wieder Stille herab. Weitere Worte folgten; langsam, bestimmt und diesmal verständlich. »Die Erste Ebene wurde erreicht; das Werk ist vollendet. Bei der Macht des Lehrers und Führers Zosimos, gib die göttliche Essenz frei. Befreie den Geist. Hacke den Kopf von seinem Leib, opfere die Seele und trage sie durch den

Raum zum Zentrum der Zentren. Und dann laß ihn zurückkehren, um den Kopf zu heben.«

Bei diesen Worten nahm er einen schmalen, grauen Stein, der zu einer Speerspitze geformt und mit magischen Symbolen beschriftet war von dem improvisierten Altar. Wie um eine Art Verbundenheit mit diesem scheinbar leblosen Artefakt zu bekunden, starrte er es mit einem unsicheren Lächeln an, ehe er den Stein mit festem Griff packte und mit aller Kraft vor seinen Füßen in die Erde rammte.

»Ich besiegele das Ziel. Und jetzt laß ihn erscheinen.«

Das Ritual war abgeschlossen. Der Schwarze Alchimist hatte sich seine Bühne geschaffen. (1)*

* Die eingeklammerten Zahlen beziehen sich auf die Anmerkungen am Ende des Buches.

Kapitel 1

Der Stab des Nizar

Dienstag, 7. Mai 1985. Es war später Nachmittag, als Bernards Wagen auf den Parkplatz neben der Tewkesbury Abbey fuhr, dem großartigsten Beispiel normannischer Architektur in Gloucestershire. Als er das Fahrzeug abschloß und dem gepflasterten Weg über den Hof zum Eingang folgte, durchlief plötzlich ein kalter Schauer seinen Körper. Vielleicht ist es nur die kalte Luft, sagte er sich, aber vielleicht gab es auch eine andere Erklärung.

Er war geschäftlich hergerufen worden, was an sich schon seltsam genug war, da seine Art von Arbeit ihn gewöhnlich nicht aus der Grafschaft Essex herausführte. Aber noch viel bemerkenswerter war, daß er schon seit Monaten zu eben dieser Abtei hatte fahren wollen, um sich das Grab ihres Gründers anzusehen, eines gewissen Robert Fitzhamon, der seinerzeit einer der mächtigsten normannischen Barone in England und Anhänger von König William Rufus gewesen war. Außerdem war er Mitglied der berühmt-berüchtigten Familie St. Clere gewesen, deren Name in Frankreich wie in England mit mystischen Intrigen und religiöser Häresie gleichgesetzt wurde. Bernard versuchte, Abstammung und Geschichte Robert Fitzhamons zu rekonstruieren, und hatte aus unerfindlichen Gründen das Bedürfnis, hierfür dessen Grab zu inspizieren.

Vorerst schob Bernard jedoch den Gedanken an Fitzhamons Grab einen Augenblick beiseite und ließ die strahlende Pracht des perfekt erhaltenen Gebäudes aus dem 12. Jahrhundert auf sich wirken. Nach der Auflösung der englischen Klöster durch König Heinrich VIII. zur Zeit der Reformation, hatten die Bewohner von Tewkesbury sich zusammengetan und die Abtei käuflich erworben, so daß sie als Gemeindekirche weiterbestehen konnte. Hiermit hatten sie dafür gesorgt, daß die Kirche auch in Zukunft von der Zerstörungswut der königlichen Soldaten verschont blieb – und damit auch von den Steinmetzen der Umgebung. So ist das Gebäude bis heute das beeindruckendste und am besten erhaltene Beispiel einer normannischen Abtei in England.

Im Inneren des Gebäudes schritt Bernard langsam den Mittelgang hinunter auf den Hochaltar am östlichen Ende zu. Seine Medium-Ohren nahmen Bruchstücke der langen klösterlichen und gemeindekirchlichen Geschichte der Abtei in Form deutlicher Stimmen wahr; ein Phänomen, das Para-Forscher als ›Hellhören‹ bezeichnen. »Sie kommen, wenn die Sonne ihren höchsten Stand erreicht hat«, verkündete jemand hinter ihm. Und doch stellte er, als er sich umdrehte, fest, daß er allein war.

»Das ist ein Zeichen des Herrn«, rief eine andere Stimme von irgendwo aus einem stillen Nebengang. Bernard warf nur für alle Fälle einen Blick in diese Richtung, aber wieder war niemand zu sehen.

Er war auf der Hut, aber noch nicht beunruhigt. Es herrschte eine spürbar erwartungsvolle, spannungsgeladene Atmosphäre, und ein kalter Schauer jagte ihm den Rücken hinunter. Er wußte, daß es keine gewöhnliche Besichtigung sein würde. Es würde etwas geschehen, etwas Bedeutungsvolles.

Bernard fand den im gotischen Stil erbauten Sarkophag von Robert Fitzhamon in einer kleinen Votivkapelle zur Linken des Hochaltars. Er hatte jedoch nicht damit gerechnet, daß ein abgeschlossenes, schmiedeeisernes Tor und ein niedriges Altargitter, die als Trennung von Kapelle und Kirchenschiff dienten, ihm den Zugang versperren würden. Frustriert stand er da und starrte hilflos in Richtung der Votivkapelle. War die Fahrt doch umsonst gewesen?

»Sind Sie das erste Mal hier in der Abtei?« fragte eine aufmerksame Stimme von irgendwo hinter ihm.

Bernard drehte sich um und sah sich einem großgewachsenen Gentleman in einer roten Robe gegenüber, der auf seine Antwort wartete. Der Küster, wie Bernard vermutete.

Er bejahte die Frage und äußerte dann seinen Wunsch, das Grab Robert Fitzhamons aus der Nähe zu betrachten. Ob dies möglich wäre?

Der Küster senkte bedauernd den Kopf. »Es tut mir sehr leid, Sir, aber niemand darf ohne vorherige Absprache die Votivkapelle betreten.«

Bernard ließ sich jedoch nicht so rasch entmutigen und wies darauf hin, daß er sich schon länger mit Robert Fitzhamons Familie befasse und eine sehr weite Fahrt auf sich genommen habe, um dessen letzte Ruhestätte zu sehen. Ob er nicht für ein oder zwei Minuten »hineinschlüpfen« könne.

Der Mann in der roten Robe schüttelte erst den Kopf, lenkte dann jedoch ein. »Ich werde den Pfarrer fragen, was er dazu meint«, sagte er und wandte sich zum Gehen.

Einige Minuten später kehrte er zurück und sagte mit einem reservierten Lächeln: »Der Pfarrer meint, Sie dürften sich den Sarkophag ansehen, aber nur ein paar Minuten. Kommen Sie, folgen Sie mir.«

Ohne ein weiteres Wort führte der Küster Bernard in den Altarraum, sperrte das schmiedeeiserne Tor zur

Votivkapelle auf und zog sich dann zurück, um den Besucher allein zu lassen.

Im Inneren des winzigen steinernen Raumes betrachtete Bernard den stark abgenutzten Sarkophag. Er war enttäuscht. Robert Fitzhamons Bronzemaske und die Grabinschriften existierten schon lange nicht mehr; nur die Konturen seines Körpers waren noch in den riesigen Steinquader gemeißelt, der oben auf dem Grab ruhte. Aber im Grunde spielte es keine Rolle. Jetzt hatte er ihn wenigstens gesehen.

Was konnte ihm der Sarkophag über Leben und Zeitalter des mächtigen normannischen Barons verraten? Bernard beschloß, zu psychometrieren oder sich psychisch auf das Andenken des Mannes einzustimmen, indem er die rechte Hand ausstreckte und den kalten Stein berührte. Er schloß die Augen, entspannte sich und wartete geduldig darauf, irgend etwas zu empfangen. Es dauerte nicht lange, und eine strenge, autoritäre männliche Stimme sprach ihn in seinen Gedanken an.

»Wer bist du, der du mich kennst und so still an meiner letzten Ruhestätte verweilst?« wollte die empörte Stimme wissen, als hätte der neugierige Besucher ihren ewigen Schlaf gestört.

Es war die körperlose Stimme Robert Fitzhamons. Es mußte sie sein. »Ich weiß über Eure Familie Bescheid«, entgegnete Bernard, in der Hoffnung, das Vertrauen der Stimme zu gewinnen.

»Weißt du vom Stab des Nizar?« fragte Fitzhamon. »Er hat mir gehört.«

»Nein, davon habe ich nie gehört«, entgegnete Bernard verdutzt.

»Er wurde mir in Frankreich von einem Gefährten hinterlassen; der ihn von einem Kreuzzug mitgebracht hatte. Er gehörte einst einem gewissen Nizar. Vor seinem Tod auf dem Schlachtfeld bestimmte mein Freund, daß ich den Stab bekommen solle. Ich selbst habe verlangt, daß man ihn mir bei meinem Tod mit ins Grab legt. Aber er wurde gestohlen.«

Interessiert fragte Bernard, wer ihn gestohlen und wo der Dieb ihn hingebracht habe.

»Die Bastardsöhne des verblödeten Robert von Montaigne raubten ihn mir«, lautete die zornige Erwiderung. »Aber wohin sie ihn brachten, entzieht sich meiner Kenntnis.«

Inzwischen sehr neugierig geworden, begann Bernard, Fitzhamon weiter zu diesem ›Stab des Nizar‹ zu befragen, erhielt jedoch keine Antworten auf seine Fragen. Der normannische Baron, der vor fast achthundertachtzig Jahren gestorben war, hüllte sich in Schweigen. Der mentale Kontakt war jedoch nicht abgebrochen, da neue Bilder und Eindrücke auf Bernard einströmten.

Er konnte mental oder hellseherisch eine phantastische Vision wahrnehmen – er sah einen Stab aus massivem Gold, etwa einen Meter hoch und einem Ast nachempfunden. Um die gesamte Länge wand sich eine goldene Schlange, deren Kopf auf dem oberen Ende des Steckens ruhte, das Maul weit aufgerissen, mit zwei Rubinen als Augen. Zweifellos besagter ›Stab des Nizar‹.

Diese deutliche Vision wurde von einer Reihe rasch aufeinanderfolgender Impressionen aus der langen Geschichte des Stabes begleitet. Offenbar war er Tausende von Jahren zuvor im Alten Ägypten geschmiedet worden und seither durch viele Hände gegangen. Bernard fühlte, daß der Stab in der Vergangenheit Blut vergossen hatte, beinahe so, als hätte er in Zeiten der Verzweiflung als Knüppel gedient, um Angreifer und Diebe abzuwehren.

Schließlich empfing er keine weiteren Bilder mehr in der kleinen Kapelle, und so trat Bernard hinaus ins Kirchenschiff und blieb vor dem Hochaltar stehen, die Gedanken ganz erfüllt von diesem wundersamen Kunstwerk. Existierte der Stab tatsächlich? Und wenn ja, was war aus ihm geworden? Wo war er? War er versteckt? Und wichtiger noch, war er, Bernard, dazu bestimmt, ihn zu finden?

Allein der Gedanke an eine Suche nach dem ›Stab des Nizar‹ reizte seinen normalerweise eher begrenzten Abenteuersinn. Bernard fragte sich, wohin die Söhne Robert von Montaignes, wer immer diese sein mochten, den Stab gebracht haben könnten. Ganz in Gedanken versunken, wanderte sein Blick aufwärts und verweilte schließlich auf dem östlichen Fenster, fasziniert von der majestätischen Schönheit des Buntglases.

»WILMINGTON«, bellte ihm über die Schulter eine Stimme ins Ohr.

Erschrocken fuhr Bernard herum und erwartete, jemanden hinter sich stehen zu sehen, beispielsweise den Küster. Aber es war niemand da. Es war eine hellhörerische Stimme gewesen.

Wilmington. Er wiederholte das Wort wieder und wieder in Gedanken, während er eine Kirchenbank ansteuerte und sich setzte. Was bedeutete das? Weitere Namen schossen ihm in rascher Folge durch den Kopf. »Samson … John … William de Jumieges.«

»Wer?« fragte er sich. Aber als Antwort kamen nur weitere scheinbar zusammenhanglose Worte: »Prior … Wilmington … Honfleur … Gristaine … Mutter … Frankreich … Contaville.«

»Erkläre«, bat er. Einen Augenblick lang bekam er keine Antwort, dann strömten jedoch zusätzliche Begriffe durch seinen Kopf: »William … Paganus … Kirche … Wald … Wall.«

»Erkläre«, forderte Bernard erneut. Nichts geschah. »Wer spricht da?« Er wartete, erhielt jedoch keine Antwort mehr. Als er gerade aufstehen und gehen wollte, hatte er unvermittelt eine weitere Vision. Er sah einen dunklen, feuchten, steinernen Raum ohne jedes Empfinden oder jedwede Präsenz modernen Lebens. Er spürte, daß es sich bei diesem Ort um eine Art unterirdischer Krypta handelte, die zu einer mittelalterlichen Priorei gehörte. Und in diesem Raum würde er einen wichtigen Hinweis auf den Verbleib des legendären Stabs des Nizar finden. Aber wo befand sich dieser Raum?

Mental bat Bernard um nähere Angaben zu der Prioreikrypta.

»Wilmington«, lautete die Antwort.

Als er sich an diesem Abend in seinem gemütlichen Eßzimmer an den Tisch setzte, hatte Bernard schon Zeit genug gehabt, die unglaublichen Vorfälle, die sich am Nachmittag in der alten Abtei von Tewkesbury ereignet hatten, zu verdauen. Dank der zusätzlichen klärenden Bilder und Impressionen, die er auf der langen Heimfahrt nach Gloucestershire empfangen hatte, sah er sich in der Lage, die ganze Geschichte weitgehend zu rekonstruieren. Er griff nach Papier und Kugelschreiber und begann, seine Gedanken niederzuschreiben.

Es handelte sich um eine Geschichte, die offenbar im alten Ägypten, zur Zeit der Pharaonen, begonnen hatte, als ein kostbarer Stab mit einer goldenen

Schlange als Instrument eines religiösen Rituals geschmiedet worden war. Der Stab war von einem Hohenpriester an den nächsten weitergereicht worden, bis zum Untergang dieses großen Reiches des Mittleren Ostens kurz vor der Geburt Jesu. Von da an war der Zeremonienstab nicht länger als religiöser Schatz betrachtet worden. Statt dessen war er Gegenstand von Neugierde und Gier geworden, war immer wieder gestohlen oder weiterverkauft, ja sogar wenn nötig als Mordwaffe benutzt worden. Schließlich war der goldene Stab als Stab des Nizar bekannt geworden, anscheinend nach einer Person dieses Namens benannt, bevor er einem französischen Adeligen in die Hände gefallen war, der irgendwo im Heiligen Land an einem religiösen Kreuzzug teilnahm.

Wie es schien, hatte dieser Kreuzritter das kostbare Kunstwerk mit in seine Heimat genommen, wo es sich in seinem Besitz befunden hatte, bis er auf einem französischen Schlachtfeld tödlich verwundet wurde. Er vermachte den Stab seinem Gefährten, dem mächtigen, in England lebenden normannischen Baron Robert Fitzhamon. Der Baron holte den Stab in seine Heimat, wo er ihn als kostbares Gut aufbewahrte, ohne je etwas von seinem großen religiösen Wert zu ahnen. Der Baron verfügte, daß der Stab nach seinem Tod in seinen Sarkophag in der Tewkesbury Abbey gelegt werden solle. Dieser letzte Wille wurde jedoch nicht erfüllt, da das Kunstwerk von den unehelichen Söhnen eines Mannes namens Robert de Montaigne gestohlen und den Mönchen einer Priorei an einem Ort namens Wilmington überlassen wurde, von dem er spürte, daß dieser sich irgendwo in Sussex befand.

Warum der Stab des Nizar ausgerechnet dieser Priorei überlassen worden war, konnte Bernard nur raten.

Er war jedoch überzeugt davon, daß die dortigen Mönche Franzosen gewesen waren und eine etwas unorthodoxe Form christlicher Klosterdisziplin praktiziert hatten. Aus irgendeinem Grund hatten sie dem Stab des Nizar große religiöse Bedeutung beigemessen und doch gleichzeitig geheimgehalten, daß er sich in ihrem Besitz befand. Bei bestimmten Zeremonien war der Stab dann hervorgeholt und als ritueller Gegenstand benutzt worden – und bei diesen Gelegenheiten hatten sich der verhältnismäßig kleinen Gemeinschaft Gäste aus Frankreich angeschlossen. Und doch schien es, als hätten trotz der Geheimhaltung seitens der Priorei verschiedene sehr hochgestellte Personen von der Existenz des goldenen Stabes gewußt, weshalb der französische Orden eine spezielle Immunität gegenüber klerikalen und nichtkirchlichen Stellen genoß.

Darüber hinaus schien es – den Psi-Informationen zufolge –, als hätte der Einfluß der Mönche über die Grenzen der prioreieigenen Ländereien hinaus bis zu anderen heiligen Stätten im Umkreis von Wilmington gereicht. Dazu gehörten, wie Bernard spürte, ein grasbedeckter »Burgwall«, der gemeinhin nur als ›Burghlee‹ bezeichnet wurde, und eine Kirche oder Kapelle auf einem Hügel, die von einem kleinen Wald oder Gehölz umgeben war. Bei diesem Hügel handelte es sich möglicherweise um denselben Ort, an dem ein Mann mit dem Namen Paganus auf Geheiß der Prioreimönche eine Kapelle errichtete. An jeder dieser Stätten hatten die Mönche offenbar Zeremonien abgehalten, bei denen auch der Stab Verwendung gefunden hatte.

Das war anscheinend die ereignisreiche, von Intrigen geprägte Geschichte des Stabes von Nizar.

Was hatte das alles zu bedeuten? Warum waren ihm

all diese Informationen mitgeteilt worden? Sollten sie ihm helfen, den Ort ausfindig zu machen, an dem dieser wertvolle Schatz aus vergangenen Zeiten verborgen war?

Er lehnte sich in seinem Stuhl zurück, nahm seine Lesebrille ab und zündete sich noch eine Zigarette an. Irgendwie spürte er, daß hinter dieser ganzen Angelegenheit mehr steckte, als es den Anschein hatte. Ein weitreichender Sinn, der sich erst mit der Zeit herauskristallisieren würde. Was das für ein Sinn sein sollte, vermochte er jedoch nicht zu sagen.

Der nächste Schritt würde allerdings darin bestehen, seinem Freund Andy Collins von alledem zu berichten, um seine Meinung zu dieser Angelegenheit einzuholen.

Kapitel 2

Wilmington

Donnerstag, 9. Mai 1985. An diesem Nachmittag beschloß ich, meine Pflichten als Handelsreisender und Autor der »Leigh Times« für ein paar Minuten ruhen zu lassen, um Bernard anzurufen. Da wir länger nicht mehr miteinander gesprochen hatten, wollte ich mich vergewissern, daß es bei dem vereinbarten Treffen in unserem Stammlokal, dem Griffin-Pub in Danbury, in der kommenden Woche blieb.

Ich fuhr durch die Straßen von Leigh-on-Sea und ließ den Blick über die Themsemündung von Essex nach Kent schweifen, wobei ich Ausschau nach einer intakten Telefonzelle hielt. An einem klaren Tag konnte man die North Downs sehen. Heute war es dafür allerdings viel zu neblig, und es sah aus, als würde es später noch Regen geben.

Von einer Telefonzelle vor der Hauptpost rief ich Bernard an. Er vertraute mir sofort an, was er einige Tage zuvor in der Tewkesbury Abbey erlebt und empfangen hatte. Es klang hochinteressant.

»Kennst du vielleicht ein Dorf in Sussex namens Wilmington?« fragte er abschließend. »Ich glaube, dort befindet sich eine Priorei mit einer Krypta.«

Während ich versuchte, mir ein paar Notizen zu machen, überlegte ich angestrengt. War das nicht der Name des Dorfes in Sussex aus ›Dad's Army‹, der Comedy-Serie über ein Bataillon Freiwilliger der Home Guard im Zweiten Weltkrieg? Nein, Moment, das war Warmington-on-Sea!

Bernard lachte. Er hatte ebenso wie ich das offenkundigste Merkmal eines Dorfes dieses Namens in Sussex vergessen.

Aber dann fiel es ihm wieder ein. Natürlich handelte es sich um das Wilmington, das dem Long Man of Wilmington seinen Namen gegeben hatte, jener berühmten Figur, deren Konturen auf den Hängen des nahe gelegenen Windover Hill zu erkennen waren. Ich sah die Figur vor mir – die riesige, etwa siebzig Meter hohe Silhouette eines Mannes mit ausgebreiteten Armen, der in jeder Hand eine Art langen Stab oder Speer hielt. Niemand wußte so genau, wie alt er war oder was für eine Bedeutung er hatte. Einige Gelehrte meinten, er stamme aus der Zeit der viertausend Jahre alten Grabhügel der Bronzezeit, welche die Hügelkuppe säumten.

Ich hatte den Long Man of Wilmington mindestens

zweimal besichtigt und wußte sehr wohl, daß es dort tatsächlich eine Priorei gab, am Fuße des Hügels und mit Blick auf den Long Man. Allerdings hatte ich die Priorei selbst, in der, wenn ich mich recht erinnerte, auch ein kleines Museum untergebracht war, nie besichtigt. Ich hatte keine Ahnung, ob es dort eine unterirdische Krypta gab oder nicht. Aber das ließ sich leicht überprüfen.

Freitag, 10. Mai. Als der Bibliothekar um sieben Uhr alle Besucher aufforderte, die Southend Central Library zu verlassen, war es mir gelungen, den Großteil von Bernards Geschichte über den Stab des Nizar zu verifizieren und zu rekonstruieren, wie er nach Wilmington gelangt war.

Bei jenem Nizar, nach dem der goldene Zeremonienstab offenbar benannt worden war, handelte es sich um einen der beiden Söhne eines moslemischen Herrschers, oder genauer gesagt, um den Sohn eines Kalifen namens Al-Mustansir, der um 1094 n. Chr. als Kopf der in Ägypten ansässigen Fatimud-Dynastie geherrscht hatte. Nach Al-Mustanirs Tod war zwischen den Anhängern Nizars und jenen seines Bruders Ahmad ein Bürgerkrieg um die Nachfolge entbrannt. Nizar wurde besiegt und ermordet, und so trat Ahmad unter dem Namen Al-Mustabi die Herrschaft an. Er regierte bis zum Jahre 1101 n. Chr. Aber während seiner katastrophalen Herrschaft hatten die Fatimud-Muslime Ende des Ersten Kreuzzuges im Jahre 1099 endgültig Jerusalem an die europäischen Kreuzritter verloren.

So weit, so gut. Es erschien ganz vernünftig, daß Nizar in den Besitz eines goldenen Stabes gelangt sein sollte, der ursprünglich in dem Land geschmiedet worden war, in dem er selbst lebte. Bei seinem Tod 1094 war der Zeremonienstab dann vermutlich den Anhängern seines Bruders in die Hände gefallen und von einem Moslem der Fatimud-Dynastie aufbewahrt worden, bis Al-Mustabi und seine Armeen fünf Jahre später besiegt worden waren und die Kreuzritter Jerusalem erobert hatten. Die Geschichte lehrt uns, daß viele in Gefangenschaft geratene Moslems sich mit islamischen und jüdischen Schätzen freikauften, von denen viele nach Europa, vor allem nach Frankreich, gelangten. Vielleicht war der Stab des Nizar unter diesen Kostbarkeiten gewesen.

Was Robert Fitzhamon anbetraf, so fand ich heraus, daß er sich 1100 n. Chr., nur ein Jahr nach Beendigung des Ersten Kreuzzuges, in Frankreich aufgehalten hatte. Dort nahm er an Kämpfen teil, um die Aufstände der örtlichen Adeligen niederzuschlagen, die den normannischen Herrschern in England das Leben schwermachten. Tatsächlich hatte Fitzhamon bei einem dieser Scharmützel im Dienste König Heinrichs I. eine Kopfwunde davongetragen, die zu seiner geistiger Verwirrung führte und wohl auch maßgeblich mitverantwortlich war für seinen Tod im Jahre 1107.

Ein französischer Kampfgefährte Fitzhamons brachte den Stab des Nizar 1099 vom Ersten Kreuzzug heim. Als er ein Jahr später, also 1100, auf einem französischen Schlachtfeld tödlich verletzt worden war, vermachte er ihn seinem Freund.

Als nächstes versuchte ich, etwas über den verblödeten Robert de Montaigne und dessen Verbindung zur Priorei von Wilmington in Erfahrung zu bringen. Bei der Priorei hatte es sich tatsächlich um ein französisches Kloster gehandelt. Das Mutterhaus war die

Benediktiner-Abtei von Grestain – nicht »Gristaigne«, wie Bernard es buchstabiert hatte –, die im Jahre 1050 von Herluin de Contaville in der Nähe eines Ortes namens Honfleur am Ufer der Seine gegründet worden war.

Nach der Eroberung durch die Normannen war das Herrenhaus Wilmington nebst Ländereien im nahe gelegenen Pevensey an den ›verblödeten‹ Sohn Herluin de Contavilles, Robert of Mortain, so die übliche Schreibweise, gefallen, der ein Halbbruder Wilhelms des Eroberers war. Ich fand heraus, daß Robert zwei Söhne hatte: William, seinen Erben und der spätere Comte de Mortain, und Nigel.

Robert de Mortain, der Earl of Cornwall, hatte Wilmington der Abtei von Grestain geschenkt, und diese hatte sofort damit begonnen, das Herrenhaus an der Küste von Sussex als Rasthaus für ihre Repräsentanten in England zu nutzen. Ende des 12. Jahrhunderts hatte sich dann jedoch eine Art Priorei in Wilmington etabliert. In überlieferten Urkunden aus dem 13. Jahrhundert werden einige Prioren erwähnt; um 1200 soll dort ein gewisser Master Samson gelebt haben, Prior John im Jahr 1243, und unter seinen Nachfolgern war 1268 ein Prior William de Gymeges.

Obgleich die Priorei nur eine sehr kleine Gemeinschaft von Mönchen beherbergte, reichte ihr Einfluß doch soweit, daß sie das lokale Landbewirtschaftungssystem einer sehr ausgedehnten Region bestimmte. Und dabei hätte die Priorei als französisches Kloster sehr streng von kirchlichen und nichtkirchlichen Stellen kontrolliert werden müssen. Aber so wie Bernard bereits erwähnt hatte, schien Wilmington einen noch nie dagewesenen Status diplomatischer Immunität genossen zu haben. Und das war höchst bemerkenswert in Zeiten militärischer Unruhen zwischen Frankreich und England. Andere Häuser, die ausländische Reisende aufnahmen, wurden von der Krone beschlagnahmt; nur Wilmington blieb hiervon offenbar verschont.

Diese spezielle Immunität hielt jedoch nur bis 1360 an – in jenem Jahr wurde die Priorei schließlich ebenso beschlagnahmt wie jedes andere französische Kloster auf der Insel. 1370 wurde sie erneut enteignet und 1414 dann endgültig der Kontrolle Grestains entzogen. Hiernach ging das Anwesen in den Besitz des Dekans von Chichester über, der die Priorei anderthalb Jahrhunderte lang als Bauernhof und Vikariat führte. Schließlich ging sie dann 1565, einige Jahre nach Auflösung sämtlicher Klöster durch Heinrich VIII., in Privatbesitz über.

Ich stieß bei meinen Recherchen darauf, daß die Benediktinermönche der Priorei von Wilmington unorthodoxe Formen klösterlicher Disziplin praktiziert haben. Hierzu gehörten vermutlich auch Aspekte der Kabbala, einer mystischen hebräischen Doktrin aus dem Mittelalter, sowie einige andere ungewöhnliche Zeremonien, an denen inkognito Besucher vom Festland teilnahmen. (1)

Alles, was Bernard mir am Telefon erzählt hatte, schien sich zu bestätigen, aber es sollte noch besser kommen. Bei dem Burgwall namens ›Burghlee‹, von dem Bernard annahm, daß er sich in der Nähe von Wilmington befand, handelte es sich um einen großen grasbewachsenen Hügel mit Namen Burlough Castle auf dem Gipfel eines kleinen Berges, etwa eine halbe Meile westlich von Wilmington. Über diesen seltsamen Hügel war nur wenig bekannt. Verschiedene Gelehrte glaubten jedoch, daß es sich um die Überreste eines normannischen Burghofes handle, obgleich sich in historischen Dokumenten keinerlei Hinweis auf ein solches Gebäude an dieser Stelle fand. Einer populären Version zufolge handelte es sich um den einstmaligen Wohnsitz des Feenvolkes, was sein Alter und seine rituelle Benutzung in der vorchristlichen Zeit erklären würde.

Die kleine Kirche, von der Bernard annahm, sie befände sich inmitten eines Wäldchens oben auf einem Hügel, konnte ich ebenfalls identifizieren. Offenbar handelte es sich um die kleine Kirche von Lullington, die inmitten von Bäumen oben auf einer Hügelkuppe stand, etwa eine Meile südlich der Priorei. Offenbar war sie nur 48 Quadratmeter groß und bot Platz für zwanzig Personen. Manche Historiker hielten sie sogar für die kleinste Kirche Englands, wenngleich das nicht ganz korrekt war, da heute nur noch der Altarraum eines viel größeren Gebäudes übrig ist, das schon vor langer Zeit abgetragen wurde.

Leider konnte ich nirgendwo einen Hinweis auf einen Mann namens Paganus finden, der, wie Bernard glaubte, von den Mönchen der Priorei mit dem Bau einer Kapelle in dieser Gegend beauftragt worden war. Das würde warten müssen, bis wir vor Ort waren.

Jedenfalls sah es ganz so aus, als wäre Bernard auf etwas sehr Interessantes gestoßen. Obwohl ich nichts über den goldenen Stab des Nizar gefunden hatte, deutete alles darauf hin, daß auch der Rest von Bernards mental empfangenen Informationen sich als zutreffend erwies.

Schließlich war er überzeugt davon, daß der Stab des Nizar noch existierte und wir dazu auserkoren waren, ihn zu finden. Er wußte nicht, wo er versteckt war, aber er wußte ganz bestimmt, wie wir das herausfinden konnten. Der Schlüssel lag offenbar in der mittelalterlichen Krypta unter der Priorei von Wilmington, und so würde sie auch Ausgangspunkt unserer Suche sein.

Kapitel 3

Der Wächter

Donnerstag, 30. Mai 1985. Die Sonne schien, und ein Mantel war überflüssig. Wir verweilten einige Minuten auf dem Parkplatz neben der Priorei von Wilmington, taten uns an einigen Broten gütlich und tranken dazu eine Tasse Kaffee.

Ein klarer Blick auf den »Long Man« beherrschte die Aussicht, wenn wir über die Felder nach Südosten über die Hänge von Windover Hills blickten.

Niemand wußte so recht, was die Figur eigentlich darstellen sollte. Einige Gelehrte glaubten, daß sie von den Mönchen der Priorei in den Stein gehauen worden war und Samson darstelle, den biblischen Kraftprotz, der das Haus der Philister zum Einsturz brachte, indem er die Säulen mit bloßen Armen umstürzte. Andere wiederum glaubten, das Bildnis stelle einen heidnischen, gehörnten Gott dar, möglicherweise sogar einen Gott der Unterwelt.

»Für mich sieht es aus wie jemand, der eine Tür aufhält«, bemerkte Bernard lächelnd.

Ich hoffte, daß er sich klarer ausdrücken würde, wenn wir erst in der Priorei waren.

Das Museum war nicht weiter interessant – vermutlich, weil wir mit den Gedanken woanders waren –, und so kamen wir zügig voran. Es dauerte nicht lange, bis wir die mittelalterliche Krypta entdeckten. Sie existierte also tatsächlich, und sie sah exakt so aus, wie Bernard sie beschrieben hatte: dunkel, feucht und leblos.

Eine Weile gingen wir nur im Raum auf und ab und untersuchten jede dunkle Ecke. Bernard schien nichts zu empfangen, was ein schlechtes Zeichen war. Damit er in der Lage war, sich leichter auf die im Laufe von dreihundert Jahren klösterlicher Gottesverehrung im Mauerwerk gespeicherten Erinnerungen einzustimmen, beschloß ich, ihn eine Weile allein zu lassen.

Bernard war einverstanden, also reichte ich ihm Stift und Notizblock, ging hinaus in die Sonne, setzte mich vor der Krypta ins Gras und malte mir aus, wie wir den Stab des Nizar tatsächlich fanden.

Zwanzig Minuten verstrichen, ehe ich aus meiner Tagträumerei gerissen wurde, als Bernard lächelnd aus der Krypta heraustrat. Er zündete sich eine Zigarette an und reichte mir den Notizblock mit einer vollgekritzelten Seite.

Ich las das Geschriebene laut vor, bevor ich anfing, die mögliche Relevanz für unsere Suche zu interpretieren.

Mortagnes Sohn. Nigel. Stab lange Zeit hier gewesen. Prior, Will' de Gymieges. 1266? Wir haben (den Stab) zu rituellen Zwecken benutzt, auch draußen unter freiem Himmel. Prior Will. Milton Court. Lord of. Paganus. Kleine Kapelle im Wald. Wir haben ihm aufgetragen zu bauen.

An diesem Punkt im Text hatte Bernard vermerkt: ›Wozu?‹ Daraufhin hatte seine Hand geschrieben:

Wir wußten von der Vergangenheit des Stabes. Das vermittelte uns ein Gefühl von Göttlichkeit. Wir verrieten nichts von seiner Existenz. Guilliamus de Pykard. Ich Prior hier. Petrus de Savoy. Amadeus.

Der direkte Bezug zum Stab des Nizar bedurfte keiner Erläuterung. Jedoch deutete der Text darauf hin, daß es Robert of Mortains Sohn Nigel gewesen war, der den Stab der Priorei übergeben hatte und nicht sein anderer Sohn William. Wieder wurde dieser Paganus erwähnt, der offenbar Herr über einen Ort namens Milton Court gewesen war, wie ich annahm, in der Nähe des kleinen Dorfes Milton Street, nur etwa eine Meile von Wilmington entfernt gelegen. Scheinbar war er von einem Prior namens William beauftragt worden, mitten in einem Wald eine kleine Kapelle zu errichten. In diesem Zusammenhang hatte Bernard den Namen Prior William de Gymieges und das Datum 1266 empfangen. Ich hatte bereits festgestellt, daß es einen solchen Prior tatsächlich gegeben hatte, wenngleich er in den Geschichtsbüchern dem Jahr 1268 zugeordnet wurde.

Hierauf folgte der Name eines weiteren Priors, eines gewissen Guilliamus de Pykard oder auch Wilhelm von Pykard. Mit ihm hatte Bernard offenbar auf medialer Ebene kommuniziert. Dann der Name Petrus de Savoy. Da Petrus die lateinische Version des Namens Peter ist, handelte es sich, wie Bernard erspürt hatte, um einen Italiener, der in irgendeiner Beziehung zur nahe gelegenen Burg von Pevensey gestanden haben mußte. Bernard glaubte, daß Prior Wilhelm von Pykard irgendwann in der Geschichte der Burg mit Peter von Savoyen zusammengearbeitet hatte, um die Wehre der Festung wieder instand zu setzen. Bei dem Namen

Amadeus handelte es sich wohl um den Bruder Peter von Savoyens.

Ich fand schnell heraus, daß Pevensey Castle kurz nach der Eroberung durch die Normannen von Robert de Mortain auf den Ruinen einer römischen Festung erbaut worden war (1). Im Jahre 1101 hatte Roberts Sohn und Erbe, William, der Count of Mortain (oder Comte de Mortain), sich erfolglos gegen König Heinrich I. aufgelehnt. Infolgedessen hatte seine Familie Pevensey verloren. Die Burg war danach durch mehrere Hände gegangen, bis sie schließlich Peter von Savoyen überlassen wurde, der 1254 zusammen mit zwölf weiteren Männern, darunter auch dem damaligen Prior von Wilmington, die Festungswälle repariert hatte. Es gelang mir allerdings nicht festzustellen, um wen es sich bei diesem Prior gehandelt hatte. Außerdem fand ich heraus, daß der Bruder Peter von Savoyens tatsächlich Amadeus geheißen hatte.

Was die Notizen mit unserer Suche nach dem Stab des Nizar zu tun hatten, war mir ein Rätsel, aber sie waren dennoch interessant, da es sich offensichtlich um historische Fakten handelte, die sich auf verschiedene altertümliche Stätten in der Gegend bezogen.

Und doch enthielten sie keinen Hinweis darauf, wo sich der Stab derzeit befand. Also beschlossen wir, die beiden genannten Orte aufzusuchen, an denen Bernard zufolge der Stab bei religiösen Zeremonien verwendet worden war. Vielleicht würde er dort einen Hinweis auf seinen aktuellen Verbleib empfangen.

Während wir über eine schmale Landstraße nach Süden fuhren, hielt ich Ausschau nach einem Straßenschild, das uns den Weg zur Kirche von Lullington wies. Ich hatte mir ausgerechnet, daß sie sich irgendwie in den Wäldern rechts der Straße befinden mußte, und so fuhr ich so langsam wie möglich.

Dann tauchte das Schild auf. Wir waren jedoch bereits vorbeigefahren, als ich reagieren konnte. Auf dem Schild hatte so etwas gestanden wie »Zur Kirche«, und es hatte auf einen schmalen Pfad gezeigt, der in den Wald hineinführte. Da mir andere Fahrzeuge folgten, konnte ich unmöglich haltmachen und wenden.

»Sollen wir bis Burlough durchfahren?« fragte Bernard, als ich unser Pech verfluchte. »Wir können ja hinterher nach Lullington.«

Ich war nicht glücklich damit. Was, wenn vorgesehen war, daß wir zuerst nach Lullington fuhren? Das könnte die ganze Suche zunichte machen. Aber jetzt war es zu spät, um noch umzukehren, also bog ich an der nächsten Gabelung rechts ab in Richtung Alfriston, dem Dorf, das Burlough Castle am nächsten gelegen war.

Mit Hilfe eines Radfahrers fanden wir schließlich nach Burlough Castle. Wir ließen den Wagen unten an einem landwirtschaftlichen Weg stehen und schlenderten an den Hunden vorbei, die uns durch das Gartentor des Hofes hindurch anknurrten, bis zu dem Feld gleich neben der altertümlichen Stätte.

Als wir in Sichtweite waren, stellten wir fest, daß es sich bei dem Hügel tatsächlich um ein keilförmiges Plateau oberhalb eines Abhangs handelte, etwa hundert Meter lang und dreißig Meter breit. Obgleich das Plateau zu landwirtschaftlichen Zwecken in einem langen Streifen bepflanzt war, wucherten an den Rändern noch hohes Gras und Unkraut.

Bernard und ich stiegen am Rand des Feldes entlang bis zur Spitze des Hügels, aber die kräftigen Südwinde zerrten derart an uns, daß wir beschlossen, lieber in den Schutz der Bäume und des Dickichts zu wechseln, die einen Bach säumten, der sich am Fuß des Plateaus entlangschlängelte.

Der medial veranlagte Bernard starrte eindringlich auf den grasbewachsenen Hang zurück, sagte jedoch nichts. Ich schwieg, obwohl mir nicht entging, daß er offenbar etwas höchst Ungewöhnliches sah. Was bloß?

»Du wirst es nicht glauben«, sagte er, als er mir schließlich einen Blick zuwarf. »Aber am Rand des Plateaus sitzt mit verschränkten Beinen ein seltsam aussehender Zwerg. Ein Wächter oder irgendein Elementargeist. Er sieht uns an und lacht.«

In der Questing-Lehre ist von ätherischen Gedankenformen die Rede, die von Priester-Magiern der Vergangenheit geschaffen wurden und heilige Stätten und verborgene Schätze bewachen.

Diese »Geister« können jede beliebige Form annehmen – menschlich, tierisch oder mythisch –, sie können ein gutes Medium wahrnehmen und mit diesem mental kommunizieren. Wie also sah dieser aus?

»Er ist etwa einen Meter zwanzig groß, mit langem, buschigem Haar und einem langen Bart«, sagte Bernard zögerlich. »Er trägt eine Art Ledertunika mit Lederriemen um Füße und Fußknöchel. In den Händen hält er senkrecht einen hölzernen Stab, und ich würde sagen, daß er zu einer sehr frühen Periode dieses Ortes gehört, der Eisenzeit, möglicherweise sogar einer noch weiter zurückliegenden Ära.«

Das klang nach einem Wesen wie aus einem Roman von Tolkien. Hatte er einen Namen?

»Er sagt, sein Name sei ›Ogmor‹, und er lacht, weil wir aus irgendeinem Grund ›von der falschen Seite‹ heraufgestiegen sind. Ich habe den Eindruck, daß dieses Plateau früher einmal mit einem riesigen Labyrinth aus hohem Gras bedeckt war und es bei religiösen Zeremonien einen richtigen und einen falschen Weg zur heiligen Stätte gab. Offenbar haben wir unwissentlich die Stätte aus der falschen Richtung betreten, so daß er uns veranlaßt hat, den Hang zu verlassen und hier herunterzukommen.«

Was macht er in Burlough Castle?

»Er sagt, daß er hier sei, um Menschen vom Hügel fernzuhalten, und daß vor uns schon viele andere hier waren.«

Ich fand, daß es an der Zeit wäre, dem Wächter von unserer Suche nach dem Stab des Nizar zu erzählen. Wußte er von der Existenz des Stabes?

»Er hat jetzt um sich selbst und das gesamte Plateau eine riesige Mauer errichtet«, erklärte Bernard, der immer noch in die Luft starrte. »Als du den Stab erwähnt hast, hat ihn das wütend gemacht, und daraufhin hat er die Mauer errichtet.«

Offensichtlich wußte der Zwerg also von dem Artefakt, aber warum plötzlich diese feindselige Reaktion?

»Er sagt, die Mönche wären hergekommen und hätten jahrhundertelang die Ruhe dieses Ortes gestört. Er möchte, daß ich etwas aufschreibe.«

Bernard setzte sich mit meinem Notizblock auf den Knien hin, konzentrierte sich auf die zwergenhafte Gestalt, und schon bald fing seine Hand an, wie von selbst eine Botschaft zu kritzeln.

Sie lautete:

Sie kamen und durchbohrten mit dem Stab mein Herz. Sie machten Zeichen in Himmel und Erde. Sie bereiteten mir große Schmerzen. Sie hörten nicht auf meine Warnungen, diesem Ort fernzubleiben. Ich bedauerte zutiefst den Verlust meiner Kraft.

Es schien, als wären die Mönche von Wilmington nach Burlough Castle gekommen und als hätten sie hier eine Art Ritual vollzogen, bei dem sie den Stab des Nizar in die Erde bohrten.

»Ich fühle, daß zu diesem Ritual auch hebräische Worte gehörten«, fügte Bernard meiner Zusammenfassung hinzu. »Und eine Art Sonnenanbetung, glaube ich. Aber in diesem Punkt bin ich mir nicht ganz sicher.«

Aber die Energie des Stabes hatte die Stätte offenbar ihrer eigenen Energien beraubt, so daß sie bald als Stätte mentaler oder spiritueller Macht nicht mehr geeignet war. Und dann die Aussagen »Sie kamen und durchbohrten mein Herz« und »Ich bedaure zutiefst den Verlust meiner Kraft«. Das deutete darauf hin, daß die Wächtergestalten Ogmor und Burlough Castle eins waren. Wir kommunizierten somit mit der kollektiven Personifizierung der Stätte selbst!

Bernard beschloß, den grasbewachsenen Hang wieder hinaufzusteigen und die psychische Mauer des kleinen Mannes anzugehen.

Ich folgte ihm und versuchte diplomatisch, Ogmor davon zu überzeugen, daß wir nichts Böses im Sinn hatten und ihm vielmehr, wenn er uns bei unserer Suche half, möglicherweise etwas von seiner verlorenen Kraft zurückgeben konnten.

»Die Mauer ist fort«, teilte Bernard mir mit und starrte weiter auf die unsichtbare Gestalt. »Er scheint von unserer Suche zu wissen, und er teilt uns mit, daß er uns möglicherweise das eine oder andere über den Stab verraten kann.«

Wieder versuchte ich, über Bernard die hellseherische Erscheinung in ein Gespräch zu verwickeln und fragte, wie lange sie den Hügel schon bewache.

»›Seit Anbeginn der Zeit‹, sagt er.« Es entstand eine Pause, ehe Bernard wieder sprach. »Jetzt sagt er, daß dieser Ort der Natur schon immer heilig und von Wasser umgeben war.«

Ich hatte genug gehört und wollte versuchen, Ogmor zu helfen, seine ›verlorene Kraft‹ wiederzufinden, indem ich ein einfaches Visualisierungsritual vollzog. Um das zu bewerkstelligen, mußte ich Energien meiner eigenen Aura, das heißt meines eigenen Energiefeldes, in jene bereits vorhandene der Stätte selbst fließen sehen und fühlen. In der Questing-Lehre heißt es, daß der menschliche Geist über eine sehr milde Form der Psychokinese sehr subtile Effekte auf natürliche Energiefelder bewirken könne, allein dadurch, daß man sich sein Vorhaben bildlich vorstelle, es visualisiere.

Ich hob also die Arme, schloß die Augen und stellte mir vor, wie Ströme goldenen Lichts aus meinem Körper flössen und eine riesige Spirale bildeten, die in einer konzentrischen Form den ganzen Hügel umschlösse.

Bernard stand dabei und beobachtete verblüfft das Geschehen. Mit weit geöffneten Augen begann er zu sehen, wie die Ströme goldenen Lichts – die visuelle Form subtiler Energien – sich zu einer Spirale formten und den Hügel umschlossen wie ein Tornado des Lichts, mit Burlough Castle in seinem Zentrum. Ogmor schien ebenfalls erfreut. Der kleine Mann sprang auf, lief in die Mitte seines Heims – ins ›Herz‹ – streckte die

Arme und hob den Stab über den Kopf, höchst angetan von dem, was um ihn herum geschah.

Als ich am Ende des Visualisierungsrituals die Augen aufschlug, sah ich, daß Bernard schrieb. Eine weitere Psi-Nachricht. Dann war Ogmor also zufrieden mit meinen Bemühungen?

Bernard reichte mir die gekritzelte Nachricht, und ich las sie laut vor.

Kennt ihr die Legende Peredurs? Dies ist das Schloß des Schachbretts. Er spielt, verliert, muß einen weißen Hirsch in einem kleinen Wald jagen. Kopf entfernen.

Das war offenbar unser Lohn dafür, daß wir der Wächterfigur geholfen hatten, ihre verlorene Kraft wiederzufinden. Hätten wir ihm nicht geholfen, hätte Ogmor uns vermutlich diese Nachricht nicht zukommen lassen. Aber was hatte sie zu bedeuten? Peredur war eine Gestalt aus der walisischen Artus-Literatur, aber abgesehen davon sagte uns der Name nicht viel. Der ›kleine Wald‹ bezog sich bestimmt auf das Wäldchen, das den Kirchhof von Lullington umgab. War das richtig?

Bernard nickte, als Ogmor es ihm bestätigte.

Die Nachricht bedeutete also, daß wir nach Lullington fahren und symbolisch einen Hirsch köpfen sollten. Vielleicht gehörte zu der Architektur der Kirche ein hervorstehendes Element, das an einen Hirsch erinnerte und hinter dessen Kopf in einer Aushöhlung der goldene Stab versteckt war. Ich wußte, daß das weit hergeholt war, aber beim Questing lernt man, stets mit dem Unerwarteten zu rechnen, also lag diese Theorie durchaus im Bereich des Möglichen.

Da Ogmor offenbar nicht mehr zu sagen hatte, dankten wir ihm mental für seine Hilfe und gingen über den umgepflügten Acker zurück in Richtung Auto.

Als ich über die harte, unebene Erde ging, kam mir plötzlich ein seltsamer Gedanke. Was, wenn wir wie ursprünglich geplant zuerst nach Lullington gefahren wären? Dann wären wir Ogmor nicht begegnet und hätten den Hinweis auf den Hirsch nie erhalten. Hatte das Schicksal eingegriffen und dafür gesorgt, daß wir auf direktem Wege nach Burlough Castle fuhren? Ein interessanter Gedanke.

Als Bernard über das Tor auf den Weg zurückkletterte, hielt er einen Augenblick inne, um seine Gedanken zu ordnen. »War Peredur der Sohn eines Mannes namens Evawk oder so ähnlich?« fragte er urplötzlich.

Ich hatte keine Ahnung. »Warum?«

»Ach, nichts«, sagte er, als würde er das Ganze verwerfen. »Nur so ein Gedanke.«

Kapitel 4

Die Suche

Zehn Minuten später parkten wir hinter einem anderen Fahrzeug, das unmittelbar vor uns unter dem Schild gehalten hatte, das den Weg zur Kirche von Lullington wies. Als sie aus ihrem Wagen stiegen, nickten die Leute uns freundlich zu, ehe sie dem sanft ansteigenden Pfad folgten, der durch den Wald zu einem abgeschiedenen Kirchhof oben auf der Hügelkuppe führte.

Wir folgten den Leuten dichtauf, und als die winzige

Kirche mit dem weißgetünchten Giebeltürmchen in Sicht kam, brach eine weitere Gruppe gerade von dort auf.

Trotz ihrer Anwesenheit schlenderte ich außen um die Kirche herum und hielt Ausschau nach irgendwelchen hirschartigen Ornamenten an den Außenmauern. Bei der ersten Umkreisung konnte ich nichts feststellen, und so kehrte ich über den sonnigen Hof zurück.

Bernard wanderte nachdenklich zwischen den wenigen noch verbliebenen Grabsteinen auf dem grasüberwucherten Kirchhof umher, einen besorgten Ausdruck auf dem Gesicht. »Ich habe das Gefühl, daß an diesem Ort Schwarze Magie praktiziert wurde«, vertraute er mir kopfschüttelnd an.

Da er nichts weiter sagte, nahm ich seine Worte kommentarlos hin, glaubte jedoch nicht an einen Zusammenhang mit unserer Suche nach dem Stab des Nizar. Ich entfernte mich und suchte das Wäldchen ab, das die Kirche umgab. Meine Suche blieb dort ebenso erfolglos wie im Inneren der winzigen Kirche. Es stimmte etwas nicht. Es gab weder an noch in der Nähe der Kirche von Lullington irgendwelche ›Hirsche‹. Ich unterschrieb das Gästebuch und ging wieder nach draußen. Bernard saß friedlich auf einer Holzbank am westlichen Ende des Kirchhofes und genoß den kühlen Schatten, den das Laubdach spendete.

Während Besucher kamen und gingen, saß Bernard im Schatten und klagte über zunehmende Kopfschmerzen, während ich weiter ziellos umherstreifte. Mehrmals stand er auf, um sich irgendwelche Fundamente aus Steinen und Mörtel in der Nähe der Bank genauer anzusehen. Offenbar handelte es sich um die letzten Überreste des alten Kirchenschiffes, das vor langer Zeit abgetragen worden war. Neugierig fragte ich, was er mache.

»Ich werde das Gefühl nicht los, daß dort bei diesen Fundamenten irgend etwas ist«, entgegnete er und stand erneut auf, um sich einen Steinblock anzusehen, der etwa anderthalb Quadratmeter groß und einen Meter zwanzig hoch war. »Es ist nichts Konkretes. Nur ein vages Gefühl.«

Er gab es auf, setzte sich wieder und klagte erneut über Kopfschmerzen. Offenbar machte der strahlende Sonnenschein ihm zu schaffen.

Die letzte Besuchergruppe ging, so daß wir zum ersten Mal ganz allein bei der Kirche waren. Ich nutzte die Gelegenheit, betrat hastig das Innere und kniete vor dem Altar nieder – die Kirchentür ließ ich auf Bernards Geheiß hin offenstehen, damit er verfolgen konnte, was ich tat.

Ich schloß die Augen und versuchte, mental meinen Geist für diese Stätte zu öffnen. Dann begann ich, um Hilfe bei unserer Suche zu bitten. Könnte irgend jemand mir sagen, warum wir hierhergeführt wurden?

Fünf Minuten lang dachte ich schweigend über die Situation nach und hoffte, daß Bernard eine Nachricht empfing. Plötzlich hörte ich Schritte hinter mir.

»Komm. Laß uns gehen«, sagte Bernard. Er stand in der Tür, und seine Stimme hallte im Inneren der Kirche. »Es kommt eine neue Besuchergruppe den Weg herauf, und ich glaube, ich weiß, was hier los ist. Hier, nimm das.«

Ich schlug die Augen auf, drehte mich um und nahm einen dreckverschmierten, polierten, grauen Stein von etwa zwanzig Zentimeter Länge entgegen, der wie eine Speerspitze geformt war. Auf zwei seiner drei Seiten waren verschiedene, offenbar okkulte Symbole zu sehen. Woher kam dieser seltsame Stein?

»Ich habe ihn drüben bei den Steinfundamenten gefunden«, erklärte Bernard und zeigte auf den Block etwa fünfzehn Meter entfernt, bei dem er zuvor bereits das Gefühl gehabt hatte, daß er etwas verbarg.

»Nachdem du dich hingekniet und angefangen hattest, dich mental zu öffnen, kam es mir vor, als empfinge ich einen Energieschub, der es mir gestattete, exakt zu bestimmen, wo der Stein verborgen war. Ich fand ihn auf der Westseite, dicht unter der Erde.«

Er hielt inne und rieb sich die Stirn. »Komm, verschwinden wir von hier. Mir geht es nicht besonders. Im übrigen haben wir ja alles, was wir hier gesucht haben.«

Hatten die Mönche, die jene Rituale schwarzer Magie vollzogen hatten, die Speerspitze vergraben?

»Ja, aber wenn wir erst von hier weg sind, werde ich dir sagen, was ich noch empfangen habe, als ich den Stein berührte.«

Augenblick. Auf gar keinen Fall würde ich gehen, bevor er mir gezeigt hatte, wo genau er die Speerspitze gefunden hatte.

Bernard gab widerstrebend nach, und so dauerte es noch eine weitere Viertelstunde, bis ich die Kamera ausgepackt und eingestellt hatte und wir gehen konnten. Insgesamt hatten wir weit über eine Stunde bei der Kirche von Lullington verbracht.

»Ich fühle mich nicht gut«, stöhnte Bernard, als wir die kurze Fahrt zurück zur Priorei von Wilmington antraten.

Ich sagte, er solle mir früh genug Bescheid geben, falls ihm schlecht würde.

Nach fünfminütiger Fahrt bat er mich anzuhalten. Ich trat auf die Bremse, und – der Wagen stand gerade –, da sprang er hinaus und erbrach sich am Straßenrand.

Ich hatte Gewissensbisse. Es war meine Schuld, daß es ihm so schlechtging. Wir hätten sofort gehen sollen, als er darum gebeten hatte; ich hätte mich nicht noch mit Fotografieren aufhalten dürfen. Außerdem sagte ich mir, daß wir vielleicht eine Art mentales Schutzritual hätten vollziehen sollen. Ein solches einfaches Ritual verlieh, wie ich wußte, medial veranlagten Menschen wie Bernard einen wirksamen mentalen Schutz vor den äußerlichen Psi-Einflüssen der unangenehmen Art.

Als Bernard wieder einstieg und wir die Fahrt schweigend fortsetzten, erkannte ich plötzlich etwas Bedeutungsvolles. Die Speerspitze, die Bernard entdeckt hatte, war der Kopf, den wir laut Ogmor entfernen sollten. Nicht entfernen im Sinne von abbrechen, sondern von wegnehmen. Es hatte sich jedoch nicht um die Spitze eines Stabes gehandelt, wie ich angenommen hatte, sondern um eine Speerspitze. Wir waren also tatsächlich auserwählt worden, sie zu finden. Aber zu welchem Zweck?

Die Antwort schien darin zu liegen, daß die Speerspitze als Fixmarke in die Erde gelegt worden war, um gewissermaßen die Absichten eines Rituals der schwarzen Magie zu besiegeln, das offenbar eine recht ungesunde Atmosphäre in Lullington hinterlassen hatte. Eine Atmosphäre, die Bernard sofort gespürt hatte. Ogmor hatte uns gebeten, den störenden Gegenstand zu entfernen, weil er irgendwie die Energiefelder der Stätte schwärzte oder störte.

Aber was hatte das alles mit Peredur, dem Schloß des Schachbretts und dem weißen Stab zu tun? Und was war mit unserer Suche nach dem Stab des Nizar? An diesem Morgen waren wir nach Sussex aufgebrochen, um zu versuchen, einen alten ägyptischen Zeremonienstab zu finden, der sich im Besitz der Mönche der Priorei von Wilmington befunden hatte. Und dann wurden wir in ein lokales Problem verstrickt und aufgefordert, einen Stein aus einem Kirchhof in der Nähe zu entfernen.

Das ergab keinen Sinn.

Als wir wieder auf dem Parkplatz der Priorei waren, suchte Bernard den Waschraum auf, um sich zu säubern. Als er zurückkam, ließ ich ihn eine Visualisierungsmeditation durchführen, mit der Absicht, ihm zu helfen, seine verlorene Vitalenergie zurückzugewinnen. Gelang dies nicht, würde er sich noch Tage elend fühlen. Aber es schien bis zu einem gewissen Grad zu wirken, und so beschloß er, als wir noch in der Nachmittagssonne draußen im Gras saßen, mir endlich zu verraten, was für Bilder und Eindrücke er empfangen hatte, als er die Speerspitze mit den seltsamen Symbolen berührte.

Er glaubte, daß sie von einem einzelnen Mann dort vergraben worden war, der für sich allein arbeitete und bei Sonnenauf- oder untergang ein Ritual dort vollzogen hatte – die Sonne hatte sehr tief gestanden und lange Schatten über den Kirchhof geworfen. Er hatte eine schwarze Kutte getragen und sich die Kapuze über den Kopf gezogen. Dann hatte er, indem er das Steinfundament als eine Art Altar benutzte, eine Kordel von seiner Taille gewickelt und an das eine Ende einen Dolch und an das andere einen kurzen Stock geknotet. Den Stock hatte er in die Erde gesteckt und dann bei straffgespannter Kordel mit der scharfen Dolchklinge einen großen Kreis in die weiche Erde geritzt. Danach hatte er die Schnur um etwa zwanzig Zentimeter verkürzt und einen zweiten, kleineren Kreis im Inneren des ersten gezogen. Dieser hatte ihm, wie Bernard gespürt hatte, als magischer Schutzkreis gedient.

An diesem Punkt war auch die Speerspitze in den Boden gerammt worden, um Macht und Ziele des Rituals zu besiegeln und zu intensivieren. Warum der Mann ausgerechnet auf dem Kirchhof von Lullington ein solches Ritual ausgeführt hatte, konnte er nicht sagen. Er wußte nur, daß er auf medialer Ebene einen sehr bitteren Geschmack dort hinterlassen hatte, so daß man ihn als Anwender schwarzer oder böser Magie einstufen mußte.

Aber wann war dieses Ritual vollzogen worden? Erst kürzlich?

Bernard war nicht sicher. »Vor einiger Zeit«, sagte er nur.

Was die Identität des Okkultisten betraf, tappte er ebenfalls im dunkeln. Er fühlte sich zu ausgelaugt, überhaupt darüber nachzudenken, geschweige denn, die Suche nach dem Stab des Nizar fortzusetzen.

Sosehr es mir auch widerstrebte, mußte ich mich doch damit abfinden, daß für diesen Tag Schluß war mit unserem Questing. Vielleicht konnten wir es irgendwann in der Zukunft noch einmal probieren, vorausgesetzt, er brachte es über sich, wieder herzukommen.

Kapitel 5

Die erste Ebene

Samstag, 1. Juni 1985. Ein heulender Wind peitschte durch ein Wäldchen hoher, schlanker Bäume auf der Kuppe des kleinen Hügels, auf dem Bernard verwirrt und verängstigt ausharrte. Die Nacht war so pechschwarz, daß er die Hand nicht vor Augen sehen konnte. Es gab eine Lichtung, und es sah aus, als wäre er wieder in Lullington, aber er war nicht sicher.

Als er zu Boden blickte, bot sich ihm ein schauriger Anblick – Hunderte von großen, schwarzen aasfressenden Vögeln schlugen in panikartiger Verzweiflung mit den Flügeln, vermochten sich jedoch nicht in die Luft aufzuschwingen. Dann drängte sich ihm ein noch beängstigenderes Bild auf: Drei Gestalten in schwarzen Kutten und mit Kapuzen über dem Kopf standen, nur als reglose schwarze Silhouetten erkennbar, in der Mitte der Lichtung. Die Gestalt in der Mitte hielt ein etwa einen Meter achtzig großes schwarzes Kreuz aufrecht vor sich, wie um das Symbol des christlichen Glaubens zu verhöhnen.

Die ganze Szene verströmte den Gestank des Bösen, und Bernard wollte schnellstens fort. Er mußte zurück in die Sicherheit und in den Schutz seines eigenen Heims, ehe er noch tiefer in das schwarze Ritual hineingezogen wurde. Sein geistiges Auge trug ihn von dem Hügel fort, ehe Schwärze ihn einhüllte.

Bernard drehte und wand sich im Schlaf, kam wieder zu sich und schlug die Augen auf. Der vertraute Anblick der Schlafzimmerdecke beruhigte ihn. Und doch waren die Impressionen und Gefühle aus dem merkwürdigen Traum zu stark, um sie zu ignorieren. Er würde nur erneut dorthin gezogen werden, zurück an jenen Ort. Nein, er konnte nicht wieder einschlafen. Er mußte aufstehen. Er hatte keine andere Wahl.

Bemüht, seine Frau nicht zu wecken, schlüpfte er aus dem Bett und schlich aus dem Zimmer. Unten zündete er sich eine Zigarette an und setzte Kaffeewasser auf. Er redete sich ein, daß seine Nerven einfach nur überreizt seien.

Wo lag dieser kleine Hügel, den er im Traum gesehen hatte? Er wußte, daß er sich inmitten eines Wäldchens befand. Es hatte sich wie Lullington angefühlt. Aber er hatte keine Kirche gesehen. War es trotzdem dort gewesen? Möglich … aber nein. Etwas sagte ihm, daß der beängstigende Anblick der großen, schwarzen Vögel ein symbolischer Hinweis war. Er glaubte, daß es sich um Saatkrähen handelte (Englisch: Rook, Anmerkung des Übersetzers), und er war sicher, daß der Hügel, den er im Traum gesehen hatte, Krähenhorst genannt wurde – Rookery. Vielleicht konnte Andy herausfinden, ob es einen solchen Ort gab.

Er goß das kochende Wasser über das Kaffeepulver und dachte an die drei Männer in den schwarzen Kapuzengewändern. Wer waren sie? Konnte es sich bei einem von ihnen um den schwarzen Magier handeln, der die Speerspitze mit den sonderbaren Symbolen auf dem Kirchhof von Lullington vergraben hatte? Möglich. Aber wenn dem so war, wer waren dann die beiden anderen? Er empfing keine Antworten. Tatsächlich war er nicht einmal sicher, ob er Zeuge eines realen

Ereignisses gewesen war, das sich irgendwann ereignet hatte, oder ob es nur ein rein symbolischer Traum gewesen war; ein Omen für etwas, das sich erst noch ereignen würde.

Verunsichert, müde und verwirrt drückte Bernard seine Zigarette aus, machte sich ein paar Notizen und trank dann seinen Kaffee, bevor er zurück nach oben ging. Als er sich wieder ins Bett legte, sah er auf die Uhr: Inzwischen war es 4 Uhr 25.

Dienstag, 4. Juni. Es war jetzt fünf Tage her, daß Bernard und ich die steinerne Speerspitze mit der rätselhaften Inschrift gefunden hatten, und es war mir immer noch nicht gelungen, die Symbole zu entziffern. Nirgendwo hatte ich ähnliche Zeichen finden können, die in der Magie Anwendung fanden. Trotzdem gab es ganz bestimmt jemanden, der sie deuten konnte. Aber wer?

Ich hatte eine Idee. Wenn jemand in der Lage war, die Inschrift zu entschlüsseln, dann Nigel Pennick, der in Cambridge ansässige Autor mehrerer Bücher über alte Mysterien. Nigel studierte seit Jahren magische Alphabete, und so war es nicht ausgeschlossen, daß ihm schon einmal ähnliche Symbole begegnet waren.

Ich rief ihn aus einer örtlichen Telefonzelle an und erläuterte ihm, worum es ging. Nigel erklärte sich einverstanden, mich später am Abend zu empfangen.

Keine Stunde später fuhr ich mit hoher Geschwindigkeit auf der M 121 Richtung Cambridge, das kostbare Artefakt an meiner Seite.

Als ich bei Nigel eintraf, war er nicht allein: eine enge Freundin, Prudence Jones, nahm an unserem Gespräch teil. Die beiden hörten mir geduldig zu, als ich berichtete, auf welch ungewöhnlichen Wegen ich in den Besitz der Speerspitze gelangt war. Ich war nicht sicher, ob sie beide – oder einer von ihnen – meine Geschichte glaubte. Jedenfalls begutachteten beide den Stein und versuchten, die seltsamen Symbole mit einem ihnen bekannten Alphabet zu assoziieren.

Und, kamen sie ihnen bekannt vor?

»Ich bin nicht sicher«, antwortete Nigel. Dann schüttelte er den Kopf und zog ein kleines Büchlein zu sich heran. »Einige der Charaktere ähneln verschiedenen Buchstaben eines Bardenalphabets; ein magisches System, das angeblich von den Pseudo-Druiden des achtzehnten Jahrhunderts übernommen wurde.«

Er zeigte mir ähnlich aussehende Buchstaben in einem Heftchen, das er selbst geschrieben hatte. Die Ähnlichkeit war nicht von der Hand zu weisen. Und was bedeutete die Inschrift nun?

»Ich fürchte, es stimmen nicht genügend Symbole überein, um eine Übersetzung zu ermöglichen«, entgegnete Nigel und griff nach einem Blatt Papier. »Trotzdem wollen wir mal sehen, was wir da haben.«

Atemlos sah ich zu, wie Nigel seltsam anmutende Buchstaben aufschrieb und dazwischen Lücken ließ für jene Zeichen, die sich nicht interpretieren ließen. Abschließend ergab sich jedoch kein Sinn. Nur einige Buchstaben stimmten überein; keine richtigen Worte. Ich war ein wenig enttäuscht.

Aber Nigel schien besorgt. Er sprach immer wieder von einem Buch, von dem er sicher war, es zu besitzen und in dem zahlreiche der Stätten genannt wurden, von denen ich berichtet hatte. Schließlich siegte seine Neugier, und er verließ das Zimmer, um sich auf die Suche nach dem fraglichen Buch zu begeben. Minuten später kehrte er mit einem dünnen Band mit dem Titel

»The Wilmington Giant« (Der Riese von Wilmington) zurück. Autor war ein Mann namens Rodney Castleden.

»Ich wußte doch, daß ich es irgendwo habe«, sagte Nigel und fing an, in dem Buch zu blättern. »Das Buch handelt von den Mysterien um den Long Man von Wilmington, und ich bin sicher, daß auch irgendwo Lullington erwähnt wird.«

Ich wartete geduldig, während er den Index nach Hinweisen durchforstete, die für unsere Suche relevant sein könnten.

»Ah, da haben wir es ja«, verkündete er und reichte mir das Buch. »Zahlreiche Bezugnahmen auf Lullington und Burlough Castle. Sehen Sie selbst nach, was dort steht.«

Am häufigsten wurden die beiden Orte in einem bestimmten Kapitel erwähnt, das zufällig den Titel ›The Quest‹ (Die Suche) trug. Es begann mit der Geschichte der Priorei von Wilmington, und ich stellte schon bald fest, daß auch die recht unorthodoxen religiösen Praktiken der dortigen Mönche erwähnt wurden. Außerdem war von der ungewöhnlichen Immunität der französischen Mönche zur damaligen Zeit die Rede, einer Zeit, da andere ausländische Niederlassungen von der Krone beschlagnahmt worden waren. Der Autor deutete sogar an, daß die Mönche möglicherweise Anhänger einer Form einer mystischen hebräischen Doktrin namens Kabbala gewesen waren – ganz so wie Bernard es gesagt hatte.

Aber es war Rodney Castledens Hinweis auf einen ungewöhnlichen Artikel mit dem Titel ›The Long Man of Wilmington‹, der 1932 in einer Ausgabe des ›Sussex County Magazine‹ erschienen war, der uns weiterbrachte. Der Artikel war von einem Mann namens

S. F. Annett verfaßt worden und brachte die Gegend um Wilmington mit einer Episode der mittelalterlichen walisischen Legende in Zusammenhang, die schlicht Peredur genannt wurde, und zwar mit »Pereddurs Besuch auf dem Schloß des Schachbrettes«.

Offenbar gelangt Peredur auf seinen Reisen zum Schloß des Schachbrettes und setzt auf eine Farbe des Brettes, das eine Partie gegen sich selbst spielt. Er verliert, woraufhin er das Brett im Zorn ins Wasser wirft. Daraufhin wird Peredur aufgetragen, seine Schuld wiedergutzumachen – er soll sich in einen nahe gelegenen Wald begeben und einen weißen Hirsch erlegen, der dort lebt. Der walisische Sagenheld jagt, erlegt und köpft den Hirsch, woraufhin ein geheimnisvoller Ritter – in manchen Versionen der Legende handelt es sich auch um eine Frau – erscheint und den Kopf davonträgt. Als Strafe für sein Versagen wird Peredur hierauf zu einem Hügel geschickt, »unter dem ein aus Stein gemeißelter Mann ruht«. Dort soll er dann einen Zauberspruch aufsagen. Ein schwarzer Riese erscheint und fordert ihn zum Kampf. Der Sagenheld besiegt den schwarzen Hünen, der daraufhin wieder unter dem Hügel verschwindet.

Noch bemerkenswerter war Annetts Vermutung, daß es sich beim Schloß des Schachbretts tatsächlich um Burlough Castle handle und bei dem nahe gelegenen Wald, in dem Peredur den weißen Hirsch erlegt und köpft, um das Wäldchen, das die Kirche von Lullington umgibt!

Warum der Autor dieses Artikels seine Heimatgegend unbedingt mit einer Episode eines zweifelsfrei walisischen mittelalterlichen Märchens in Verbindung bringen wollte, war uns ein Rätsel. Vielleicht war Annett ein großer Bewunderer der Peredur-Saga gewesen und hatte der Gegend, in der er selbst lebte, eine Art mythischer Bedeutung verleihen wollen. Aber wie auch immer, Tatsache war, daß S. F. Annetts und Rodney Castledens Geschichten sich mit der medialen Nachricht Ogmors deckten, indem sie Burlough Castle und die Kirche von Lullington mit der Peredur-Episode, also mit dem Schloß des Schachbretts und dem weißen Hirsch, in Verbindung brachten. Das konnte kein Zufall sein. War Annett dazu inspiriert worden, diesen Artikel zu schreiben? Oder hatte Bernard lediglich die Ideen aufgeschnappt, die in diesem Buch enthalten waren? Ich hoffte, daß ersteres zutraf.

Aber es gab noch eine andere, verblüffende Antwort auf dieses Rätsel. Konnte unser Okkultistenfreund den Kirchhof von Lullington für sein Ritual gewählt haben, weil er ebenfalls Annetts Artikel aus dem Jahr 1932 gelesen hatte? Vielleicht hatte er von der Köpfung des weißen Hirsches und der Befreiung eines ›schwarzen Mannes‹ gelesen und daraufhin beschlossen, besagte Stätten wegen ihrer Verbindung zur Geschichte von Peredur zu wählen? War es möglich, daß er aus eben diesem Grund den Hirschkopf durch eine Speerspitze ersetzt hatte? (1)

Sollte dies so gewesen sein, drängte sich noch ein anderer, beunruhigender Gedanke auf. In der Peredur-Saga köpft der Held einen weißen Hirsch. Daraufhin erscheint ein mysteriöser Ritter, der den Kopf an sich nimmt und fortträgt. Konnte der Okkultist sein dunkles Ritual vollzogen haben, in dem Glauben, durch ein seltsames schicksalhaftes Phänomen würde jemand erscheinen – eine Art »mysteriöser Ritter« –, der wie in der Sage die Speerspitze an sich nehmen und sie davontragen würde, wodurch der schwarze Mann sich aus dem Hügel erheben konnte wie eine dunkle Erscheinung aus einem Grab?

Ein unheimlicher Gedanke, aber irgendwie machte er Sinn.

Dem Index von »The Wilmington Giant« war zu entnehmen, daß ein Ort mit Namen Rookery erwähnt wurde. Ich blätterte zur angegebenen Stelle und fand den Ort aus Bernards seltsamem Traum. Er wurde als ›seltsamer, bewaldeter Hügel‹ unmittelbar südlich von Burlough Castle beschrieben. Und wie im Falle von Burlough war nur sehr wenig über sein Alter und seinen Zweck bekannt. Jedoch glaubten offenbar einige örtliche Historiker, einschließlich Rodney Castledens, daß dort im Jahre 1315 auf Anweisung des Priors von Wilmington eine kleine Kapelle errichtet worden war, und zwar von einem Mann namens Paganus, dem Lord of Milton Court, auf dessen Land sich der Hügel befand. Dies bestätigte die Information, die Bernard in der Krypta der Priorei empfangen hatte. Es schien, als wäre dieser Hügel, bei dem es sich möglicherweise um einen alten Grabhügel handelte, einst tatsächlich ein Krähenhorst gewesen, wenngleich die Vögel ihn aufgegeben hatten, als ein späterer Besitzer von Milton Court die Hügelkuppe abholzen ließ. Heute wuchsen auf dem Krähenhorst, dem Rookery, neue Bäume, aber die Krähen waren nie zurückgekehrt.

Montag, 10. Juni. Im betriebsamen und doch gemütlichen Griffin-Pub in Danbury gesellte Bernard sich mit zwei Gläsern Bier zu mir; ein Bitter für mich und ein Guiness für ihn selbst. Der Pub war unser regelmäßiger Treffpunkt, und es war unsere erste Zusammenkunft seit dem Ausflug nach Lullington im vergangenen Monat.

Wir kamen bald auf die beunruhigenden Ereignisse jenes schicksalhaften Tages zu sprechen, und in der Hoffnung, daß er sich dazu überreden lassen würde, die Speerspitze zu psychometrieren, holte ich den Stein hervor und legte ihn vor uns auf den Tisch.

Als Bernard die beschriftete Speerspitze das letzte Mal auf dem Kirchhof von Lullington angefaßt hatte, hatte er umfangreiche Informationen über die geheimnisvolle Gestalt in der Kutte empfangen, die den Stein im Rahmen ihres dunklen Rituals dort zurückgelassen hatte. Obgleich ich den Stein inzwischen mit Weihwasser bespritzt hatte, um die ritualistische Energie zu vertreiben, hoffte ich, daß er immer noch genügend Vibrationen enthielt, um uns ein wenig mehr über den Mann zu verraten.

Wortlos griff Bernard nach dem Stein und hielt ihn locker in der Hand. Nachdem er ihn ein, zwei Minuten zwischen den Fingern gedreht hatte, blickte er auf: »Nun, er enthält immer noch eine sehr schwache negative Ladung. Möchtest du Notizen haben?« fragte er und zog seinen Notizblock zu sich herüber.

Natürlich wollte ich, also reichte ich ihm einen Kugelschreiber und wartete auf seine Reaktion. Bernard saß inmitten des regen Treibens völlig ruhig da, machte seinen Kopf frei und wartete. Kurz darauf kritzelte er die ersten Worte auf den Notizblock. Ich entzifferte sie verkehrt herum.

Große Magie nicht richtig. Neuer Versuch.
Sicherung.

Das machte für mich nicht viel Sinn, aber wenigstens war die Leitung frei, um es einmal lapidar auszudrücken. Ich bat Bernard zu versuchen, das Ritual in Lullington zu datieren.

»1985«, entgegnete er prompt.

1985? In diesem Jahr? Das überraschte mich, da ich angenommen hatte, daß das Ritual bereits vor vielen Jahren vollzogen worden war. Dieser Mann existierte also noch. Meine nächste Frage war unausweichlich: Wer hat das Ritual vollzogen?

Bernards Hand begann wieder zu schreiben.

Magister magnus in igne. Weißer Stein nicht richtig. Neuer Versuch. Neu sichern. Auferstehen. Hitzeleiter heiß. Schwarze Substanz richtig.

Ja, aber wer hat ihn dort hinterlassen?

Seine Hand kritzelte weitere Worte.

Es kommt. Benutzen. Schädel. Schwarzes Blut. Den Feuertod sterben. Auferstehen. Wiedergeburt. Seele. Michael Mayer. Kalzinierung gut. Schwarz. Wiederauferstehung. Zum Leben erwecken. Zozzimoz. Ort. Neuer Versuch. Auferstehen. Hitze.

Das war immer noch keine Antwort. Ich wollte wissen, wer die Speerspitze dort vergraben hatte.

Seine Hand schrieb erneut.

Eingeschlossene Macht. Allein in Haus gearbeitet. Dunkel. Heiß. Feuer neu entfachen. Schwefel.

Das war es. Mehr Informationen konnte Bernard von der Speerspitze nicht empfangen. Er legte den Stein vor sich hin, zündete sich eine Zigarette an und trank einen Schluck Guiness. »Nun, wer immer die Speerspitze dort vergraben hat, ist auf medialer Ebene sehr stark und in der Lage, jeden abzublocken, der versucht, sich ihm oder seinem Zuhause zu nähern.«

Er hörte auf, seine Gefühle zu deuten. »Während ich schrieb, konnte ich einen Mann in einem dunklen Raum sehen. Um ihn herum waren alte Bänke, Schädel, Substanzen, die in Glasflaschen köchelten, und noch mehr schwarze Vögel.«

Noch mehr schwarze Vögel? Wo im Raum?

»Nein, ich glaube, es war ein Symbol dafür, daß er aus irgendeinem Grund von sehr negativen Energien und Schwingungen umgeben ist.«

In der Questing-Lehre sind große, schwarze Vögel ein Omen für Unglück, Tod und Schwarze Magie. Sie waren eindeutig ein negatives Symbol. Und doch deutete der Rest der beschriebenen Bilder und der Notizen darauf hin, daß unser okkultistischer Freund ein Alchimist war; eine Person, die mittels komplexer und mühsamer magischer Rituale und Experimente versucht, eine alchimistische Transmutation zu erreichen – die Wandlung einer Grundsubstanz in einen reinen Zustand; gewöhnlich die Wandlung eines Grundmetalls in Gold.

Begriffe und Wendungen wie ›Den Feuertod sterben‹, ›Zum Leben erwecken‹, ›Hitze‹ und ›Schwefel‹ schienen dies zu bestätigen. Der Mann befaßte sich mit Alchimie, jedoch nicht allein mit der Transmutation einer Grundsubstanz in einen reinen Stoff, sondern außerdem mit der Erhebung seines eigenen ›Basis‹-Geistes in höhere Sphären der Perfektion.

»Mag sein«, gab er zu. »Aber was immer dieser Mann bezweckt, er verzerrt und mißbraucht den Prozeß zu seinen eigenen Zwecken, daher auch die Negativenergien, die aus seiner Benutzung des Kirchhofes von Lullington heraus entstanden sind. Darum habe ich auch das Gefühl, daß er sich derzeit mit einer bizarren magischen Operation befaßt und sich hierfür irgendwie der Prinzipien der Alchimie bedient.«

Der Mann existierte also noch. Aber wo steckte er? Wo wohnte er? Und wußte er, daß wir seine Magie aufgehoben hatten?

»Ich bin nicht sicher. Aber eins kann ich dir sagen. Wenn er feststellt, daß seine Speerspitze nicht mehr an ihrem Platz ist, wird er sie durch eine andere ersetzen.«

Am selben Ort?

»Sehr gut möglich, ja. Außerdem habe ich das Gefühl, daß wir nicht zum letzten Mal mit ihm zu tun hatten.«

Als ich an diesem Abend heimkam, durchforstete ich meine Bücherregale nach irgendwelchen Werken über Alchimie. Ich fand bald heraus, daß Michael Mayer – oder Maier, wie er manchmal auch geschrieben wurde – im 17. Jahrhundert gelebt hatte und ein deutscher Anhänger einer mystischen Doktrin gewesen war, der Geheimgesellschaft der Rosenkreuzer. Außerdem galt er als bedeutender Alchimist seiner Zeit.

Darüber hinaus fand ich heraus, daß es sich bei ›Zozzimoz‹ aller Wahrscheinlichkeit nach um einen Mann namens Zosimos von Panopolis handelte. Er war ein sehr einflußreicher Alchimist, Autor und Visionär gewesen, der gegen Anfang des vierten Jahrhunderts in Panopolis – dem heutigen Akhmin – in Ägypten gelebt hatte. Außerdem war er koptischer Christ gewesen.

In der ägyptischen Geschichte wurden die ersten

Jahrhunderte nach Christus von klassischen Gelehrten als griechisch-ägyptische Periode bezeichnet. Das war darauf zurückzuführen, daß trotz der Besetzung durch die Römer Kultur und Religion des Landes immer noch stark von den Griechen beeinflußt wurden. Darum wurde Zosimos auch als griechisch-ägyptischer Alchimist bezeichnet.

Zosimos war bekannt wegen einer Reihe komplizierter und offensichtlich symbolträchtiger Träume, die angeblich die Schlüssel zur ultimativen alchimistischen Transmutation enthielten – die Befreiung der Seele, die hierdurch zu einem freien Geist wurde, gleichgestellt mit Gott und unberührt von den Gesetzen der Reinkarnation.

Bernards Notizen dieses Abends zufolge schien es, als hätte unser Alchimistenfreund in seiner Transmutation ein Stadium erreicht, das in der Alchimie als ›First Matter‹ oder ›Black Stage‹ bezeichnet wird (oder als Negredo, Schwarze Krähe, Krähenkopf, Rabenkopf oder Schwarzer Mann). Dieses Stadium erreichte man – wenn man Zosimos' System anwandte –, indem man Fleisch, Blut und Knochen mit Schwefel mischte und in einer Schale erhitzte, bis man eine schwarze Substanz erhielt. Dies wurde als ›Bad der Wiedergeburt‹ bezeichnet. Die Substanz wurde dann ein zweites Mal erhitzt oder kalziniert – Bernard hatte das Wort Kalzinierung empfangen – bis schließlich nur noch ein Pulver übrig war. Das Pulver erhitzte man unter weiterer Zugabe von Flüssigkeit noch ein ganzes weiteres Jahr lang, ehe die hiernach entstandene Substanz mit körpereigenen Flüssigkeiten des Alchimisten vermischt und langsam erneut kalziniert wurde, bis der Mischung in Glutform der ›göttliche Funke‹ entwich.

Ich erfuhr des weiteren, daß der weiße Hirsch nach

alchimistischer Tradition die Seele des Alchimisten darstellte. Unser alchimistischer Freund hatte vielleicht von dieser Assoziation gewußt, als er Lullington als Schauplatz seines Rituals gewählt hatte. Nicht nur das. Die offensichtliche Verbindung zwischen Alchimie und den anderen Aspekten der Peredur-Saga und Bernards Traum vom Krähenhorst waren nicht zu übersehen. Der schwarze Mann, das Köpfen des Hirsches und die großen schwarzen Vögel – das alles war in der einen oder anderen Form enthalten. (2)

Was sollten sie als nächstes tun? Bernard hatte vorübergehend das Interesse an der Suche nach dem Stab des Nizar verloren und wollte das Ganze nur noch vergessen. Trotzdem wurde er das Gefühl nicht los, daß der Alchimist die Speerspitze ersetzen würde, die wir ausgegraben hatten, und daß unsere Wege sich in Bälde erneut kreuzen würden.

Im Augenblick hoffte Bernard allerdings nur, daß er sich irrte.

Kapitel 6

Das Haus

Dienstag, 25. Juni 1985. Vor ihnen lag ihr Ziel – ein zweistöckiges Reihenhaus im viktorianischen Stil aus rotem Backstein und mit zweiflügeligen Fenstern auf beiden Seiten der zurückgesetzten grünen Haustür. Ein schwarzgestrichener, schmiedeeiserner Zaun hielt eine ungepflegte Ligusterhecke in Schach, die die Straße von einem überwucherten Garten trennte. Es gab kein

Tor, nur eine Öffnung, durch die man auf einen rot-schwarz gepflasterten Weg gelangte, der zur vier bis fünf Schritte entfernten Haustür führte.

Bernard, Andy und ihre zwei Begleiter blickten mit unverhohlenem Mißtrauen auf das abweisende Gebäude. Es sah nicht unbedingt aus wie die magische Festung eines vom rechten Weg abgekommenen Alchimisten, der ihnen erst im vergangenen Monat bei der Kirche von Lullington solches Unbehagen bereitet hatte. Und doch war er, wie vorausgesagt, zu weit gegangen. Seine eigene kranke Form der schwarzen Magie hatte sich gegen ihn selbst gewandt, hatte seinen Verstand und seinen Körper vernichtet und sein Haus als unkontrollierbares Psi-Chaos zurückgelassen. Erst jetzt würden sie seine wahre Identität aufdecken können. Das heißt, sofern es ihnen gelang, der parapsychischen Attacke standzuhalten, die ganz sicher erfolgen würde, wenn sie das leere Gebäude betraten.

Zögernd gingen die vier Männer auf die Haustür zu, und nachdem sie sich davon überzeugt hatten, daß sie niemand beobachtete, drehte einer von ihnen den Türknauf. Wie erwartet, schwang die Tür auf. Hastig traten sie ein.

Das Haus war in einem desolaten Zustand – Farbe und Tapete blätterten von den feuchten, schimmeligen Wänden ab. Dieser Verfall konnte unmöglich erst in den letzten paar Tagen erfolgt sein. Er muß schon vor seinem Tod in diesem Chaos gelebt haben, sagte sich Bernard, als er die Diele durchquerte.

»Das ganze Haus ist durchdrungen von negativer Energie«, teilte das Medium den anderen mit, während sie sämtliche Türen im Erdgeschoß öffneten.

Dann drang plötzlich ein seltsames, nervenaufreibendes Geräusch an Bernards Medium-Ohren, ein tiefes vibrierendes Dröhnen, das offenbar mehr als einen Ton vereinte. Es erfüllte die Luft und nahm immer mehr an Intensität zu. Als sie sich umdrehten, bot sich den Männern ein unglaublicher Anblick – mehrere fußballgroße Kugeln elektrisch blauen Lichtes hingen reglos am anderen Ende des Raumes in der Luft. Bernard spürte, daß sie irgendwie mit dem sonderbaren Summen in Zusammenhang standen, da sie immer heller strahlten, je lauter der Ton wurde. Aber was war das?

»Manifestationen extrem unausgewogener psychischer Energie«, erklärte er, nachdem die Antwort ihm von unsichtbarer Quelle eingegeben worden war. »Wir werden uns mit ihnen befassen müssen, und das schnell.«

»Ein christlicher Bannspruch«, rief jemand, worauf Andy sich hastig bückte, ein Stück Holz vom Boden aufhob, es durchbrach und mit den beiden Teilen ein Kreuz bildete. Als die anderen erkannten, was er machte, taten sie es ihm nach und formten ebenfalls aus Holzstücken Kreuze, die sie zwischen sich und die sichtbaren Erscheinungen hielten.

»Ich befehle euch im Namen des Vaters, des Sohnes und des Heiligen Geistes diesen Ort zu verlassen«, rief Andy in echter Verzweiflung. Nichts geschah. Er wiederholte den Befehl noch mehrmals, bevor die Lichtkugeln schließlich zu verblassen begannen. Es schien, als würden sie gewinnen.

Plötzlich explodierte über ihnen eine Glühbirne, woraufhin sie alle in Deckung gingen. Glücklicherweise wurde niemand verletzt. Dann platzte jedoch in einem anderen Zimmer ebenfalls eine Birne. Dann noch eine und noch eine. Das Nachlassen der Psi-Energie wirkte sich irgendwie negativ auf die Elektrik des Hauses aus. Seltsames Knistern innerhalb des Zimmers rundete das unheimliche Spektakel ab, das inzwischen jeden einzelnen von ihnen ängstigte. Noch nie hatten sie etwas Ähnliches erlebt.

Nachdem die glühenden Kugeln fort waren, das tiefe Summen jedoch immer noch wahrnehmbar war, verließen sie den Raum und beschlossen, in den ersten Stock hinaufzugehen, wo der Mann seine degenerierte Form der Alchimie und Magie praktiziert hatte.

Sie stießen nacheinander die Türen im ersten Stock auf und fanden weitere heruntergekommene Räume vor. Überall war der Fußboden übersät mit persönlichen Gegenständen. Er hat es wirklich geschafft, sein Haus vor seinem Tod unbewohnbar zu machen, dachte Bernard. Aber aus welchem Grund? War er verrückt geworden?

Plötzlich forderte ein Knarren, das völlig fehl am Platze wirkte, ihre Aufmerksamkeit. Als sie sich umwandten, bot sich ihnen ein furchterregender Anblick: Eine Tür, die zu einem der Zimmer am Ende des Flurs gehörte, wölbte sich nach außen, als würde eine immense Kraft von innen dagegendrücken. Aber außer ihnen war niemand im Haus. Was also war hinter dieser Tür?

Ein kräftiger Tritt Andys gegen die Tür machte nicht nur der unnatürlichen Wölbung ein Ende, sondern ließ gleich die ganze Tür nach innen umfallen. Die Szenerie im Inneren des Zimmers war schlicht bizarr – alte in Leder und Haut gebundene Manuskripte und Bücher aller Größen lagen verstreut auf dem schmutzigen Teppich und klappten ganz von allein auf und zu. Ein wahrlich faszinierender Anblick.

»Ich taufe dich im Namen Jesu Christi«, rief einer der Männer, und als er den Kopf wandte, sah Bernard, daß der Betreffende sich zwei Gabeln schnappte –

etwas anderes konnte er nicht finden – und ein Kreuz formte.

Dann senkte sich Dunkelheit auf ihn herab …

Als Bernard aus seinem gespenstischen Traum erwachte, war ihm übel. Um ganz sicherzugehen, daß er nicht in denselben Traum zurückverfiel, setzte er sich im Bett auf. Ein Blick auf die Uhr verriet ihm, daß es 4 Uhr 25 früh war.

Sein Kopf war bereits hoffnungslos überfordert, und doch überschlugen sich die quälenden Fragen. Was zum Teufel war los mit ihm? Warum hatte er etwas Derartiges geträumt? Und was hatte es zu bedeuten? War der Schwarze Alchimist wirklich tot?

Er wollte es gar nicht wissen. Die Nachwirkungen der Entdeckung der beschrifteten Speerspitze in Lullington hatten ihm gereicht. Er wollte seine Ruhe haben; vor allem wollte er von solchen Alpträumen verschont bleiben. Und was sollte er Andy sagen? Das alles gefiel ihm gar nicht.

Obgleich er versuchte sie abzublocken, empfing er nun eine Fülle medialer Eindrücke. Der Schwarze Alchimist war noch am Leben. Der Traum war eine symbolische Darstellung der Zukunft gewesen; ein Omen vielleicht. Es schien nämlich, als würde der Mann zu weit gehen bei dem, was er auf magischer Ebene tat – und als würde das seinen Körper und seinen Geist vernichten.

Müde warf Bernard einen Blick auf seine schlafende Frau und beschloß, zu versuchen, selbst noch ein wenig Schlaf zu finden. Er betete, daß er von schlimmen Träumen verschont bleiben würde, als er sich wieder hinlegte und die Augen schloß.

Später an diesem Morgen unterbrach Bernard seine Arbeit in der Firma, um über die Bedeutung des beunruhigenden Alptraums nachzudenken. Sollte er Andy davon erzählen? Wenn er das tat, würde sein Freund von ihm verlangen, weitere Informationen zu beschaffen, wie beispielsweise Namen, Adresse und Telefonnummer des Mannes! Und dann würde er sofort aufbrechen, um das Haus zu suchen, wo immer es sich auch befand.

Sussex. Der Gedanke kam ihm urplötzlich in den Sinn, wie als Antwort auf seine letzte Frage. Tatsächlich sogar, um genau zu sein, ein Ort irgendwo an der Küste von Sussex. Der Name des Ortes blieb ihm allerdings verborgen. Dort würden sie also das Haus finden, das er in seinem Traum gesehen hatte. Wenigstens existierte es.

Andererseits, wenn er Andy nichts erzählte, würde die Erinnerung an den Alptraum ihn noch Wochen beschäftigen; und was, wenn es tatsächlich so kam und der Schwarze Alchimist sich selbst zerstörte? Nein, er würde es ihm sagen müssen, wenn auch nicht gleich. In einer Woche oder so; bei ihrem nächsten Treffen.

Fürs erste wollte er nicht einmal den Inhalt des Traumes schriftlich festhalten, um nicht ungewollt mediale Kanäle zu dem Mann zu öffnen, die weitere körperliche und mentale Qualen nach sich ziehen würden. Darauf konnte er gern verzichten, zumal er fast zwei Wochen gebraucht hatte, um sich völlig von den Auswirkungen ihres Ausfluges in die Sussex Downs im vergangenen Monat zu erholen.

Montag, 8. Juli. Er hatte Andy in groben Zügen seinen unheimlichen Traum erzählt, als sie sich das nächste Mal getroffen hatten, am Vortag, draußen in der Sonne, auf dem kleinen dreieckigen Rasenstück vor der Kirche von Danbury. Den vollen Inhalt hatte er sich jedoch aufgespart für einen Brief, den er an diesem Abend schreiben wollte.

Die Gelegenheit ergab sich später am Abend. Er schlich in die friedliche Stille des Eßzimmers und setzte sich mit einem Notizblock an den Tisch. Er griff nach einem Kugelschreiber und notierte erst das Datum, bevor er den Brief mit einer Zusammenfassung eines Traumes begann, den er kürzlich erst geträumt hatte und der mit dem Stab des Nizar in Zusammenhang stand. Erst danach wandte er sich dem Traum vom Haus des Schwarzen Alchimisten zu.

Nachdem er das Datum bestätigt hatte, legte er eine kurze Pause ein, um sich den Alptraum noch einmal zu vergegenwärtigen. Dann schrieb er alles auf, woran er sich erinnerte:

... rotes Backsteinhaus im viktorianischen Stil. Doppelfenster, zumindest unten. Liegt ziemlich dicht an der Straße. Vielleicht vier bis sechs Schritte. Vorn ein schwarzer Eisenzaun und eine alte Ligusterhecke. Der Weg zur Haustür ist rot-schwarz gepflastert. Die Haustür ist grün.

Er hörte zu schreiben auf, als er erkannte, daß es viel einfacher sein würde, alles aufzuzeichnen.

Er fertigte eine grobe Zeichnung unter dem geschriebenen Text an. Dann fuhr er fort zu schreiben.

Wir betraten die Diele. Niemand hat uns hereingelassen. Das ganze Haus ist völlig durchdrungen von negativer Energie.

Plötzlich fühlte er, wie er Kopfschmerzen bekam. Es war genau das gleiche Gefühl wie an jenem Tag, an dem er in Lullington die Speerspitze ausgegraben hatte. Die Erinnerung an das Haus des Schwarzen Alchimisten öffnete eine telepathische Verbindung zu seinen unausgewogenen Schwingungen. Er würde vorsichtiger sein müssen.

»Ich bekomme Kopfschmerzen«, schrieb er, bevor er fortfuhr, seinen Traum zu erzählen.

Ein Zimmer im Erdgeschoß – links – war in desolatem Zustand. Bücher, Regale, der Inhalt von Schränken, Dekorationsstücke usw., alles war auf dem Boden verstreut.

Wieder hielt er inne. Es geschah etwas. Jetzt hatte er nicht nur Kopfschmerzen, sondern konnte außerdem fühlen und sehen, wie seine Handschrift immer schlechter und unleserlicher wurde, beinahe so wie seine Hand während seiner Visionen von allein schrieb. Eine äußere Kraft – die mit dem Schwarzen Alchimisten zusammenhing – schien ihn bis zu einem gewissen Grad zu beeinflussen, und so beschloß er, die Verbindung für eine Weile zu unterbrechen. Er wollte eine Tasse Kaffee kochen, eine Zigarette rauchen und den Brief später fortsetzen. Der Ordnung halber hielt er fest: »Meine Handschrift wird immer schlechter. Ich mache eine Pause«.

Zwanzig Minuten später setzte er sich erfrischt wieder an den Eßzimmertisch, um mit dem Brief über seinen Traum fortzufahren. Ein paar Zeilen lang war alles in Ordnung, aber dann kam es erneut zu medialen Interferenzen. Die Kopfschmerzen kehrten zurück, und anstatt der Erinnerung an das chaotische verlassene Haus nahm sein geistiges Auge jetzt das hellseherische Bild eines Mannes wahr – offenbar das des Schwarzen Alchimisten persönlich. Er arbeitete in einem verdunkelten Raum und war sich offenbar bewußt, daß eine fremde Präsenz in seine Privatsphäre eingedrungen war.

Er unterbrach den Bericht über seinen Traum und begann, seine neuen Gefühle und Eindrücke zu schildern:

Jemand weiß jetzt von meiner Gegenwart. Ein Mann in einem Hinterzimmer. Einem großen Zimmer. Bänke, Flaschen, Schwefel, Bücher, Bunsenbrenner, Glas.

Dann empfing er das erste deutliche Bild des Mannes:

Groß. Brauner Pullunder. Graue Hose. Kurzes graues Haar. Bürstenhaarschnitt. Kann keinen Namen empfangen. Er sieht sich um ... sucht nach mir. Er wirft etwas nach mir. Pulver aus einem Schmelztiegel.

Er zuckte zurück, als unvermittelt ein stechender Schmerz seinen Kopf durchzuckte. Der Kontakt zwischen den beiden Männern brach ab. Er fühlte sich ganz schwach und mußte aufhören. Bei dem Pulver aus dem Schmelztiegel, das nach ihm geworfen worden war, hatte es sich um eine Art Asche gehandelt, das spürte er. Etwas, das der Mann benutzte, um unerwünschte mediale Einflüsse zu vertreiben.

Der Raum selbst war wie eine Art improvisiertes alchimistisches Labor eingerichtet gewesen, überall mit Flaschen und Apparaten. Bernard glaubte, daß der Schwarze Alchimist seine Gegenwart gespürt hatte, beinahe so, als hätte der Mann gewußt, daß eine unsichtbare Kraft bei ihm im Zimmer war.

Wieder war eine Pause angesagt. Nach noch mehr Kaffee und Nikotin und einigen mentalen Ablenkungen setzte Bernard sich zum dritten Mal an diesem Abend an den Tisch im Eßzimmer.

»Langsam frage ich mich, ob ich diesen Brief je fertigstellen werde«, schrieb er und machte sich hastig an den Bericht über den Traum.

Diesmal gab es keine weiteren medialen Unterbrechungen, und nachdem der Bericht abgeschlossen war, beendete Bernard den sonderbaren Brief mit einigen Eindrücken, die ihm bezüglich der ganzen Sache mit dem Schwarzen Alchimisten nicht aus dem Sinn gingen. Aspekte, die ihm gar nicht gefielen.

Ich weiß nicht, was ich von alledem halten soll. Es gefällt mir ganz und gar nicht. Der Mann ist offensichtlich in der Lage, die fremde Präsenz zu spüren, und ich hoffe, daß er sie nicht zurückverfolgt – bis zu mir.

Alles in allem habe ich den Eindruck, daß er Akademiker ist. Er ist gewöhnt, selbständig zu arbeiten. Vermutlich hat er eine Vertrauensposition inne, in einem ruhigen Umfeld wie beispielsweise einer Bibliothek, einem College etc.

Er hat Zugang zu Laborgeräten und Büchern. Arbeitet für sich allein und lebt allein.

Verfügt über ausreichendes Wissen, um den Zugriff auf seinen Namen und seine Adresse »abzublocken«, aber er geht zu weit bei dem, was er tut. Fast, nein ganz bestimmt, eine obsessive Leidenschaft der Überarbeitung alter Schriften. Es wird seinen Untergang herbeiführen. Er beachtet die Anzeichen des Ungleichgewichts nicht. Die Energien, die er schafft, werden ihn vernichten.

Ich werde nicht versuchen, Namen oder Adresse zu empfangen. Das ist im Augenblick zu gefährlich für mich. Sollte sich etwas Ungewöhnliches ereignen, rufe ich dich sofort an.

In den folgenden Monaten sollte nur eine – allerdings sehr wichtige – Information zu dem hinzukommen, was wir bereits über die Saga des Schwarzen Alchimisten wußten. Sein zweistöckiges Reihenhaus im viktorianischen Stil – so wie Bernard es in seinem außergewöhnlichen Traum gesehen hatte – befand sich irgendwo in der Küstenstadt Eastbourne, nur fünf Meilen südöstlich der kleinen Kirche auf dem bewaldeten Hügel in Lullington.

Kapitel 7

Die Kuppel von Kent

Samstag, 3. Mai 1986. Im allerersten Morgenrot des anbrechenden Tages hoben sich die Konturen einer einsamen Kirche oben auf einem von Bäumen eingefaßten Hügel ab. Dutzende großer schwarzer Vögel – Krähen vielleicht – umkreisten das christliche Gebäude entgegen dem Uhrzeigersinn, schwebend, aufsteigend und gleitend, jedoch ohne je zu landen. Der Anblick wirkte unnatürlich. In der Kirche geschah etwas Unheilvolles. Bernard erkannte, daß die Vögel die starken dunklen Energien symbolisierten, die irgendwo im Inneren des Gotteshauses freigesetzt wurden.

Bernard wußte, daß das kein gewöhnlicher Traum gewesen war. Obgleich er nicht wußte, wo sich diese Kirche befand, war er ganz sicher, daß es sie gab und dort etwas Verhängnisvolles geschah. Warum ihm allerdings ein Blick auf die Szenerie gestattet worden war, blieb ihm ein Rätsel. Es schien sich um einen dieser parapsychisch beeinflußten Träume zu handeln, die er zuweilen hatte. Er beschloß also, dem Traum keine weitere Bedeutung beizumessen und statt dessen wie gewohnt seinen Samstagspflichten nachzugehen. Als erstes fuhr er mit seiner Frau zum Einkaufen. Aber wie sehr er sich auch bemühte, den simplen Inhalt des seltsamen Traumes zu vergessen, das Bild der Kirche auf dem Hügel begleitete ihn den ganzen Tag. Am frühen Abend waren die Eindrücke dann so massiv, daß er sich ins verhältnismäßig ruhige Eßzimmer zurückzog, um sich auf die Bilder zu konzentrieren, die ihn nicht mehr losließen, um zu sehen, ob er mehr in Erfahrung bringen konnte. Ganz offensichtlich gab es irgendwo eine Kirche, die dunkle, unheilvolle Energien verströmte, die stark genug waren, daß er als Medium sie wahrnehmen konnte. Konnte er den Standort feststellen?

Neugierig, wenn auch nicht sonderlich begeistert, schloß Bernard die Augen. Er konnte immer noch die Vögel sehen, die die Kirche umkreisten, aber dann begann er, weitere Einzelheiten der Umgebung wahrzunehmen.

Die Kirche stand auf einem Hügel, dessen Kuppe mit hohen Bäumen bedeckt war. Die Architektur des Gebäudes ließ darauf schließen, daß es noch nicht sehr alt war, vermutlich aus viktorianischer Zeit. Und doch konnte er sehen, daß die riesigen Steinblöcke, aus denen die Mauern bestanden, bereits vom Alter verwittert waren. Eine Allee – Koniferen, wie er glaubte – führte über den Kirchhof bis zum Kirchenportal.

Als er keine weiteren Bilder und Eindrücke empfing, brach er die Konzentration ab und notierte sich einige interessante Einzelheiten, ehe er den Raum verließ.

Sonntag, 4. Mai. Den zweiten Tag in Folge sah Bernard nun schon die dunkle Energie die Kirche oben auf dem Hügel umkreisen wie ein Vogelschwarm. Er spürte, daß im Inneren der Kirche ein schwarzes Ritual vollzogen worden war und dieses, worum auch immer es sich handeln mochte, noch in Gang war und stetig an Intensität zunahm.

Und dann, kurz nach Mittag, kam plötzlich und unerwartet ein neuer, erschreckender Eindruck hinzu. Bernard wußte auf einmal, daß das Ritual vom Schwarzen Alchimisten aus Eastbourne in Sussex vollzogen wurde. Aber wenn dem so war, wo befand sich dann die Kirche? Und was hatte er diesmal vor? Wichtiger noch, was hatte das alles mit ihm selbst zu tun?

Er erhielt keine Antwort auf seine Fragen, abgesehen von dem Eindruck, daß die Kirche sich irgendwo im Süden befand. Vermutlich irgendwo in den Sussex Downs, wie er vermutete, nicht weit entfernt vom Wohnort des Schwarzen Alchimisten.

An diesem Morgen verspürte ich beim Aufwachen den starken Drang, in die Sussex Downs zurückzukehren, da ich das ungute Gefühl hatte, daß der Schwarze Alchimist dort wieder sein Unwesen trieb.

Ich hatte schon ein paar Tage nicht mehr mit Bernard gesprochen, und wenngleich wir vereinbart hatten, uns am Dienstag im Griffin-Pub in Danbury zu treffen, wollte ich gleich mit ihm über meine Gefühle sprechen. Die Sache mit dem Schwarzen Alchimisten hatten wir schon lange nicht mehr angesprochen, nicht einmal beiläufig, und doch ließ sie mich nicht los, vor allem Bernards Ankündigung, daß unsere Wege sich irgendwann wieder kreuzen würden und er die beschriftete

Speerspitze ersetzen werde, die wir fast exakt ein Jahr zuvor in Lullington ausgegraben hatten.

Lullington selbst kam mir immer wieder in den Sinn, so daß ich mich fragte, ob der Schwarze Alchimist vielleicht inzwischen zur Kirche zurückgekehrt war und die ursprüngliche Speerspitze ersetzt hatte. Mein Instinkt sagte mir, daß dies zutraf. Also beschloß ich spontan und, ohne Bernard zu informieren, den Sussex Downs einen Besuch abzustatten, den ersten seit unserer Entdeckung der Speerspitze im vergangenen Mai.

Obwohl ich den Kirchhof von Lullington gründlich absuchte, konnte ich nichts finden, und so gab ich schließlich auf und kehrte zurück nach Essex.

Montag, 5. Mai. Nein, die Kirche befand sich nicht in Sussex, sondern in West Kent; das spürte Bernard inzwischen sehr deutlich. Wo genau, war ihm allerdings bislang nicht offenbart worden. Und doch ahnte er langsam, daß ihm eine zweite Konfrontation mit den Aktivitäten des Schwarzen Alchimisten bevorstand, ein Gedanke, der ihm ganz und gar nicht behagte. Vorausschauend kaufte er eine Karte im Maßstab 1:1000 von West Kent. Er hatte keine Ahnung, was vor sich ging oder warum der Okkultist exakt ein Jahr, nachdem sie sein Ritual in Lullington zunichte gemacht hatten, in West Kent wiederauftauchen sollte. Er wußte nur, daß sich in dieser Kirche langsam etwas Unnatürliches zusammenbraute, dem Einhalt geboten werden mußte, damit es nicht außer Kontrolle geriet.

Dienstag, 6. Mai. Bernard bestellte sich ein Guiness, bevor er zu mir in die Ecke des überfüllten Griffin kam.

Er zog einen Stapel Notizen aus der Jackentasche, die er mir über den Tisch hinweg reichte. »Die solltest du besser lesen. Mal sehen, was du davon hältst.«

Die Notizen betrafen eine Reihe von Bildern und Wahrnehmungen, die er in den vergangenen Tagen eine Kirche auf einem Hügel in West Kent betreffend empfangen hatte.

Ich las sie mit großem Interesse, bevor ich ihm von meiner Fahrt nach Sussex Downs zwei Tage zuvor berichtete.

Zweifellos bahnte sich etwas an – das hatten wir beide gespürt –, und ausnahmsweise einmal schien Bernard darauf zu brennen, mehr darüber herauszufinden.

Also konzentrierte er sich erneut auf die Bilder der Kirche, während wir inmitten lärmender Jugendlicher an den anderen Tischen unser Bier tranken.

Mit geöffneten Augen konzentrierte er seine Gedanken auf das inzwischen vertraute Bild der Kirche.

»Die Vögel umkreisen immer noch die Hügelkuppe«, sagte er. Gleichzeitig empfing er jedoch ein noch beunruhigenderes Bild. »Ich kann jetzt groteske Dämonen sehen oder Wesen, die an Wasserspeier erinnern. Sie kriechen an den Fundamenten der Kirche entlang. Sie springen immer wieder in die Wirklichkeit über. Sie scheinen eine weitere symbolische Darstellung zu sein für die zerstörerische Kraft, die sich im Inneren zusammenbraut.«

Sorgfältig schrieb ich alles auf, was er sagte.

»Ich kann jetzt mehr von der Kirche sehen. Es gibt eine äußere und eine innere Tür. Letztere führt in die Kirche selbst. Auf der Südseite befindet sich neben einem vorstehenden Giebel ein seltsam anmutender Glockenturm.«

Aber was geht dort vor?

»Ich fühle, daß der Schwarze Alchimist außen um die Kirche herumgegangen ist und irgendwie ihre Energien abgeschottet hat … als hätte er eine Art Barriere geschaffen. Ich selbst vermag sie nicht zu durchbrechen und in die Kirche vorzudringen.«

Warum sollte er das tun?

»Ich schätze, er hat eine Art mentaler Barriere oder Mauer errichtet, um zu verhindern, daß jemand auf psychischer Ebene ins Innere der Kirche vordringt«, sagte er. »Warum weiß ich nicht.«

Und wo befand sich diese Kirche nun?

Bernard unterbrach seine Konzentration und sah mich an. »Ich muß aufhören«, erklärte er und zündete sich noch eine Zigarette an. »Ich fühle, daß ich Kopfschmerzen bekomme und mir übel wird. Tatsächlich habe ich sogar das Gefühl, daß, wenn ich nicht aufhöre, ich in Trance fallen werde und etwas ziemlich Übles passiert. Ich konnte in meinem Kopf eine kehlige Stimme hören, die versuchte, sich meiner zu bemächtigen.«

Und ich wußte aus vergangenen Erfahrungen, was das bedeuten konnte – er würde in Trance fallen und besessen werden. Eine fremde, kehlige Stimme aus Bernards Mund wäre für ihn selbst gefährlich gewesen, ganz zu schweigen von der Peinlichkeit vor den anderen Gästen und den Jugendlichen an den Tischen um uns herum.

Da mich ein natürliches Bedürfnis plagte, nutzte ich diese Gelegenheit, um für einen Augenblick zu verschwinden. Als ich zurückkam, kritzelte Bernard auf dem Notizblock herum.

Ich setzte mich wieder, und er schob er mir seine Notizen zu.

Er hatte die Worte »Remien vigila« und »Ratio experimentia« geschrieben. (1) Offensichtlich handelte es sich um Latein. Da keiner von uns beiden Latein lesen konnte, wurde aus der sofortigen Übersetzung nichts. Darunter hatte er eine riesige Höhle skizziert, mit Stufen, die hineinführten. Er sagte, diese Höhle hätte er in Gedanken gesehen. Darunter stand in der Handschrift, die typisch war für die Phasen, in denen er auf medialer Ebene Botschaften und Bilder empfing und seine Hand wie von allein schrieb:

Ich bin der Priester des Heiligtums. Er hat meinen Kopf vom Körper abgetrennt. Er erscheint als Sonne, als Quelle kristallklaren Wassers.

Das sagte uns beiden nichts. Aber ich hätte mich daran erinnern müssen, daß ich ähnliche Worte gelesen hatte, als ich mich im vergangenen Jahr mit der Geschichte Zosimos' von Panopolis befaßt hatte, dem griechisch-ägyptischen Alchimisten aus dem vierten Jahrhundert.

»Komm. Gehen wir auf den Kirchhof. Dort wird eine andere Atmosphäre sein«, sagte er und erhob sich.

Das war eine gute Idee. Da es noch hell war, wäre es das ideale Umfeld, um die psychische Arbeit ungestört fortführen zu können.

Bernard stellte sich unter eine große Roßkastanie, zu der er sich aus unerfindlichen Gründen schon immer hingezogen gefühlt hatte, und empfing prompt weitere Bilder und Eindrücke.

Er fing an, unter dem Baum auf und ab zu gehen. »Ich empfange den Namen St. Mary's. Schreib das auf. Die Kirche ist der heiligen Jungfrau geweiht. Ich kann jetzt auch erkennen, daß sie gleich neben einem Dorfanger steht, einem großen, und dahinter stehen Häuser. Ziemlich alte Gebäude, 18. oder 19. Jahrhundert, würde ich sagen. Der Schwarze Alchimist ist mit erhobenen Armen um die Kirche herumgegangen.«

Hastig notierte ich alles, was Bernard sagte.

»Schreib auf«, fuhr er fort und unterbrach sich kurz, um auf meinen Notizblock zu zeigen. »›The True Glass of Alchimy‹ (2) … Das ist ein Buch.« Er wandte sich wieder ab und nahm seine Wanderung unter dem Baum wieder auf. »Ion ist der Name des Priesters jenes Heiligtums, das ich im Pub erwähnt habe. Es ist eine Vision, die der Schwarze Alchimist verzerrt … ›Amphitheater ewiger Weisheit‹ … ein weiteres Buch. Und der Name ›Bacon‹.

Ich sehe jetzt die Bilder, die zu der Alchimie gehören, die ich vergangenes Jahr das erste Mal gesehen habe, als ich die steinerne Speerspitze psychometriert habe«, fuhr er fort, unterbrach seine Konzentration und blickte zu mir herüber. »Gegenstände werden verbrannt, Laborgeräte und alte Manuskripte. Und jemandem wird der Kopf abgetrennt und das Ganze mit Fleisch und Blut vermischt. Widerwärtig.«

Aber dann kehrten Kopfschmerzen und Übelkeit zurück.

Als ich erkannte, daß er dabei war, gefährlichen Boden zu betreten, bat ich ihn eindringlich, die Psi-Ebene eine Weile zu verlassen und auszuruhen. Aber er machte unbeirrt weiter.

»Ich spüre, daß irgendwie eine Schlange oder ein Drache in die Sache verwickelt ist«, fügte er hinzu. Wir zündeten uns beide eine Zigarette an und warteten einige Minuten.

»Die Kirche ist in ›Ide Hill‹«, sagte er schließlich, »wo

immer das sein mag. Etwas wurde in der Kirche deponiert, und er hat das Gebäude definitiv auf psychischer Ebene abgeschottet.«

»Was hat er in der Kirche hinterlegt?«

»Das gleiche, was er schon einmal hinterlegt hat, nehme ich an.«

»Was? Eine Speerspitze?«

»Davon gehe ich aus.«

»Und was sollen wir tun?«

»Sie entfernen«, entgegnete er, woraufhin er erneut verstummte, um seine Gedanken zu ordnen. »Ich fühle, daß das alles wieder mit Zosimos zusammenhängt. Dieser Priester, Ion, ist eine von Zosimos' Visionen, die der Schwarze Alchimist zu seinen eigenen Zwecken mißbraucht.«

Der Name Ion war mir noch nie untergekommen, obgleich ich von Zosimos' Traum gelesen hatte, in dem der Priester sich selbst auf einem kuppelförmigen Altar opferte. Der Name des Priesters war nicht genannt worden, was bedeuten konnte, daß er möglicherweise nie schriftlich festgehalten worden war (3).

Das schien alles zu sein. Bernard ging zurück in Richtung Kirche, als wolle er mir damit das Ende der mentalen Kommunikation signalisieren. Aber jetzt wußten wir, wo sich die Kirche aus seinem Traum befand, und wir hatten eine vage Vorstellung davon, was sich dort abgespielt hatte, so daß wir entsprechend handeln konnten.

Zurück im Pub besprachen wir die Situation, während wir versuchten, Ide Hill auf der Karte zu finden. Ich entdeckte den Ort fast sofort – ein Dorf dieses Namens befand sich nur einige Meilen außerhalb der Stadt Sevenoaks in West Kent. Die Symbole auf der Karte zeigten, daß die Dorfkirche sich tatsächlich auf einem Hügel befand, mit einer ausgedehnten Grünfläche auf der Südseite und Häusern dahinter. So weit, so gut. Den Rest konnte ich später überprüfen.

Aber wann sollten wir dort hinfahren? Bernard konnte unter der Woche nicht, also würde der Ausflug bis zum kommenden Wochenende warten müssen. Der Sonntag war allerdings schon verplant, da ich Bernard mit Colin und Gelly Paddon bekannt machen wollte, einem Ehepaar aus Milton Keynes. Die beiden waren im August des vergangenen Jahres zu einem Wald in der Nähe ihres Wohnortes geführt worden, wo sie auf mentaler Ebene zwei Schwerter entdeckt hatten, die absolut identisch waren mit jenem, das Graham Phillips und ich 1979 in der Nähe eines Sees in Worcestershire gefunden hatten. Außerdem hatte ich noch Caroline Wise und Alan Cleaver eingeladen, zwei Freunde von uns. Also beschloß ich, daß es das Beste wäre, diese Zusammenkunft mit unserem Ausflug nach Ide Hill zu kombinieren und alle einzuladen, uns zu begleiten. Vermutlich würden wir sowieso etwas Hilfe brauchen.

Wir vereinbarten eine Zeit. Ich würde den anderen Bescheid geben. Hiernach sprachen wir wieder von dem Ritual, das der Schwarze Alchimist offenbar in Ide Hill vollzogen hatte. Was hatte er diesmal vor?

Bernard wußte es nicht.

Okay, wann hatte er dieses Ritual ausgeführt? Und um ihm zu helfen, diese Frage zu beantworten, wies ich ihn darauf hin, daß er die Bilder der Kirche in der Nacht von Freitag auf Samstag, vom 2. auf den 3. Mai, das erste Mal empfangen hatte und daß die Negativenergie seitdem stetig zugenommen hatte. Vermutlich war das Ritual also am Maitag vollzogen worden, dem 1. Mai, einem der acht großen heidnischen Feiertage im Jahreskalender.

Bernard nickte.

Wenn das zutraf, hatte der Schwarze Alchimist die beschriftete Speerspitze möglicherweise exakt ein Jahr zuvor in Lullington begraben, am Maitag 1985, etwa drei Wochen bevor wir sie gefunden hatten.

Er schüttelte den Kopf. »Nein, ich fühle, daß sie schon einige Monate dort gelegen hat.«

Ich überlegte wieder. Was war mit dem Frühlingsäquinoktium 1985, um den 21. März herum, dem wichtigsten heidnischen Festtag vor dem Maitag?

Bernard dachte einen Moment darüber nach. »Ja, ich glaube, du hast recht. Aber wie auch immer, ich muß jetzt los. Ruf mich an, um die Zeiten zu bestätigen.«

Ich nickte, während er aufstand, um zu gehen.

Zu Hause arbeitete ich mich durch sämtliche Bücher, die ich über die Topographie von Kent besaß, und durchforstete sie nach Erwähnungen Ide Hills. Leider fand ich nur sehr wenige Informationen über die Kirche, da es sich – wie Bernard vorausgesagt hatte – um einen viktorianischen Bau handelte, der erst 1865 errichtet worden war. Die Kirche war tatsächlich der Heiligen Jungfrau geweiht, und ja, eine Allee von immergrünen Bäumen führte den Besucher von einem überdachten Tor auf der Südseite über den Hof zum südlichen Kirchenportal. Die Stätte war von einem Wald Bäume eingefaßt, und es gab auch einen ›komischen Glockenturm‹, einen schlanken spitzen Turm an der Südseite.

Die Bilder, die Bernard empfangen hatte, waren also korrekt. Aber warum ausgerechnet diese Kirche? Diese Frage ließ mir keine Ruhe. Dann stieß ich jedoch beim Durchblättern eines anderen Buches über die Grafschaft Kent auf einen Hinweis. Offenbar wurde der Ide

Hill wegen des Birkenwäldchens, das die Hügelkuppe krönte und um die Kirche herum einen ungewöhnlichen, gewölbten Baldachin bildete, auch als Kuppel von Kent bezeichnet. Wenn man die Höhe des Hügels bis zu den Baumkronen maß, erreichte der Ide Hill eine Gesamthöhe von zweihundertvierzig Metern über dem Meeresspiegel und war somit einer der malerischsten Aussichtspunkte Kents.

Das machte mich stutzig, da ich wußte, daß Kuppeln in Zosimos' alchimistischem System eine große Rolle gespielt hatten. Richard Cavendish schrieb in seinem Buch ›The Black Arts‹ (Die schwarzen Künste), daß Zosimos in einem seiner visionären Träume gesehen hatte, wie ein Priester sich selbst auf einem kuppelförmigen Altar opferte, zu dem fünfzehn Stufen hinaufführten. Der Priester verkündete: »Ich bin die fünfzehn Stufen in die Dunkelheit hinabgestiegen, und ich bin die Stufen zum Licht emporgestiegen. Das Opfer ist Erneuerung und befreit mich von der Schwerfälligkeit des Körpers. Und auf diese Weise aus Notwendigkeit heraus geopfert, werde ich zum Geist.«

Dann erklärte der Priester, daß er unerträgliche Gewalt erlitten habe. Er wurde mit einem Schwert enthauptet, und seine Knochen wurden mit seinem Fleisch vermengt und im ›Feuer der Behandlung‹ verbrannt. Und ›durch die Verwandlung des Körpers‹ wurde er zu einem freien Geist. Natürlich handelte es sich bei dieser speziellen Form der alchimistischen Wandlung ebenso um einen physischen wie um einen symbolischen spirituellen Prozeß, den manche Menschen vollzogen in der Hoffnung, selbst gottgleich zu werden.

Vieles hiervon schien zu bestätigen, was Bernard auf dem Kirchhof von Danbury gesehen hatte, sowie die Theorie zu stützen, daß der Schwarze Alchimist sich des alchimistischen Systems des Zosimos bediente. Ich fühlte daher, daß er den Ide Hill aufgrund seiner topographischen Beschreibung als sogenannte Kuppel von Kent zu seinem eigenen ›kuppelartigen Altar‹ gewählt hatte. Das bedeutete jedoch auch, daß noch andere Facetten von Zosimos' Traum vollzogen werden würden. Wenn jemand nämlich das Endstadium seiner alchimistischen Verwandlung erreichen wollte, sollte er Zosimos zufolge einen Tempel errichten »… wie aus weißem Blei, wie aus Alabaster, eine Konstruktion ohne Anfang und ohne Ende. Und im Inneren soll eine Quelle reinen Wassers sprudeln und glitzern wie die Sonne.« Fast exakt dieselben Worte, die Bernard früher am Abend im Pub empfangen hatte.

Unseren ›kuppelförmigen Altar‹ hatten wir also bereits: Ide Hill. In diesem Fall mußte es sich bei dem Tempel ›ohne Anfang und ohne Ende‹ um die psychische Mauer oder Barriere handeln, die der Schwarze Alchimist um die Kirche herum errichtet hatte. Und als mir das klar wurde, begann ich auch zu verstehen, was er vorhatte. Er bereitete die Stätte für eine Art Wiedergeburtsritual vor, da, wieder Richard Cavendish zufolge, dieser Tempel den Mutterleib darstellte mit dem funkelnden Wasser des Lebens in seinem Inneren, der angebliche Ursprung – oder die Quelle – der göttlichen menschlichen Seele. Konnte der Schwarze Alchimist diese göttliche Mutter mit der Weihung der Kirche von Ide Hill an die Heilige Jungfrau Maria in Verbindung bringen, die Gottes Sohn zur Welt gebracht hatte? Ich glaubte schon.

Als nächstes mußten wir also herausfinden, was genau er im Inneren dieser Kirche ausbrütete.

Kapitel 8

Ide Hill

Sonntag, 11. Mai 1986. »Ich hoffe nur, daß wir nicht in eine Falle laufen«, meinte Bernard, als die Kirche jenseits des Dorfangers auftauchte.

Eine Falle? Das wollte ich nicht hoffen. Und überhaupt, was meinte er damit?

»Ach nichts. Nur so ein Gedanke. Etwas, was mir seit einiger Zeit durch den Kopf geht.«

Ich ließ die Angelegenheit auf sich beruhen. Und doch wußte ich aus vergangener Erfahrung, wenn Bernard ganz beiläufig etwas scheinbar Zusammenhangloses in ein Gespräch einfließen ließ, war ihm dies gewöhnlich auf irgendeine Art eingegeben worden.

Während wir unsere Autos parkten, behielt ich Bernard im Auge, da ich damit rechnete, daß er jeden Moment von Kopfschmerzen und Übelkeit befallen wurde. Als er ausstieg, wirkte er jedoch entspannt und gab offen zu, sich ganz bewußt gegen die psychischen Schwingungen des Ortes abzuschotten – zumindest für den Augenblick.

Kleine Personengruppen liefen mit Klemmbrettern umher und betrachteten bestimmte Gebäude und Landschaftsmerkmale, als suchten sie etwas Bestimmtes.

Neugierig sprach Gelly eine der Gruppen an und kehrte gleich darauf mit einer Antwort zurück. »Das ganze Dorf beteiligt sich an einer großen Schatzsuche«, erklärte sie lächelnd. »Man hat den Bewohnern einige Hinweise gegeben, die bei richtiger Interpretation zu einem vergrabenen Schatz führen oder etwas in dieser Art.«

»Ist das nicht seltsam«, bemerkte Colin und warf einen Blick in die Runde. »Wir kommen auf der Suche nach einem verborgenen Artefakt her, und dann stellt sich heraus, daß ganz Ide Hill auf Schatzsuche ist!«

»Vielleicht finden sie die Speerspitze noch vor uns«, bemerkte Alan knapp und machte der Unterhaltung damit ein Ende.

Es war nur ein Gedanke. Und doch war es tatsächlich ein merkwürdiger Zufall.

Als ich mich der viktorianischen Kirche näherte, konnte ich ihren sonderbaren Glockenturm und die Allee sehen, die vom überdachten Tor zum Südportal führte, ganz genau so, wie Bernard es in der vergangenen Woche geschildert hatte. Unsere Gruppe betrat den Kirchhof und folgte dem ausgetretenen Pfad, der sich um das Gebäude herumwand. Ich fragte Bernard leise, ob er irgend etwas empfange.

»Er ging im umgekehrten Uhrzeigersinn um die Kirche herum«, entgegnete er, blickte zu dem Steingebäude auf und überlegte einen Moment.

»Die psychische Barriere liegt zwischen uns und der Mauer. Ich sehe, wie er mit erhobenen Armen umhergegangen ist und die Steinmauern berührt hat. Jedesmal, wenn er auf eine Tür gestoßen ist, hat er mit einer Hand die Konturen nachgezeichnet, um dann wieder oben an der Tür anzusetzen und die Hände bis zum Boden herabzusenken, als würde er sie symbolisch vor der Außenwelt versiegeln.«

Wir schlenderten weiter.

Urplötzlich fuhr ein heftiger Wind über die von Bäumen eingefaßte Hügelkuppe. Da ich dies als Vorzeichen dafür deutete, daß sich auf dem Kirchhof auf Psi-Ebene etwas zusammenbraute, rief ich unsere Gruppe zusammen. In einer Ecke des Hofes vollzogen wir unter den überhängenden Ästen eines Baumes ein entsprechendes Schutzritual, bevor wir uns weiter umsahen.

Wir gingen unter Anwendung eines Visualisierungsrituals um die Kirche herum, und die mediale Mauer, die der Schwarze Alchimist errichtet hatte, löste sich auf, so daß wir die Kirche ungehindert betreten konnten. Im Inneren sahen wir uns aufmerksam um, uns selbst nicht schlüssig, was wir eigentlich zu finden erwarteten. Ich hielt ein Auge auf Bernard, nur für den Fall, daß er in Schwierigkeiten geriet. Ich dachte an die Probleme, die er im vergangenen Jahr in Lullington bekommen hatte. Aber es schien ihm gutzugehen; er lächelte und war witzig wie immer.

Dann, exakt um 15 Uhr, verkündete Bernard: »Die Speerspitze liegt unter dem Altar.«

Ich war der einzige, der seine Worte hörte, und so ging ich, während Bernard zu seiner eigenen Sicherheit die Kirche verließ, zügig in den Altarraum und sank auf Hände und Knie. Ich hob das hintere Ende des Altartuches an und versuchte, das versteckte Artefakt auszumachen. Es war jedoch so dunkel unter dem hölzernen Altar, daß ich nichts erkennen konnte. Ich riß ein Streichholz an und hielt es in eine der Ecken. Nichts. Das Streichholz ging aus. Ich entzündete ein neues, das ich in eine der anderen Ecken hielt. Wieder nichts.

Inzwischen waren die anderen zu mir gestoßen, und auch das Medium tauchte durch das südliche Portal wieder auf.

»Was immer du tust, faß sie nicht an«, rief Bernard.

Alle blickten auf und erwarteten eine Erklärung, aber er war bereits wieder fort.

Ich nahm die Suche erneut auf. Mehrere abgebrannte Streichhölzer später kam ich zu dem Schluß, daß unter dem Altar nichts sei. Sofern dort irgend etwas hinterlegt worden war, war es inzwischen schon wieder entfernt worden. Sofort fühlte ich mich enttäuscht und frustriert. Was zum Teufel ging hier vor? Ich brauchte eine Erklärung.

Hektisch setzte ich die Suche um den Altar herum fort. Ich sah in jedem erdenklichen Versteck nach, konnte aber nichts finden. Bernard betrat die Kirche wieder und erkannte, was los war.

Wo war die Speerspitze?

»Ich bin nicht sicher«, sagte er, scheinbar ebenso verwirrt wie alle anderen. »Ich habe ganz eindeutig empfangen, daß sie unter dem Altar liegt. Sie müßte dort sein. Es sei denn, ich habe nur die negativen Schwingungen empfangen, die sie dort hinterlassen hat.«

Ich wollte ihm glauben. Der Schwarze Alchimist mußte erkannt haben, daß ihm jemand auf die Schliche gekommen war. Bestimmt war er im Laufe der Woche hier gewesen und hatte den beschrifteten Stein wieder an sich genommen. Das war die einzige Möglichkeit – oder Bernard hatte sich schlicht geirrt. Nein, das war albern. Warum sollte er so zahlreiche deutliche Bilder und Eindrücke einer obskuren Kirche in Kent empfangen, wenn dort alles in Ordnung war? Das machte keinen Sinn. Der Schwarze Alchimist mußte den Stein weggenommen haben.

Das alles deutete jedoch darauf hin, daß der Mann ein sehr geschicktes Medium war und realisiert hatte, daß sich jemand an seine Fersen geheftet hatte. Wir hätten die Speerspitze holen sollen, sobald wir erfahren hatten, daß sie in Ide Hill versteckt war. Dann befände sie sich jetzt in unserem Besitz.

»Ach, mach dir keine Gedanken, es war ein schöner Ausflug«, sagte Gelly, während sie die Suche hinter den Holzbänken fortsetzte.

Das ärgerte mich nur noch mehr. Es hatte nicht nur ein ›schöner Ausflug‹ werden sollen. So wie die Dinge lagen, standen Bernard und ich ganz schön dumm da.

Colin vollzog im Kirchenschiff ein simples kabbalistisches Bannritual, um die Atmosphäre von eventuellen psychischen Überresten der zweifelhaften Aktivitäten des Schwarzen Alchimisten zu säubern.

Gleichzeitig setzte Bernard sich in eine Bankreihe und fing an zu schreiben.

Ich ging zu ihm hinüber und blickte auf seinen Notizblock, den er wortlos in meine Richtung drehte. Er hatte eine steinerne Speerspitze mit magischen Symbolen skizziert. Darunter war ein seltsames Symbol gezeichnet, das aus einer Spirale und den astrologischen Zeichen für die Planeten Merkur und Venus bestand – ein Pfeil zeigte von dem Symbol zum Stein.

Was hatte das zu bedeuten?

Er blickte wieder auf seine Zeichnung. »Als Colin das Bannritual vollzogen hat, habe ich gesehen, wie jemand diesen Stein entfernt hat; aller Wahrscheinlichkeit nach handelt es sich um den, der unter dem Altar gelegen hat. Auf dem Stein waren ähnliche magische Zeichen wie auf der Speerspitze, die wir in Lullington gefunden haben, zusammen mit diesem Symbol, das ich gezeichnet habe.«

Hatte der Schwarze Alchimist seinen beschrifteten Stein tatsächlich wieder entfernt, oder war es nur Bernards Wunschdenken?

Ich trat hinaus auf den Kirchhof und zeigte Caroline Bernards Zeichnung des beschrifteten Steins und des merkwürdigen Symbols.

»Das sieht aus wie John Dees Symbol ›Monas Hieroglyphica‹«, sagte sie überzeugt.

Das Monas Hieroglyphica. Dr. John Dee war ein englischer Astronom, Mathematiker, Wissenschaftler und Ritual-Okkultist im 16. Jahrhundert gewesen, der unter vielem anderen das Datum der Krönung Elizabeth I. bestimmt hatte, indem er astrologisch einen günstigen Zeitpunkt errechnete. Das Monas Hieroglyphica war ein magisches Symbol, das er entworfen und benutzt hatte, obgleich ich nicht glaubte, daß es sich um dasselbe Symbol handelte wie jenes, das Bernard an diesem Nachmittag gezeichnet hatte. Dieses schien mir ein wenig anders auszusehen; eine Mischung aus anderen, mondäneren okkulten Symbolen.

Ich legte Caroline meine Meinung dar, aber sie widersprach mir. Ich hörte nicht zu, und Bernard war nicht da, so daß er sich nicht zu diesem Punkt äußern konnte.

Auf der Rückfahrt nach Essex hatten wir Gelegenheit zu überdenken, was sich an diesem Tag ereignet hatte. Okay, der Schwarze Alchimist hatte sein eigenes Artefakt also offenbar wieder entfernt, aber was bedeutete das für uns? Meine Gedanken kehrten zurück zu Bernards anfänglicher Bemerkung über eine Falle und zu seiner späteren Warnung, den Stein nicht zu berühren, weil er unsere Seelen gefährden würde. Was hatte das alles zu bedeuten?

»Ich bin nicht sicher. Als ich draußen auf dem Kirchhof war, hörte ich die Worte ›bringt eure Seelen nicht in Gefahr‹. Die Worte schienen von einer Art spirituellem Führer zu kommen, einem Mann, der mir erzählte, daß er im 16. Jahrhundert als Alchimist auf dieser Erde gelebt hätte. Außerdem teilte er mir mit, daß er als unser Führer agieren würde, um uns dabei zu helfen, die Machenschaften des Schwarzen Alchimisten zu durchkreuzen. Warum er uns helfen will, kann ich nicht sagen. Jedenfalls spürte ich gleichzeitig sehr stark, daß du dich in große Gefahr begeben würdest, wenn du den Stein berührtest.«

Welche Art von Gefahr?

»Vielleicht war der Stein mit einer Art Schutzmechanismus geladen«, entgegnete er. »Möglicherweise mit einer psychischen ›Bombe‹, die jedem, der den Stein berührt, seelische Qualen bereitet.«

Ich war skeptisch. Das paßte nicht zu seiner vorangegangenen Bemerkung, daß wir vielleicht in eine Falle liefen. Eine Falle bedeutete, daß etwas bewußt arrangiert worden war, um anzulocken und nicht um abzuschrecken. Aber um ehrlich zu sein, spielte das für mich im Grunde keine Rolle mehr. Der Umstand, daß dieser Tag ergebnislos verlaufen war, war das einzige, was mich im Augenblick interessierte.

Und doch hatten wir beide aus einem unerfindlichen Grund das sichere Gefühl, daß der Schwarze Alchimist erneut zuschlagen würde, und zwar schon bald.

Dienstag, 20. Mai. Bernard war nervös. Er steckte sich eine Zigarette an, starrte aus seinem Wohnzimmerfenster und beobachtete, wie der Himmel sich verdüsterte, als ein schweres Gewitter immer näher heranzog.

Kurz nachdem er in Ide Hill die Skizze angefertigt hatte, hatte sich bei ihm das Gefühl eingestellt, daß es dem Schwarzen Alchimisten auf eine bizarre Art irgendwie gelungen war, unseren Kirchenbesuch zu verfolgen. Zuerst hatte er geglaubt, daß er möglicherweise persönlich anwesend war, und sich irgendwo in der Nähe versteckt oder unter die Dorfbewohner auf Schatzsuche gemischt hatte. Letztendlich hatte er diese Idee jedoch aufgegeben und war zu dem Schluß gekommen, daß er sich auf psychischer Ebene in unseren Besuch ›eingeklinkt‹ hatte. Und doch hatte der Mann schon im Vorfeld gewußt, daß wir nach Ide Hill fahren würden. Er war zur Kirche gegangen und hatte den beschrifteten Stein wieder aus seinem Versteck geholt – zumindest sah es so aus. Diese Erklärung schien unglaublich, war aber scheinbar der einzige logische Schluß.

Dann hatte er ein paar Tage zuvor sehr deutlich gespürt, daß der Schwarze Alchimist es geschafft hatte, sie mit Hilfe eines bestimmten Kompasses auf mentaler Ebene bis nach Essex hinein zu verfolgen, so daß er nun wußte, wo in etwa sie lebten. Nichts Spezifisches; keine Namen und Adressen, nur vage, unbestätigte Impressionen.

Das Gefühl hatte ihn nicht mehr losgelassen, war vielmehr mit jedem Tag stärker geworden.

Dieser schwüle, stickige Tag hatte dann schließlich eine merkwürdige psychische Empfindung mit sich gebracht; beinahe so wie verstärkte statische Störungen in einem Radio. Das Gefühl hatte den ganzen Nachmittag über zugenommen, bis schließlich das Gewitter aufgezogen war. Jetzt war die Atmosphäre unheilschwanger, und als der Sturm über ihn hinwegzog, drängte sich ihm ein neuer Eindruck auf. Sonderbare Gedanken drangen in sein Unterbewußtsein: Eine geladene Atmosphäre war ein ideales Klima für eine psychische Tarnung; die rechte Zeit zu reisen und ein Samenkorn zu pflanzen.

Es gab keinen Zweifel. Es waren die Gedanken des Schwarzen Alchimisten. Zwischen ihnen bestand wieder eine geistige Verbindung. Er war auf dem Sprung, bereit und gewappnet für seine nächste Konfrontation.

Aber was wollte er von ihnen? War er verärgert über ihre Einmischung, oder steckte vielleicht mehr dahinter? Leider konnte er nicht mehr tun als geduldig abzuwarten, was als nächstes passieren würde.

Kapitel 9

Shenfield Common

Mittwoch, 21. Mai 1986. Starke böige Winde fegten den ganzen Tag lang über den Süden Englands hinweg. Zäune kippten um, Bäume wurden entwurzelt, und das Meer brodelte und spritzte in den Küstenregionen über Deiche und Dämme hinweg.

Das heftige, elementare Wetter steigerte Bernards Unruhe noch. Etwas ging vor, und er mußte herausfinden, was es war.

Er kam an diesem Abend früher als gewöhnlich von der Arbeit nach Hause, zog sich in die Stille des Eßzimmers zurück und analysierte seine Gefühle vom Vortag. Augenblicke verstrichen, ehe ein übermächtiges Gefühl sich ihm aufdrängte. Ja, jemand – aller Wahrscheinlichkeit nach der Schwarze Alchimist – war in Aktion getreten. Es hatte über das Wasser hinweg einen Kontakt gegeben. Jemand hatte in den vergangenen vierundzwanzig Stunden Essex besucht. Der Schwarze Alchimist hatte erneut zugeschlagen. Aber wo?

Den ganzen Tag über lag eine seltsame Atmosphäre in der Luft. Ein erwartungsvolles Gefühl, Rastlosigkeit und ein Brennen im Magen verrieten mir, daß ich etwas tun mußte, irgendwohin mußte, jetzt da der Schwarze

Alchimist wieder sein Unwesen trieb. Sollte ich nach Ide Hill zurückfahren? Nein, das lag zu weit weg für ein erfolgloses Unterfangen. Sollte ich Bernard mitnehmen? Nein, er hatte gesagt, er würde mich anrufen, falls sich noch etwas ereignete.

Im Moment konnte ich nicht mehr tun als zu warten und mir den Kopf zu zerbrechen.

Donnerstag, 22. Mai. Der erwartete Anruf von Bernard kam gegen sieben Uhr abends, als ich mich gerade hingesetzt hatte, um mir im Fernsehen ›Top of the Pops‹ anzusehen.

»Hast du Lust auf eine kleine Spritztour?« fragte er geheimnisvoll.

»Natürlich. Aber warum?«

»Ich bin nicht sicher. Dicke Luft, nicht wahr? Ich fühle, daß in der Gegend von Shenfield oder Brentwood etwas vor sich geht, also denke ich, wir sollten uns dort einmal umsehen.«

Shenfield oder Brentwood. Ich überlegte mir einen geeigneten Treffpunkt. Um acht Uhr auf dem Parkplatz des ›The Green Dragon Pub‹ in Shenfield. Von da aus würden wir weitersehen.

Bernard war einverstanden.

Shenfield war ein kleiner Ort, der an die größere Ortschaft Brentwood grenzte, acht Meilen von Wickford entfernt. Normalerweise brauchte ich etwa eine halbe Stunde bis dorthin, also suchte ich noch in Ruhe ein paar Sachen zusammen und verließ dann das Haus.

Wir kamen gleichzeitig auf dem Parkplatz des ›Green Dragon‹ an. Nachdem ich meinen Wagen abgeschlossen hatte, fuhr ich mit Bernard einem unbekannten Ziel entgegen.

»Nun, was war los?«

»Ich weiß es immer noch nicht genau«, erwiderte er, als wir durch eine dicht bebaute Gegend am Rand von Brentwood kurvten. »Ich empfange nur sehr schwarze Wellen von einer bewaldeten Fläche irgendwo hier in der Nähe. Ich schlage vor, daß wir einfach eine Weile herumfahren und abwarten, was passiert.«

Ich faltete die Ortskarte auseinander, und mir fiel sofort eine bewaldete Fläche im Süden Shenfields auf, der »Hart Wood« (Hirschwald). Ein Zufall, sagte ich, in Anbetracht der Verbindungen, die wir bereits zwischen Hirschen, Stäben, Alchimie, Lullington und der Peredur-Geschichte angenommen hatten.

Zwei Straßen führten am Rand des Hart Wood entlang, und doch sagte Bernard, als wir beiden ein Stück folgten, daß er nichts fühle. Offenbar hatte ich mich getäuscht. Dann kam jedoch zur Linken ein weiterer Wald in Sicht. Er war viel kleiner und auf der Karte als »Shenfield Common« eingezeichnet. Ohne ein weiteres Wort lenkte Bernard den Wagen auf einen kleinen Schotterparkplatz unmittelbar innerhalb des Waldes. Keiner von uns wußte, ob wir hier richtig waren, aber der Ort schien ebenso geeignet wie jeder andere für eine Rast, bei der Bernard versuchen wollte, das Epizentrum der spürbaren Negativenergie auszumachen.

Wir streckten die Beine aus, und ich fragte Bernard, was er fühle.

Er überlegte eine Weile, ehe er antwortete. »Laß uns einen kleinen Spaziergang machen.«

Dann war also tatsächlich etwas in diesem Wald?

Bernard ging um den Wagen herum und schloß die

Beifahrertür ab, ehe er antwortete. »Möglich. Hier ist etwas. Ich kann es fühlen.«

Im Inneren des Waldes herrschte eine Atmosphäre friedlicher Stille. Zumindest kam es mir so vor. Und der Abend an sich war ruhig und relativ warm für Mai.

Eine Weile marschierten wir einfach schweigend durch den Wald, ohne so recht zu wissen, wohin wir gingen und was uns erwartete. Während das Unterholz immer dichter und das Tageslicht immer schwächer wurden, drangen wir zum Mittelpunkt des Waldes vor.

Immer, wenn der Weg sich gabelte, blieb Bernard einen Augenblick stehen, ehe er intuitiv entschied, welchem Weg wir nun folgen sollten. Schließlich machte er halt und zündete sich eine Zigarette an.

Ich wartete darauf, daß er etwas sagte.

»Also«, begann er mit einem Seufzer. »Ich fühle, daß wir zu etwas hingezogen werden. Es scheint, als würden wir uns dem nähern, also sollten wir wohl weitergehen.«

Wir gingen weiter, und ich versuchte, mir den Weg einzuprägen.

Schließlich, etwa eine Viertelstunde nachdem wir den Wald betreten hatten, tat sich vor uns eine Lichtung von etwa fünfzehn Metern Durchmesser auf, nur etwa zwanzig Meter entfernt von der Eisenbahntrasse zwischen den Bahnhöfen von Shenfield und Brentwood.

Bernard blieb stehen und zuckte zusammen. »Halt«, sagte er und zögerte einen Moment nachdenklich. »Ich sehe auf dieser Lichtung dunkle, fingerartige Schwaden negativer Energie, die vom Mittelpunkt ausstrahlen und sich auch in die Luft erheben, jedoch nicht über die Grenzen der Lichtung hinausreichen. Sie sind wie kalte, herumwirbelnde Finger.«

Ich holte meinen Notizblock hervor und schrieb auf,

was er sagte. Wenigstens für ihn sah es aus, als hätte auf der Lichtung etwas von dunkler ritualistischer Natur stattgefunden. Noch blieben wir auf dem Weg, und während wir einige Fotos schossen, versuchte Bernard, sich zu entscheiden, was wir als nächstes tun sollten. Ich bestand darauf, daß wir, bevor wir weitergingen, eine Schutzvisualisierung vollzogen. Er stimmte mir zu, und nachdem dies erledigt war, gingen wir weiter auf die Lichtung zu.

Als wir uns der freien Fläche näherten, streckte Bernard plötzlich eine Hand aus, in einer Geste, die mir bedeutete, stehenzubleiben. »Es ist zu leicht«, flüsterte er, als könnte jemand unser Gespräch belauschen. »Nein, es könnte eine Falle sein. Ich schlage vor, daß wir uns aus einer anderen Richtung nähern. Vielleicht aus dem Unterholz.«

Wir kämpften uns durch die kniehohen Brombeerranken und Dornenbüsche am Rand der Lichtung entlang und näherten uns der offenen Fläche immer weiter.

Wieder blieb Bernard stehen. »Es ist, als würden wir in eine Stierkampfarena laufen«, sagte er, während wir auf die Lichtung hinausstarrten. »Ich sehe und fühle hektische Betriebsamkeit. Unsere Anwesenheit hat irgend etwas aufgescheucht. Komm, gehen wir weiter.«

Im Inneren der Lichtung veränderte sich seine hellseherische Vision. »Die zuckenden dunklen Energiefinger haben sich zurückgezogen und sind im Zentrum verschwunden. Es ist etwas passiert. Ich glaube, wir haben etwas ausgelöst. Aber was?«

Wir standen jetzt beide draußen auf der Lichtung. Es schien ihm gutzugehen; offenbar verspürte er noch keine körperlichen Beeinträchtigungen. Was nahm er also sonst noch wahr?

»Ich kann die Gedanken der Person hören, die dieses

Ritual vollzogen hat«, sagte er und öffnete dem Ort langsam seinen medialen Geist.

»Ich kann die Worte hören. Den Namen ›John‹. Wer ist John? Jemand, der unrecht hatte und sich im Recht glaubte?«

Ich sagte, daß ich auch nicht wüßte, um wen es sich handeln könnte.

»John, der etwas Falsches gezeichnet hat und jetzt korrigiert wurde. Ich fühle, daß diese Person erfreut ist, als hätte jemand etwas bereinigt – berichtigt«, fügte er hinzu, während er langsam umherging. »Ich verspüre Schmerzen in den Knochen. Da war eine Verbindungslinie zu irgend etwas.«

Ich versuchte gar nicht erst, zu verstehen, sondern hielt nur ein wachsames Auge auf das Medium, während ich seine seltsamen Worte aufschrieb.

Bernard hob einen langen Stock auf und begann, von einer Seite der Lichtung zur anderen eine Linie in die Erde zu kratzen. Dann zog er eine zweite Linie quer durch die erste, so daß ein Kreuz entstand. Es sah aus, als wüßte er selbst nicht, was er tat oder warum, und er gab auch keine Erklärung zu seinem Tun ab.

»Jemand führt Tagebuch«, verkündete er unvermittelt, »und das alles hängt irgendwie mit unserem Freund zusammen.«

Dem Alchimisten?

»Ja. Und hier wurde etwas vergraben.«

Er verstummte und blickte zu mir herüber. »Das hier wurde absichtlich arrangiert. Es ist eine Falle, und wir sind blind hineingetappt. Wir haben zwei Möglichkeiten. Entweder finden wir es, oder wir lassen es sein. Was tun wir? Es finden, würde ich sagen.« Er zuckte die Achseln und ging wieder umher.

Was war hier versteckt?

»Ein weitere Speerspitze, würde ich meinen; sie ist entweder auf der Lichtung vergraben oder ganz in der Nähe. Wo genau?« fragte er laut, als richte er die Frage an seine eigenen medialen Fähigkeiten.

»Da drüben?« Er ging zu einem großen Baum in der Mitte der Lichtung und stocherte mit einem Stock in der Erde und dem Laub um seine Wurzeln. »Nein, nicht hier. Wo dann?«

Er musterte einen anderen Baum am nördlichen Rand der Lichtung. Wieder stocherte er mit dem Stock in der Erde zwischen den freiliegenden Wurzeln. Die Erde war sehr weich. Eine gezackte Glasscherbe kam zum Vorschein, und dann noch etwas anderes – eine grob behauene Speerspitze, die mit magischen Symbolen beschriftet war.

»Nicht anfassen«, rief Bernard, wich zurück und übergab sich.

Ich reagierte schnell und bespritzte die Speerspitze mit Weihwasser. Als ich ein zweites Mal mit dem Finger Wasser auf den Stein spritzte, registrierte ich die Warnung, die senkrecht auf den Schiefer geschrieben war: »Berührung heißt Versklavung.« Jetzt verstand ich, warum Bernard nicht gewollt hatte, daß ich den Stein anfaßte.

Nachdem ich den Stein mehrmals fotografiert hatte, so wie Bernard ihn vorgefunden hatte, sah ich mich nach meinem Freund um. Ich entdeckte ihn am anderen Ende der Lichtung. Er hatte sich hingesetzt und starrte über die Eisenbahntrasse.

Um seine Sicherheit fürchtend, lief ich zu ihm hinüber. Er wirkte, als wisse er nicht mehr, was eben passiert war. Leicht verwirrt fragte ich, ob mit ihm alles in Ordnung sei. Er nickte nur und begann dann, irgendwie abwesend, eine Reihe von mentalen Bildern und

Eindrücken zu beschreiben, die ihm offenbar durch den Kopf gingen.

»Ich sehe eine schwarze Tür«, begann er. »Ich gehe einen Flur hinunter ... Jetzt befinde ich mich in einem dunklen Raum. Es riecht nach Gas ... Er (der Schwarze Alchimist) ist hier ... ›Und so steigt der Dampf auf‹ ...«

Ich konnte nicht schnell genug schreiben, und so entging mir der nächste Teil der Botschaft.

»Es hat mit dieser Speerspitze zu tun. Das Symbol, das ›John‹ gezeichnet und jetzt korrigiert hat ... es wird Leben schenken ... Störungen werden aufhören ... andere werden kommen ... wieder der Name John. Dasselbe Symbol wie jenes, das ich in Ide Hill gesehen habe, jenes, das falsch war und jetzt berichtigt wurde. Wer ist ›Khunrath‹? Ich sehe das Bild eines Gartens; mit einem Labyrinth und einer einzelnen Tür.«

Hierauf beschrieb er eine beunruhigendere Szene:

»Hier ist noch etwas anderes. Ich sehe Blut tropfen ... Blutflecken ... eine rote Substanz ... Zahlen ... Mittelpunkt des Kreuzes ... hat etwas mit der Reise zum Mittelpunkt des Universums zu tun, eine Wiedergeburt, Verwandlung und Rückkehr in veränderter Form. Etwas wurde besiegelt.«

Dann stand er auf, ignorierte mich völlig und kehrte wie ein Schlafwandler zurück auf die Lichtung, so als suche er etwas. An der Stelle, an der der Waldweg auf die Lichtung traf, blieb er stehen und musterte ein rechteckiges etwa ein mal einen halben Meter tiefes Loch voller fauliger Blätter. Es schien wichtig zu sein, und so begannen wir in stummer Übereinkunft, die

Blätter zu entfernen, um nachzusehen, ob darunter etwas verborgen war.

Schon bald tauchte ein Gegenstand auf, der im Wald nichts zu suchen hatte – eine große, zylindrische braune Medizinflasche, deren Deckel mit rotem Siegelwachs verschlossen war. Im Inneren befand sich ein gefaltetes Stück Papier, fleckig von einer Substanz, die aussah wie frisches Blut.

Bernard mußte sich wieder übergeben. Er wich zurück und taumelte fort von der Lichtung auf den Weg zurück.

Ich ließ alles stehen und liegen und lief ihm nach. Dabei flehte ich ihn an, zu seiner eigenen Sicherheit den medialen Kontakt abzubrechen.

Als ich an die Stelle gelangte, an der wir auf dem Weg haltgemacht hatten, um die Lichtung zu fotografieren, wartete ich schweigend, bis Bernard sich einigermaßen erholt hatte.

Mehrere Minuten und eine Zigarette später war er fast wieder ganz der alte. Ich schlug vor, daß wir versuchen sollten, herauszufinden, was genau los war.

Beide Artefakte befanden sich noch dort, wo wir sie gefunden hatten. Sollten wir sie liegen lassen oder sie mitnehmen und uns an einem anderen Ort eingehender mit ihnen befassen? Die negativen Schwingungen, die der Stein verströmte, müßten von dem Weihwasser neutralisiert worden sein, so daß von dieser Seite keine Schwierigkeiten mehr zu erwarten sein durften. Aber was war mit der Flasche? Was sollten wir mit der anfangen? Aller Wahrscheinlichkeit nach enthielt sie eine psychische Ladung des Schwarzen Alchimisten, die herausströmen würde wie ein Geist aus der Lampe, sobald wir das Siegel brachen und den Deckel abschraubten.Trotzdem würde der Inhalt keinerlei

Wirkung auf uns haben, solange die Flasche verschlossen blieb.

Wie sollten wir also die psychische Ladung im Inneren der Flasche auflösen? Wir konnten sie nicht mit Weihwasser bespritzen, da das den Inhalt der Flasche nicht berührt hätte. Wir konnten sie nicht vergraben, da die psychische Ladung auf diese Weise nur ruhen würde, bis irgendein armer, ahnungsloser Mensch die Flasche fand und öffnete. Was also sollten wir mit ihr tun?

Bernard wollte es nicht wissen. Da ich mir nicht anders zu helfen wußte, sammelte ich die Artefakte ein, steckte sie in meine schwarze Tasche und machte mich auf den Weg zurück zum Wagen. Wir konnten im Green Dragon etwas trinken. Vielleicht würde er ja eine psychische Inspiration empfangen, wenn wir den Wald erst verlassen hatten.

Er entfernte sich zügig von der Lichtung und brach das Schweigen. »Weißt du«, sagte er unvermittelt, »auch wenn wir den Schwarzen Alchimisten in diesem Fall ausgetrickst haben und uns das auch in Zukunft wieder gelingt, schart er eine Gruppe ergebener Anhänger um sich, die sein Werk fortsetzen werden, wenn er selbst nicht mehr ist.«

Ich bat ihn, das weiter auszuführen, aber er gab keine weitere Erklärung ab.

Kapitel 10

The ›Green Dragon‹

Der holzgetäfelte Schankraum des ›Green Dragon‹ war von Zigarren verräuchert, und durch die Jovialität der vorwiegend männlichen Gäste war es ziemlich laut. Geschäftsleute, von denen einige noch im Anzug waren, standen in kleinen Gruppen beisammen, lachten und unterhielten sich über das anhaltende Plärren der Jukebox in einer Ecke des Raumes hinweg.

Als Bernard unsere Gläser auf den Tisch stellte und sich setzte, meinte ich, daß wir versuchen sollten, Ordnung in die ganze Angelegenheit zu bringen. Ich mußte das Geschehen auf der Lichtung exakt rekonstruieren und herausfinden, was genau los war. Ich holte meinen Notizblock hervor und legte ihn erwartungsvoll auf den Tisch.

»Ich glaube, er hat sich entweder im Schutz des gestrigen Sturms oder des heftigen Gewitters tags davor in Essex eingeschlichen«, begann er und nippte an seinem randvollen Glas Guinness. »Dann hat er, nachdem er den Ort gewählt hatte, seine rituelle Falle aufgestellt und hat sich klammheimlich wieder nach Sussex zurückgezogen.«

Ich bemerkte, wie dicht die Gegend um den Shenfield Common bei der Londoner Ringstraße M 25 lag, die er ganz sicher benutzt hatte, um durch den Dartford-Tunnel in die Grafschaft zu gelangen.

»Aber warum der Shenfield Common?« wollte Bernard wissen. »Warum nicht der Hart Wood? Das wäre doch logischer gewesen.«

Ich überlegte einen Moment. Warum hatte er den

Shenfield Common gewählt? Mir fiel eine mögliche Erklärung ein, aber bevor ich etwas sagte, sah ich auf der Karte nach, um ganz sicherzugehen. Ja, ich glaubte, die Antwort gefunden zu haben. Es sah so aus, als wäre der Shenfield Common, bevor im viktorianischen Zeitalter die Eisenbahntrasse zwischen dem Londoner Bahnhof Liverpool Street und Shenfield gebaut worden war, Teil des viel größeren Hart Wood gewesen. Also hatte die Eisenbahn mit einem tiefen ›Schnitt‹ symbolisch den Kopf des Hirsches abgetrennt. Tatsächlich schien ein Blick auf die Karte meine Vermutung zu bestätigen. Aber ob es sich nun so verhielt oder nicht, es handelte sich um die Art von topographischer Assoziation, die – wie wir aus der Vergangenheit wußten –, der Schwarze Alchimist bei der Auswahl einer geeigneten Stätte für seine Rituale in Erwägung ziehen würde. Die Existenz eines ›Hirschwaldes‹ wäre viel zu verlockend für ihn gewesen, als daß er hätte widerstehen können.

»Du könntest recht haben«, gab Bernard zu und lehnte sich in seinem Stuhl zurück. »Und wer war nun dieser ›John‹, dessen Namen ich auf der Lichtung aufgeschnappt habe? Der, der …« Er versuchte, sich an seinen genauen Wortlaut von vorhin zu erinnern. »… nicht ganz richtig lag, so daß sein Symbol vom Schwarzen Alchimisten verändert und berichtigt wurde. Ich glaube, es handelt sich um dasselbe Symbol wie jenes auf der beschrifteten Speerspitze, die ich in der Kirche von Ide Hill gesehen habe«, erklärte er, zündete sich eine weitere Zigarette an und drehte sie leicht zwischen den Lippen, während er inhalierte.

Natürlich. Das Symbol von Ide Hill. Jetzt wußte ich, wer dieser John war. Eigentlich hätte ich schon früher darauf kommen müssen. Caroline hatte recht gehabt –

das seltsame Symbol, das Bernard in der Kirche von Ide Hill gesehen hatte, war tatsächlich das ›Monas Hieroglyphica‹ gewesen, das visuelle Instrument, das Dr. John Dee geschaffen hatte, der elisabethanische Alchimist, Astrologe und ritualistische Magier. Das war der John, den Bernard empfangen hatte. Tatsächlich befand sich auf der Rückseite der beschrifteten Speerspitze, die wir erst an diesem Abend gefunden hatten, dasselbe Symbol – Dees Monas Hieroglyphica. Und doch war es, so wie Bernard gesagt hatte, vom Schwarzen Alchimisten leicht abgewandelt, verändert oder modernisiert worden. Ich wußte nur sehr wenig über das Monas-Symbol, aber das konnte ich später zu Hause überprüfen.

»Dr. John Dee«, wiederholte Bernard den Namen. »Der Name ist mir noch nie begegnet. Und doch fühle ich, daß der Schwarze Alchimist offenbar glaubt, daß dieser Dee das Symbol nicht richtig hingekriegt hat, weshalb er es in irgendeiner Form verbessert hat.«

Er stellte sein halbleeres Glas Guiness ab. »Ich würde sogar soweit gehen zu behaupten, daß der Schwarze Alchimist tatsächlich davon überzeugt ist, daß er das Zeichen unter mentaler Anleitung von Dee selbst verbessert hat. Der Mann glaubt, er stünde mit John Dee in Verbindung.«

Das war ein absurder Glaube. Warum sollte der Geist eines Mannes wie Dee mit einer verruchten Gestalt wie dem Schwarzen Alchimisten kommunizieren wollen? Ganz offensichtlich machte der Mann sich etwas vor.

Ich ging zu etwas anderem über. Was war mit der Skizze aus Ide Hill, was hatte es damit auf sich?

»Ich fühle, daß es eine Art Falle war«, gab er zu. »Es war ein Versuch, uns aus irgendeinem Grund Sand in die Augen zu streuen. Seit der Skizze in Lullington, als wir unsere erste Speerspitze gefunden haben, werde ich das Gefühl nicht los, daß hinter dieser ganzen Sache mehr steckt, als wir uns vorstellen können. Es ist beinahe so, als hätte der Schwarze Alchimist gewußt, daß jemand den Stein vom Kirchhof entfernen würde. Er wußte nicht, wer oder wann, nur daß er es körperlich fühlen würde, wenn es geschähe.«

»Als wir in Ide Hill waren, habe ich gespürt, daß er körperlich dort war und uns beobachtete. Ich habe damals nichts gesagt, weil es mir albern vorkam. Inzwischen ist mir klar, daß es sich auf psychischer Ebene abspielte. Er wußte, was vorging. Er hat unsere Schritte auf psychischer Ebene verfolgt. Nichts Spezifisches. Nur kleine Brocken hier und da. Gefühle. Dinge dieser Art.«

»Warum hat er vor unserem Eintreffen den beschrifteten Stein aus der Kirche in Ide Hill entfernt? Offensichtlich hatte es etwas damit zu tun, daß wir zu lange gewartet haben, bis wir hingefahren sind.«

»Ich bin mir nicht ganz sicher«, entgegnete Bernard stirnrunzelnd. »Vielleicht hat es daran gelegen, daß wir als Gruppe hingefahren sind, so daß die Wahrscheinlichkeit, daß die richtige Person die Speerspitze fand, erheblich vermindert war. Und wenn der Falsche sie berührt hätte, hätte das verwirrende Eindrücke zu ihm zurückgesandt. Also hat er den Stein weggenommen und auf eine andere Gelegenheit gewartet, um zuzuschlagen.«

»Warum schien es, als würde er in der Kirche von Ide Hill ein Wiedergeburtsritual vorbereiten und sich dabei einer abgewandelten Form des Zosimos-Rituals bedienen? Wie paßte das ins Bild?«

Bernard nahm seufzend eine Zigarette aus seiner Packung. »Vielleicht besteht ein Zusammenhang zwischen seinen alchimistischen Aktivitäten und seinen Gründen, sich mit uns anzulegen. Er wußte, daß derjenige, der die Speerspitze in Lullington findet, jemand sein würde, dessen Fähigkeiten den seinen entsprächen und der eine Gefahr für seine alchimistische Transmutation darstellen würde, so daß er gezwungen wäre, sich mit ihm zu befassen. Seitdem hat er versucht, uns zu lokalisieren. Nichts Präzises, nur vage die Richtung. Von Sussex erst nach Kent und jetzt nach Essex. Ich glaube nicht, daß er weiß, wer wir sind – zumindest noch nicht.«

Offenbar wußte er, daß wir ihm auf den Fersen waren. Aber warum uns in eine Falle locken? Warum versuchte er, uns ausfindig zu machen? Was hatte er gegen uns?

»Er scheint zu glauben, daß wir seine Feinde sind, und versucht jetzt, das mentale Band zwischen seinem und unserem Geist zu festigen. Er glaubt, daß er uns in seine Gewalt bringen kann,wenn wir seine Speerspitzen berühren oder diese Flasche öffnen. Zu welchem Zweck weiß ich nicht.« Bernard lehnte sich zurück und beobachtete eine Gruppe von Mädchen im Teenageralter, die herüberkamen und sich an den Nebentisch setzten, ohne auch nur im entferntesten etwas von der merkwürdigen Art unserer Unterhaltung zu ahnen.

Er sprach erst weiter, nachdem die Mädchen sich alle gesetzt hatten. »Das Problem ist, daß der Schwarze Alchimist nicht weiß, mit wem er es zu tun hat. Inzwischen muß ihm aufgegangen sein, daß wir keine Dummköpfe sind. Und doch könnte gerade das dazu führen, daß er die Oberhand gewinnt.«

Wir würden sehen.

Nachdem er aufgestanden war, um uns noch zwei Bier zu besorgen, holte ich den beschrifteten Stein hervor. Wie jenes aus Lullington war auch dieses Stück Schiefer grob zu einer Speerspitze geformt worden. Allerdings war es kürzer, breiter und schwarz angemalt, so daß die Symbolschrift sich deutlich abhob. Auf der einen Seite stand die Warnung ›Berührung heißt Versklavung‹, und auf der Rückseite befand sich das abgewandelte Monas-Symbol nebst einer Linie derselben seltsamen mystischen Zeichen wie auf dem Stein aus Lullington. Und doch fehlten diesmal die drei Worte aus der sonderbaren Schrift, von der Nigel Pennick geglaubt hatte, sie stamme aus einem Bardenalphabet.

Ich legte die Speerspitze auf den Tisch und richtete meine Aufmerksamkeit auf die versiegelte braune Medizinflasche. Was sollten wir mit ihr machen? Ich schlug Bernard vor, Hilfe und Rat bei dem elisabethanischen Alchimisten einzuholen, mit dem er in diesem Monat draußen vor der Kirche von Ide Hill in Kontakt getreten war. Offenbar hatte er sich Bernard eben deshalb manifestiert, weil er uns in dieser Geschichte mit dem Schwarzen Alchimisten helfen wollte.

Bernard war einverstanden. Also schrieb ich, umgeben vom Stimmengewirr und dem Plärren der Jukebox, den Namen des geistigen Führers auf eine saubere Seite meines Notizblockes und bat ihn, irgendwie mit uns zu kommunizieren.

Nach etwa einer Minute des Schweigens nickte Bernard. »Er ist hier. Frag, was du wissen möchtest.«

Was sollen wir mit der Flasche tun? Eine simple Frage, von der ich hoffte, daß unser spiritueller Führer sie beantworten würde.

Der Mann berichtete Bernard als erstes von seinen Prozessen und Leiden während seines irdischen Daseins. Interessante Informationen, die ich später verifizieren wollte. Aber das war nicht das, was wir an jenem speziellen Abend hören wollten.

»Jetzt spricht er von einem gewissen Comte St. Germain«, fuhr Bernard lächelnd fort.

Ja, aber was ist mit der Flasche?

»Okay. Er sagt, daß sich im Inneren der Flasche zwei Zettel mit Blutklecksen befinden; jeder in Sternenform, glaube ich.«

Jetzt kamen wir endlich auf den Punkt.

»Jeder dieser Zettel«, versuchte Bernard gerade zu erklären, als ein paar Männer mittleren Alters uns gegenüber plötzlich in schallendes Gelächter ausbrachen. »... wurde mit psychischen Interferenzen behaftet. Die Flasche wurde versiegelt, um eine Botschaft festzuhalten, die sofort unsere Psyche beeinflußt. Mit ihrer Hilfe wollte er Bilder von uns empfangen. Es hätte wie eine von Drogen hervorgerufene Halluzination gewirkt, hätte das Auftauchen übernatürlicher Manifestationen hervorgerufen.«

Ich notierte, was er sagte, bemüht, nichts auszulassen. Und was sollten wir nun damit anstellen?

»Er sagt: ›Benutzt katholischen Weihrauch.‹ Du mußt die Flasche umgeben von Weihrauch öffnen, inmitten von vier Schalen mit Weihwasser, jede an einem der Punkte.«

An jedem der Punkte. Meinte er damit die vier Kardinalpunkte, die vier Himmelsrichtungen – Nord, Süd, Ost und West –, die in der Magie die Richtungen darstellten, aus denen die vier Elementarkräfte Erde, Luft, Feuer und Wasser während eines Rituals kamen und in die sie wieder zurückkehrten?

»Er sagt ja«, antwortete Bernard, immer noch meilenweit entfernt von dem ausgelassenen Treiben um uns herum. »Und er sagt, daß er es war, der mich dazu veranlaßt hat, den Stock zu nehmen und die Lichtung zu vierteln. Damit wurden die Energien in die vier Himmelsrichtungen abgeleitet. Das gleiche wird geschehen, wenn die negativen Energien aus der Flasche entweichen.«

Jetzt wußte ich, was ich zu tun hatte. Aber während der Führer sozusagen noch in der Leitung war, fragte ich ihn, ob er uns sagen könne, warum der Schwarze Alchimist die Falle im Shenfield Common aufgestellt hatte?

»Er sagt, das sei ein Versuch gewesen, sich uns anzunähern, bevor der letzte Schritt eingeleitet wird.« Er schwieg einen Moment, ehe er fortfuhr. »Nimm andere Welten nicht auf die leichte Schulter«, sagte er dann. »Nun, das scheinen seine Abschiedsworte gewesen zu sein.«

Ich vertrieb mir die Zeit, bis meine Eltern zu Bett gingen, damit, daß ich die beschriftete steinerne Speerspitze und die versiegelte Medizinflasche fotografierte. Dann durchforstete ich meine Bücherregale nach Büchern, die möglicherweise nähere Informationen über Dr. John Dee und das sogenannte Monas-Hieroglyphica-Symbol enthielten.

In dem Buch ›The Rosicrucian Enlightenment‹, geschrieben von einer Dame namens Frances Yates, fand ich das Gesuchte. Dort hieß es, daß Dee ein ganzes Buch über dieses spezielle Symbol geschrieben hätte. In diesem Buch, das im Jahre 1564 zum ersten Mal veröffentlicht worden war, hatte Dee seine Überzeugung dargelegt, daß dieses Symbol die ultimative Formel für eine kabbalistische, alchimistische und mathematische Mischwissenschaft enthielt, die es demjenigen, der sie praktizierte, ermöglichen würde, sich zwischen den niedrigsten und den höchsten Stufen des ätherischen Universums auf und ab zu bewegen. Kein Wunder, daß der Schwarze Alchimist so großes Interesse an diesem Symbol gezeigt hatte.

Frances Yates berichtet, daß Elias Ashmole, ein Architekt und Rosenkreuzer aus dem 17. Jahrhundert, erzählt hätte, daß Dee am 27. Juni 1589 in der deutschen Stadt Bremen von einem gewissen Dr. Henricus Khunrath aufgesucht worden wäre, einem bedeutenden deutschen Alchimisten und Philosophen. Offenbar hatte dieses Treffen Khunraths außergewöhnliches Werk mit dem Titel ›Das Amphitheater der ewigen Weisheit‹, das 1609 in Hannover herausgegeben wurde, stark beeinflußt. Ich erkannte, daß es sich um den Buchtitel handelt, den Bernard erwähnt hatte, als er am Dienstag, den 6. Mai unter dem alten Baum im Kirchhof von Danbury gestanden hatte, kurz bevor er dann die Skizze in Ide Hill angefertigt hatte. Es existierte also tatsächlich ein Buch dieses Titels, und es gab auch jemanden mit Namen Khunrath.

Interessanterweise war im »Amphitheater« die Rede von geheimen Gärten, langen Tunneln und einer einzelnen Tür – alles Bilder, die Bernard auf mentaler Ebene auf der Lichtung im Shenfield Common gesehen hatte.

Es sah ganz so aus, als hätte der Schwarze Alchimist die Werke Zosimos', Dees und Khunraths studiert sowie möglicherweise auch jene Roger Bacons, jenes Alchimisten und Philosophen aus dem 13. Jahrhundert, da auch der Name ›Bacon‹ aufgekommen war, als Bernard am 6. Mai unter der Roßkastanie in Danbury gestanden hatte.

Er mußte zu dem Schluß gekommen sein, daß das

Monas-Symbol der visuelle Schlüssel war, den er benötigte, um seine alchimistische Transmutation durchzuführen. Allerdings war der Schwarze Alchimist der Ansicht, daß Dee das Symbol nicht richtig gezeichnet hatte, so daß er es zu seiner eigenen und offenbar auch zu Dees Zufriedenheit berichtigte.

Trotzdem konnte ich immer noch nicht verstehen, was er genau in der Kirche von Ide Hill veranstaltet hatte. Das ganze Gerede über Zosimos' Priester aus dem Sanktuarium-Traum, den Mutterleib und ein Wiedergeburtsritual. Mir schienen das ziemlich große Umstände zu sein, nur um uns in eine Art okkulter Falle zu locken. Es machte einfach keinen Sinn. Ich konnte nur sagen, daß sich scheinbar mehr hinter dieser ganzen Alchimisten-Affäre verbarg, als sogar Bernard glaubte.

Draußen im Garten brach ich inmitten der aufsteigenden Weihrauchwolke das Siegel der braunen Medizinflasche auf und bat die vier Erzengel – die archaischen Kräfte, die jedes der vier Elemente regieren – die entströmende negative Energie fortzutragen.

Bernards geistiger Führer hatte recht gehabt. Die Flasche enthielt zwei Zettel, zwei Stücke Löschpapier, um genau zu sein. Auf jedem dieser Papierstücke war ein sternähnlicher Fleck zu sehen, aus einer Flüssigkeit, die aussah wie frisches Blut – sich aber bei genauer Prüfung als rote Tinte herausstellte.

Nachdem das Ritual vollzogen war, brach ich den Vorgang ab, räumte auf und ging zu Bett.

Kapitel 11

St. Anne's Castle

Donnerstag, 29. Mai 1986. Ausnahmsweise einmal trafen wir uns in einem anderen Pub, dem ›St. Anne's Castle‹ in Great Lighs, gegenüber dem Festgelände von Essex, einige Meilen nördlich von Chelmsford an der A 131 Braintree Road.

Ich hatte schon einen Artikel über diesen spätmittelalterlichen Pub geschrieben, der früher einmal ein Klosterhospiz für reisende Pilger gewesen war, Pilger, die sich zum Grab von St. Thomas a' Beckett in Canterbury oder zur Kapelle und dem Heiligen Brunnen von Our Lady of Walsingham in Norfolk unterwegs waren.

Außerdem trieben in dem Pub gleich mehrere Geister ihr Unwesen. Erst im vergangenen Sommer war ich in den Lokalnachrichten von BBC-TV, Reporting London, aufgetreten und hatte die sogenannte Hexe von St. Anne's Castle exorziert. Sie war an das wohl bedeutendste Merkmal der Stätte gebunden – den alten Meilenstein, der Witch's Stone (Hexenstein) genannt wurde und der auf der grasbewachsenen Böschung vor dem pubeigenen Parkplatz stand.

Eine interessante Geschichte rankte sich um den Hexenstein, der ursprünglich an einer Kreuzung namens Scrap Faggots Green ein paar Meilen weiter südöstlich gestanden hatte. Als die Amerikaner im Zweiten Weltkrieg ganz in der Nähe den Boreham-Flugplatz gebaut hatten, mußten sie feststellen, daß die Landstraßen in Essex zu schmal für ihre Militärfahrzeuge waren, und so hatten sie diese verbreitert. Als der Hexenstein entfernt werden sollte, hatten die Einheimischen protestiert und behauptet, der Stein markiere das Grab einer Hexe, die Unheil über die Gemeinde bringen würde, wenn man ihre letzte Ruhe störte.

Die US-Offiziere hatten den Aberglauben ignoriert, und nachdem der Hexenstein entfernt worden war, hatten sich die schlimmen Befürchtungen der Einheimischen bestätigt: Unter dem Stein waren verkohlte Knochen und Asche entdeckt worden.

Kurz darauf hatte sich eine unheilvolle Wolke über das Dorf Great Lighs herabgesenkt, und paranormale Phänomene und Unglück plagten fortan die bis dahin friedliche Dorfgemeinde. Tiere starben oder verschwanden auf mysteriöse Weise, und die Kirchenglocken läuteten wie von Geisterhand. Offenbar spukte die Hexe wieder.

Der Hilferuf des Dorfes wurde von dem hervorragenden Geisterjäger Harry Price erhört, der sich mitfühlend das Leid der Leute anhörte und eine Lösung vorschlug – die sterblichen Überreste der Hexe sollten im Rahmen eines richtigen christlichen Begräbnisses auf einem örtlichen Friedhof bestattet werden. Es klappte, obgleich der Stein aus unerfindlichen Gründen auf dem Parkplatz von St. Anne's Castle landete, wo er bis zum heutigen Tage steht. Die Einheimischen machten oft die Nähe des Hexensteines – der im übrigen hin und wieder auf Wanderschaft ging – für die seltsamen Vorkommnisse im Pub verantwortlich.

Erst im vergangenen Monat war der Stein eines Abends plötzlich verschwunden und dann am darauffolgenden Morgen auf einem Feld, nicht weit von seinem ursprünglichen Platz am Scrap Faggots Green, entdeckt worden. Das Verschwinden war immer noch rätselhaft. Aus diesem Grund waren Bernard und ich auch an diesem Abend im St. Anne's Castle. Ich argwöhnte eine Betrügerei und wollte, daß Bernard den Stein psychometrierte, um herauszufinden, wer ihn weggetragen hatte und warum.

Allerdings beschlossen wir, damit zu warten, bis Bernard sich mit dem Ort vertraut gemacht hatte . Nach ein, zwei Drinks würde er mir sogar etwas über die frühe Geschichte des Gebäudes und seine Geister erzählen können.

Als wir an einem Tisch in der Ecke der Bar saßen und unser Bier tranken, fragte ich, ob er, Bernard, irgendwelche Informationen über den Pub empfange, und rechnete fest mit einer positiven Antwort.

»Nein«, entgegnete er zu meiner Verblüffung und warf einen desinteressierten Blick auf die Original Balken aus der Tudor-Zeit und die ebenso alten Mauern. »Nichts.«

Der Abend fing ja gut an! Überhaupt nichts? Nicht einmal einen Hauch von irgend etwas? Irgend etwas?

Diesmal überlegte er eine Weile, ehe er antwortete. »Nein. Nichts. Überhaupt nichts.«

Ich seufzte frustriert. Vielleicht sollten wir uns aktuelleren Dingen zuwenden – beispielsweise dem Schwarzen Alchimisten.

Bernard nickte zustimmend, griff in seine Jackentasche und holte einen Stapel gefalteter linierter Din-A4-Blätter hervor.

Es handelte sich um einen vier Seiten langen Kommentar über die neuesten Ereignisse, mit der Shenfield-Common-Skizze der vergangenen Woche als Höhepunkt. Ich stellte ihm die unausweichliche Frage, ob er seither weitere Informationen empfangen habe.

Wieder nickte er, und ein wissendes Lächeln trat auf sein Gesicht. »Am Samstag abend habe ich mich ins

Eßzimmer gesetzt und einfach meine Gedanken wandern lassen. Ich habe das Monas-Symbol auf ein weißes Blatt Papier gezeichnet und gewartet. Ich war nicht sicher, was passieren würde – oder ob ich überhaupt das Richtige tat.«

Und was war passiert? Ich zündete mir eine Zigarette an, während ich auf seine Antwort wartete.

Er zückte eine weitere Seite Papier. Oben war das Monas-Symbol eingezeichnet, und darunter sah ich eine Reihe kurzer Sätze, wenn auch nicht in Bernards gewöhnlich so sauberer Handschrift. Es waren hastig hingekritzelte Eindrücke, die er mental empfangen hatte. Ich las sie laut vor:

Verkörpert alle dunklen Mächte des Universums. Denk an dieses Symbol. Du wirst alle Mächte aufsaugen und dich verwandeln. Sie werden dir Macht über alle Lebewesen und Gegenden an Land verleihen. Der Punkt ist das Zentrum aller Dinge. (1)

Offenbar bezogen die Sätze sich auf die dunkleren Fähigkeiten des Monas Hieroglyphica. Jeder Satz war ihm für sich allein eingegeben worden, insgesamt über einen Zeitraum von fast einer halben Stunde. Hiernach hatte er vermerkt: »Es kommt nichts mehr.« Aber dann hatte sein Stift doch noch, ganz offensichtlich in automatischer Schrift, gekritzelt: »Wenn der Kreis sich schließt, wird eine Nachricht kommen.« Dann ein Kommentar in seiner normalen Handschrift: »Ich habe mich geirrt. Weiß nicht, wer mir das eingegeben hat.«

Das Material war relativ interessant, obgleich es, wie es aussah, nicht dazu beitragen würde, die Affäre mit dem Schwarzen Alchimisten weiter aufzuklären. Hatte er seit Samstag abend noch weitere Informationen empfangen?

»Nur sehr vages Zeug. Nichts Eindeutiges«, erwiderte er und rümpfte die Nase ob der möglichen Bedeutung, noch bevor er ein Wort sagte. »Ich weiß nicht. Ein stinkendes, blutiges Herz irgendwo.«

Damit hatte ich nicht gerechnet. Ein stinkendes, blutiges Herz? Irgendwo vom Schwarzen Alchimisten vergraben?

»Mehr empfange ich nicht. Ich bin nicht sicher«, fügte Bernard zögernd hinzu. »Das ist alles, fürchte ich.«

Ich war verwirrt und wollte mehr erfahren.

Aber Bernard wollte nichts mehr von dem Thema wissen.

Ich wartete eine Stunde und versuchte dann erneut, ihn zu überreden, seine Gedanken auf das Bild des stinkenden, blutigen Herzens zu konzentrieren, um zu sehen, ob er vielleicht doch mehr in Erfahrung bringen konnte.

»Du drängst mich«, beklagte er sich scherzhaft, nahm unsere Gläser und stand auf, um an die Bar zu gehen. »Noch mal dasselbe?«

Ich nickte, und ja, es stimmte, daß ich ihn sanft drängte. Täte ich es nicht, würde es dabei bleiben, und das Rätsel des stinkenden, blutigen Herzens würde auf ewig ungelöst bleiben. Und was, wenn es ein menschliches Herz war? Und wenn wir es fanden … Ich mußte einfach mehr darüber wissen.

Er kam mit zwei vollen Gläsern Bier zurück und stellte sie auf den alten, bankartigen Holztisch. »Also«, begann er, als er sich setzte, »ich möchte noch einmal darauf hinweisen, daß alles sehr vage ist, aber ich spüre einen Zusammenhang zwischen diesem Herzen und

St. Mary's. Es hat etwas mit Mutterleib, Geburt und Blut zu tun.«

Er steckte sich eine Zigarette an und schwieg eine Weile, um seine Gedanken zu ordnen. »Außerdem besteht ein Bezug zum Einfluß des Planeten Merkur und mit dem Schließen des Kreises und der Geschichte mit der ›Nachricht, die dann kommen wird‹, wie mir am Samstag mitgeteilt wurde«, fuhr er fort, sein Gesicht hinter einem dünnen Rauchschleier verborgen.

Jetzt kamen wir endlich voran. Ich hielt die Schlüsselworte in meinem Notizbuch fest.

»Jetzt empfange ich die Worte ›ziehe den Kreis fest genug zu, das Herz hört auf zu schlagen und es folgt die Wiedergeburt‹. Und ich fühle, daß etwas aufsteigt, aus etwas heraus, und hiernach wird sich eine Wandlung vollziehen.« Er verstummte und suchte seine Gedanken nach weiteren fließenden Botschaften ab. »Nein, das war alles. Mehr empfange ich nicht.«

Das machte alles nicht viel Sinn. Vielleicht ging es um ein dunkles Ritual, das der Schwarze Alchimist irgendwo vollzog und das nicht unbedingt mit uns zu tun hatte. Wenn nicht, handelte es sich vielleicht um eine Voraussage zukünftiger Ereignisse. Wie immer die Antwort lautete, es bedeutete, daß der Schwarze Alchimist nicht davor zurückschreckte, Fleisch und Blut zu benutzen – etwas, das wir geahnt hatten, seit wir wußten, daß er sich Zosimos' alchimistischen Systems bediente, um seine eigene alchimistische Transmutation zu vollziehen.

Was war mit St. Mary's? Hierbei konnte es sich um eine Kirchenweihung handeln, meinte ich, möglicherweise sogar um die Kirche in Ide Hill. Vielleicht wollte er erneut dort zuschlagen. Andererseits konnte es sich auch um die Jungfrau Maria als heilige Gestalt des christlichen Glaubens handeln – oder um eine andere Mary (Maria).

Wir tranken aus. Bernard hatte es plötzlich eilig zu gehen.

Draußen an der kalten Luft kniete das Medium sich hin und drückte eine Handfläche fest auf die glatte Oberfläche des polierten Hexensteins – ursprünglich ein Gletscherfindling, der am Ende der letzten Eiszeit in der Nähe abgelegt worden war, bevor unsere vorchristlichen Ahnen ihn zu religiösen Zwecken weggebracht hatten.

Er schüttelte den Kopf. »Nein, es waren Jugendliche«, sagte er und richtete sich wieder auf. »Ein Spiel, ein Streich. Sie haben den Stein weggefahren und irgendwo abgeladen. Kein okkulter oder unheilvoller Vorgang.«

Egal. Manchmal gewinnt man, und manchmal verliert man, sagte ich mir, als wir in unsere Wagen stiegen und die Motoren starteten.

Er kurbelte das Fenster auf der Beifahrerseite hinunter und sagte: »Thomas Jennings. Ich glaube, du wirst herausfinden, daß die alte Einsiedelei vor Ort früher einem Mann namens Thomas Jennings gehört hat. Überprüf es.« Er schloß das Fenster wieder und setzte rückwärts aus der Parklücke.

Thomas Jennings. Nein, den Namen hatte ich noch nie gehört. Monate verstrichen, ohne daß wir etwas vom Schwarzen Alchimisten hörten, aber die ganze außergewöhnliche Geschichte sprach sich in den magischen, paranormalen und Questing-Kreisen, in denen ich verkehrte, schnell herum.

Ende August 1986 hatte ich begonnen, die Kapitel für ein Heft mit dem Titel ›Der Schwarze Alchimist‹ zusammenzustellen, das ich hoffte, bis Oktober herausbringen zu können.

Die weltweit erste Psychic-Questing-Conference – von meiner Kollegin Caroline Wise organisiert – sollte am Samstag, dem 1. November, in London stattfinden. An diesem Tag wollte ich meinen ersten Vortrag über die Geschichte des Schwarzen Alchimisten halten.

Ich wollte unbedingt, daß das Heft rechtzeitig erschien, und so schuftete ich von August an wie ein Tier, damit der Text rechtzeitig in Druck gehen konnte.

Kapitel 12

Der Kreis der Finsternis

Montag, 6. Oktober 1986. Wieder klingelte das Telefon. Ein Angestellter nahm den Hörer ab und verwickelte den Anrufer in eine lockere Unterhaltung. Gleichzeitig sagte einer der Direktoren der Firma etwas, erhob sich dann und verließ das kleine Büro.

Bernard starrte ins Leere. Etwas beunruhigte ihn. Vor seinem geistigen Auge sah er nicht die Netzgardine vor dem kleinen Aluminiumfenster des Büros, sondern eine Szene, die sich viel weiter entfernt abspielte, nicht in Essex, sondern in Kent oder Sussex – um welche der beiden Grafschaften es sich handelte, konnte er nicht sagen.

Der Telefonhörer wurde nachdrücklich auf die Gabel geknallt, und Bernards Kollege murrte irgend etwas, ehe er dann ebenfalls den Raum verließ.

Felder. Bernard konnte Felder sehen. Und Bäume. Ja, einen Wald mit einem Bach ganz in der Nähe. Es war ein hübscher Ort in freier Natur, und doch verursachte er ihm aus irgendeinem Grund Unbehagen. Warum sah er diese Szenerie?

Auf die Frage aus dem Nebenzimmer, ob irgend jemand Kaffee wolle, brummte der ältliche Direktor, der ins Büro zurückgekehrt war, um ein ausgefülltes Bestellformular zu holen, nur vor sich hin. Er nahm das Formular von seinem Schreibtisch und hielt einen Augenblick inne, um es durchzulesen.

Bernard konnte immer noch die Felder sehen, aber inzwischen registrierte er vier Gestalten in schwarzen Kutten, die einen Kreis bildeten. Jede hielt einen langen, schwarzen Holzstab, der auf eine fünfte Gestalt wies, waagerecht gegen den Bauch. Diese fünfte Gestalt trug eine rote Kutte und stand reglos in der Mitte des Kreises. Die weiten Kapuzen verbargen ihre Identität und auch ihr Geschlecht.

Bernard nahm vage Bürogeplauder wahr, dann wurde eine Tasse Kaffee auf seinen Schreibtisch gestellt. Er zwang sich zu einem höflichen »Danke«.

Die zentrale Gestalt in Rot kam ihm irgendwie vertraut vor, und als ihm klar wurde, um wen es sich handelte, wollte er die unaufgefordert eingetretene Vision beenden. Aber dann setzte sich die Gruppe in Bewegung. Die vier Gestalten in Schwarz begannen, sich im entgegengesetzten Uhrzeigersinn seitwärts zu bewegen, bis sie einen vollständigen Kreis zurückgelegt hatten.

Bei der Gestalt in Rot handelte es sich ganz zweifellos um den Schwarzen Alchimisten. Jetzt der Rote Alchimist? Nein, das war kein Scherz. Was hatte er jetzt wieder im Sinn? Er hatte das sehr deutliche Gefühl, daß ihr Gegner ein sehr mächtiges okkultes Ritual vollzog und wieder rege war. Mehr noch, er fühlte, daß dieses Ritual in eben dem Augenblick stattfand, da er es sah.

In diesem Moment rief Bernards Direktorkollege seinen Namen, und die Vision brach ab, so abrupt, als wäre ein Fernseher ausgeschaltet worden. Aber die beunruhigende Erinnerung an die Szene ließ ihn nicht mehr los.

Er warf einen Blick auf die Wanduhr und notierte sich die Zeit. Es war genau 10 Uhr 40.

An diesem Morgen wurde ich von meinem Vater geweckt. Ich hatte gerade einen bedeutungslosen Traum gehabt, der mir noch ganz frisch in Erinnerung war. Er betraf mein fertiggestelltes Manuskript »Der Schwarze Alchimist«. Irgend etwas hatte mich veranlaßt, den Inhalt zu ändern, und das hatte zwangsläufig zu einer Verzögerung der Publikation geführt.

Es war ein höchst frustrierender Traum gewesen, der ganz sicher von den zahllosen Abenden, die ich damit verbracht hatte, den Text wieder und wieder zu korrigieren, beeinflußt gewesen war. Vielleicht war er auch darauf zurückzuführen, daß in den vergangenen zwei Tagen zwei verschiedene Personen – Caroline Wise und meine neue Freundin Gilly Street – ganz deutlich gespürt hatten, daß der Schwarze Alchimist wieder aktiv war und bald nach Essex zurückkehren würde; keine von beiden hatte je zuvor eine solche Aussage gemacht.

Infolge ihres Gefühls hatte Gilly beschlossen, mir die Tarotkarten zu legen, um herauszufinden, ob sie recht hätte. Dies hatte am vergangenen Nachmittag stattgefunden, und die Ergebnisse waren gelinde gesagt verwirrend. Den Karten zufolge würde ich sehr bald zu einer Konfrontation mit dem Schwarzen Alchimisten gezwungen werden, im Laufe derer ich dem Tod ins Auge sehen würde. Und doch würde ich, gleich welcher Art die Umstände dieses Vorfalles sein mochten, alles heil überstehen und vieles über die wahre Natur unseres Gegners erfahren. Trotzdem würde ich am Ende des Tages der Enthüllung seiner Identität keinen Schritt näher gekommen sein.

In vieler Hinsicht wünschte ich mir, daß er weitere Schritte auf uns zu machte, in der Hoffnung, daß ihm einige ernsthafte Fehleinschätzungen unterliefen, die es mir erlaubten, sein Haus in Eastbourne auszumachen.

Bernard hatte einige Monate nichts mehr von dem Schwarzen Alchimisten wissen wollen. Er hatte nicht versucht, weitere psychische Informationen zu diesem Thema aufzuschnappen und hoffte nur, daß die Angelegenheit sich endgültig erledigt hatte.

Mein brennendster Wunsch war es hingegen, den Schwarzen Alchimisten zu enttarnen. Aber bevor mir das gelingen konnte – mit oder ohne Bernards Hilfe – mußte ich das Büchlein publizieren, das inzwischen druckfertig war. Bis dahin konnte ich nicht viel mehr tun als warten.

Bernard war den Rest des Tages sichtlich nervös. Ganz zweifellos lag etwas in der Luft. Der Schwarze Alchimist trieb wieder sein Unwesen, und die Eindrücke, die er empfing, verhießen nichts Gutes. Glücklicherweise war er an diesem Abend mit Andy verabredet; gemeinsam würde es ihnen vielleicht gelingen, aufzudecken, was da vorging.

Gegen 18 Uhr 30 verließ er das Haus und fuhr nach Wickford. Andy hatte im ›Basildon‹ einen kleinen Saal gemietet, um eine audiovisuelle Präsentation durchzuführen, die er über seine Reise zu den abgelegenen griechisch-orthodoxen Klöstern am Fuß des Berges Athos im Nordosten Griechenlands zusammengestellt hatte.

Sie hatten vereinbart, daß er Andy gegen sieben abholen sollte, aber die beleuchtete Uhr am Armaturenbrett zeigte, daß er sich verspäten würde.

Am Kreisverkehr am Rettendon Turnpike auf der A 130 bog er auf die Runwell Road nach Wickford ab. Aber je weiter er dieser Straße folgte, desto nervöser wurde er, bis er schließlich nicht mehr in der Lage war, sich aufs Fahren zu konzentrieren. Es dauerte nicht lange, und er ertappte sich dabei, daß er viel schneller als die erlaubten fünfzig Meilen in der Stunde fuhr.

Plötzlich sah er ein Fahrzeug vor sich, dessen Blinker anzeigte, daß der Fahrer nach rechts abbiegen wollte. Er trat auf die Bremse, und der Wagen kam schlitternd nur wenige Zentimeter von der Stoßstange des anderen Fahrzeugs zum Stehen.

Das Herz schlug ihm bis zum Hals. Der Wagen war bei dem abrupten Bremsmanöver ausgeschert und stand quer. Er beschloß, den Warnblinker einzuschalten und das vordere Fahrzeug abbiegen zu lassen. Immer noch erschrocken, wartete er scheinbar eine Ewigkeit, bis er seine Fahrt fortsetzen konnte.

Nur ein kleines Stück weiter auf derselben Straße bemerkte er, daß er wieder viel schneller fuhr als erlaubt. Er nahm den Fuß vom Gaspedal; er konnte einfach nicht begreifen, was los war.

Als er jedoch das Dorf Runwell erreichte, bot sich Bernard durch die Windschutzscheibe ein häßlicher Anblick – Dutzende von gerupften Hühnern lagen auf der Straße, vom Verkehr zu einem widerlichen Brei zerquetscht. Zweifellos waren sie von einem Lastwagen gefallen, und als er über sie hinwegfuhr, wurde ihm von dem Gestank speiübel. Es war ein sonderbarer Zufall, der nicht eben dazu beitrug, ihn zu beruhigen.

Die Straße beschrieb eine Linkskurve, und weiter

vorn sah er wieder ein stehendes Fahrzeug, das nach rechts in eine Seitenstraße abbiegen wollte. Wieder trat er in die Eisen. Der Wagen bremste schlitternd und kam in gebührendem Abstand zum Stillstand. Aber das war der Tropfen, der das Faß zum Überlaufen brachte. Sein Herz raste, und seine Hände zitterten unkontrolliert.

Er wartete, daß der Gegenverkehr vorbeifuhr, damit der Wagen vor ihm abbiegen konnte.

Als er einen Blick nach links warf, sah er die dunklen Umrisse des Glockenturms der Kirche von Runwell, das Gotteshaus selbst größtenteils von den Schatten der umliegenden Bäume verborgen. Er schauderte ob seiner Nähe, denn obgleich die Kirche eine der zentralen Stätten in Andys Buch ›The Running Well Mystery‹ gewesen war, hatte er nie den Wunsch verspürt, sie zu besichtigen. In seinen Augen hatte sie immer eine abweisende, bedrückende Atmosphäre verströmt, die vermutlich mit dem örtlichen Glauben zusammenhing, daß Okkultisten immer noch ihren Kirchhof für ihre Schwarzen Künste benutzten.

Als Bernard, immer noch hochgradig nervös, mißtrauisch auf das legendäre Bauwerk blickte, empfing er eine weitere übermächtige Vision. Die Kirche schien von einer dichten, wirbelnden Wolke dunkler Energien eingehüllt zu sein, die kreisend aufwärts zogen, um dann in Richtung Rettendon Turnpike zu strömen.

Mit diesem beunruhigenden Bild ging das sehr deutliche Gefühl einher, daß die schwarze Wolke von einem dunklen Ritual erzeugt wurde, das erst kürzlich auf dem Kirchhof vollzogen worden war. Schlimmer noch, er spürte, daß derjenige, der für dieses düstere Werk verantwortlich war, sich noch ganz in der Nähe aufhielt. Nur ein einziges Fahrzeug stand auf dem Seitenstreifen vor der Kirche, ein beigefarbener Ford Escort

Mk III mit ausgeschalteten Scheinwerfern. Im dunklen Inneren schien niemand zu sitzen, aber sein Gefühl sagte ihm, daß das Fahrzeug irgendwie mit dem Ritual auf dem Kirchhof in Zusammenhang stand. Als er langsam an dem Escort vorbeifuhr, verriet ihm eine innere Stimme gar, daß der Besitzer dieses Wagens kein geringerer war als der Schwarze Alchimist persönlich.

Um 19 Uhr 20 hielt Bernards Wagen draußen vor dem Haus meiner Eltern. Als ich die Beifahrertür seines Ford Orion öffnete, bat er mich, mich zu setzen und ihm zuzuhören, da er mir etwas zu sagen habe.

»Heute haben sich einige höchst seltsame Dinge ereignet, und ich fühle, daß etwas Unheilvolles passiert, das mir ganz und gar nicht gefällt«, sagte er und zündete sich eine Zigarette an.

Ich erwähnte kurz die Eindrücke, die Caroline und Gilly am Wochenende empfangen hatten, vergaß jedoch, die Tarotkartenlesung am vergangenen Nachmittag zu erwähnen. Dann fragte ich ihn, was geschehen wäre.

Er erzählte es mir. Der Schwarze Alchimist trieb also wieder sein Unwesen; und diesmal noch schlimmer als je zuvor.

Die Kirche St. Mary's in Runwell und eine örtliche Heilige Quelle ein paar Meilen nordwestlich, die sogenannte Running Well, waren Mittelpunkt meines Buches ›The Running Well Mystery‹, das 1983 erschienen war und von Mysterien und Legenden dieser Gegend handelte.

»Ich schlage vor, daß wir den Diavortrag sausen lassen und statt dessen sofort zur Kirche fahren«, sagte Bernard.

Zweimal fuhren wir an der Kirche vorbei, um zu sehen, ob sich auf dem Kirchhof etwas regte. Wir sahen niemanden, aber ich notierte mir trotzdem das Kennzeichen eines Suzuki-Geländewagens, der mit eingeschalteten Scheinwerfern auf dem Seitenstreifen vor der Kirche stand – nur für alle Fälle. Der beigefarbene Escort Mk III, der Bernard vorhin aufgefallen war, war nicht mehr da.

Ein Stück weiter die Runwell Road hinunter sah und roch ich die fauligen Hühnerüberreste auf der Straße.

Die Church End Lane, eine Seitenstraße genau gegenüber dem Kirchturm aus dem 14. Jahrhundert, bot sich an, um außer Sichtweite des Kirchhofs zu parken. Nachdem ich ein einfaches Schutzritual vollzogen hatte, nahm ich eine Taschenlampe und stieg aus dem Wagen. Ich war auch auf psychische Turbulenzen vorbereitet und hatte in der Tasche meiner ledernen Motorradjacke ein psychisch geladenes Kreuz, das ein griechisch-orthodoxer Mönch mir auf dem Berg Athos geschenkt hatte, sowie einen rituellen Stab, eins der letzten Überbleibsel aus meinen ritualistisch-magischen Tagen Ende der Siebziger. Beides konnte mir wenn nötig helfen, psychische Energien zu binden, festzuhalten, aufzulösen oder zu erzeugen. Bernard seinerseits hegte viel realistischere Gedanken, als er ein Taschenmesser in seine Jackentasche steckte.

Er betrat zügigen Schrittes den Kirchhof, näherte sich dann aber nur zögernd der nördlichen Kirchenmauer und berührte sacht die rauhe Kieselsandsteinoberfläche. »Jemand hat vor mir das gleiche getan«, verkündete er und tätschelte die Mauer, bevor er sich wieder entfernte.

Ich nahm an, daß er mit ›jemand‹ den Schwarzen Alchimisten meinte.

»Gibt es auf der Rückseite der Kirche ein Portal?« fragte er und blickte zu dem steinernen Turm auf.

Ich erinnerte ihn daran, daß besagtes Portal Mittelpunkt zahlreicher Legenden und Sagen war, die sich um die Kirche rankten und in meinem Buch erzählt wurden.

Wir schlenderten darauf zu.

»Ah, das Portal«, sagt er, beinahe so, als hätte er nicht erwartet, es noch dort vorzufinden. »Hier hat sich etwas ereignet. Ich sehe aus dem Inneren dunkle Energien aufsteigen.«

Wieder einmal riet ich zur Vorsicht und meinte, er solle fürs erste nicht näher herangehen.

Er nickte in Richtung der Holzkonstruktion. »Da ist etwas in der Vorhalle. Er hat dort etwas hineingelegt.«

Wohin?

Er konzentrierte sich wieder, achtete jedoch darauf, die Energien nicht zu lange auf sich einwirken zu lassen. Dann sagte er: »Auf die rechte Seite. In die Ecke, die uns am nächsten ist, auf den Fußboden.«

Schnell betrat ich die Vorhalle und leuchtete mit der Taschenlampe zwischen die Holzbänke und den rotgepflasterten Fußboden. An der Wand standen zwei Stapel aufgeschichteter Dachpfannen – aber rechts davon, in der Ecke, inmitten von Spinnweben und Schmutz, entdeckte ich einen mir inzwischen vertrauten Gegenstand: einen dunkelgrauen länglichen Stein mit mir bekannten magischen Symbolen.

Als ich ihm meine Entdeckung mitteilte, mißachtete Bernard meine vorherige Warnung und betrat das Portal, um schweigend zuzusehen, wie ich goldene Energien visualisierte, die über den Stab in den Stein strömten. Das würde hoffentlich seine psychische Ladung aufheben und vertreiben.

Bernard kam näher heran, streckte die rechte Hand aus und begann, sich auf den Stein zu konzentrieren. »Noch etwas anderes«, sagte er gepreßt. Und er zwang sich, in einen der beiden unordentlichen Stapel Dachziegel zu fassen, als suche er nach etwas. Aber es war zu viel für ihn. Er zuckte abrupt zurück, taumelte rückwärts und verlor beinahe das Gleichgewicht. »Er hat etwas dagelassen. Sieh dort nach. Eine Botschaft. Zwischen den Dachziegeln.«

Hierauf flüchtete er und überließ es mir, die ›Botschaft‹ zu finden. Ich hob die oberen Dachschindeln vom Stapel und entdeckte schon bald die Quelle für seine Qualen – einen dicken, verschlossenen, schwarzen Umschlag, mit einem weißen Etikett versehen, auf dem in kleiner Schreibmaschinenschrift der Name ›Andrew Brian Collins‹ stand – mein Name!

Mir rutschte das Herz in die Hose. Was mochte der Umschlag enthalten?

Ich nahm Umschlag und Stein an mich und machte mich auf die Suche nach Bernard. Als ich ihn eingeholt hatte, verließen wir hastig den Kirchhof und kehrten zum Wagen zurück.

Er klagte über leichte Kopfschmerzen und über ein flaues Gefühl im Magen, schien sich aber ansonsten wieder in der Gewalt zu haben. Im Licht der Innenbeleuchtung des Wagens betrachtete ich den versiegelten schwarzen Umschlag und beschloß, ihn erst zu öffnen, wenn wir ein wenig mehr über das Geschehen in Erfahrung gebracht hatten.

»Ich glaube, du solltest ihn besser gar nicht öffnen«, scherzte Bernard.

Vielleicht war das gar kein so schlechter Rat. Aber eins stand jedenfalls fest – der Schwarze Alchimist kannte inzwischen meinen vollen Namen. In diesem

Fall wußte er auch von meiner Verbindung zur Kirche von Runwell und den Legenden, die sich um das hölzerne Portal auf der Südseite rankten. Es sah aus, als hätte er sich eine Ausgabe meines Buches beschafft.

»Außerdem weiß er meiner Meinung nach, daß du mit jemandem zusammenarbeitest«, fügte Bernard hinzu und blickte aus dem Fenster auf zwei Passanten. »Allerdings habe ich nicht das Gefühl, daß er meinen Namen und meine Adresse kennt.«

Das war vermutlich darauf zurückzuführen, daß ich mich bewußt bemüht hatte, Bernards Identität geheimzuhalten. Meine größte Furcht rührte allerdings daher, daß der Schwarze Alchimist von meinem früheren Interesse an der Kirche von Runwell wußte und auch über meine Verbindung zum Running Well informiert war. Hierbei handelte es sich um eine bedeutende lokale Stätte mit einer zweitausend Jahre alten Geschichte. Dort herrschte wohltuender Frieden und Harmonie, eine Atmosphäre, die von zahlreichen Besuchern geschätzt wurde. Ich hoffte inständig, daß er die Stätte nicht mit seinen Ritualen schwarzer Magie beschmutzt hatte.

Bernard meinte, wir sollten uns dem unmittelbaren Einfluß der Kirche entziehen und dann noch einmal anhalten, um zu sehen, ob er weitere psychische Hinweise empfangen konnte. Er fuhr den Wagen also ein paar hundert Meter weiter die Straße hinauf und parkte dann in einer Nebenstraße. Hier ruhten wir ein paar Minuten aus und öffneten die Weinflasche, die wir uns eigentlich bei dem Diavortrag hatten genehmigen wollen.

Nach einem Glas Wein konzentrierte Bernard seine Gedanken wieder auf die Kirche. Wir mußten wissen, was genau wir als nächstes tun sollten.

Nach etwa einer Minute sagte er: »Also, ich sehe immer noch diese wirbelnde schwarze Wolke um die Kirche herum. Das Entfernen des Steins hat hieran nichts geändert. Ich kann sehen, daß die Wolke in nordöstlicher Richtung davonzieht, wie eine schwarze Nebelwand. Die Wolke ist dampfartig und scheint einem gewundenen Pfad über das Land zu folgen.«

Abrupt verstummte er und fragte dann nach einer Weile wie aus heiterem Himmel: »Wer ist ›Talbot‹? Ich glaube, dieser Name steht irgendwie mit der ganzen Sache in Zusammenhang.«

Talbot. Ich überlegte einen Moment. Ich wußte, daß der Name John Talbot auf der Frontseite des nördlichen Kirchenportals ins Holz geritzt war. Es war die Signatur eines Schreiners aus dem 14. Jahrhundert – oder zumindest waren einige Gelehrte dieser Ansicht. Stand dieser Name in irgendeiner Beziehung zu der Kirche?

Er schüttelte den Kopf. »Nein, ich empfange nur, daß Talbot tot ist, sonst nichts.«

Wir blieben noch ein paar Minuten schweigend sitzen und warteten darauf, daß etwas passierte. Dann bemerkte ich, daß Bernard wieder in einen Zustand akuter Konzentration verfallen war.

»Du mußt gehen«, sagte er leise, als er aus seinem meditativen Zustand erwachte. »Ja, ein weibliches Geisterwesen sagt mir, daß wir irgendwo hin müssen. Sie ist auf unserer Seite; eine Hüterin der Stätte, glaube ich, überlebensgroß und von bläulichweißer Farbe. Sie zeigt auf eine Stelle in der Nähe von Bäumen hoch oben. Dort steht eine Kirche. Sie sagt, der Schwarze Alchimist sei dort gewesen.«

Ein Ort hoch oben, mit Bäumen und einer Kirche. Wer sollte einen Ort aufgrund einer so dürftigen Beschreibung identifizieren? Ich überlegte eine Weile.

»Ich weiß, wo es ist«, rief Bernard plötzlich aus, und ein Lächeln erhellte seine Züge. »Die Kirche von Rettendon.«

Rettendon. Ja, natürlich. Ein Dorf einige Meilen nordöstlich von Runwell. Die Kirche stand oben auf einem Hügel und war von Bäumen umgeben.

»Das scheint der nächste Punkt auf der Peripherie dieses ›Kreises der Finsternis‹ zu sein. Ja, genau das ist es – ein Teil eines riesigen Energiekreises, der sich über das Land zieht.« Wieder schwieg er eine Weile, ehe er fortfuhr. »Das ist es«, sagt er wie zu sich selbst. »Das ist der Grund, weshalb ich auf der Fahrt hierher zwischen dem Rettendon Turnpike und Wickford so negative Energien auf der Runwell Road empfangen habe. Es muß angefangen haben, als ich unwissentlich durch die Peripherie des Kreises der Finsternis gefahren bin auf dem gewundenen Kurs zwischen der Kirche von Runwell und jener in Rettendon.«

Ich verstand nicht so ganz, worauf er hinaus wollte. Es schien, als wolle er damit sagen, daß die Kirchen von Runwell und Rettendon nur zwei Punkte auf einem vom Schwarzen Alchimisten gebildeten riesigen Bogen oder sogar Kreis dunkler Energien waren. Wohin führte er dann aber von Rettendon aus? Und welche Funktion hatte er, welchem Zweck diente er?

Kein Zweifel, unser nächstes Ziel konnte nur die Allerheiligen-Kirche in Rettendon sein, eine der bekanntesten Kirchen im Südosten von Essex.

»Die Blaue Lady sagt, daß sie dort wieder zu uns stoßen wird. Ich schätze, wir sollten gleich hinfahren.«

Kapitel 13

Die Blaue Lady

Bernard schaltete die Scheinwerfer aus, als der Wagen auf der unbefestigten Straße vor der Allerheiligen-Kirche in Rettendon zum Stehen kam. Ein paar Minuten lang saßen wir einfach nur da und fragten uns, was wir als nächstes tun sollten.

»Spürst du etwas?« fragte er, in der Hoffnung, daß ich die Informationen, die er vorhin bezüglich der Kirche empfangen hatte, bestätigen oder ergänzen konnte.

Ich verneinte.

Er seufzte besorgt. »Also, ich habe Magenschmerzen und fühle, daß mich eine Kraft aus irgendeinem Grund zur Kirche hinzieht.«

Weitere Minuten verstrichen, ehe er wieder etwas sagte. »Ich sehe die Kirche von oben, als befände ich mich in Höhe der Baumwipfel«, verkündete er leise. »Ich kann eine wirbelnde schwarze Energiewolke sehen – wie jene in Runwell. Sie umschließt die Kirche und führt dann wie eine schwarze Wand in nordwestliche Richtung.« Er schwieg eine Minute, um seine Gedanken zu ordnen.

»Die größte Energiekonzentration scheint von einem Punkt am gegenüberliegenden Ende der Kirche zu kommen. Von irgendwo unterhalb des Turms, glaube ich.«

Genau wie in Runwell von der Straße aus nicht einsehbar, dachte ich.

»Und ich kann die Blaue Lady immer noch sehen«, bestätigte Bernard. »Sie steht jetzt am westlichen Ende und zeigt auf den Boden. Sie ist jetzt nur noch schwach auszumachen; irgend etwas hat sie fast ihrer ganzen Energie beraubt.«

Es entstand eine Pause, ehe er fortfuhr. »Sie zeigt immer noch auf dieselbe Stelle ... dort liegt ein Stein ... ein weißer Stein auf dem Boden, in der Nähe der Tür, etwa dreißig Zentimeter breit.«

Als die Abstände zwischen seinen Sätzen immer länger und länger wurden, befürchtete ich, er würde das Bewußtsein verlieren, und bat ihn eindringlich, für eine Weile aufzuhören. Ich fürchtete, er würde in den mächtigen Kreis der Finsternis hineingesogen. Das konnte, wie ich wußte, zur Besessenheit führen oder zu einem völligen Energieverlust, ganz zu schweigen von den üblichen Nebenwirkungen, die mit der mentalen Kopplung an die Aktivitäten des Schwarzen Alchimisten einhergingen.

Aber er schlug die Augen auf und unterbrach seine Konzentration ohne das geringste Anzeichen von Unbehagen. »Keine Sorge, ich bin okay«, sagte er locker.

Kurz darauf verließen wir den Wagen und folgten dem Kiesweg zur Kirche, die dunkel vor uns aufragte. Der atemberaubende Ausblick über die umliegende Gegend verschlug Bernard die Sprache. Ich zeigte ihm die glitzernden Lichter der Themse-Mündung und die North Downs von Kent. Der Hügel war ein wundervoller Aussichtspunkt. Ich sagte, daß dies bestimmt auch der Grund gewesen war, an dieser Stelle eine Kirche zu bauen.

Als ich das westliche Ende der Kirche erreichte, blieb ich vor der großen Holztür unter dem Turm stehen und sah mich nach einem Versteck um. War etwas vergraben worden?

»Es gibt einen weißen Stein. Das ist alles, was ich empfange.«

Ein weißer Stein. Ich leuchtete mit der Taschenlampe

über das Gras. Fast sofort entdeckte ich eine glatte, weiße Marmorplatte, die neben einer Holzbank waagerecht in die Erde eingelassen war. Offensichtlich handelte es sich um das Bruchstück eines alten Grabsteins, und doch sah es irgendwie genauso aus wie das, wonach wir suchten.

Als er die weiße Steinplatte sah, streckte Bernard vorsichtig die Hand aus und versuchte, den Kontakt herzustellen. Sofort und ohne Vorwarnung fing er an, heftig zu würgen, während er langsam die Finger dem Stein immer weiter annäherte.

Dann wich er jedoch abrupt zurück. »Auf der Seite«, keuchte er, obwohl er sich sichtlich elend fühlte. Er zwang sich zurück zu der Stelle und berührte das Gras seitlich neben der Steinplatte. »Hier. Hol es heraus.«

Ich leuchtete mit der Taschenlampe ins Gras und entdeckte bald den Ursprung seiner Qualen: ein schmales Stück Schiefer in Form einer Speerspitze, mit den vertrauten magischen Symbolen beschriftet.

Die Speerspitze war zwischen dem Rand der Marmorplatte und der weichen, grasbedeckten Erde eingeklemmt worden. Während Bernard sich entfernte, benutzte ich den rituellen Stab, um mental eine starke Reinigungsvisualisierung zu vollziehen, in der Hoffnung, daß sie die geladenen Energien im Inneren des Steins neutralisieren würde. Ich nahm ihn an mich und steckte ihn in meine Jackentasche, ehe ich Bernard einholte, der bereits auf dem Weg zurück zum Wagen war.

Etwas beunruhigte mich, als wir schweigend dasaßen und auf weitere mediale Hinweise warteten. Wir hatten an diesem Abend nicht einen, sondern gleich zwei beschriftete Steine gefunden. Es sah ganz so aus, als würde der Schwarze Alchimist sie als Fixpunkte benutzen, um die Energien an jeder der Stätten, die er für sein Ritual des Kreises der Finsternis ausgewählt hatte, einzufangen und weiterzuleiten. Zusammen mit dem ersten Stein hatten wir einen Umschlag gefunden, der an mich adressiert war. Wenn er also gewollt hatte, daß wir diese beiden Gegenstände fanden, dann hatte er auch gewollt, daß wir den Stein fanden, den er auf dem Kirchhof von Rettendon versteckt hatte.

Aber da war noch mehr. Der Verlauf dieses Kreises der Finsternis war beinahe vorhersehbar. Hastig skizzierte ich eine Karte der Gegend und zeichnete einen großen Kreis, der die Kirchen von Runwell und Rettendon einschloß. Es erforderte keinen großen Spürsinn zu schlußfolgern, daß die Kirche von Downham einige Meilen nordwestlich von Wickford ein weiterer Punkt auf der Peripherie des Kreises war. Ein rätselhafter Schluß, da diese Kirche ebenso wie jene von Runwell und Rettendon in meinem Buch ›The Running Well Mystery‹ eine bedeutende Rolle bei einer recht spekulativen Theorie gespielt hatte.

Ich hatte spekuliert, daß zahlreiche Kirchen, Hügel und alte Stätten um Runwell und Wickford herum ursprünglich nach einem bestimmten Schema angelegt worden waren, das auf einem mystischen Symbol basierte, das als Runwell Cross (Runwell-Kreuz) in verschiedenen Legenden aus der Gegend erwähnt wurde.

Der Kreis der Finsternis des Schwarzen Alchimisten entsprach zwar nicht exakt meiner eigenen kreisförmigen Anordnung verschiedener Stätten, aber das Konzept war das gleiche – eine kreisförmige Anordnung alter Stätten um eine mittlere Achse herum. Und der Mittelpunkt des Kreises der Finsternis schien … Nein, ich wollte nicht einmal daran denken, ehe ich nicht absolut sicher war. Aber ich mußte mich der Realität stellen – es war der Running Well, die heiligste Stätte in der Gegend, ein Ort, der mir sehr am Herzen lag. Aber ich beschloß, das alles fürs erste für mich zu behalten, da ich die Botschaften, die Bernard auf mentaler Ebene empfing, in keiner Weise beeinflussen wollte.

»Wir sind hier noch nicht fertig«, verkündete er plötzlich. »Ich fühle, daß ich wieder aus irgendeinem Grund zur Kirche hingezogen werde. Ich muß noch einmal hin.«

Ich sagte ihm, er solle vorsichtig sein, da es sich um eine Falle handeln könne.

»Das glaube ich nicht«, entgegnete er und öffnete die Wagentür. »Ich werde jedenfalls hingehen.«

Er verließ die Sicherheit des behaglichen Wageninneren und folgte ein Stück weit dem Kiesweg, um dann plötzlich quer über das feuchte Gras ein unbekanntes Ziel anzusteuern. Ich folgte ihm dichtauf, Kugelschreiber und Papier in der Hand.

Das unermüdliche Medium machte vor einem anonymen Grab in der Mitte des Friedhofes halt. Dort blieb es schweigend und reglos stehen, ganz vertieft in seine eigene Welt. Schließlich hob es langsam beide Arme über den Kopf.

»Ihr Name ist Cecilia«, sagte Bernard ohne weitere Erklärung.

Mir ging auf, daß er sich auf die Blaue Lady bezog. Aber wer war Cecilia? Der Geist der Person, die in dem Grab bestattet worden war, vor dem wir standen?

Ohne weitere Erklärung begann Bernard, etwas vor sich hin zu murmeln, das ich nicht richtig verstehen konnte. Ich trat näher an ihn heran und lauschte aufmerksam. Er schien sich in leichter Trance zu befinden.

Kurze, abgehackte Sätze kamen über seine Lippen.

»Kirche am Ende der Nebenstraße ... ganz nah am Wasser ... nichts mehr übrig ... mit dem Geist verbunden; aber ohne Spuren zu hinterlassen ... Kirche auf Hügel ... wir gehen dorthin ... wir finden und nehmen ... wir werden zerstören.«

Ich erkannte, daß seine Worte Antworten waren auf Befehle, die ihm Cecilia erteilte. Ich erkannte die Kirche auf dem Hügel. Das war Downham. Meine Vermutung war also richtig gewesen. Downham gehörte auch zu den Stätten auf der Peripherie des Kreises der Finsternis. Bei der zweiten Kirche am Ende einer Straße und ganz nah am Wasser mußte ich allerdings passen.

Bernard ließ die Arme sinken, erwachte aus seinem Trancezustand und bestätigte mir, daß er mit der Blauen Lady gesprochen hatte. »Sie rief mich zu sich, und ich fand sie in voller hellseherischer Gestalt an diesem Grab. Ich bin nicht sicher, wer sie ist. Sie hob die Hände über den Kopf, und ich hatte das Gefühl, daß ich es ihr gleichtun sollte. Sie sagte mir, ihr Name wäre Cecilia und teilte mir mit, daß der Schwarze Alchimist neben Runwell und Rettendon noch bei einer anderen Kirche am Ende einer unbefestigten Straße war.« Er fing an, auf und ab zu gehen, um sich warm zu halten. »Aber aus irgendeinem Grund hat er zu dieser Kirche nur einen psychischen Kontakt hergestellt. Er hat keinen Stein oder etwas in der Art zurückgelassen – nur eine mentale Anweisung.«

Und wo befand sich diese Kirche? Ich zündete mir eine Marlboro an und wartete auf seine Antwort.

Er zuckte die Achseln und schüttelte den Kopf. »Am Ende eines langen Weges und in der Nähe einer großen

Wasserfläche. Mehr hat sie nicht gesagt. Das Wasserbecken von South Hanningfield, denke ich.«

Ja, das war auch meine Vermutung. Das riesige von Menschenhand erschaffene Reservoir in South Hanningfield, einige Meilen nordwestlich von Rettendon.

»Außerdem hat sie mir mitgeteilt, daß der Schwarze Alchimist offenbar noch eine weitere Kirche auf einem Hügel aufgesucht hat, und dort hat er ein weiteres Artefakt hinterlegt.«

»Downham«, teilte ich Bernard mit. »Und vielleicht handelt es sich bei jener Kirche am Ende der unbefestigten Straße um jene von South Hanningfield.« Ich war jedoch noch nie dagewesen, und so wußte ich nichts Konkretes über diese Stätte. War er schon einmal dort gewesen?

Er hatte nur den letzten Teil meiner Frage mitbekommen. »Äh, nein, Bin ich nicht. Aber wenn er dort nichts zurückgelassen hat, wäre es ohnehin witzlos, sie finden zu wollen, oder?«

Okay, wir würden also gleich zur Kirche von Downham fahren.

Als wir auf dem Weg nach Downham durch die verlassenen, schmalen Straßen von South Hanningfield fuhren, wurde Bernard plötzlich nervös.

»Das gefällt mir gar nicht«, sagte er zum x-ten Mal an diesem Abend in besorgtem Tonfall. »Ich fühle, daß etwas Unerfreuliches am Horizont lauert und wir geradewegs darauf zulaufen oder besser fahren.«

Was meinte er damit?

»Ich weiß nicht. Ich weiß nur, daß derjenige, der diese Stätten besudelt, noch in der Gegend und in eben diesem Moment ganz nah ist.«

Das war ein beunruhigender Gedanke.

»Jetzt sehe ich etwas Grauenhaftes«, verkündete er, während der Wagen weiter durch die dunklen Straßen fuhr. »Ich sehe eine Leiche, die an einem Baum baumelt. Ich bin nicht sicher, was es bedeutet, aber ich hoffe, daß es kein böses Omen ist.« Er zwang sich zu einem Lachen, bemüht, die angespannte Atmosphäre aufzulockern.

Ich schwieg und blickte aus dem Fenster auf eine vorbeihuschende Hecke.

»Jetzt sehe ich, wie das gesamte Gebiet in Flammen steht. Und über dem Ganzen schwebt die Vision eines riesigen flammenden Schwertes.«

Ich verstand nicht, und das hellseherisches Bild war bald wieder vergessen.

»Warte«, sagte Bernard plötzlich und verlangsamte das Tempo. »Ich spüre, daß der Schwarze Alchimist erst vor ganz kurzer Zeit über dieselbe Straße gefahren ist.« Er erschrak bei dem Gedanken.

Wir fuhren weiter. Etwa eine Minute später kam auf der rechten Seite eine kleine Nebenstraße in Sicht. Auf einem Straßenschild stand Church Lane (Kirchenstraße). Spontan beschlossen wir abzubiegen. Es handelte sich um eine unbefestigte Straße, die schon nach wenigen hundert Metern vor einem Doppeltor endete.

Im Scheinwerferlicht war ein Holzschild zu sehen, auf dem stand, daß es sich bei dem Tor um die Einfahrt eines Privatanwesens namens Bifrons handelte. Ein zweites Schild verbot die Weiterfahrt.

Das Ganze machte Sinn. Jenseits von Bifrons lag offensichtlich eine Kirche – jene, von der Cecilia gemeint hatte, sie befände sich am Ende eines langen Weges –, die nur zu Fuß über das private Anwesen erreichbar war. Wenn es sich so verhielt, war diese Kirche der nächste Punkt auf dem Kreis der Finsternis. Es sah aus, als wäre auch er diesen Weg entlanggefahren, in der Erwartung, bis zur Kirche zu gelangen. Als er dann erkannt hatte, daß er von diesem Punkt aus zu Fuß weitergehen und das Bifrons-Anwesen durchqueren mußte, hatte er sich offenbar trotz der schützenden Dunkelheit dagegen entschieden. Er hatte also nur eine Art Visualisierungsritual vollzogen, um die Kirche als dritten Punkt seines Kreises der Finsternis zu markieren, bevor er nach Downham weitergefahren war.

Bernard stimmte mir zu. »Ich fühle mich hier nicht berufen, irgend etwas zu tun. Ich denke also, wir können ruhig weiterfahren.«

Als wir ein Stück weitergefahren waren, entdeckte ich ein Schild, das den Weg zur St. Peter's Church in South Hanningfield wies. Offenbar handelte es sich um eine zweite Zufahrt zu der Kirche jenseits des Bifrons-Anwesens.

Die Kirche von South Hanningfield war also tatsächlich der dritte Punkt auf der Peripherie des Kreises der Finsternis.

Wir fuhren weiter nach Downham.

Minuten später tauchte am linken Farbahnrand im Scheinwerferlicht ein roter Stoffetzen auf. Scheinbar hatte ihn ein achtloser Autofahrer oder Fußgänger weggeworfen, aber aus einem unerfindlichen Grund fiel er uns beiden auf. Bernard trat auf die Bremse und brachte den Wagen auf der schmalen Straße zum Stehen. Und doch fuhren wir nicht zurück, um den Stoffetzen zu holen; keiner von uns hatte das Gefühl, daß er Teil unserer Suche war. Allerdings – etwas bedeutete er.

Es war eine Art Vorzeichen.

»Wie ein rotes Tuch für einen Stier«, sagte ich laut,

während ich versuchte, unser Handeln zu erklären. Dann ging mir ein Licht auf. Diese ganze nächtliche Fahrt war, als würden wir wie ein Stier magisch angezogen von einem roten Tuch. Der Schwarze Alchimist hatte das Ritual des Kreises der Finsternis aus einem ganz bestimmten Grund vollzogen. Er wollte uns ködern! Wir folgten den psychischen Botschaften, um verborgene Artefakte und längst vergessene Geheimnisse der Vergangenheit zu entdecken. Wir benahmen uns wie Stiere, die blind auf das rote Tuch zustürmte – alle beide.

Jetzt waren seine Absichten klar. Der Schwarze Alchimist wollte, daß wir jedes einzelne seiner versteckten Artefakte fanden; und er wußte, daß wir genau das tun würden. Der zugeklebte schwarze Umschlag aus der Kirche von Runwell war an mich adressiert, und wenn er wußte, daß wir den finden würden, wußte er auch, daß wir unsere Suche fortsetzen und auch die restlichen Artefakte finden würden, die er benutzte, um seinen Kreis der Finsternis zu bilden. Was also würde als nächstes geschehen? Lockte er uns in eine rituelle Falle? Vielleicht beim Running Well?

Bernard wirkte nervös. »Ich glaube, du hast recht. Er ist bei der Quelle gewesen. Hoffen wir nur, daß er dort nicht auf uns wartet.«

Zehn Minuten später kam der Wagen langsam auf dem Seitenstreifen neben der Kirche St. Margaret in Downham zum Stehen – dem vierten und letzten Fixpunkt des Kreises der Finsternis, nur zwei Meilen nordwestlich von meinem Wohnort Wickford.

Wir stiegen aus dem Wagen, gingen zum Kirchhof hinüber und traten unter das hölzerne, überdachte Tor. Hier vollzog ich an Bernard eine starke Schutzvisualisierung, bevor wir die Stille des dunklen Kirchhofes betraten. Zügig gingen wir über den tauschweren Rasen zum abgeschiedenen Ostende des christlichen Gotteshauses.

»Hier«, sagte Bernard und zeigte auf eine Stelle unterhalb der östlichen Mauer. »Irgendwo hier hat er etwas getan. Ich fühle es.«

Er strich mit der Hand über das Mauerwerk und ließ sie dann abwärts gleiten. Er versuchte, sich psychisch auf das verborgene Artefakt einzustimmen, indem er die flache Hand dicht über den Boden hielt. Er bewegte sie hin und her und kehrte dann zurück zu einer Stelle im Gras, ganz dicht am Fuß der Steinmauer. »Hier unten«, verkündete er und bezeichnete die Stelle mit dem Finger.

Ich kniete nieder, teilte die feuchten Grashalme und fand in einem kleinen Loch unser viertes Artefakt dieses Abends – ein weiteres beschriftetes Stück Schiefer.

Das Medium wich zurück, wie immer von Unbehagen befallen, wenn er mentalen Kontakt zu Gegenständen hatte, die zu Ritualen schwarzer Magie benutzt worden waren. Ich führte rasch ein simples Visualisierungsritual durch, um die psychische Ladung des Steines aufzulösen und zu vernichten. Als das Ritual vollzogen war, nahm ich den Stein aus der Mulde und steckte ihn ein – jedoch erst, nachdem ich eins der groben Bilder auf dem Stein gesehen hatte. Es waren die Konturen einer langen Schlange mit zwei Strichmännchen und dem Wort »Bald!«

Ich war zufrieden mit unserer raschen und recht mühelosen Entdeckung des beschrifteten Steins. Der nächste Halt würde der Running Well sein. Es mußte so sein. Aber was immer die wahre Bedeutung dieser Geschichte sein sollte, niemand konnte behaupten, daß es nicht eine phantastische Geschichte war. Aber wer würde sie uns glauben? Wohl nur wenige.

Lächelnd richtete ich mich auf und sah mich suchend nach Bernard um. Wo steckte er? Ich konnte ihn weder sehen noch hören. Vielleicht war er zum Wagen zurückgegangen? Ja, so mußte es sein. Ich verließ die Mauer und kehrte hastig zurück zum offeneren und helleren Teil des Kirchhofes.

Beim überdachten Tor angelangt, warf ich einen Blick zu seinem Orion hinüber. Er war leer. Wo war Bernard? Meine Furcht wuchs mit jeder Sekunde. Bernard war urplötzlich und auf unerklärliche Art verschwunden; das hatte mir gerade noch gefehlt. Er mußte noch irgendwo in der Nähe sein.

Ich lief quer über den Kirchhof und rief seinen Namen, einmal, zweimal, dreimal. Keine Antwort. Ich runzelte ärgerlich die Stirn. Er kann nicht weit gegangen sein, sagte ich mir, während mein Magen sich vor Sorge verkrampfte.

Ich ging zurück in Richtung Ostende der Kirche und rief erneut seinen Namen.

Ein leises Murmeln antwortete mir. Ich rief noch einmal, um die Richtung zu bestimmen, aus der es gekommen war. Wieder drang ein leiser Laut aus einer unsichtbaren Quelle inmitten der dunklen Schatten der hohen Hecke am nördlichen Ende des Kirchhofes.

Ich lief panikartig in Richtung der seltsamen Geräusche, und plötzlich tauchte Bernard im Licht der Taschenlampe auf. Er war fast bewußtlos und lag zusammengerollt auf dem Boden. Dem gequälten Ausdruck auf seinem Gesicht entnahm ich, daß er einen inneren Kampf austrug, um seinen Geist von einem ungebetenen Eindringling zu befreien.

Verzweifelt versuchte ich, ihm mit einem kraftvollen

Bannritual zu helfen, das ich mit dem Stab über ihm ausführte. Es zeigte keinerlei Wirkung. Ich überlegte fieberhaft. Was konnte ich sonst tun?

Plötzlich fiel mir etwas ein. Ich legte ihm beide Hände auf die Schultern und ließ mittels Visualisierung meine eigene Lebensenergie in seinen Körper strömen. Das würde ihm hoffentlich genügend Kraft geben, was immer sich in ihn eingeschlichen hatte, zu besiegen. Aber auch das schien nicht zu funktionieren.

Ich versuchte es mit einem anderen Bannritual. Diesmal tat sich etwas; er fing an, sich mühsam aufzurichten und aufzustehen. Aber er schien immer noch geistige Qualen zu leiden und stolperte ziellos umher, bis er schließlich die Hand ausstreckte und sich haltsuchend an einen Grabstein klammerte, wobei er murmelte, er sei ›getroffen worden‹ und wolle ›in die Erde‹.

Ich redete ununterbrochen auf ihn ein, in der Hoffnung, daß er seinen qualvollen Zustand bald überwand. Er begann ganz langsam, sich zu erholen, und schien sicherer auf den Beinen zu stehen.

Höchste Zeit zu verschwinden.

Ich stützte ihn und half ihm beim Verlassen des Kirchhofes.

Unter dem überdachten Tor ließ er sich auf eine Holzbank fallen. Ich sah ihm an, daß er noch sehr schwach war, physisch und psychisch gleichermaßen, und so führte ich ihn durch eine weitere simple Visualisierungsübung, in der Hoffnung, ihm hiermit etwas von der verlorenen Lebensenergie zurückzugeben.

Es dauerte mehrere quälende Minuten, bis er sich vollständig erholt hatte, und während ich wartete, daß er etwas sagte, zündete er sich eine Zigarette an.

Was war dort draußen geschehen?

Er nahm die Zigarette aus dem Mund, und langsam

kehrte das Leben in ihn zurück. »Es fing an, nachdem wir den Stein gefunden hatten«, erwiderte er. »Als du ihn aus dem Loch genommen hast, wurde ich meiner eigenen Energien beraubt; mir wurde übel, und ich fühlte mich ganz schwach. Außerdem spürte ich, daß mein Schutzschild rasch abnahm.«

Er machte einen tiefen Zug, ehe er fortfuhr. »Ich versuchte wegzulaufen, aber dann sah und fühlte ich, wie mich etwas mit großer Geschwindigkeit traf. Ich weiß nicht, was es war. Ich sah nur so etwas wie konzentrierte Dunkelheit in Form einer Kugel. Es raste auf mich zu und drang in Bauchhöhe in mich in. Dann fiel ich um, und das war's.« Frustriert schüttelte er den Kopf. »Das nächste, woran ich mich erinnere, ist deine Stimme.«

Er trat seine Zigarette aus. »Ich bin aufgestanden und wußte einfach, daß ich begraben mußte, was in mir drin war. Darum habe ich auch nach dem Grabstein gegriffen. Ich habe es Kraft meiner Gedanken in die Erde gezwungen, und hiernach ging es mir besser.«

Ja, Graham Phillips hatte immer gesagt, daß es möglich wäre, negative Energien in die Erde abzuleiten, indem man sie mental in einen Stein zwänge, der fest in der Erde verankert ist – wie beispielsweise ein Steinpfosten oder Grabstein. Das machte also Sinn. Und doch mußte ich wissen, ob mein Bannritual funktioniert hatte.

»Ja, ich glaube schon. Jedenfalls hat es geholfen«, gab er zu. »Aber ich hatte trotzdem das Bedürfnis, die Macht irgendwie zu begraben.«

Ich beließ es dabei, und wir gingen rüber zum Auto.

Bernard hatte einen Punkt physischer und geistiger Erschöpfung erreicht. Ich sah es in seinen Augen. Keinesfalls konnte er das Abenteuer fortführen und zum Running Well fahren, ehe er wieder zu Kräften gekommen war. Er war der Fahrer, und es konnte durchaus ein Unfall passieren, wenn eine andere Macht versuchte, sich seiner zu bemächtigen.

Außerdem mußten wir wissen, was genau an der Quelle vorging und wie wir es bekämpfen konnten, bevor wir diese Stätte aufsuchten. Hierfür mußte Bernard unbedingt Verbindung zu seinem geistigen Führer, dem elisabethanischen Alchimisten, aufnehmen, und dazu würde er erst in der Lage sein, wenn er mental völlig wiederhergestellt war. Nein, wir brauchten unbedingt eine Erholungspause. Ein Stück weiter auf der Straße nach Wickford befand sich ein netter Pub, ›The Downham Arms‹. Ich schlug vor, dort einzukehren. Wir konnten in aller Ruhe etwas trinken, die Situation zusammenfassen und den zugeklebten schwarzen Umschlag öffnen, um zu sehen, was er enthielt.

Bernard stimmte zu.

Kapitel 14

The Downham Arms

Es kommt nicht oft vor, daß ein Mann in einer ledernen Motorradjacke einen Pub betritt und in der Hand ein Kruzifix über einem versiegelten schwarzen Umschlag hält. Als mir dies bewußt wurde, versuchte ich hastig, Kreuz und Umschlag vor den neugierigen Blicken zu verbergen, während ich die Getränke bestellte.

Ich nahm Bernard gegenüber Platz, zog den schwarzen Umschlag wieder hervor und musterte ihn mißtrauisch. Und doch hatte ich entschieden, daß es der richtige Zeitpunkt und der richtige Ort wären, das Geheimnis seines Inhalts zu lüften, und so schlitzte ich die Lasche des Umschlages zögernd mit Bernards Taschenmesser auf. Als ich einen Blick hineinwarf, sah ich, daß er verschiedenes enthielt. Zuerst war da ein großer, orangeroter Kristall. Außerdem konnte ich mehrere Zettel erkennen sowie einen weiteren schwarzen Umschlag, der versiegelt und einmal gefaltet war. Schließlich waren da noch mehrere gefaltete Seiten, die aussahen, als wären sie aus einem Buch herausgerissen worden.

Der Kristall rollte auf den Tisch, als ich den Umschlag langsam neigte. Bernard weigerte sich verständlicherweise, ihn anzufassen! Der Stein maß etwa anderthalb Zentimeter im Quadrat und war aus einer durchscheinenden, sehr leichten Substanz. Ich ließ ihn zwischen durchweichten Bierdeckeln und einem Aschenbecher liegen und nahm die gefalteten Buchseiten heraus. Sofort erkannte ich, daß es sich um zwei Seiten aus meinem Buch ›The Running Well Mystery‹ handelte.

Ich mußte bei dem Anblick unwillkürlich schlucken.

Verschiedene Worte und Sätze waren mit rotem Filzstift unter- oder durchgestrichen worden, wie um ihre Bedeutung oder Irrelevanz hervorzuheben. Ihr Inhalt schien mit unserem derzeitigen Abenteuer in Zusammenhang zu stehen, da sie eine der denkwürdigsten Sagen wiedergaben, die sich um den Running Well rankten – die Geschichte vom Ring der Äbtissin. Es ging um einen magischen Talisman in Form eines Ringes, der der Legende zufolge im Mittelalter einer Äbtissin des kleinen Klosters gehört hatte, das offenbar einmal in der Nähe der Quelle gestanden hatte. Die Legende handelte davon, daß die Äbtissin den großen Topas des Ringes als eine Art Kristallkugel benutzt hatte, um ein wachsames Auge auf die Aktivitäten der jungen Novizinnen zu haben.

Mich hatte damals, als ich das Buch schrieb, vor allem interessiert, wie der magische Ring zu seinen Kräften gelangt war. Es hieß nämlich, daß die Äbtissin neun Tage und neun Nächte gefastet hätte und in der letzten Nacht die Heilige Jungfrau Maria durch ein offenes Fenster ins Kloster geschwebt sei, auf einem Mondstrahl, der langsam einen Tisch umkreist und schließlich den Topasring berührt und umschlossen hatte.

In ›The Running Well‹ habe ich darauf hingewiesen, daß sich hinter dieser merkwürdigen Geschichte offenbar eine viel ältere Tradition verbarg. Die Legende vom Ring der Äbtissin hatte in dem Buch auch als Beweis meiner Überzeugung gedient, daß verschiedene heilige Stätten im Umfeld der Quelle, vor allem natürlich der Running Well selbst, in der Vergangenheit mit einer starken weiblichen, lunaren Form der religiösen Anbetung in Verbindung gestanden hätten. Nicht nur das – auf psychischer, intuitiver Ebene besäßen und verströmten diese Stätten noch heute subtile Energien, die in ihrem Einfluß und ihrer Beschaffenheit vornehmlich lunar (mondbezogen) seien.

Die vom Schwarzen Alchimisten unterstrichenen Worte waren in chronologischer Reihenfolge:

... den Balsam des Schlafes neun ... Nächte versagt ... Lag ein Ring von edler Würde ... Gold ... Topas ... schwarz ... geheime Worte ... Talisman ... beobachten und überwachen ... Ring ... Talisman ... der fortan benutzt werden konnte, um ein wachsames Auge zu halten ... verschiedene mystische Töne ... den Balsam des Schlafes versagt ... neun ... Mächte ... Mond ... Ring ... Alchimie ... Sonnenuntergang an einem bestimmten Tag des Jahres ... Energien ... schlafende Naturkräfte ... Machtzentren ... Altäre

im Osten ... die Licht, Leben schenken (das Wort Licht war durchgestrichen) ... reines Gold ... Praktiken vorzeitlicher Kulturen ... zum Leben erwecken ... Ring ... Ring ... Goldring ... Topas ... 1514 n. Chr .... Glücksbringereigenschaften ... Wo war der Ring jetzt? ... drei riesige Hunde, graubraun mit feurigen Augen, denen Schaum aus dem Maul troff und die mit den blitzenden Zähnen knirschten.«

Einige der unterstrichenen Worte und Sätze schienen für die aktuelle Situation nicht von Bedeutung zu sein, während der Bezug bei den restlichen markierten Stellen eindeutig war. In gewisser Weise konnte das Ganze als verschlüsselte Botschaft an mich interpretiert werden, vorausgesetzt, man verstand es, zwischen den Zeilen zu lesen.

Ich legte die ausgerissenen Seiten vorerst beiseite und wandte meine Aufmerksamkeit dem restlichen Inhalt des schwarzen Umschlags zu. Ich stellte ihn auf den Kopf, und drei Papierschnipsel fielen heraus. Ganz offensichtlich waren sie aus der ›Radio Times‹ ausgeschnitten worden. Auf dem ersten stand das Wort ›Du‹, auf dem zweiten ›Der sucht‹. Der dritte Ausschnitt zeigte das Cover eines kürzlich erschienenen Buches mit dem Titel ›Die Macht des Geistes‹ und darunter Ausschnitte aus Kritiken, die ursprünglich in ›The Unexplained‹ erschienen waren, einem Kioskmagazin über paranormale rätselhafte Phänomene. Offenbar stammte der Ausschnitt aus einer Werbung für Bücher über ›rätselhafte Phänomene‹ in der ›Radio Times‹.

Zusammengesetzt lautete die Nachricht also »Du, der sucht die Macht des Geistes.«

Bei der ›Radio Times‹, aus der die Schnipsel herausgeschnitten worden waren, handelte es sich um eine neuere Ausgabe, da auf der Rückseite eines der Zettel ein Programmhinweis abgedruckt war.

Während die Papierschnipsel noch auf dem Tisch lagen, zusammen mit dem orangeroten Kristall und den herausgerissenen Buchseiten, nahm ich den letzten Gegenstand aus dem Umschlag – das zweite, einmal gefaltete, schwarze Kuvert. Als ich es schüttelte, erkannte ich, daß es verschiedene lose Einzelteile enthielt, so daß ich den Umschlag nur sehr zögerlich aufschlitzte. Wie sich herausstellte, handelte es sich um weitere Stücke derselben orangeroten kristallenen Substanz wie jener aus dem ersten Umschlag. Dabei lagen zwei weitere Ausschnitte aus der ›Radio Times‹. Auf dem einen stand ›Sag auf Wiedersehen‹ und das andere zeigte wieder ein Buchcover aus einer Werbung desselben ›Mystery‹-Buchclubs. Der Titel: ›Leben nach dem Tod‹!

Ich fügte die zwei Schnipsel an die anderen drei und las die vollständige Botschaft. ›Du, der sucht die Macht des Geistes, sag auf Wiedersehen. Leben nach dem Tod!‹ Es handelte sich um eine Todesdrohung! Wenigstens sah es so aus.

Das makabre Puzzle fing an, Formen anzunehmen. Es schien, als wäre es dem Schwarzen Alchimisten irgendwie gelungen, meinen Namen mit der Störung seiner schwarzen Rituale in Verbindung zu bringen, vermutlich über eine Kontaktperson aus okkulten Kreisen, vielleicht auch mit paranormalen Mitteln. Dann hatte er sich eine Ausgabe von ›The Running Well Mystery‹ beschafft – das seit drei Jahren nicht mehr gedruckt worden war – und hatte die Assoziation mit verschiedenen alten und religiösen Stätten um meine Heimatstadt Wickford in Essex herum erkannt. Er hatte sich über deren Vergangenheit und die Legenden, die sie umgaben, informiert, sowie über ihre mentalen Einflüsse und Kräfte, im Hinblick auf irgendein unheilvolles Ritual.

Anscheinend wollte er nicht nur mich, sondern auch Bernard ausschalten, dessen Namen er offenbar nicht kannte. Zu diesem Zweck hatte er einen großen Kreis negativer Energien gelegt, den Kreis der Finsternis, indem er eine starke okkulte Zeremonie durchgeführt hatte, die sich auf vier örtliche Kirchen konzentrierte, die einen Kreis um das mystische Epizentrum der Gegend bildeten, den Running Well. An jeder dieser Stätten – außer der Kirche in South Hanningfield – hatte er seine Absichten besiegelt, indem er einen seiner beschrifteten Steine als Fixpunkt oder Markierung zurückgelassen hatte. Er hatte gewußt, daß Bernard und ich sie in der richtigen Reihenfolge ausgraben und als letztes den Running Well aufsuchen würden.

Wir mußten also annehmen, daß er eine Art ritueller Falle an der Quelle aufgestellt hatte, in die wir blind hätten hineinstolpern sollen, woraufhin wir in ihren Machtbereich geraten wären. Ob er uns durch psychische Angriffe eliminieren wollte oder mit einer abgesägten Schrotflinte, das wußten wir nicht, aber Bernards Eindruck, daß der Mann noch in der Gegend war, trug nicht eben dazu bei, unsere Nerven zu beruhigen.

Und doch schien hinter dem Plan des Schwarzen Alchimisten noch mehr zu stecken. Bei den Stellen, die er auf den herausgerissenen Buchseiten unterstrichen hatte, war die Rede von neun Nächten, in denen »der Balsam des Schlafes versagt« wurde, was bedeutete, daß die rituelle Falle, neun Nächte nachdem sie aufgestellt worden war, zuschnappen sollte. Das wäre am Mittwoch, dem 15. Oktober. Wenn es nach dem Schwarzen Alchimisten ging, sollten Bernard und ich an diesem Tag also das Leben nach dem Tod kennenlernen!

Ich versuchte, das Ganze mit einem Scherz zu entschärfen, aber Bernard war nicht nach Lachen zumute. Er hatte zu Recht das Gefühl, daß wir die Drohung sehr ernst nehmen sollten. Der Schwarze Alchimist war nicht nur ein fähiger Okkultist und ein gefährliches Medium, sondern er war darüber hinaus ein geistesgestörter und engagierter Psychopath, der geneigt war, uns sehr realen Schaden zuzufügen.

Auf Bernards Wunsch hin kam ich wieder auf die hellseherischen Bilder zu sprechen, die er morgens im Büro empfangen hatte. Vier Gestalten in schwarzen Kutten hatten um eine fünfte Gestalt in einer roten Kutte, bei der es sich aller Wahrscheinlichkeit nach um den Schwarzen Alchimisten handelte, ein Ritual vollzogen. Jede der vier Personen hatte sich einen langen schwarzen Stab vor den Bauch gehalten und war seitlich einmal um die Gestalt in der Mitte herumgegangen.

Ich spürte, daß die vier schwarzen Gestalten die vier Fixpunkte des Kreises der Finsternis markiert hatten – die vier Kirchen. In diesem Fall hatte die Figur in der Mitte für den Running Well gestanden; ein Umstand, der vermutlich irgendwie mit den orangeroten Kristallen aus den versiegelten Umschlägen in Zusammenhang stand. Vielleicht hatte der Schwarze Alchimist versucht, die Kristalle dazu zu benutzen, eine mediale Verbindung zu mir herzustellen, so wie die Äbtissin ihren Ring dazu benutzt hatte, ein wachsames Auge auf die jungen Novizinnen in ihrem Kloster zu halten.

Wieder wechselte ich das Thema, und diesmal kam ich auf den Namen Talbot zu sprechen, den Bernard kurz nach der Entdeckung des beschrifteten Steins und des schwarzen Kuverts in der Kirche von Runwell emfpangen hatte.

Talbot oder John Talbot, um ihn bei seinem vollen Namen zu nennen, war, wie ich endlich erkannte, die wahre Identität von Dr. John Dees engem Freund und Vertrauten Edward Kelly. Er war Dees medial veranlagter Partner gewesen, sein Seher, der viele Jahre lang auf Geheiß des elisabethanischen Magiers mit der Geisterwelt kommuniziert hatte. Auch erinnerte ich mich vage, daß die beiden Männer sich einer Kristallkugel und eines runden Seherspiegels bedient hatten, der aus dunklem, vulkanischem Glas bestand, sogenanntem Obsidian. Kelly war ebenfalls Alchimist gewesen und auch ein ziemlicher Schurke, weshalb Gelehrte oft an der Authentizität seiner seherischen Arbeit mit Dee gezweifelt hatten.

Fühlte Bernard, daß der Name Talbot sich auf Dees Partner Edward Kelly bezog?

Wie gewöhnlich zuckte Bernard nur lächelnd die Achseln. »Ich weiß nicht. Vielleicht. Beide Namen sind mir vorher noch nie begegnet.«

Ich ließ das Thema fallen. Was wir brauchten, war ein Rat von höherer Ebene. Wir mußten wissen, was uns erwartete, wenn wir am Running Well eintrafen, sonst könnten wir beide ernsthaften Schaden nehmen, sei es auf körperlicher oder auf geistiger Ebene. Bernard mußte versuchen, mit seinem geistigen Führer zu kommunizieren. Vielleicht konnte der uns sagen, was an der Quelle vor sich gehen sollte.

»Okay, aber ich glaube nicht, daß ich viel in Erfahrung bringen werde«, meinte er, leerte sein Bier und stellte das Glas ab. »Ich werde es allerdings nicht hier drin versuchen. Laß uns raus zum Wagen gehen, dort ist es ruhiger.«

Als die ersten lärmenden Gäste den Pub durch die Doppeltüren verließen und ihre Wagen ansteuerten, saß Bernard still da und versuchte, den Kontakt zu seinem geistigen Führer aus dem 16. Jahrhundert herzustellen. Ich sah auf die Uhr am Armaturenbrett. Es war 22 Uhr 15.

Während ich darauf wartete, daß etwas passierte, vertrieb ich mir die Zeit damit, auf den halbvollen Parkplatz hinauszustarren, aber dann verriet mir das Kratzen einer Kugelschreibermiene auf Papier, daß Bernard die Verbindung hergestellt und das automatische Schreiben eingesetzt hatte.

Etwa eine Minute später hielt seine Hand inne, und er reichte mir den Notizblock herüber. Ich knipste die Taschenlampe an und richtete den Blick auf die krakeligen Sätze:

Der Schwarze Alchimist praktiziert die magische Kunst und treibt sie auf extreme psychische Ebene. Betrachtet Wasser als Quecksilber. Benutzt wie Dee das Kristall auf buntem Tisch. Talbot hat sich umgebracht. Ist aus dem Fenster gesprungen. Kein Kontakt zu ihm möglich. Der Tisch und Dee stehen auf mehreren Siegeln. Benutzt den Ahnen URIELS. Weiß von Verbindung zu Glaston. Versucht Kontakt zu vielen verstorbenen Seelen der Zunft herzustellen. Der bunte Tisch steht auf Siegeln. Zieht die Energien an. Geistige Kraft sehr stark. Weiß viel über alte Gesetze und wissenschaftliche Abhandlungen der Rosenkreuzer.

Energie fließt in inzwischen sehr dunkle Quelle.

Das waren interessante Informationen, obgleich sie uns nicht verrieten, was genau an der Quelle vor sich ging oder was wir tun sollten, wenn wir erst dort wären.

Trotzdem war jetzt klar, daß es sich bei dem zuvor erwähnten Talbot tatsächlich um Dees Partner Edward Kelly gehandelt hatte. Ich erinnerte mich vage, davon gelesen zu haben, daß er bei dem Versuch umgekommen war, durch ein Gefängnisfenster zu flüchten. Ich wußte außerdem, daß Dee und Kelly magische Siegel verwendet hatten, um die Bewohner der Geisterwelt anzurufen. Diese waren in seltsamer Schrift verfaßt gewesen, dem sogenannten Enoch- oder Engelsalphabet, das den beiden zuvor während ihrer medialen Kontakte offenbart worden war. Zu den bedeutendsten Verbindungen, die sie hergestellt hatten, gehörte auch die zu einer übernatürlichen Wesenheit namens Uriel, dem Erzengel, der das Element Erde kontrollierte.

Der Schwarze Alchimist glaubte also nicht nur, daß er mental mit Dee sympathisierte, sondern bediente sich darüber hinaus des Enoch-Systems des elisabethanischen Magiers, um dieselben Bewohner der Geisterwelt anzurufen, einschließlich des Erzengels Uriel.

Die Erwähnung eines ›bunten Tisches‹, der auf Siegeln stand, sagte uns beiden nichts. Aber warum sollten Dee und Kelly nicht einen solchen Tisch benutzt haben, auf dem sie bei ihren medialen Kontakten ihre Kristallkugel oder ihren Spiegel legten?

Hiervon abgesehen reichte die automatische Schrift nicht aus. Wir brauchten konkretere Informationen von Bernards geistigem Führer.

Bernard stimmte mir zu, und so nahm er Stift und Block wieder an sich und schaltete erneut auf Empfang.

Die Uhr am Armaturenbrett zeigte jetzt 22 Uhr 30 an.

Der Kugelschreiber in seiner Hand begann wieder zu schreiben. Nachdem er abrupt innegehalten hatte, reichte Bernard mir den Block herüber.

Wenigstens hatten wir eine Antwort bekommen. Ich knipste die Taschenlampe an und las die Nachricht:

Um den quecksilberartigen schwarzen Strom an der Quelle aufzulösen, müßt ihr euch für eine kurze Zeit der entgegengesetzten Kraft bedienen. Ihr müßt Gold benutzen und den Himmelskörper.

Diesmal erfuhr ich, was wir zu tun hatten, wenn wir an der Quelle eintrafen.

Wie ich schon in ›The Running Well Mystery‹ dargelegt habe, wird der Running Well vor allem mit Macht, Einfluß und Anbetung des Mondes in Verbindung gebracht, der nach mystischer Tradition von einer weiblichen Gottheit verkörpert wird. Zu den sogenannten lunaren Stätten gehören fast alle heiligen und mystischen Orte in Verbindung mit Wasser wie Quellen, heilige Brunnen, Wasserfälle und Seen. Jede verströmt subtile, sehr weibliche und lunare Energien, die ein gutes Medium als silbrigblauen Schein wahrnimmt, der sich langsam und anmutig bewegt. Solche Stätten werden für gewöhnlich mit einer weiblichen Gottheit oder Hüterin in Verbindung gebracht, die ein geschultes Medium wie Bernard wahrnehmen kann.

Andere Arten von Stätten wie Monolithen, Steinkreise, Dolmen, Hügel und heilige Berge werden gewöhnlich der Sonne zugeordnet. Solche Orte gelten als männlich und solar und besitzen gemeinhin einen Zweck, eine Tradition und einen medialen Einfluß, die mit der Sonne und ihrer Anbetung in Zusammenhang stehen. Über sie herrschen gewöhnlich männliche Gottheiten und Schutzgeister. Ein gutes Medium ist in der Lage, diese Solarenergien als golden oder orangegelb wahrzunehmen sowie als sehr schnell und strahlend in der Bewegung.

Es schien also, als hätte der Schwarze Alchimist bewußt die lunaren Energien der Quelle heraufbeschworen, eingefangen und verwandelt, um sich den notwendigen medialen Einfluß und die Macht für sein unheilvolles Ritual zu beschaffen. Dabei hatte er offenbar den gesamten Energiefluß der Quelle aus dem Gleichgewicht gebracht. Hätten Bernard und ich uns auf die lunaren Energien eingestellt, ahnungslos der Quelle genähert, wären wir sofort in die rituelle Falle des Schwarzen Alchimisten getappt.

Die Botschaft schien klar zu sein. Wir sollten die Stätte mit der ihr ebenbürtigen und entgegengesetzten Kraft durchfluten – mit goldener Sonnenenergie, die sich, wie ich wußte, im menschlichen Körper erzeugen und durch mentale Visualisierung aussenden ließ. Ein geübtes Medium konnte sogar sehen, wie diese Energien der Aura einer Person entströmten. Dies hatte auch Bernard im Mai des Vorjahres erlebt, als ich in Burlough Castle goldenes Licht ausgesandt hatte in dem Bestreben, Ogmors verlorene Kraft wiederherzustellen.

Eine der kraftvollsten Formen psychischer Solarenergie konnte als eine Art loderndes, rotgoldenes Feuer gesehen oder visualisiert werden. In der Mystik wurde dieses ›göttliche Feuer‹ von Michael kontrolliert, dem Erzengel, der über das Element Feuer herrschte. Diese Energie wurde von medial veranlagten Personen und von Okkultisten mit einem großen flammenden Schwert der Macht assoziiert; exakt das Bild, das Bernard früher am Abend hellseherisch empfangen hatte, als wir durch die Straßen von South Hanningfield gefahren waren.

Das Michaelsfeuer, wie es auch genannt wird, kann zu verschiedenen Zwecken eingesetzt werden. Es kann um einen Ort oder eine Person herum entzündet werden, um sie vor üblen Einflüssen zu schützen; es kann dazu dienen, ein lebendiges oder lebloses Objekt oder auch eine Stätte rituell zu säubern oder zu reinigen, und man kann mit seiner Hilfe Gedankenformen und ortsbezogene Erinnerungen vernichten oder Energiefelder lokalisieren, die mit einem Gegenstand oder einer Stätte assoziiert werden.

Somit schien der beste Weg, die rituelle Falle des Schwarzen Alchimisten zu vernichten, die uns am Running Well erwartete, darin zu bestehen, das Michaelsfeuer heraufzubeschwören und zu benutzen, um die Stätte zu reinigen. Allerdings wußte ich nur zu gut, daß es auch zumindest einen Teil der Gedankenformen, Erinnerungen und Energiefelder zerstören würde, die über einen Zeitraum von vielleicht zweitausend oder mehr Jahren religiöser und mystischer Anbetung an der Quelle entstanden waren. Und doch schien es keine andere Möglichkeit zu geben. Die heilige Stätte war bereits fast unwiderruflich beschmutzt und geschwärzt worden,und es schien, als wären wir dazu berufen, das Problem aus der Welt zu schaffen.

Kapitel 15

Die entweihte Quelle

In der Dunkelheit kam Bernards beigefarbener Ford Orion vor der nicht mehr benutzten Holzscheune neben der Poplars Farm auf der Grenze zwischen den Pfarrgemeinden Runwell und East Hanningfield zum Stehen. Nur ein Eisentor und ein kurzer Weg über eine leicht abfallende Wiese trennten uns von dem, was uns am Running Well erwartete.

Es waren keine anderen Wagen zu sehen, so daß wir vielleicht doch allein sein würden. Ich überlegte, ob ich auf der Poplars Farm vorbeischauen sollte, um zu fragen, ob dort die Bewohner an diesem Abend noch andere Fahrzeuge in der Nähe der Quelle bemerkt hatten. Aber ich widerstand der Versuchung, weil ich das Gefühl hatte, daß die Leute nicht begeistert wären von einem jungen Mann in Lederjacke, der um elf Uhr nachts noch neugierige Fragen stellte.

»Ich denke, das Beste wäre zu versuchen, von hier aus etwas zu empfangen«, meinte Bernard und kurbelte das Fenster herunter, um den Zigarettenrauch entweichen zu lassen.

Ich stimmte zu und wartete mit gezücktem Kugelschreiber und Block, während Bernard die Augen schloß und sich konzentrierte.

Es dauerte nicht lange, und er hatte eine sehr deutliche Vision. »Ich sehe Cecilia neben der Quelle stehen.« Nach einer kurzen Pause fuhr er fort. »Liegt an der Quelle jemand begraben? Das hab' ich schon mal gefragt, oder?«

Er hatte. Auf den Tag genau vor einem Jahr, bei seinem ersten Besuch an dieser Stätte. Damals hatte er die Erinnerung eines Mädchens im Teenageralter empfangen, das sich oft in die friedliche Stille an der Quelle zurückgezogen und bei Vollmond im kristallklaren Wasser zukünftige Ereignisse gesehen hatte. Die Leute aus der Umgebung hatten sie als Hexe verteufelt, und als sie eines Abends erneut am Wasser gestanden hatte, war sie erschlagen und in aller Hast ganz in der Nähe der Quelle verscharrt worden. Bernard hatte sogar ihren vollen Namen und ihren Todestag genannt.

»Ich sehe den Schwarzen Alchimisten an der Quelle«, unterbrach er meinen Gedankengang.

»Er ist ganz eindeutig dort gewesen. Ich sehe, wie er das Wasser mit einem langen schwarzen Stock entgegen dem Uhrzeigersinn rührt ... dunkle, wirbelnde Energien strömen aus der Quelle. Jetzt viertelt er die Wasseroberfläche ... Das soll jeden der Fixpunkte – die vier Kirchen – stärken ... Ich fühle, daß sich jemand unserer entledigen will, hier an der Quelle ... Ich fühle den Tod; und aus irgendeinem Grund auch Feuer ... ›Ein Leichnam wird gefunden werden, mit einer Schlinge um den Hals. Ein Leichnam im Feuer.‹«

Seine Stimme wurde tiefer und monotoner – die ersten Anzeichen für einen tranceartigen Zustand. Ich mußte ihn aufhalten und rief seinen Namen.

»Keine Sorge«, entgegnete er und schlug die Augen auf. »Ich bin okay. Das waren die Worte des Schwarzen Alchimisten, als er an der Quelle gestanden hat. ›Ein Leichnam wird gefunden werden, mit einer Schlinge um den Hals. Ein Leichnam im Feuer.‹«

Der Gedanke war beunruhigend. Ich erinnerte mich an das Bild, das Bernard gesehen hatte, als wir durch South Hanningfield gefahren waren – der Tote, der an einem Strick von einem Ast baumelte. Er wollte, daß einer von uns sich erhängte und der zweite im Feuer starb. Bei dem Gedanken jagte mir ein eisiger Schauer den Rücken hinunter. Wir hatten recht gehabt, der Inhalt des schwarzen Umschlages war eine Todesdrohung gewesen.

»Cecilia scheint ein schlichtes blau-weißes Nonnengewand zu tragen«, erklärte er unvermittelt. »Ich glaube, sie ist irgendwann Nonne gewesen.«

Natürlich. Eine der Nonnen des mittelalterlichen Klosters, das die Quelle gepflegt haben sollte, bis unter König Heinrich VIII. alle Klöster aufgelöst worden waren. Zahlreiche Medien, die die Stätte besucht hatten, hatten berichtet, an der Quelle die Geister von Nonnen gesehen zu haben.

Wir verließen den Wagen, kletterten über das abgeschlossene Tor und gingen über die feuchte Wiese in Richtung der hochaufragenden Bäume, die die genaue Lage der Quelle markierten. Da wir uns auf einem der erhobenen Punkte im Südosten von Essex befanden, konnten wir weiter unten im Südosten die orangen und weißen Lichter von Runwell und Wickford sehen. Wir machten einen Augenblick halt und bewunderten den Ausblick, ehe wir unseren Weg fortsetzten.

Der Running Well befand sich in einer tiefen Erdmulde, die vollständig von einem von Bäumen gesäumten, dreieckigen Stück Land zwischen drei Feldern verborgen wurde. Wenn man das dichte Unterholz betrat, bot sich ein wunderhübscher Anblick. Mehrere Stufen führten hinunter zur halbmondförmigen, etwa zweieinhalb Meter breiten Quelle. Das klare Wasser sprudelte am Fuß der Quelle hervor und war, wie es hieß, noch nie versiegt.

Aber an diesem Abend waren wir nicht gekommen,

um die Schönheit der Quelle zu bewundern. Uns beschäftigten andere, dringendere Angelegenheiten, als wir etwa zwanzig Meter vor der Baumreihe haltmachten.

Etwas ragte zwischen uns und der Quelle auf. Eine schwarze, schimmernde, amorphe Form schwebte in dem Durchgang in der Hecke direkt vor uns über dem Boden.

»Siehst du das?« fragte Bernard.

Er konnte es also auch sehen. Ich wußte, was ich sah, aber was war mit ihm?

»Eine dunkle, menschenähnliche Gestalt in der Lücke.«

Das gleiche.

Es war fast sicher, daß es sich um eine Wesenheit handelte, die der Schwarze Alchimist dort aufgestellt hatte, um den Durchgang zu bewachen, von dem er wußte, daß wir ihn durchqueren mußten, um zur Quelle zu gelangen. Wenn dem so war, hatte er offenbar nicht damit gerechnet, daß wir beide sie sahen.

Bernard teilte meine Meinung. »Ich fühle, daß wir ahnungslos mit diesem Ding in Berührung kommen sollen. Das würde dann als Auslösemechanismus fungieren, für irgendwas, was uns in der Erdmulde zustoßen würde.«

Wir konnten nicht weiter. Die ganze Stätte würde von diesem Punkt aus vom Michaelsfeuer gereinigt werden müssen. Wir hoben also die Arme, und ich rief den Erzengel an, um ihn zu beschwören, sein göttliches Feuer auf die Quelle herabzuschicken, indem er sie mit seinem flammenden Schwert berührte. Vor meinem geistigen Auge stellte ich mir eine riesige Feuersäule vor, die sich vom Himmel herabsenkte und sich den Bäumen um die heilige Quelle herum näherte. Plötzlich loderten Flammen aus dem Wasser auf, als handelte es sich um entzündetes Petroleum, und das Feuer griff rasch auf die umliegenden Bäume, das Dickicht und die Böschungen der Mulde über, bis die ganze Stätte ein Inferno psychischen Feuers war. Als die Flammen über die Baumwipfel hinweg loderten, begannen sie, die Stätte einzukreisen, während eine Wolke rötlich goldenen Lichts langsam spiralförmig in den Himmel aufstieg wie eine Miniatur-Windhose.

Bernard konnte das Flammenmeer mit offenen Augen sehen, so als würde die Stätte wirklich brennen. Für ihn war es völlig real. Das Visualisierungsritual funktionierte.

Als das Feuer erstarb, schlug ich die Augen wieder auf und fragte Bernard, wie die Stätte nun auf medialer Ebene aussähe. Ich selbst sah in diesem Augenblick eine winzige Kugel weißen Lichts aus Richtung der Quelle an mir vorbeifliegen.

»Ich sehe sie schon seit einigen Minuten«, erklärte er gelassen. »Winzige Kugeln bläulich-weißen Lichts, die dicht über dem Boden in alle Richtungen fliegen. Die Energien der Quelle sind völlig durcheinandergeraten und in Aufruhr.«

Offenbar hatte das Michaelsfeuer funktioniert.

Es hatte die rituelle Falle des Schwarzen Alchimisten zerstört – und offenbar auch das gedankliche Wesen, das den Durchgang zwischen den zwei Feldern bewacht hatte und nun nicht mehr zu sehen war.

Wir gingen durch die Lücke und wandten uns nach links, um die letzten paar Meter bis zur Quelle zu gehen. Ich blickte durch das Dickicht und richtete den Strahl der Taschenlampe auf die Wasseroberfläche. Im Schlick ganz nah am Rand der Betonplattform steckte ein langer schwarzer Stock, der von einem Baum abgebrochen worden war. Die unteren zehn Zentimeter waren noch naß. Der Stock war absichtlich dort plaziert worden, und sofern es sich nicht um einen seltsamen Zufall handelte, mußte es sich um den Stab handeln, mit dem der Schwarze Alchimist erst kurz vor unserem Eintreffen das Quellwasser umgerührt hatte.

Wir stiegen hinunter auf die Plattform und leuchteten mit der Taschenlampe jedes erdenkliche Versteck nach weiteren Beweisen dafür ab, daß unser Widersacher an der Quelle gewesen war.

»Ich fühle, daß er einige Zeit hier verbracht hat«, sagte Bernard und starrte auf das schimmernde Wasser. »Abgesehen davon empfange ich nichts. Die Energien hier sind wirklich völlig durcheinander.«

Unser Visualisierungsritual hatte nicht nur das Ritual des Schwarzen Alchimisten vernichtet, sondern auch die ortseigenen Erinnerungen. Wir würden auf das Feld hinausgehen müssen, fort vom unmittelbaren psychischen Einfluß, bis dorthin, wo das Michaelsfeuer die lokalisierte Energie nicht vernichtet hatte. Vielleicht würde die Erinnerung an den Besuch des Schwarzen Alchimisten dort noch greifbar sein.

Bernard war einverstanden, und so folgte ich ihm hinaus aufs freie Feld. Nach gut zwanzig Metern blieben wir stehen und wandten uns wieder der Quelle zu.

Das Medium konzentrierte sich wieder. »Ich sehe jetzt jemanden an der Quelle. Ich nehme dort eine Energieform wahr. Es war eindeutig heute. Er ist über die Felder gekommen und nicht von der Seite, auf der wir geparkt haben.«

Das war interessant. Das bedeutete, daß der Schwarze Alchimist im Dunkeln querfeldein von Runwell bis zum Running Well gelaufen war. Das war schon tagsüber nicht ganz einfach und mußte nachts ein nahezu unmögliches Unterfangen sein. Und doch fühlte Bernard es, und ich mußte mich auf sein Wort verlassen.

Bernard konnte immer noch den Schwarzen Alchimisten an der Quelle wahrnehmen.

»Er steht … am Ufer … sagt: ›Quecksilber‹ und noch etwas … ›in dem silbrigen Strom‹ … ›Seht her‹ … eine Veränderung im Wasser … mehr Worte: ›Zwei sollen enden, wenn mein Schwert …‹ Etwas über ein Schwert … Ich sehe, wie er etwas ins Wasser legt.«

»Das war's.« Er öffnete die Augen und sah mich lächelnd an, als wir beide wie aus einem Munde sagten: »Im Wasser!«

Wir liefen zurück in die Erdmulde, und ich ließ mich am Quellenufer auf die Knie nieder. Ich zog meine Lederjacke aus, rollte die Ärmel meines Pullovers hoch und steckte die Hand in das eisige Wasser. Vorsichtig tastete ich mit den Fingern die erste der Unterwasserstufen gut zwanzig Zentimeter unter der Wasseroberfläche ab. Ich hatte eine ziemlich genaue Vorstellung davon, was ich suchte, als ich faulende Blätter, kleine Steine und schleimige Algen fühlte. Erst dachte ich, es handle sich nur um ein altes Hufeisen, das irgendein Besucher als Votivgabe dagelassen hatte, aber als ich es dann ertastete, fühlte ich, daß es sich um einen länglichen Stein handelte, von ähnlicher Größe und Form wie die anderen, die der Schwarze Alchimist an verschiedenen Stätten zurückgelassen hatte. Ich nahm ihn aus dem Wasser und richtete den Strahl der Taschenlampe auf meinen neuesten Fund. Ja, es handelte sich eindeutig um das Gesuchte – einen etwa zehn Zentimeter langen und zweieinhalb Zentimeter breiten spitz zulaufenden Stein. Er war schwarz angemalt, wies jedoch keine der gewohnten stilisierten magischen Symbole auf, wie wir sie auf den anderen Speerspitzen gefunden hatten. Statt dessen sah ich zwei orangerote Kristalle, jeder etwa einen Zentimeter im Durchmesser, die mit einem Alleskleber in ausgehöhlte Mulden nebeneinander seitlich auf den Stein geklebt waren. Es handelte sich um die gleichen Kristalle wie jene aus den schwarzen Umschlägen, obgleich sie, als ich sie mit einem Finger berührte, sofort auseinanderfielen und einen dunklen, bernsteinfarbenen Fleck auf meiner Hand hinterließen. Scheinbar handelte es sich um wasserlösliche chemische Kristalle und nicht um Steinkristalle, wie ich anfänglich angenommen hatte.

Was, wenn die Chemikalie giftig war? Ich steckte die Kristallfragmente in meine Jackentasche und beschloß, für alle Fälle, nichts zu essen, bis ich die Hände gewaschen hatte.

Es war nicht schwer zu erraten, daß die beiden orangeroten Kristalle, die sich langsam im heiligen Quellwasser auflösten, mich und Bernard darstellten. Dessen war ich mir ziemlich sicher.

Als wir gegen 23 Uhr 45 vor dem Haus meiner Eltern hielten, suchte ich meine Siebensachen zusammen und sagte Bernard, daß ich ihn am nächsten Tag anrufen würde.

Als ich jedoch Anstalten machte auszusteigen, wandte er sich mir mit einem besorgten Gesichtsausdruck zu. »Weißt du, ich fühle, daß der Schwarze Alchimist nicht nur in der Nähe ist, sondern daß er darüber hinaus versucht, uns in eben diesem Moment zu beobachten, mit einer Kristallkugel oder einem Spiegel, so wie Dee.«

Er rutschte nervös auf seinem Sitz hin und her, die Vorstellung beunruhigte ihn. Dann fügte er hinzu: »Ich sehe eine Kristallkugel auf einem Tisch stehen, und er blickt angestrengt hinein.«

Wo war er?

»Ich weiß es nicht. In einer Pension oder in einem Hotel, nehme ich an.«

Er ließ den Motor aufheulen, als ich auf der Beifahrerseite ausstieg.

»Ich glaube, er versucht genau zu verfolgen, was wir tun.«

Das war wirklich beunruhigend und bedeutete, daß er noch in dieser Nacht erneut zuschlagen könnte. Ein wenig besorgt, verabschiedete ich mich von dem Medium.

Wußte der Schwarze Alchimist, daß Bernard mich gerade abgesetzt hatte und ich wieder zu Hause war? Ich hoffte nicht.

Während Bernards Wagen außer Sichtweite verschwand, zog ich mich ins Haus zurück und suchte nach einem alten Schuhkarton, von dem ich wußte, daß ich ihn irgendwo herumstehen hatte. Als ich ihn schließlich gefunden hatte, legte ich den schwarzen Umschlag mit seinem makabren Inhalt und die vier Steine, die wir an diesem Abend gefunden hatten, hinein. Dann brachte ich den Karton nach draußen in den Geräteschuppen. Ich weigerte mich, mit diesen Dingen unter einem Dach zu schlafen, zumindest für die nächsten Tage!

Hinterher schlenderte ich zurück in den Vordergarten und blickte die Straße hinunter auf die Fahrzeuge, die am Rand des St. Davids Way geparkt waren. Es war eine windstille und recht laue Nacht für diese Jahreszeit.

Ich mußte nachdenken, die Ereignisse dieses Abends gedanklich ordnen. Bernard und ich wurden, wie es aussah, von einem psychopathischen Schwarzen Magier bedroht, der uns noch neun Nächte zu leben gab.

Ich versuchte mir einzureden, daß das alles nicht wirklich war, aber das war natürlich Augenwischerei. Wenn es nach dem Schwarzen Alchimisten ging, würden Bernard und ich am Mittwoch, dem 15. Oktober, sterben. Wie sollten wir uns also verhalten? Sollte ich die Drohung unbesehen ernst nehmen, oder war das alles nur der kranken Phantasie einer geheimnisvollen Gestalt entsprungen, die nicht beabsichtigte, ihre Drohung wahrzumachen? Konnte es eine andere Lösung für diese ganze Geschichte geben?

Vielleicht hatten wir überreagiert. Nein, das war ein dummer Gedanke. Wir hatten vier weitere negativ geladene Steine gefunden sowie einen an mich adressierten schwarzen Umschlag und einen noch feuchten Stock, den der Schwarze Alchimist offenbar dazu benutzt hatte, das Wasser der Quelle umzurühren. Das alles war keine Einbildung.

Drängendere Gedanken gingen mir durch den Kopf. Wenn er uns töten wollte, warum hatte er es dann nicht längst getan? Okay, es schien, als kenne er weder Bernards Namen noch seine Adresse, aber meine Koordinaten waren ihm ganz offensichtlich bekannt. Zweifellos wäre es für ihn leichter gewesen, mir mit einer abgesägten Schrotflinte den Kopf wegzupusten als einen bösen Fluch schwarzer Magie mit neun Tage langer Lunte zu arrangieren.

Die beiden orangeroten Kristalle sollten sich offensichtlich langsam im kristallklaren Quellwasser auflösen. Hatte er unsere Entdeckung dieses Steines vorhergesehen? Ich glaube nicht. Scheinbar hatte er geplant, daß wir in seine psychische Falle liefen, indem wir uns auf die Mondenergien der Stätte einstimmten. Aber es hatte nicht funktioniert. Ließ sich hieraus schließen, daß unser Widersacher nicht sehr schlau war? Oder hatte er einfach Bernards mediale Fähigkeiten unterschätzt?

Eine bohrende Frage verlangte nach einer sofortigen Antwort. Warum sollte der Schwarze Alchimist unser beider Tod wollen? Wie irregeleitet und gestört der Mann auch sein mochte, er wäre doch sicher nicht dumm genug, unseren Tod zu wollen, nur weil wir seine alchimistische Transmutation störten. Nein, es mußte mehr dahinter stecken als das. Vielleicht glaubte er, daß wir mehr über seine heimlichen Aktivitäten wußten, als es tatsächlich der Fall war. Vielleicht gab es noch andere, unheilvollere Gründe für sein Tun.

Das einzige, was ich mit Sicherheit wußte, war, daß die kommenden acht Tage die nervenaufreibendsten und doch auch spannendsten meines bisherigen Lebens sein würden.

Ich kehrte zurück ins Haus und achtete darauf, die Hintertür abzuschließen, bevor ich mich auf mein Zimmer zurückzog. Ich legte Bernards Taschenmesser auf den Nachttisch und starrte auf meine Regale. Ich suchte nach einem Buch, das mir möglicherweise aufschlußreiche Informationen über das Leben Dr. John Dees und seines Partners Edward Kelly liefern konnte.

In »Alchemy: Ancient and Modern« von H. Stanley Redgrove las ich, daß Kelly bei einem Fluchtversuch aus dem Gefängnis zu Tode gestürzt war. Offenbar hatte Kaiser Rudolph von Polen Kelly einkerkern lassen. Um wieder freizukommen, sollte Kelly eine größere Menge alchimistischen Goldes herstellen oder das Transmutationsgeheimnis der Alchimie preisgeben. 1593 konnte Kelly das Gefängnis verlassen, um dann zwei Jahre später, nach einer zweiten Verhaftung unter demselben Kaiser, zu Tode zu kommen.

Zu müde, um die Regale nach weiterem Material über den elisabethanischen Okkultisten und seinen Gehilfen zu durchforsten, beschloß ich, für diesen Tag Schluß zu machen und zu schlafen.

Kapitel 16

Noch neun Nächte zu leben

Dienstag, 7. Oktober 1986. Ich wachte in dieser Nacht mehrmals aus chaotischen Träumen vom Schwarzen Alchimisten auf. Hinzu kamen störende Spannungskopfschmerzen, die ich einfach nicht los wurde.

Ich spürte immer noch einen quälenden Druck hinter der Stirn, als ich schließlich gegen 7 Uhr 30 aufstand. Völlig erschlagen ging ich zur Arbeit. Aber sosehr ich mich auch bemühte, ich konnte mich einfach nicht richtig konzentrieren. Jedesmal, wenn ich versuchte, den werbetechnischen Bedürfnissen der Ladeninhaber in der Gegend von Leigh-on-Sea zuzuhören, ertappte ich mich dabei, daß meine Gedanken zu den verwirrenden Ereignissen der vergangenen Nacht zurückwanderten.

Am späten Vormittag gab ich es schließlich auf, kehrte zurück ins Büro und versuchte dort herauszufinden, wo ich die Zusammensetzung der orangeroten Kristalle analysieren lassen könnte. Der Nachrichtenredakteur Jonathan Guy meinte, ich solle die Kristalle zu seiner alten Schule, der Belfairs High School, bringen. Einer der Chemielehrer würde sie sich ganz sicher ansehen.

In der Mittagspause ließ ich die Kristalle und den gefalteten schwarzen Umschlag bei Mr. Paul Lark zurück, einem der Lehrer für Naturwissenschaften von Belfairs. Er hatte erklärt, daß die Analyse einige Tage in Anspruch nehmen würde, und mich gebeten, mich am Donnerstag morgen wieder zu melden.

Gegen 19 Uhr 30 an diesem Abend rief ich Bernard an, um mich zu erkundigen, wie es ihm ergangen war.

»Ich hatte den ganzen Tag über Kopfschmerzen«, entgegnete er seufzend. »Und ich fühle mich ausgelaugt und erschöpft. Ich werde mal eine Weile kürzertreten, bis ich physisch und geistig wieder obenauf bin.«

Irgendwelche neuen medialen Informationen?

»Nein. Und ich werde mich auch auf nichts einlassen. Ich schotte meine mentale Ebene völlig ab. Ich kann diesen Streß nicht brauchen. Ich rufe dich an, falls es etwas Neues gibt.«

Nach dem Telefongespräch sagte ich mir, daß es an der Zeit wäre, mir die verschiedenen beschrifteten Steine vom Vortag genauer anzusehen.

Ich holte den Schuhkarton aus dem Schuppen, trug ihn ins Haus und stellte ihn neben meinem Schreibtisch auf den Fußboden. Dann nahm ich den ersten Stein heraus, um ihn zu begutachten. Ich knipste die bewegliche Schreibtischlampe an, und der beschriftete Stein aus Runwell erstrahlte in hellem Licht. Es handelte sich um ein Stück grauen Schiefers von etwa zwölf Zentimetern Länge. Entlang seiner drei Flächen waren folgende Symbole eingezeichnet: die Zwei; ein Symbol, das aussah wie ein Fragezeichen, und ein großes Strichmännchen mit abgetrenntem Kopf. Ich legte die Speerspitze weg.

Als nächstes griff ich nach dem Stück Schiefer, das ich neben der Marmorplatte unterhalb des Kirchturmes von Rettendon entdeckt hatte. Es war grob zu einer Speer- oder Schwertspitze geformt worden und wie der Stein aus Runwell zwölf Zentimeter lang und etwa zweieinhalb Zentimeter breit.

Als ich mir den Stein genauer ansah, fiel mir sofort etwas auf, aber ich holte dennoch die Speerspitze aus Lullington hinzu, um ganz sicher zu sein. Ja, die Symbole auf der einen Seite des Steines aus Rettendon waren identisch mit jenen auf der Speerspitze, die wir vor achtzehn Monaten auf dem Kirchhof von Lullington gefunden hatten. Allerdings waren die Zeichen auf dem neuen Stein um vieles deutlicher erkennbar und sorgfältiger ausgeführt als jene auf dem Stein aus Lullington.

Jetzt kamen mir einige der Symbole auch bekannter vor. Beispielsweise waren da drei Worte in einer Art zusammengesetzten Schrift. Auf dem ersten Stein waren sie mir völlig fremd vorgekommen, weshalb Nigel Pennick sie auch als Zeichen aus einem bardischen oder druidischen Alphabet identifiziert hatte. Jetzt sahen sie eher aus wie Worte aus griechischen Lettern, ich würde sie also irgendwann prüfen lassen müssen. Jedenfalls bestätigte die Tatsache, daß sie ebenso auf dem Stein aus Lullington abgebildet waren wie auf jenem aus Rettendon, mich in der Annahme, daß der Schwarze Alchimist sich griechisch-ägyptischer Alchimie und Magie aus der Zeit Zosimos' von Panopolis bediente, der im 4. Jahrhundert n. Chr. in Ägypten gelebt hatte.

Auch andere Zeichen schienen endlich Sinn zu bekommen. Beispielsweise das elfte Symbol von links. Möglicherweise handelte es sich um das astrologische Symbol für den Zodiak-Einfluß des Löwen. Und das achte Zeichen sah aus wie ein griechisches Ypsilon, der Buchstabe E des englischen Alphabets. Die beiden ersten Zeichen kamen mir ebenfalls bekannt vor – sie erinnerten an die Buchstaben C und H, ineinander verschlungen zu einer Art persönlichem Monogramm. Mir kam ein Gedanke: Handelte es sich hierbei vielleicht um die Initialen des Schwarzen Alchimisten?

Ich machte Fortschritte. Und doch blieben die restlichen Symbole mir weiterhin ein Rätsel. Sie gehörten keinem der magischen Alphabete an, die mir bislang begegnet waren.

Auf der Rückseite der Rettendon-Speerspitze befand sich eine Reihe weiterer symbolischer Zeichen. Da war eine große Eins von der gleichen Art wie die Zwei auf dem Stein aus Runwell.

Darunter befand sich ein großes, seitengleiches Dreieck mit der Spitze nach unten und einer Spirale im umgekehrten Uhrzeigersinn, die in der Mitte des Dreiecks begann, seine Grenzen jedoch dann sprengte und in einer Linie abwärts führte. Am Ende dieser Linie war das mystische Symbol eingezeichnet, mit dem der planetare Einfluß Merkurs symbolisiert wurde. Dieses Kreuz war mit gewellten Linien diagonal geviertelt worden.

Eine Interpretation dieser Symbolreihe schien leicht. Das Dreieck stand für zwei Dinge. Zum einen war es das alchimistische Zeichen für das Element Wasser, zum anderen symbolisierte es das kleine dreieckige Stück Land, auf dem sich der Running Well befand. Das Merkur-Symbol und die Spirale standen für den Energiestrom Merkurs und den Kreis der Finsternis mit seinem Epizentrum an der Quelle. Die gekreuzten, gewellten Linien zeigten, wie die rituelle Falle durch die vier Fixpunkte, die vier Kirchen, gestärkt worden war.

Was die Ziffer Eins zu bedeuten hatte, konnte ich nicht sagen. Vielleicht deutete sie darauf hin, daß Rettendon die erste der vier Kirchen gewesen war, die er bei seinem Kreis-der-Finsternis-Ritual aufgesucht hatte. Aber wenn dies zutraf und der Schwarze Alchimist die vier Kirchen im entgegengesetzten Uhrzeigersinn aufgesucht hatte, wäre die Kirche in Runwell der vierte Fixpunkt gewesen. Auf dem dort gefundenen Stein war jedoch eine Zwei abgebildet, so daß diese Theorie offenbar falsch sein mußte. (1)

Ich legte die Speerspitze aus Rettendon beiseite und nahm mir statt dessen den beschrifteten Stein vor, den ich am Fuß der Ostmauer der Kirche von Downham ausgegraben hatte. Er maß etwa siebzehn Zentimeter in der Länge und war aus einem natürlich geformten Stück grauen Schiefers gefertigt. Die eine Fläche war leicht gewölbt, während sich auf der Rückseite eine natürliche Rille befand, die aussah, als hätte sie einmal irgendein Fossil enthalten, möglicherweise ein versteinertes Stück Holz.

Auf der ausgehöhlten Seite waren, wie bereits erwähnt, die Umrisse einer langen Schlange mit zwei Augen eingeritzt. Im Inneren des Körpers waren zwei kleine Strichmännchen abgebildet, die, wie ich annahm, Bernard und mich darstellen sollten. Darunter stand das Wort ›Bald‹. Die Nachricht schien eindeutig: es würde nicht mehr lange dauern, bis wir beide in die rituelle Falle tappen sollten, die der Schwarze Alchimist an der Quelle für uns vorgesehen hatte.

Auf der anderen, der gewölbten Seite des Steines, waren sechs der üblichen Symbole eingeritzt.

Als letztes nahm ich mir den schwarz angemalten Stein mit den zwei orangeroten Kristallen in den zwei ausgehöhlten Mulden aus dem Running Well vor.

Er wies keine Symbole auf. Als ich jedoch etwas von der glänzenden schwarzen Farbe abkratzte, erlebte ich eine Überraschung. Der Stein war nicht aus Schiefer. Vielmehr kam unter der Farbschicht ein grünlichgrauer Grünsand zum Vorschein, ein Sedimentärgestein, das in den südlichen Grafschaften Englands in großen Mengen vorkam.

Ich vergaß die beschrifteten Steine vorübergehend und verbrachte die nächsten Stunden über meinem Tagebuch, bei dem Versuch, die Ereignisse des vergangenen Abends vollständig und chronologisch niederzuschreiben. Aber es war unmöglich. Ich war einfach nicht in der richtigen Stimmung. Spannungskopfschmerzen in der linken Schläfe quälten mich, und ich war müde.

Das Tagebuch würde warten müssen. Im Augenblick wollte ich nur noch eins: schlafen.

Mittwoch, 8. Oktober. Dieser Tag war arbeitstechnisch betrachtet schon ein wenig produktiver, aber ansonsten ereignislos.

Als ich am Abend wieder zu Hause war, machte ich mich wieder an meine Tagebucheintragungen. Plötzlich klingelte das Telefon. Es war Bernard. Da er mich nur sehr selten anrief, mußte sich etwas Wichtiges ereignet haben.

»Ich muß dich um deine Erlaubnis bitten, mich am kommenden Dienstag abend am Running Well aufhalten zu dürfen«, verkündete er fast fröhlich.

Das war die letzte der neun Nächte vor Ablauf der Frist, die der Schwarze Alchimist uns gesetzt hatte. Natürlich durfte er an diesem Abend zur Quelle fahren. Warum fragte er überhaupt?

»Ich werde es dir erklären«, begann er. »Gestern habe ich gesagt, daß ich nicht versuchen würde, mich mit dem Alchimisten-Problem zu befassen, bis ich wieder bei Kräften bin. Heute morgen wachte ich dann aber mit einer sehr deutlichen psychischen Nachricht auf. Mir wurde mitgeteilt, daß ich mich am letzten Abend der Frist kurz nach Sonnenuntergang an der Quelle einfinden sollte, bereit zu einer Konfrontation.

Konfrontation? Was für eine Konfrontation?

»Darauf wurde nicht näher eingegangen. Alles, was ich empfangen habe, ist, daß wir mit Ärger rechnen müssen und darum auf beiden Ebenen gewappnet sein sollten.«

Nächsten Dienstag war es also soweit. Es konnte alles nur Erdenkliche passieren. Psychische Gefechte. Eine ganze Armee von Kapuzenheinis, die uns mit abgesägten Schrotflinten erwarteten. Alles. Vielleicht sollte ich ein paar Leibwächter engagieren?

»Ich weiß nicht«, entgegnete er lachend. »Keine Ahnung. In der Nachricht hieß es nur, daß ich, bevor ich dorthin ginge, den auserwählten Hüter und Beschützer der Quelle um Erlaubnis bitten müsse. Und das bist doch du, oder?«

Ich? Möglich. Psychische Wächter heiliger Stätten waren nichts Besonderes in der Questing-Lehre. Sie propagierte, daß jede alte oder mystische Stätte nicht nur einen spirituellen, sondern auch einen menschlichen Wächter habe. Diese Personen, hieß es, würden vom spirituellen Wächter bestimmt und müßten gewisse Eigenschaften besitzen. Sie müßten in irgendeiner Beziehung zu besagter Stätte stehen und in der Nähe wohnen und arbeiten. Aufgrund der umfassenden Restaurationsarbeiten und Recherchen, die ich im Laufe der Jahre in und um die Quelle durchgeführt hatte, ging Bernard davon aus, daß ich der körperliche Hüter der Stätte war – was der Grundbesitzer ganz sicher nicht gern hören würde. Wie auch immer. Sofern ich tatsächlich der Wächter der Quelle war, erteilte ich ihm gern die Erlaubnis, sich an besagtem Datum dort einzufinden.

»Ich habe das Gefühl, daß ich innerhalb eines Schutzkreises in der Mulde sitzen muß, um mich auf psychischer Ebene auf das Umfeld einstimmen zu können«, erklärte er. »Du wirst, denke ich, Wache halten müssen, bereit, bei jeder potentiellen Störung auf physischer Ebene einzugreifen – die es nicht geben wird, hoffe ich.«

Und wie lange sollte das alles dauern?

»Keine Ahnung. Mehrere Stunden, nehme ich an.«

Ich freute mich schon darauf!

»Ich glaube außerdem, daß ich jetzt ein wenig mehr über das Ritual weiß, das der Schwarze Alchimist dort durchgeführt hat«, fügte er hinzu. »Es umfaßte die Zusammenführung zweier verschiedener Energietypen, die beide aus irgendeinem Grund mit dem Einfluß des Merkur assoziiert werden. Die eine scheint männlich zu sein und die andere weiblich. Das Resultat war eine Art merkuriale Kraft, die sich an der Quelle als humanoide Gestalt manifestiert hat.«

Von so etwas hatte ich noch nie gehört. Handelte es sich um einen alchimistischen Prozeß?

»Ja, ich glaube schon. Außerdem habe ich erfahren, daß es sich bei der Erscheinung in der Heckenlücke an der Quelle um eine solche merkurische Wesenheit gehandelt hat.«

Das klang einleuchtend. Es stand außer Frage, daß sich mit magischen Ritualen gedankliche Formen erschaffen ließen. Vielleicht hatte der Schwarze Alchimist diese spezielle Formel benutzt, um die Wesenheit heraufzubeschwören und seine Pläne an der Quelle zu vollenden. Durch den Kontakt mit der gedanklichen Wesenheit sollten wir offensichtlich eine Art Ritual in Gang setzen, das sehr böse Konsequenzen haben könnte – wenigstens für Bernard.

Ich legte auf und holte meine aktuelle ›Bibel‹ alchimistischen Wissens hervor: ›The Arts of the Alchemists‹ von C. A. Burland. Ich suchte im Inhaltsverzeichnis nach irgendwelchen Referenzen auf alchimistisches Quecksilber.

Für mich war die Alchimie eine sehr komplexe und verwirrende Wissenschaft. Trotzdem gelang es mir, einen Hinweis auf den Prozeß zu finden, den Bernard beschrieben hatte. Dieser schien ein Stadium der alchimistischen Transmutation zu betreffen, in dem eine flüssige Lösung, die ein Basismetall wie Blei enthielt, mit einer Menge flüssigen Quecksilbers vermischt wurde. Wenn das gewünschte Resultat erzielt wurde, bildeten sich aus dieser Mischung zwei verschiedene Substanzen heraus, eine weiße Flüssigkeit, die Alchimisten als Athoeter oder Quecksilber-Wasser bezeichneten, und eine tiefrote Tinktur. Diese beiden Substanzen waren auch als Weißes und Rotes Quecksilber bekannt, von dem die Alchimisten glaubten, daß sie einerseits den Kräften der göttlichen Mutter Luna (Mond) entsprachen und andererseits denen des göttlichen Vaters Sol (Sonne).

Wenn sie schließlich wieder zusammengeführt wurden, ergaben diese beiden Substanzen angeblich eine Mixtur, die als bernsteingoldene Flüssigkeit beschrieben wurde, das sogenannte Philosophengold. Diese neue Substanz galt als starkes Lebenselixier, das als unverzichtbarer Katalysator bei den letzten Stadien der alchimistischen Transmutation betrachtet wurde. Außerdem wurde die magische Flüssigkeit dazu benutzt, eine alchimistische Wesenheit oder einen Geist namens Mercurius heraufzubeschwören, offenbar eine Art gedanklicher Form, die bei alchimistischen Operationen benutzt wurde.

Es gab noch viel mehr, aber hiernach wurde es ein wenig knifflig, auch nach dreimaligem Lesen! Trotzdem schien die Bildung dieser bernsteinfarbenen Flüssigkeit, des sogenannten Philosophengoldes aus Weißem und Rotem Quecksilber zusammen mit seiner Fähigkeit, dem Mercurius-Geist Leben einzuhauchen, den von Bernard empfangenen Eindrücken Sinn zu verleihen.

Das Philosophengold erinnerte mich an den bernsteinfarbenen Fleck auf meiner Hand, nachdem ich die orangeroten Kristalle an dem Stein aus der Quelle berührt hatte. Offensichtlich hatten die beiden Kristalle sich lange im reinen Quellwasser auflösen und eine bernsteinfarbene Flüssigkeit bilden sollen. War es möglich, daß der Schwarze Alchimist das Quellwasser und die weiblichen lunaren Energien der Stätte symbolisch als Weißes Quecksilber betrachtet hatte, die Kraft des Mondes, der göttlichen Mutter? Hatte er symbolisch das Rote Quecksilber, die Kraft Sols, des göttlichen Vaters, in Form der orangeroten Kristalle hinzugegeben, um das Quellwasser in bernsteinfarbenes Philosophengold zu verwandeln? Und hatte er dann, als dies vollbracht war, den neuen psychischen Einfluß des Wassers benutzt, um seinem eigenen Mercurius Leben einzuhauchen, der dunklen Gestalt, die wir im Durchgang über dem Boden hatten schweben sehen? Es sah ganz so aus.

Und doch nahmen sich die komplizierten Eigenheiten des Rituals, das der Schwarze Alchimist an der Quelle vollzogen hatte, unbedeutend aus verglichen mit dem, was Bernard sonst noch gesagt hatte. Die direkte Konfrontation mit ihm, die uns von Beginn an unausweichlich erschienen war, war jetzt offenbar wahrscheinlicher denn je. In nur sechs Tagen würden Bernard und ich unserem Gegner das erste Mal gegenüberstehen. Aber würde er es wagen, auf unser Territorium zurückzukehren, in dem Bewußtsein, daß wir ihn möglicherweise dort erwarten würden? Bernard schien das zu glauben. Wenn er wirklich vorhatte, uns aus dem Weg zu räumen, indem er den einen aufknüpfte und den anderen verbrannte, konnte er dies im Grunde nur mit physischen Mitteln erreichen.

Kapitel 17

Zurück in die Schule

Donnerstag, 9. Oktober 1986. Eine Lehrerin, die einen unordentlichen Stapel Übungshefte durchsah, stand auf, um mir eine Tasse Kaffee zu kochen, während ich geduldig im Lehrerzimmer der Belfairs High School auf Mr. Paul Lark wartete. Er hatte mich gebeten, kurz vor der Pause um halb elf wegen der Kristallanalyse wiederzukommen.

Minuten später verkündete das Schrillen der Schulglocke den Beginn der Pause, und Mr. Lark erschien in der Tür.

Er begrüßte mich mit einem höflichen Lächeln.

»Würden Sie bitte mitkommen, Andy«, sagte er und winkte mich auf den Flur.

Ich folgte ihm. Inmitten von Kindern, die in alle Richtungen stoben, führte er mich über eine Treppe in die verhältnismäßige Ruhe eines Chemielabors. Deutliche Erinnerungen an meine eigenen Schultage, die Streiche und gefährlichen Experimente hinter dem Rücken des Lehrers, holten mich ein.

»Es handelt sich um keine gefährliche Substanz«, begann der Lehrer und reichte mir den gefalteten schwarzen Umschlag und eine kleine Glasflasche mit den restlichen Kristallen. »Das ist Ammoniumdichromat, wenngleich das an sich schon seltsam ist, da man es meines Wissens nur in Pulverform aus Industrielabors beziehen kann. Diese Kristalle müssen aus einer übersättigten Lösung herausgebildet worden sein.«

Wie die Kupfersulfatkristalle, die ich früher in großen flachen Schüsseln im Schuppen ›gezüchtet‹ hatte. Aber wozu sollten solche Kristalle gut sein?

»Sie werden vor allem in der Pyrotechnik verwendet«, erklärte er mir. »Ammoniumdichromat ist eine aktive Komponente von Feuerwerkskörpern, die zum Gebrauch im Inneren von Gebäuden bestimmt sind. Haben Sie schon einmal von dem Feuerwerkskörper ›Schlange im Gras‹ gehört?«

Hatte ich nicht.

»Wenn es erhitzt wird, entzündet sich das Pulver und brennt lodernd, wobei ein lästiger Staub entsteht, der überall, wo er sich absetzt, einen schwarzen Rußfilm hinterläßt. Es gibt da ein simples Experiment, das wir unseren Schülern vorführen, um ihnen pyrotechnische Eigenschaften zu demonstrieren. Möchten Sie es sehen?«

Als ich bejahte, füllte Mr. Lark einen Behälter aus gehämmertem Metall mit Ammoniumdichromat in Pulverform und stellte es auf ein Gestell über einem Bunsenbrenner. Sekunden nach Anzünden der zischenden Gasflamme entzündete sich das Pulver in einer Stichflamme, die rasch den gesamten Inhalt der Schale in graue Asche verwandelte, während eine Wolke feiner Staubpartikel durch die Luft schwebte.

»Sehen Sie, was ich mit lästigem Staub meinte«, rief er aus und fuhr mit den Fingern durch einen dünnen, dunklen Film, der bereits die Tischoberfläche überzog. Dann ließ er sich weiter über die Eigenschaften der betreffenden Chemikalie aus.

Aber ich war in Gedanken beim Schwarzen Alchimisten. Warum hatte er Ammoniumdichromatkristalle in die verschlossenen schwarzen Umschläge getan? Ich glaubte zu wissen, warum er die orangeroten Kristalle an der Quelle benutzt hatte, aber warum auch als psychische Verbindung zwischen sich selbst und uns? Warum hatte er keine echten Steinkristalle von ähnlicher Farbe benutzt wie beispielsweise Granat- oder Topassplitter? Vielleicht wären sie ihm zu teuer gewesen. Und welche Beziehung bestand, sofern überhaupt, zwischen Ammoniumdichromat und Alchimie? Ich mußte den Lehrer fragen.

»Alchimie«, wiederholte er neugierig. »Davon verstehe ich nichts, aber wir könnten nachschlagen.«

Er verschwand in einem Lagerraum und kehrte kurz darauf mit einer Enzyklopädie von Chemikalien zurück. Er suchte in der alphabetischen Auflistung nach Ammoniumdichromat, und als er es gefunden hatte, las er den Eintrag laut vor.

Kein Wort von Alchimie. Ich konnte daraus nur schließen, daß der Schwarze Alchimist die kristalline Substanz als eine Art Ersatz für das sogenannte Rote Quecksilber benutzt hatte.

Caroline Wise, Alan Cleaver und ein weiterer Freund, John Merron, kamen an diesem Abend aus London zu Besuch, um sich die neuesten Entwicklungen im Fall des Schwarzen Alchimisten anzuhören. Nachdem sie mich bei meinen Eltern abgeholt hatten, schlug ich vor, daß wir zum Downham Arms fuhren, dem Pub, in dem ich erst drei Tage zuvor mit Bernard gesessen und den schwarzen Umschlag geöffnet hatte.

Hier, umgeben von Jugendlichen aus den umliegenden Ortschaften und dem Lärm der Jukebox, erzählte ich ihnen die ganze Geschichte; vom Kreis der Finsternis, der Entdeckung der beschrifteten Steine und dem Inhalt des verschlossenen schwarzen Umschlags. Eine Stunde später, als sie sich alles angehört hatten, bestellte ich eine Runde und wartete dann auf ihre Kommentare.

Alle drei waren betroffen und beunruhigt über das Geschehen. Sie stellten ängstliche Fragen, um ganz sicherzugehen, daß Bernard und ich auch wußten, was wir taten.

Zufrieden mit meinen Antworten, wandte die Unterhaltung sich anderen Aspekten der Suche zu, darunter der Einmischung des elisabethanischen Magiers Dr. John Dee und seines medial veranlagten Gehilfen Edward Kelly. Bernards Informationen zufolge, die er auf dem Parkplatz eben dieses Pubs empfangen hatte, hatte Dee seine Kristallkugel, seinen dunklen Spiegel oder was auch immer auf einen speziellen Tisch mit verschiedenen bunten magischen Siegeln und Symbolen gestellt. Bislang war es mir allerdings nicht gelungen, in Erfahrung zu bringen, ob es einen solchen Tisch je gegeben hatte.

Meine drei Begleiter verkündeten, daß ein solcher Tisch definitiv existiert hätte.

»Es gibt sogar ein Bild des Tisches in einem Büchlein, das du ganz sicher zu Hause hast«, rief Caroline aus, offenbar erschüttert von meiner Ignoranz. »Du hast doch eine Ausgabe vom ›Mogs Strange Oxford‹ bekommen, oder?«

Ja, hatte ich. Mog war der Spitzname Chris Morgans, des Herausgebers des Heftes, aber ich konnte mich nicht daran erinnern, daß dort von einem Tisch die Rede war, der einmal Dee gehört haben sollte. Aber das ließ sich leicht überprüfen, wenn ich wieder daheim war. Im Augenblick stand ich jedenfalls etwas dumm da, denn alle anderen am Tisch wußten offenbar Bescheid.

»Und was hast du jetzt am Dienstag abend vor?« fragte Caroline und trank noch einen Schluck Bier. Sie wußte, daß diese Frage tabu war.

Ich hatte inzwischen entschieden, niemandem zu verraten, was Bernard und ich an jenem Abend tun würden. Ich wollte so verhindern, daß unsere Absichten den falschen Leuten hinterbracht werden.

Die drei akzeptierten mein Schweigen.

Ich blätterte meine Ausgabe von ›Strange Oxford‹ durch und stieß rasch auf eine Referenz auf Dees sogenannten Heiligen Tisch. Es war ein alter Holzschnitt der Tischplatte abgebildet, nebst einem kurzen Resümee seiner Beschreibung, seines Zwecks und seiner Geschichte. Der

Tisch wurde erwähnt, weil eine Marmorkopie von Dees hölzernem Original – das nicht mehr existierte – im wissenschaftlichen Museum von Oxford ausgestellt war. Die Zeichnung des Heiligen Tisches – die einzige, die noch erhalten war – stammte aus einer Ausgabe von Dees spirituellen Tagebüchern aus dem Jahre 1958, herausgegeben von einem Mann namens Meric Casaubon. (1)

Obgleich die Referenz in ›Strange Oxford‹ nur sehr kurz war, entdeckte ich schon bald ein wenig mehr über den Heiligen Tisch in einem Buch mit dem Titel ›The Heptarchia Mystica of John Dee‹, herausgegeben von meinem alten Freund Robert Turner. (2)

Ein Großteil des Buches war Dees Heiligem Tisch gewidmet und befaßte sich unter anderem damit, wie er für mediale Kommunikation richtig aufgestellt wurde. So wurde beschrieben, wie die Tischbeine auf vier durch Holzrahmen geschützte magische Wachssiegel zu stellen waren. Eine größere Version dieser Siegel – Sigillum Aemeth – genannt, würde dann oben auf den Tisch gelegt, umgeben von sieben Täfelchen aus reinem Zinn. Darüber breitete man ein rotes, mit grünen Fäden durchwobenes Seidentuch, mit einer Troddel an jedem Ende, so daß die Ränder seitlich herabhingen. Der Kristall oder Spiegel würde dann in einem goldenen Rahmen oben auf das rote Tuch gestellt, exakt über dem mittleren Sigillum Aemeth.

Was die exakte Farbanordnung von Dees Heiligem Tisch betraf, wußte damit niemand so recht Bescheid. Es war nur bekannt, daß mindestens drei verschiedene Farben vertreten sein mußten- Rot, Grün und Gelb –, was man durchaus als ›bunt‹ bezeichnen konnte, wie Bernard es bei seiner medialen Botschaft auf dem Parkplatz vor dem Downham Arms empfangen hatte.

Kapitel 18

Rückkehr zur Quelle

Dienstag, 14. Oktober 1986. Kurz nach sieben Uhr signalisierte ein Klopfen an die Milchglasscheibe der Küchentür Bernards Eintreffen. Während er sich noch mit meinen Eltern unterhielt, packte ich hastig eine ganze Reihe magischer Hilfsmittel zusammen, darunter Weihrauch, ätherische Öle, ein Messer sowie andere religiöse Gegenstände. Minuten später waren wir unterwegs zum Running Well, diesmal in meinem blauen Ford Sierra.

Als wir durch Wickford fuhren, informierte ich Bernard über die neuesten Erkenntnisse. Am Morgen hatte ich mit anderen Questing-Anhängern im ganzen Land gesprochen und sie gebeten, ab 19 Uhr 30 an Bernard und mich zu denken. Ich wollte, daß jeder von ihnen eine Kerze anzündete und sich im Rahmen eines Visualisierungsrituals in Abständen vorstellte, wie weißes Licht zu uns strömte, in der Hoffnung, daß uns das während der bevorstehenden Konfrontation ein wenig zusätzliche psychische Kraft und Schutz verlieh.

Außerdem war ich am Nachmittag an der Quelle gewesen. Ich wollte sie mir bei Tageslicht ansehen, nur um ganz sicherzugehen, daß dort alles beim alten wäre und kein beigefarbener Escort Mk III in der Nähe stünde. Aber es schien noch alles genauso zu sein, wie wir es in der vergangenen Woche zurückgelassen hatten, abgesehen von dem langen Stock, den der Schwarze Alchimist vermutlich dazu benutzt hatte, während seines Rituals das Wasser umzurühren. Der Stock schwamm auf dem Wasser. Ich fischte ihn heraus und steckte ihn seitlich neben der Quelle aufrecht in die Erde.

»Vermutlich waren das Kinder«, schloß Bernard, als ich die Wickford High Street hinunterfuhr.

Ich stimmte ihm zu. Was war mit ihm? Hatte er weiteres psychisches Material empfangen?

»Nein, überhaupt nichts«, entgegnete er seufzend. »Nicht einmal zur elften Stunde. Ich habe den ganzen Tag versucht, etwas zu empfangen, aber jedesmal herrschte absolute Funkstille. Es ist wirklich sonderbar, fast so wie bei einem Funkverbot kurz vor einer größeren Militäraktion.«

Er hatte also immer noch keine Ahnung, was wir tun sollten oder was uns bevorstand, wenn wir die Quelle erreichten?

»Nein. Wir werden einfach abwarten müssen, was passiert.«

Ein verträumter, tiefhängender Nebel hatte fast den ganzen Tag wie ein weißer Schleier über der flachen Landschaft von Essex gelegen, sich jedoch inzwischen gelichtet, so daß der graue, wolkenverhangene Himmel zu sehen war. Es sah eindeutig nach Regen aus.

Minuten später lenkte ich den Wagen auf die Privatstraße, die zur Poplars Farm führte. Ich fuhr rechts an dem Gehöft vorbei und machte dann bei den Betonfundamenten eines alten Kuhstalls halt, den alle Besucher der Quelle als Parkplatz benutzten. Es waren keine anderen Fahrzeuge dort, es sah also aus, als hätten wir die Stätte für uns allein.

Bevor wir ausstiegen, wies ich noch einmal darauf hin, daß ich unser gewohntes Schutzritual für unerläßlich hielt. Wenn wir nämlich erst über das Metalltor geklettert waren und das Feld betreten hätten, würden wir dem Einfluß der Quellenenergien ausgesetzt sein und somit auf psychischer Ebene verwundbar.

»Wenn du meinst«, entgegnete Bernard, beinahe belustigt von meinem Anliegen.

Aber es mußte getan werden, da ich keinesfalls wollte, daß sich die unschönen Szenen aus Lullington und Downham wiederholten.

Er akzeptierte das, und als das Ritual vollzogen war, schloß ich den Wagen ab und holte Bernard ein, der bereits über das Tor stieg.

Als wir über die Wiese schlenderten und dabei versuchten, dem Pfad durch das nasse Gras zu folgen, veranlaßte mich ein Regentropfen, einen Blick nach oben auf den wolkenverhangenen Himmel zu werfen. Ich hoffte, der Regen würde ausbleiben, zumindest noch eine Weile. Weiter unten ging ich zögernd auf die Lücke in der Hecke zu, wo wir in der vergangenen Woche die schwarze, amorphe Form wahrgenommen hatten, die auf uns wartete. Heute war dort nichts mehr. Tatsächlich wirkte die ganze Atmosphäre um die Quelle herum eher beruhigend als bedrückend.

Aber psychische Eindrücke interessierten mich an diesem Abend nicht sonderlich. Das wollte ich gern Bernard überlassen. Meine Aufgabe bestand darin, Wache zu halten und uns physisch zu schützen, und so begann ich, sehr sorgfältig jede dunkle Ecke, jedes Feld und jede Baumreihe nach verdächtigen Bewegungen abzusuchen.

Als wir die Quelle erreichten, richtete Bernard den Strahl der Taschenlampe durch das Dickicht in die Senke. Es war niemand dort, und so kämpften wir uns durch Brennesseln und Dornenranken und stiegen die Stufen hinunter zur rechteckigen Betonplattform. Der Stock ragte immer noch aufrecht aus der weichen Erde am Rand der Quelle. Seit meinem Besuch am Nachmittag war offenbar niemand mehr hier gewesen.

Rasch bauten wir mit Hilfe von Kristallen und eines weiteren Visualisierungsrituals einen psychischen Schutzkreis auf. Dann stellte ich eine Keramikschale, in der Weihrauch und das Element Wasser verbunden waren, auf einen kleinen runden Kohleblock, den ich dann anzündete. Das würde die Luft von unwillkommenen psychischen Einflüssen reinigen – zumindest behauptete das die Questing-Lehre. Hierauf wurden zwei grüne Kerzen – Bernard war der Ansicht, daß grün der Situation angemessen schien – angezündet und in Kerzenständern recht und links des Weihrauchschälchens aufgestellt.

Als der Schutzkreis vollzogen war, ließ ich das Medium in der Senke zurück, Notizblock und Stift in der einen und eine Zigarette in der anderen Hand. Nachdem ich das Dickicht durchquert hatte, setzte ich mich unter einen großen Baum. Von dort aus hatte ich einen freien Blick auf die umliegende Landschaft.

Es fing an zu regnen. Das Geräusch der Wassertropfen, die auf die Blätter klatschten, wurde nur vom gelegentlichen Grollen eines vorbeiziehenden Flugzeuges oder Zuges gestört. Ab und zu wehte der unverkennbare Geruch des brennenden Weihrauches zu mir herüber, und hin und wieder konnte ich den Geruch von Zigarettenrauch riechen, der aus der Senke aufstieg.

Bernard leuchtete mit der Taschenlampe auf seine Armbanduhr und notierte die Zeit: 20.20 Uhr. Er steckte sich noch eine Zigarette an, in der Hoffnung, sie könne ihn wärmen.

Nichts Konkretes, aber gewisse intuitive Gefühle begannen, in seine Seele einzufließen. Er beschloß, sie aufzuschreiben, nur für alle Fälle:

Mir ist etwas kalt, und ich fühle tiefes Mißtrauen allem gegenüber. Werde alles aufschreiben müssen, in der Hoffnung, es später entschlüsseln zu können. Nehme vor Ort seltsame Energien wahr. Fühle immer wieder eine Präsenz. Gänsehaut. Lasse mein Gedanken schweifen, indem ich auf die Quelle blicke.

Dann sah er vor seinem geistigen Auge, wie ein seltsames, kompliziertes Symbol in einen magischen Talisman geritzt wurde. Er skizzierte, was er sehen konnte. Es verschwand und wurde durch ein zweites Symbol ersetzt. Aber noch bevor er dazu kam, Einzelheiten aufzuzeichnen, war auch dieses wieder verschwunden. Er betrachtete seine groben Skizzen und versuchte, ihren Sinn zu begreifen. Schließlich kam er jedoch zu dem Schluß, daß er beide Symbole noch nie zuvor gesehen hatte: Offenbar saß ihr Widersacher irgendwo, vollzog ein meditatives Ritual und zeichnete in eben diesem Moment besagte Symbole. Er konzentrierte sich, um weitere hellseherische Bilder zu empfangen. Er sah einen Wald. Ja. Der Schwarze Alchimist saß in einem Wald. Aus irgendeinem Grund fühlte es sich jedoch nicht an, als wäre er in der Nähe. Dann folgte ein anderer, beunruhigenderer Eindruck, den er auf Papier festhielt:

Nehme sehr negative Kraft wahr. Ich hoffe, es sind nur die Überreste dessen, was der Schwarze Alchimist (in der vergangenen Woche an der Quelle) zurückgelassen hat und keine Anzeichen für seine Nähe. Fühle mich wie angewurzelt. In einer Art Energiefeld gefangen. Kann mich nicht rühren!

In diesem Moment wurde der Kontakt zwischen ihren Seelen hergestellt, so daß Bernard, ohne es zu ahnen, die Gedanken seines Gegners niederschrieb:

Zorn kommt wie ein Strahl, zerquetscht Stein zu Staub, preßt die Kräfte in eine erste Materie ... Mit Verstand neu fixieren, Blut hinzugeben ... Der eine soll sich ausbreiten jenseits der Orte meiner Kenntnis, soll wachsen und sich ausdehnen zwischen Wurzeln, Wäldern, Bäumen und Strömen ... Unter die Steine legen ... Imprägnieren ... Wachsen lassen .... Sich formen lassen ... Der Meister wird formen ... Alle weißen Methoden falsch ... Alle Lehren des Steines verachtungswürdig ... Ich schreibe um ...

Die kritzelige Schrift, sowieso kaum noch lesbar, verwandelte sich plötzlich in eine seltsame Fremdsprache. Die Sprachsymbole, so sah es Bernard vor seinem geistigen Auge, wurden am Rand einer Schlange graviert, die – zusammengerollt – sich in den eigenen Schwanz biß (1).

Schon nach nur einem Dutzend dieser fremdländischen Symbole wurde ihm übel, und er fühlte sich wie erstarrt. Er entschied also, die Verbindung abzubrechen und den Schutzkreis um die Quelle herum zu visualisieren. Er gab ein paar Tropfen einer Kräuteressenz auf die Zunge, die als Notfallmittel galten. Andy hatte sie ihm zuvor gegeben und gesagt, mit ihrer Hilfe könne vermieden werden, daß unwillkommene psychische Energien in den Körper gelängen. Es schien zu funktionieren. Nach und nach fand er wieder zu sich selbst.

Einige Minuten verstrichen, in denen er versuchte, seine verlorenen Kräfte neu zu sammeln. Den gedanklichen Kontakt zum Schwarzen Alchimisten herzustellen war nicht sehr klug gewesen, aber irgendwie war er damit durchgekommen. Aber wo war dieser Wald, in dem er ihn gesehen hatte? Es hatte sich nicht angefühlt, als befände er sich in der Nähe; nicht einmal in derselben Grafschaft. Bernard grinste selbstzufrieden. Der schwarze Alchimist kniff also und hatte sein Vorhaben aufgegeben, sie von Angesicht zu Angesicht herauszufordern. Das freute ihn. Dann brach sein Gedankengang jedoch abrupt ab, als ihm bewußt wurde, daß er nicht mehr allein war in der Senke. War Andy zurückgekehrt?

Er drehte sich um, und ein außergewöhnlicher Anblick versetzte ihn sogleich in Angst und Schrecken. Eine schimmernde blaue Erscheinung, eine strahlende Lady in blau-weißer Nonnentracht und Haube stand keine zwanzig Meter entfernt am unbefestigten Ufer auf der gegenüberliegenden Seite der Quelle.

Sie sah aus wie die Jungfrau Maria. Vielleicht war es die Jungfrau Maria! Sollte er hinknien? Nein, es war jemand anderes. Während er sich auf die reglose, fluoreszierende Gestalt konzentrierte, versuchte er, ihren Namen aufzuschnappen. Cecilia. Ja, es war die Blaue Lady, der er auf dem Kirchhof von Rettendon in der vergangenen Woche das erste Mal begegnet war. Sie war zurückgekehrt, um ihm bei dieser Konfrontation beizustehen, dessen war er sich ganz sicher.

Bernard starrte die Erscheinung an und fragte sich, was er tun sollte. Die leuchtende Erscheinung verharrte jedoch nur reglos und schweigend auf der Stelle und blickte ihm gelassen in die Augen. Er hatte Angst, aber beinahe so, als könne sie seine Furcht spüren, spürte er, wie ihre Aura Wärme, Wohlbehagen und Ruhe verströmte, die auf ihn übergingen.

Dann kam seine natürliche Neugier ins Spiel. Er wollte mehr über die Natur dieser seltsamen, aber wunderschönen Blauen Lady wissen. Wer genau war sie?

Ein Antwort erfolgte in Form einer sanften, melodischen, jedoch auch energischen weiblichen Stimme. »Ich war Priorin des Schreins, der dieser Heiligen Stätte diente. Bei meinem Tod entschied ich mich dafür, ewiger Schutzgeist dieser heiligen Wasser zu werden.«

Bernard warf hastig einen Blick auf die glatte Wasseroberfläche und verstand ihre Worte. Er schrieb sie nicht auf.

»Meine sterblichen Überreste wurden zuerst in der Kirche von Runwell zur letzten Ruhe gebettet, aber ich hatte verfügt, daß meine Gebeine an diesen Ort gebracht wurden. Sie erfüllten mir meinen letzten Wunsch und vergruben sie hier.« (2)

Bernard blickte auf einen bestimmten Baum in der Senke und wußte, daß irgendwo unter seinen Wurzeln ihre Gebeine neu bestattet worden waren und bis zum heutigen Tage ruhten.

Dann sah Bernard zwei riesige Hunde, die wie übergroße Labradors aussahen und neben der Blauen Lady die Böschung der Senke zum Ufer herabtrotteten. Sie kamen auf ihn zu. Waren es Visionen, oder waren sie real? Furcht stieg in ihm auf.

Ohne ein weiteres Wort warf Cecilia einen Blick auf die sandfarbenen Hunde und streckte die rechte Hand aus, um ihnen Einhalt zu gebieten. Sie gehorchten und verschwanden.

Allmählich begann die Blaue Lady zu verblassen. Zuvor hatte Bernard noch festgestellt, daß – was ihren Kleidungsstil anbetraf – sie wohl im 12. oder 13. Jahrhundert gelebt haben mußte. Außerdem wußte er jetzt, warum sie ihm erschienen war. Irgendwie war sie da, um ihn vor der geballten Kraft des Schwarzen Alchimisten abzuschirmen. Er hatte in der vergangenen Woche ihre Stätte besudelt, und jetzt, da sie ihre volle Kraft wiedererlangt hatte, war sie entschlossen, jene zu beschützen, die die Quelle vor der Entweihung bewahrt hatten.

Das Medium war dankbar, und in dem tröstlichen Wissen ihrer Präsenz irgendwo in der Nähe, dankte er ihr mental für ihre Unterstützung. Selbstbewußter geworden, beschloß Bernard, mit Hilfe der Taschenlampe auch die dunkelsten Winkel der Erdmulde zu untersuchen.

Interessante, aber mit dem Schwarzen Alchimisten nicht in Zusammenhang stehende Bilder und Eindrücke aus längst vergangenen Tagen kamen und gingen.

Fasziniert sah er, wie eine menschliche Hand aus den Tiefen des kristallklaren Quellwassers emporstieg und dann wieder verblaßte.

Eine Gruppe kichernder Nonnen tauchte auf, und die jungen Frauen, die sich ein wenig verbotenen Spaß gönnten, blickten unschuldig auf die Quelle, in der sich die Sterne spiegelten. Auch sie lösten sich bald wieder auf.

Dann eine unendlich viel schlimmere Vision – Anblick und Laute eines Mädchens im Teenageralter, das von rasenden und doch auch ängstlichen Dorfbewohnern erschlagen und hastig verscharrt wurde, weil man es für eine Hexe hielt. Schon zweimal hatte er den Leichnam des jungen Mädchens in der Nähe der Quelle gespürt. Zu Bernards Erleichterung machten seine medialen Fähigkeiten der häßlichen Szenerie rasch ein Ende, um sich neuen Eindrücken zuzuwenden.

Bernard fühlte sich nun ein wenig sicherer innerhalb des magischen Schutzkreises, und so begann er, einen grünen Energienebel zu visualisieren, der spiralförmig von der Quelle aufstieg und immer mehr an Kraft zunahm, wie eine leuchtende Windhose aus psychischer Energie. Anschließend stellte er sich vor, wie der Nebel sich kreisförmig immer weiter ausbreitete, bis er schließlich das ganze Gebiet innerhalb des Kreises der Finsternis einschloß und auch die vier unglücklichen Kirchen einhüllte, die der Schwarze Alchimist für sein Ritual ausgewählt hatte. Er spürte, daß dies helfen würde, die subtilen Energien, die in der vergangenen Woche von den Aktivitäten ihres Widersachers gestört und beschädigt worden waren, wiederherzustellen und zu harmonisieren.

Inzwischen noch selbstsicherer und der Überzeugung, dem Schwarzen Alchimisten im Nacken zu sitzen, versuchte Bernard, der von einer kindlichen Albernheit befallen wurde, psychische Blitze in seine Richtung zu schicken. Vor seinem geistigen Auge sah er, wie grüne Feuerbälle aus Licht den Schwarzen Alchimisten erreichten, der immer noch irgendwo im Wald saß. Gleich darauf spürte er die übermächtige Anwesenheit seines spirituellen Führers ganz in der Nähe und empfing die Warnung, seine Kräfte nicht für unnötige Kindereien zu vergeuden.

Dann ereignete sich ein weiterer beunruhigender Zwischenfall. Bernard empfing den sehr starken Eindruck, daß zwei abgetrennte Hände direkt hinter ihm nach seinem Hals griffen. Er spürte jedoch, daß sie sich Gott sei Dank außerhalb des Schutzkreises befanden. Obwohl ihre Präsenz zu kraftvoll war, sie zu ignorieren, brachte Bernard es nicht über sich, sich umzudrehen, um zu sehen, was dort vor sich ging. Schließlich verblaßte das haarsträubende Gefühl, und er blieb verwirrt zurück. Er wußte nicht, was geschehen war, spürte nur, daß etwas versucht hatte, den Schutzkreis zu durchbrechen.

Eine sanfte, friedliche Atmosphäre senkte sich wieder über die dunkle Erdmulde herab. Die hohen Flammen der beiden Kerzen am Wasserrand flackerten immer noch im leichten Luftzug, der durch die Senke wehte, aber von dem Weihrauchschälchen stieg kein Rauch mehr auf.

Die Stille wurde erneut durchbrochen, als Bernard wieder die zunehmende Präsenz seines eigenen geistigen Führers, des elisabethanischen Alchimisten, spürte. Es schien, als wollte er ihm eine Botschaft zukommen lassen. Er senkte den Kugelschreiber auf das Papier, und seine Hand begann sofort ganz von allein zu schreiben:

»*... Ich habe mein ganzes Leben darauf verwandt, die Kunst zu perfektionieren. Manch einer nannte mich einen Bläser. (3) Der Weg ist der Weg der alten Meister. Ein Mißbrauch der vier Hitzegrade und der geheiligten Gesetze der Kunst. Ich sage dir, daß kein Interesse besteht an der Lehre des letzten Steins mit ihrem begleitenden Wissen über die alte Mystik.*

Man findet ihn auf dem Land, in der Stadt, in allen von Gott erschaffenen Dingen. Und doch wird er von allen verachtet. Reich und Arm bedient sich seiner, aber niemand schätzt ihn. Abgesehen von der Seele ist er das kostbarste Gut auf Erden und besitzt die Macht, Könige und Prinzen zu stürzen. Er wird von allen geächtet und abgelehnt. (4) Von Schwarz zu Weiß zu Rot. Zahlreich und sehr verschieden sind die Schritte auf dem langen Weg. Manche sprechen von sieben, andere von zwölf und wieder andere von zwanzig. Manche sogar von noch mehr. Der Philosophenstein ist einer, die Medizin ist einer und das Gefäß ist einer. Einer die Ope-

ration und einer die Methode. Die große Meisterschaft, sage ich.

Die Gesetze der Kunst sind zu großer Variabilität fähig, aber die erfolgreichen Werke und jene, die diese Gesetze formuliert haben, waren allein daran interessiert, ihren eigenen Roten Stein, also Gott zu finden, indem sie die Ängste und Qualen des Verstandes besiegten. Die Hingabe wurde vorangetrieben bis zu dem, was man unter Kether (5) oder dem höchsten Unbekannten versteht, in dem Bestreben, die Manifestation der endgültigen Wahrheit herbeizuführen.

Alle Werke sind mit zahlreichen Rätseln verschlüsselt, weil die Prüfungen sehr persönlicher Natur sind und somit nicht Wort für Wort befolgt werden können. Es ist möglich, sich ans Kalzinieren zu halten; die schwarze Seite der Abhandlung des Dualisten, um den Geist durch zehn Zimmer (6) zu führen und die zweiunddreißig Stufen, um die innerlichen Höhen zu erreichen, ist auf beiden Seiten möglich. Aber auf der dunklen (Seite) wird das Endresultat immer dasselbe sein: Der Tod desjenigen, der die Kunst praktiziert.

Gut möglich, daß es der letzte Schritt nach Jahren der Auseinandersetzung mit Schlange und Kröte ist. In deinem Wissen Neshama, Yecidah, Chia, Ain Soph. (7) Eine schwarze Kreuzigung und Wiederauferstehung des Antichristen, der den Palast für die Krönung vorbereitet.

Es ist verborgen in den drei Prinzipien von archeius balsamum elementorium externum. Es besteht eine Kontinuation des Grundstoffes in zahlreichen Bäumen in Wäldern. Caput corvi und der corpus invisible. (8)

Du mußt verstehen, daß ich nur Argumentation dessen anführen kann, was ich von dieser Sache weiß. Es gibt hier (im Schwarzen Alchimisten) keine Spur einer rechtschaffenen Seele, nur die zunehmende Macht des exorcista der schwarzen Magie. Er arbeitet am Chaos der Erde, Chaos des Wassers, Chaos der Luft, Chaos des Feuers und der Magia

Metaphysica, der Kunst okkulter Geheimnisse. Außerdem bedient er sich pentaculas, der Zeichen auf Papier, Metall oder Stein, die mit zahlreichen Siegeln beschriftet werden und die verborgenen Kräfte des Universums leiten.

Um das wachsende Chaos zu beenden, mußt du die strengen Gesetze der Lehren deines Herrn anwenden. Benutze die Methoden, die du gelernt hast und beherrschst. Benutze zu deinem Schutz Kreise deines heiligen Wassers. Wende keine boshafte Rache an wie vorhin. Du kannst deine Methode von Farben anwenden, die das Elixier beinhalten, die Essenz von irgendwas. Die Graeca magia Kunst, Dinge erscheinen zu lassen, die nicht wirklich existieren. Du solltest majus noster interpretieren, den Magneten, der dir zur Läuterung verhilft … Studiere die Kabbala und bediene dich ihrer.«

Der Kugelschreiber hielt inne. Bernard hatte starke Schmerzen in der Hand. Er hätte ohnehin nicht ohne Pause weitermachen können. Er lächelte, als er daran dachte, wie lange es dauern würde, diesen ganzen Text zu entschlüsseln. Dutzende von Fachbüchern würden notwendig sein, um die Botschaft in ihrer ganzen Länge zu interpretieren. Aber in diesem Augenblick bemächtigte sich der elisabethanische Alchimist wie in Antwort auf diesen Gedanken erneut seiner Hand und schrieb:

»Du denkst an Manuskripte?«

Was als nächstes geschah, verblüffte und belustigte ihn: Seine Hand begann, die Titel verschiedener alter Schriften niederzuschreiben, die sich offenbar mit den alchimistischen und magischen Künsten befaßten.

»Abul Quesim al Iraq. Aurora Aufore Artis. Pretiosa Margarita Novella de Thesaro. ac Pretios simino. Hermetic

Musuesum. Nwei Pen von Ko Hung. Amphitheatrum Sapientia Aeterna. Viridorium Chymicum. Monas Hi(e)roglyphica.«

Aber nur zwei der Titel sagten ihm etwas: Henricus Khunraths Werk ›Amphitheatrum Sapientia Aeterna‹ oder ›Das Amphitheater der ewigen Weisheit‹ aus dem Jahre 1609 und Dees ›Monas Hieroglyphica‹ (9) von 1564.

Bernard ging auf und ab, zündete sich noch eine Zigarette an und wartete darauf, daß Andy in die Senke zurückkehrte. Was würde als nächstes geschehen? Langsam entpuppte sich das ganze als Verwirrspiel voller psychischer Überraschungen. Aber was war mit dem Schwarzen Alchimisten? Was war mit ihm passiert? Seine Intuition sagte ihm, daß der Schwarze Alchimist an diesem Abend nichts mehr unternehmen würde. Und doch empfing er weiterhin die Botschaft, daß er immer noch ganz still in einem Wald saß. In Kent. Kent?

Gleich darauf erfolgte jedoch noch eine weitere psychische Unterbrechung. Von jenseits der Senke, auf dem Feld auf der Nordweite, hörte er männliche Stimmen, die sich ihm näherten. Sie unterhielten sich in einer fremden Sprache. Er lauschte angestrengt. War das Latein? Er war nicht sicher. Ein Gefühl verriet ihm, daß es sich um eine Gruppe von sechs römischen Soldaten handelte, einem Offizier und fünf anderen, die dicht am Rand der Mulde vorbeigingen. Er konnte sie weder sehen noch verstehen, was sie sagten. Er wußte nur, daß sie eine Erinnerung an ein Ereignis waren, das fast zweitausend Jahre zuvor an dieser Stelle stattgefunden hatte.

Dann kam noch eine weitere Präsenz hinzu, die sich stetig näherte. Schritte von der Südseite der Senke. Er konnte keine Feindseligkeit fühlen. Er wartete und hoffte zu wissen, was los war.

Andy tauchte hinter einem Gewirr tiefhängender Äste, hoher Brennesseln und Farne auf, ein Grinsen auf dem Gesicht.

Ich hatte fünfundvierzig Minuten gewartet, ehe ich beschloß, zur Quelle zurückzugehen, um zu sehen, wie es Bernard ergangen war. Als ich die Senke erreichte, stand er auf der Plattform, und es schien ihm gutzugehen. In der einen Hand hielt er seinen Notizblock und das Klemmbrett und in der anderen eine Zigarette.

Was war passiert?

»Mehrere Seiten Geschreibsel«, entgegnete er und hielt zum Beweis das Klemmbrett in die Höhe.

Und der Schwarze Alchimist?

»Nicht hier. Woanders. In irgendeinem Wald. In Kent, glaube ich.« Er sah mich an, als rechne er mit Widerspruch.

Ich fühlte tatsächlich leise Enttäuschung. Irgendwie, auf seltsame Art, war ich gespannt gewesen auf diese Konfrontation. Was also war genau geschehen?

Er erzählte es mir.

Ich betrachtete die geschriebenen Seiten, bei denen der elisabethanische Alchimist seine Hand geführt hatte, im Licht meiner Taschenlampe und versuchte, sie rasch durchzulesen. Das Ganze schien nicht viel Sinn zu machen.

»Ich habe noch keinen Blick drauf geworden«, gestand Bernard, der vor mir auf und ab ging. »Aber mir schien es auch ziemlich verworren.«

Wo genau steckte der Schwarze Alchimist? Wußte Bernard, wo sich dieser Wald in Kent befand?

Er schüttelte den Kopf. »Keine Ahnung.« Dann stand er einen Moment reglos da und starrte in die Luft. »Jetzt empfange ich zwei Ortsnamen – Monksdown und Mereworth. Wo liegt das? Das sind Wälder, glaube ich. Beide irgendwo in Kent. Ich schätze, dort ist er heute abend gewesen.«

Die Namen sagten mir nichts, ließen sich aber leicht anhand der Straßenkarte überprüfen, die ich im Wagen hatte.

Ich wartete noch einige Minuten ab, um zu sehen, ob Bernard vielleicht noch weitere Informationen aufschnappte.

Schließlich brach er das lange Schweigen und räusperte sich. »Nein, nichts mehr. Gehen wir.«

Ich nickte, löste den Schutzkreis auf und verließ die Senke, dicht gefolgt von Bernard.

Plötzlich blieb er stehen und starrte auf das Feld unterhalb der Quelle.

Was war los?

Er schüttelte den Kopf und wandte sich ab. »Ein weißes Pferd galoppiert über die Wiese. Ziemlich groß.«

Ich blickte auf das dunkle Feld; es war kein Zeichen von Leben zu sehen oder zu hören. Und doch wußte ich, was er sah. Es war der Geist eines weiteren Wächters der Quelle, einer römisch-britischen Stutengottheit, die Medien, die die Quelle aufsuchten, häufig sahen.

Ich hatte Mereworth bald auf der Straßenkarte gefunden. Es handelte sich um ein Dorf in Kent, ein paar Meilen nordöstlich von Tonbridge. Unmittelbar nördlich befand sich ein Waldgebiet namens Mereworth Woods. Ein ›Monksdown‹ wurde jedoch nirgends erwähnt.

»Jetzt empfange ich noch mehr, einen anderen Wald, der mit den Aktivitäten des Schwarzen Alchimisten in Zusammenhang steht«, sagte er und schnippte seine Zigarettenasche aus dem Seitenfenster meines Sierra.

»Bei einem Ort in Sussex namens Clapham«, fuhr er zögernd fort. »Ich sehe Wald, der eine negative Atmosphäre verströmt. Irgend etwas hat dort stattgefunden; irgendein Ritual, würde ich sagen. Außerdem sehe ich eine Kirche, am Ende einer langen, gewundenen Straße. Kein sehr ansprechender Ort.« Er schüttelte sich, als ihm ein kalter Schauer über den Rücken lief.

Clapham Wood. In der Nähe von Worthing in West Sussex. Ich kannte den Namen aus meinen Tagen als UFO-Forscher. Damals in den Siebzigern war ich im nahe gelegenen Angmering gewesen, weil dort angeblich von mehreren Personen UFOs gesichtet worden waren, davon einige in der Nähe des Waldes bei Clapham.

Ich erinnerte mich vage, daß der Clapham Wood damals auch Schauplatz verschiedener außergewöhnlicher paranormaler Ereignisse gewesen war. Hunde waren auf mysteriöse Art verschwunden oder durchgedreht; seltsame Fußabdrücke waren entdeckt worden, und Menschen, die sich im Wald aufhielten, hatten unerklärliche Präsenzen und Atmosphären gespürt. Außerdem war damals von einem Pferd die Rede gewesen, das sich in Luft aufgelöst haben sollte, wenn ich nicht sehr irrte.

Aber trotz all dieser Geschichten konnte ich mich nicht erinnern, daß zu irgendeinem Zeitpunkt von schwarzer Magie oder Hexerei die Rede gewesen wäre.

»Du solltest deine Zeit nicht darauf verschwenden, das zu überprüfen«, unterbrach Bernard meine Gedanken. »Das Ganze ist nur sehr vage, und ich glaube nicht, daß es in direktem Zusammenhang zu den Ereignissen des heutigen Abends steht.«

Ich verließ mich auf seine Einschätzung. Es würde schon lange genug dauern, das psychische Material zu prüfen, das er an der Quelle empfangen hatte. Vage Eindrücke, die einen seltsamen Wald in West Sussex betrafen, würden warten müssen.

Kapitel 19

Das Nachspiel

Donnerstag, 16. Oktober 1986. Ich war allein in dem Büro der ›Leigh Times‹, als gegen sechs Uhr am Abend das Telefon klingelte.

Die höfliche weibliche Stimme am anderen Ende der Leitung teilte mir mit, daß sie von der Tonbridge-Bibliothek in Kent anrufe.

»Sind Sie der Herr, der Informationen zu einem Waldgebiet namens ›Monksdown‹ haben wollte?« fragte sie. Offenbar hatte sie den Namen vergessen, den man ihr genannt hatte.

Ich bejahte. Ich hatte die Bibliothek am Vortag angerufen, um zu fragen, ob man mir dort weiterhelfen könne, nachdem ich Monksdown auf keiner Straßenkarte der Gegend hatte finden können.

»Nun, ich fürchte, wir konnten nur einen Wald dieses Namens finden«, fuhr sie mit Bedauern fort.

Ich griff nach Papier und Stift, zog mir einen Stuhl heran und setzte mich.

»Und er heißt auch nicht ›Monksdown‹, sondern ›Monkdown Woods‹, um genau zu sein.«

Das kam hin. Wo lag dieser Wald?

»Es handelt sich um ein Waldgebiet oben auf einem Hügel etwa drei Meilen nordöstlich von Maidstone und acht Meilen ost-nordöstlich von Mereworth. Offenbar wurde er im Mittelalter als ›Munkuca Dun‹ bezeichnet.« Sie buchstabierte. »Das heißt soviel wie Mönchshügel. Wallenburg schreibt in seinem Buch ›Ortsnamen in Kent‹, daß dieses Gebiet sich früher einmal im Besitz der nahe gelegenen Boxley-Abtei befunden hätte.«

Es handelte sich aller Wahrscheinlichkeit nach um den zweiten Ort, den Bernard vor zwei Tagen in Zusammenhang mit dem Schwarzen Alchimisten unten an der Quelle empfangen hatte. Ich entschied, daß es ein verzeihlicher Fehler seinerseits gewesen war, den Wald Monksdown zu nennen anstelle von Monkdown!

Ich dankte der Dame für ihre unschätzbare Hilfe, legte auf und wandte mich wieder meiner Arbeit zu. Aber ich konnte es kaum erwarten, Bernard die Neuigkeit mitzuteilen, und so rief ich ihn etwa eine Stunde später an.

Er klang sehr zufrieden mit sich. »Ich habe Monksdown entdeckt.«

Ich ebenfalls.

»Ich habe mir eine Straßenkarte von Kent angesehen und habe den Namen gefunden. Ich hätte dich heute abend noch angerufen.«

Das mußte eine andere Karte sein als die, die ich mir angeschaut hatte. Aber ich sollte bald feststellen, daß ich einfach auf der falschen Karte nachgesehen hatte.

Wir kamen auf andere Themen zu sprechen, und ich stellte ihm die logischste aller Fragen.

»Nein, ich habe seither nichts mehr empfangen. Ich sagte dir ja, daß ich mich nicht weiter damit befassen würde.«

Ich akzeptierte seine Einstellung und erwähnte einige der Reaktionen auf die Ergebnisse unserer Konfrontation am Running Well.

An jenem Abend waren um 19 Uhr 30 von verschiedenen Personen im ganzen Land weiße Kerzen angezündet worden. In London hatte eine gesamte Klasse von Parapsychologie-Schülern die Vorlesung unterbrochen, um sich zur vorgegebenen Stunde auf uns zu konzentrieren. Zahlreiche Medien hatten Bilder empfangen, die mit der Konfrontation zusammenhingen. Allerdings hatten die meisten nicht viel Sinn gemacht. Nur eine spezielle Information war immer wieder aufgetaucht. Sie alle hatten gespürt, daß der Schwarze Alchimist sich zum Zeitpunkt der Konfrontation in einem Wald aufhielt. Da jedoch niemand genau gewußt hatte, wo Bernard und ich gewesen waren, hatten sie den Schwarzen Alchimisten und uns am selben Ort vermutet.

Einige Medien hatten geglaubt, einen gewaltigen psychischen Krieg zwischen den Kräften des Lichts und den Mächten der Finsternis zu sehen, wobei erstere selbstverständlich gesiegt hatten. Natürlich waren an dieser Schlacht Bernard, ich selbst, der Schwarze Alchimist sowie eine ganze Reihe Geisterwesen und übernatürliche Kräfte beteiligt gewesen.

»Das muß uns irgendwie entgangen sein«, meinte Bernard belustigt. »Vielleicht hat sich das alles ja auf Astralebene zugetragen.«

Ich stimmte in sein Gelächter ein.

Die Überstunden im Büro hatten mich ermüdet. Tatsächlich war ich andauernd müde und litt auch ständig unter Kopfschmerzen, seit der Schwarze Alchimist das Kreis-der-Finsternis-Ritual vollzogen hatte. Trotzdem setzte ich mich an diesem Abend hin und versuchte den zweiten Tag in Folge, die Ereignisse der vergangenen Tage niederzuschreiben.

Es fiel mir ungemein schwer, und ich fühlte, wie mir die Augen zufielen. Aber ich machte weiter, in dem Bewußtsein, daß ich jederzeit aufhören und zu Bett gehen konnte.

Ich langte über den mit Papieren übersäten Schreibtisch und zog die Seiten mit der langen Nachricht heran, die der elisabethanische Alchimist Bernard am Running Well mit Hilfe automatischer Schreibweise übermittelt hatte. Wenn Mereworth Woods und Monkdown Woods beide existierten, was war dann hiermit? Würde sich der Inhalt als ebenso zutreffend erweisen? Ich hatte den Text schon Dutzende Male gelesen und auseinandergenommen, in der Hoffnung, er werde irgendwann Sinn machen. Ich konnte kein Latein lesen und besaß auch kein Wörterbuch, so daß mir die Bedeutung der verschiedenen lateinischen Wörter und Begriffe immer noch ein Rätsel war. Alles, was ich mit Sicherheit sagen konnte, war, daß Bernards spiritueller Führer versucht hatte, uns mitzuteilen, wie wir die zukünftigen Aktivitäten des Schwarzen Alchimisten bekämpfen könnten. Unglücklicherweise war die Botschaft in einem Stil verfaßt, aus dem nur ein anderer elisabethanischer Alchimist schlau geworden wäre, während er für mich von sehr begrenztem Nutzen war.

Und wie sollte ich die automatische Schrift für mein Buch ›Der Schwarze Alchimist‹ interpretieren? Ich dachte lange darüber nach, ehe ich schließlich beschloß, jegliche Interpretation dem Leser zu überlassen. Er konnte dann aus dem Inhalt seine eigenen Schlüsse ziehen oder diesen Abschnitt überspringen und sich spannenderen Dingen zuwenden. Ansonsten hätte es buchstäblich Dutzende von Seiten erfordert, dem Text auch nur annähernd gerecht zu werden.

Ich legte die beschrifteten Seiten aus der Hand und steckte mir eine Marlboro an.

Ich versuchte noch eine Weile, die Ereignisse an der Quelle in schriftlicher Form festzuhalten, aber irgend etwas ließ mir keine Ruhe. Es betraf die automatische Schrift. Irgend etwas in dem Text konnte mir sagen, worum es sich handelte.

Ich drückte die Zigarette aus, griff erneut zu den Seiten krakeliger automatischer Schrift und Bernards Notizen. Zum x-ten Mal machte ich mich an die Lektüre. Der elisabethanische Alchimist hatte geschrieben: »Gut möglich, daß es (die Arbeit des Schwarzen Alchimisten) der letzte Schritt nach Jahren der Auseinandersetzung mit Schlange und Kröte ist ... Eine schwarze Kreuzigung und Wiederauferstehung des Antichristen, der den Palast für die Krönung vorbereitet.«

Ich dachte lange über diese mysteriösen Sätze nach und las dann noch einmal durch, was Bernard geschrieben hatte, als seine Gedanken mit denen des Schwarzen Alchimisten verbunden gewesen waren.

»Der Eine wird sich ausbreiten jenseits der Orte meiner Kenntnis, wird wachsen und sich ausdehnen zwischen Wurzeln, den Wäldern, den Bäumen und den Strömen ... Imprägnieren. Wachsen lassen. Sich formen lassen. Der Meister wird formen ...«

Der Meister wird formen? Welcher Meister? Vielleicht glaubte der Schwarze Alchimist ja daran, daß er den Weg bereitete für ... Nein, das war wirklich zu albern.

Ich schob die Papiere beiseite und blickte wieder auf die linierte Seite Din A4 vor mir. Ich nahm den Kugelschreiber zur Hand, rief mir den Abend am Running Well in Erinnerung und fuhr fort zu schreiben.

Kapitel 20

Danbury

Es war spät, weit nach Mitternacht. Zuerst sah er gar nichts. Aber dann kam ein Gefühl von Bewegung. Licht, das der Vollmond draußen verströmte, erhellte starre Gesichter ringsum. Bernard kniff die Augen zusammen und sah rechts und links Reihen von Kirchenbänken.

Er stand im Mittelgang einer Kirche.

Ohne sein Zutun rückte sein starrer Blick immer näher und näher auf den Hochaltar zu. Dann bot sich ihm plötzlich ein sonderbarer Anblick: Groteske mythische, aus Holz geschnitzte Wesen hockten am Ende jeder Bankreihe, furchterregend, abstoßend und doch auch warm und vertraut. Jeweils zu zweit näherten sie sich und gingen an ihm vorbei, wobei jedes seine einzigartige starre Haltung beibehielt.

Er sah sich weiter um.

Das Gebäude schien still und verlassen zu sein, und doch spürte Bernard auch ein extremes Ungleichgewicht, erdrückend und falsch. Ihm mißfiel, was er spürte, und er wollte gehen. Aber er konnte nicht. Er hatte keine Wahl.

Die erhöhte neugotische Kanzel verschwand links außer Sichtweite, während zu seiner Rechten das bedrohliche Starren des hölzernen Adlers am Lesepult auftauchte und ohne Zwischenfall wieder verschwand. Er ging weiter.

Er zuckte angewidert zurück.

Dort, auf dem Steinboden oberhalb der steinernen Stufen, die zum Chor hinaufführten, lag die Leiche eines Geistlichen in schwarzer Robe, ausgebreitet über einem groben umgekehrten Kreidepentagramm im Inneren eines Kreises.

Klebrige, tiefrote Rinnsale zähflüssigen, gerinnenden Blutes quollen immer noch aus den gräßlichen Wunden und sickerten in die staubigen Fugen zwischen den Keramikfliesen.

Etwas fehlte.

Langsam folgte er dem Leichnam aufwärts, folgte den Blutschlieren über den Boden, das Altargeländer und die Front des hölzernen Hochaltars.

Akuter Brechreiz stieg in ihm auf, und er mußte sich übergeben bei dem Anblick, der sich ihm bot. Auf dem ursprünglich weißen Altartuch thronte der beinahe unkenntliche Kopf des Geistlichen; der Mund klaffte auf, und das dicke graue Haar war verklebt von zähflüssigem Blut.

Und das Schlimmste war, daß er die Kirche und den Schuldigen kannte.

Er erkannte, daß es sich um einen Angsttraum handelte. Eine Vision. Eine Warnung. Ein Bild aus der Zukunft? Er hoffte nicht. Und doch wußte Bernard, daß der Schwarze Alchimist ihm jetzt näher war denn je, und das beunruhigte ihn zutiefst.

Das weiche Mondlicht fiel auf Bernard, der sich schweißgebadet in seinem Bett drehte und wälzte, bis er schließlich von der eigenen Rastlosigkeit geweckt wurde.

Er hatte hämmernde Kopfschmerzen und bemühte sich einen Moment verzweifelt, die Augen offenzuhalten. Er wollte keinesfalls in diesen widerlichen Alptraum zurückkehren. Als er richtig wach wurde, akzeptierte er nach und nach, daß es vorbei war. Jetzt konnte er in Ruhe weiterschlafen.

Aber er würde unmöglich vergessen oder ignorieren können, was er gesehen hatte. Er kannte diese Kirche. Es war jene in Danbury – die Kirche, die Johannes dem Täufer geweiht war, gleich gegenüber vom »The Griffin Pub«. Dort hatten sie im Laufe von zweieinhalb Jahren die mittelalterlichen Mysterien des Ortes für Andys Buch ›The Knights of Danbury‹ erforscht, das 1984 erschienen war.

Das ›Griffin‹ war immer noch ihr Stammlokal bei ihren regelmäßigen Zusammenkünften. Danbury war sein Fachgebiet, seine Domäne, so wie zwischen Andy und dem Running Well eine sehr enge Bindung bestand.

Ganz sicher würde der Schwarze Alchimist nicht dort zuschlagen.

Dienstag, 21. Oktober. »Danbury würde sein nächstes Ziel sein«, erklärte ich, als wir gemeinsam im ›Griffin‹ saßen und unser Bier tranken.

»Diesbezüglich hatte ich bereits einen Traum«, gab Bernard zu, obwohl er nichts dergleichen erwähnt hatte, als ich ihn zuvor nach neuen Informationen seit der Konfrontation an der Quelle gefragt hatte. »Letzte Woche. Donnerstag oder Freitag nacht, glaube ich. Nach deinem Anruf wegen des Monkdown Woods.«

Der war am Donnerstag, dem 16. Oktober gewesen, in der Vollmondnacht.

Bernard berichtete mir in allen Einzelheiten von seinem Traum mit dem enthaupteten, schwarzgekleideten Priester in der Kirche von Danbury.

Das Ganze klang widerwärtig.

»Er weiß über Danbury Bescheid«, sagte Bernard, und seine Miene verriet leise Beunruhigung. »Und ich bin nicht sicher, was ich tun soll.«

Es war unvermeidlich gewesen. Shenfield, Runwell und jetzt Danbury. Ganz offensichtlich hatte er Bernard in Form eines Traumes wissen lassen, daß er über Danbury informiert war und jederzeit dort zuschlagen konnte, wenn es ihm beliebte. Ob er das tun würde oder nicht, stand auf einem anderen Blatt.

Wie auch immer; falls der Schwarze Alchimist je in dieser Kirche auftauchte, würde Bernard es wissen.

»Wie das?« fragte er überrascht.

Weil er mental so verbunden war mit der Kirche, und weil er auch in der Vergangenheit jedesmal gespürt hatte, wenn jemand im Inneren des Gotteshaus mystischen Unfug getrieben hatte.

Das war schon mal vorgekommen, im März 1985, als zwei französische Studenten die Kirche besucht hatten. Sie hatten dort die simple Form eines okkulten Rituals vollzogen und ein gefaltetes Pergament mit magischen Symbolen unter dem Kopf einer der hölzernen Ritterfiguren aus dem Mittelalter im Nordflügel versteckt. Bernard, der gerade in seinem Garten gearbeitet hatte, spürte damals, daß in der Kirche etwas Unheiliges stattfand, und fuhr spontan hin.

Im Inneren der Kirche hatte eine bedrückende Atmosphäre geherrscht, und als er sich an den Wächter der Stätte, William de St. Clere, der im 13. Jahrhundert Herr über das Anwesen gewesen war, gewandt hatte, hatte dieser entgegnet, er solle »das Pergament entfernen.« Gleichzeitig war vor seinem geistigen Auge eine der hölzernen Ritterbüsten aufgetaucht, begleitet von dem Impuls, unter dem Kopf nachzusehen. Dort hatte er dann das versteckte Pergament gefunden.

Weitere psychische Nachforschungen hatten ihm die Namen der beiden Studenten verraten und, daß sie Psychologie in Paris studierten. Ich hatte unter meinen französischen Kontaktpersonen die Fühler ausgestreckt und die beiden schließlich ausfindig gemacht. Mir wurde jedoch geraten, mich von ihnen fernzuhalten, »weil sie sich mit harten Sachen befassen.«

»Das weiß ich alles«, fiel Bernard mir ins Wort und hob sein Glas an den Mund. »Aber wenn jemand wie der Schwarze Alchimist in der Kirche ein größeres Ritual durchführt, wird mir das stark zusetzen. Das wird so sein, als würde jemand in meinem Kopf herumspuken.«

Ich hatte eine Idee. Warum nicht eine Art energetischen Schutzschild um die Kirche herum errichten? Das konnte er ganz einfach erreichen, indem er einen Kreis aus winzigen Kristallen um die Mauern zog und dabei an das Ritual dachte. Dies würde als eine Art psychische Alarmanlage fungieren, die ihn warnen würde, falls jemand mit okkulten Absichten den Kristallkreis betrat, egal ob auf psychischer oder physischer Ebene.

»Wenn ich das Bedürfnis verspüre, so etwas zu tun, werde ich es auch tun«, erwiderte er, sichtlich bemüht, keine zukünftigen Konflikte mit unangenehmen Gestalten zu provozieren.

Ich fand, daß er es gleich tun sollte, nur für alle Fälle.

»Erst, wenn ich es für nötig halte«, antwortete er nachdrücklich. »Ich gebe dir Bescheid, wenn es soweit ist.«

Dienstag, 11. November. Bernard erschien in der Tür des ›Griffin Pubs‹ und kam zu mir an den Tisch neben dem alten Tudor-Kamin.

Drei Wochen waren seit unserem letzten Treffen verstrichen, und ich war neugierig, ob sich seit seinem Alptraum um die Kirche von Danbury im vergangenen Monat etwas Neues ergeben hatte.

»Ich habe am Sonntag den Drang verspürt, einen Kreis aus Kristallen um die Kirche herum zu ziehen«, verkündete er. »Ich bin hingefahren und habe einen Kreis aus kleinen, grünen Kristallen gezogen.«

Was hatte ihn dazu bewogen?

Er schnitt eine Grimasse und zuckte die Achseln. »Ich hatte einfach das Gefühl, daß ich es tun sollte.«

Und warum grüne Kristalle?

»Weil Grün die Farbe der Ausgeglichenheit und Harmonie ist, nehme ich an, aber genau weiß ich es nicht. Es erschien mir einfach richtig.«

Und neues Psi-Material?

»Nein«, entgegnete Bernard, korrigierte sich jedoch gleich darauf. »Das einzige, was ich dem Traum hinzufügen kann, ist, daß der Schwarze Alchimist einen Stockdegen bei sich trägt.«

Einen Stockdegen? Wie jene, die gutsituierte Gentlemen sie im viktorianischen Zeitalter benutzten?

»Ja, genau so was«, bestätigte er. »Aber ich glaube nicht, daß er ihn unbedingt zu seinem Schutz bei sich trägt. Vielmehr benutzt er ihn als ritualistisches Werkzeug, um übernatürliche Kräfte heraufzubeschwören oder zu bannen.«

Also, das war nun wirklich eine sonderbare Geschichte. Noch nie war mir ein Okkultist begegnet, der zu ritualistischen Zwecken einen Stockdegen benutzte. Okkultisten benutzten gewöhnlich Schwerter, Degen, Dolche, Stöcke und Stäbe, um magische Kräfte zu entfalten; keine Stockdegen. Tatsächlich war ich sogar sicher, noch nie jemandem begegnet zu sein, der überhaupt einen solchen Gegenstand besaß.

Als ich jedoch darüber nachdachte, dämmerte mir, wie nützlich ein solcher Stockdegen ebenso auf physischer wie auf okkulter Ebene für jemanden wie den Schwarzen Alchimisten sein mußte. Er konnte überall mit dem Stock herumspazieren, ohne daß irgend jemand – außer vielleicht ein besonders aufmerksamer Polizist – ahnte, was sich im Inneren seines Gehstockes verbarg. Und anders als ein richtiges Breitschwert konnte ein Stockdegen für ritualistische Zwecke ideal sein. Er konnte die Klinge hervorholen, um magische Kräfte anzurufen oder zu bannen, oder sie schlicht in dem Gehstock verborgen halten und die Waffe als ritualistischen Stab benutzen. Das war leicht und sehr schlau.

Ich wollte auch so einen Stock haben! Wenn der Schwarze Alchimist einen besaß, brauchte ich auch einen! Ich sah mich schon örtliche Antiquitätengeschäfte durchforsten. Auf jeden Fall würde es Spaß machen, da es ohnehin ein regelmäßiger Zeitvertreib von mir war, in Antiquitätengeschäften herumzustöbern.

Dienstag, 18. November. Ein kleiner weißer Honda mit Hecktür kam auf dem Kiesweg neben der Wiese vor der Kirche von Danbury zum Stehen.

Die Fahrertür ging auf, und ein junger, muskulöser Mann mit militärischem Bürstenhaarschnitt und Schnauzer stieg aus und sah sich verstohlen um. Dann schlug er die Wagentür zu, schlenderte zum Kirchhof hinüber und verschwand hinter dem Stützpfeiler beim Westportal.

Eine blonde Frau um die Dreißig mit einem kleinen Kind auf dem Arm blieb im Wagen sitzen. Es war Carole Smith' Geburtstag, und so hatte ihr Ehemann Ken beschlossen, für den Tag ein Auto zu mieten, damit er mit ihr und ihrem kleinen Sohn Beren einen Ausflug machen und sich einige altertümliche Stätten in Essex ansehen konnte. Beren schlief, und da Carole schon mehrmals in der Kirche von Danbury gewesen war, ließ sie Ken allein hineingehen.

Carole war Astrologin und Medium und arbeitete seit einigen Jahren mit Andy Collins und seiner örtlichen Earthquest-Gruppe zusammen, suchte verschiedene Stätten im ganzen Land auf und empfing mit bemerkenswerter Genauigkeit psychische Informationen. Tatsächlich war ein Großteil ihres interessantesten Materials in Andys Buch ›The Running Well Mystery‹ verwendet worden. Sie hatte auch Informationen zu der Kirche von Danbury aufgeschnappt, obwohl unwahrscheinlich war, daß sie an diesem Tag etwas empfing, da sie im Wagen blieb und auf Ken wartete.

Mehrere Minuten wartete sie schweigend und betrachtete durch das Autofenster die Außenmauern der Kirche mit ihrem gotischen Fenstermaßwerk und der konischen Turmspitze.

Dann empfing sie völlig unerwartet einen ebenso verwirrenden wie deutlichen Eindruck des Kircheninneren. Es war noch fast alles so wie in ihrer Erinnerung. Etwas kam allerdings hinzu, das anders war als damals. Sie konnte eine Gruppe von zehn bis zwölf Gestalten in schwarzen Kapuzenroben den Mittelgang hinuntergehen sehen.

Als das seltsame, hellseherische Bild zu verblassen begann, wußte sie, daß es ein böses Omen war, ein Vorzeichen auf etwas Häßliches, das bald in der Kirche stattfinden würde. Und aus einem unerfindlichen Grund war sie überzeugt davon, daß es irgendwie mit dem Schwarzen Alchimisten in Zusammenhang stand.

»Ich glaube, daß der Schwarze Alchimist als nächstes in Danbury zuschlagen wird«, beendete Carole ihren Bericht über die Vision, die sie an diesem Nachmittag gehabt hatte.

Ich hielt den Hörer ans Ohr und überlegte, ehe ich etwas erwiderte. Sie wußte nichts von Bernards Traum die Kirche betreffend, und sie konnte nicht ahnen, daß wir ebenfalls bereits zu dem Schluß gekommen waren, daß Danbury das nächste Ziel des Schwarzen Alchimisten sein würde. Und doch konnte es sich um eine kalkulierte Vermutung seitens ihrer Phantasie handeln. Es wäre nicht allzu schwer gewesen zu erraten, daß auf den Running Well unweigerlich Danbury folgen würde – als Stätte einer künftigen Konfrontation mit unserem Widersacher.

Andererseits war ihre Vision zu konkret, um sie zu ignorieren. Und doch verwarf ich ihr psychisches Material teilweise, nachdem ich ihr von Bernards Traum und seinem Kristallkreis um die Kirche herum erzählt hatte. Vielleicht hatte ihre akute mediale Sensibilität nur den hierdurch geschaffenen Gedanken aufgegriffen, daß etwas geschehen würde, ein mentaler Abdruck, den nicht der Schwarze Alchimist hinterlassen hatte, sondern Bernard selbst.

Carole stimmte mir widerwillig zu.

Dieselbe Erklärung äußerte ich Bernard gegenüber, als ich ihm später an diesem Abend von Caroles Vision berichtete.

Donnerstag, 27. November. Ich stand auf, brühte mir eine Kanne Tee und versuchte, mich an den Traum der vergangenen Nacht zu erinnern.

Die Sache mit dem Stockdegen beschäftigte mich offenbar sehr, da ich jetzt schon davon träumte. Ich erinnerte mich an mehrere Personen, von denen ich nicht wußte, wer sie waren, die mir einen Stockdegen als magisches Instrument überreicht hatten, das ich benutzen sollte, um die Kräfte des Schwarzen Alchimisten zu bekämpfen.

Ich konnte mich noch genau erinnern, wie der Stock mir in die Hände gelegt wurde und ich die schmale Klinge zog, in die eine Inschrift und eine hübsche Dekoration eingraviert waren. Aber das war auch alles, was ich noch wußte.

Obgleich es ein ungewöhnlich intensiver Traum gewesen war, tat ich ihn als Spinnerei ab. Er war ein Produkt meiner Phantasie, hervorgerufen von meinem plötzlichen Interesse an Stockdegen. Dennoch bestärkte der Traum mich in meinem Wunsch, einen solchen Stock zu finden, wenngleich ich praktisch jeden Antiquitätenladen im Süden der Grafschaft abgeklappert hatte, ohne auch nur gerüchteweise von einem Stockdegen gehört zu haben, der zum Verkauf stünde.

Aber ich würde die Suche fortsetzen.

Kapitel 21

Das Geschenk des Mystikers

Sonntag, 30. November 1986. Irgend etwas nagte an Bernard, als er an diesem Morgen aufstand. Ein Impuls. Ein Drang, irgendwo hinzufahren, jemanden zu treffen, etwas zu finden, obgleich er nicht genau wußte, was.

Das Gefühl wurde im Laufe des Vormittages immer stärker, und nach und nach kam ein sehr deutlicher Eindruck von einer Gegend in Essex hinzu – und der Gedanke an ein großes Ereignis, das noch an diesem Tag stattfinden sollte.

Bernard, der seinen Gefühlen weder traute noch mißtraute, blätterte in einer Lokalzeitung, um zu sehen, ob sich dort etwas fand. Zuerst überblätterte er die Seite, die er suchte, kehrte jedoch dann zu ihr zurück – die Rubrik mit den Terminen und Veranstaltungen. Er überflog die diversen Anzeigen und stieß auf die Annonce eines Antik- und Sammlermarktes, der an diesem Tag in der Ortschaft Margaretting in Essex stattfand.

Er wollte hinfahren. Aber was würde er dort finden? Ein wichtiges Buch über Wappenkunde. Ja, das war die Antwort. Seit einem Jahr erforschte und malte er die Wappen sämtlicher vergangener und derzeitiger Mitglieder des Hosenbandordens, von seinem Beginn im 14. Jahrhundert an. Keine leichte Aufgabe.

Um sein Vorhaben fortzusetzen, brauchte er weitere Bücher. Alte, seltene Bücher, die längst nicht mehr aufgelegt wurden, Bücher aus zweiter Hand, die oft schwierig zu beschaffen waren; und in dieser Hinsicht hatten seine medialen Fähigkeiten sich bereits als sehr nützlich erwiesen. Bei den letzten drei Gelegenheiten hatte er ganz ähnliche, sehr deutliche Impulse empfangen, ein ganz bestimmtes Bücherantiquariat oder auch einen Antik- und Sammlermarkt aufzusuchen, so wie auch an diesem Tag. Einmal dort, war er unwiderstehlich zu seltenen Büchern über Heraldik hingezogen worden, die zu einem bestimmten Zeitpunkt für seine Arbeit sehr wichtig gewesen waren. Er schätzte, daß diese Fähigkeit zu den wenigen »Vorteilen« eines Mediums gehörten.

Er würde also hingehen, und falls er sich getäuscht haben und kein Buch auf dem Markt finden sollte, war es immer noch eine gute Ausrede, vor dem Abendessen noch für ein paar Stunden zu verschwinden.

Nachdem er seinen Wagen abgeschlossen hatte, ging Bernard über den Parkplatz zum Eingang hinüber und stellte sich hinter einem Paar an, das darauf wartete, den Eintritt zu bezahlen. Sekunden später stand er an der Kasse und betrat danach die Halle.

Auf der gesamten Hallenfläche reihten sich Stände aneinander, die allerlei Antiquitäten und Sammlerobjekte zum Kauf anboten. Die Luft vibrierte von den gedämpften Unterhaltungen der Händler und Besucher, die kauften, verkauften, verhandelten und bewunderten.

Bernard nahm nichts anderes wahr als vereinzelte Stapel staubiger Bücher in der einen oder anderen Ecke eines Standes, an dem schwerpunktmäßig mit anderen, kostbareren Gegenständen gehandelt wurde. Eins nach dem anderen sah er sich die Bücher an, drehte sie um, schob sie beiseite oder klappte den Buchdeckel auf, auf der Suche nach einem Autor oder Titel. Keins der Werke schien sich mit seinem Hobby zu befassen. Und doch sagte er sich, daß sich schon etwas ergeben würde.

Zwanzig Minuten lang wanderte er umher und suchte so ziemlich jeden Stand in der Halle auf, ohne jedoch etwas zu finden, das ihn interessiert hätte. Ein wenig enttäuscht wollte er sich bereits damit abfinden, daß seine medialen Fähigkeiten ihn diesmal offenbar im Stich gelassen hatten. Seine vorangegangenen Gefühle waren vermutlich nur seiner eigenen Phantasie entsprungen und ein willkommener Vorwand gewesen, eine Weile aus dem Haus zu kommen.

Nachdem er aufgegeben hatte, schlenderte Bernard noch eine Weile desinteressiert an den Reihen von Ständen entlang, die sonderbare Kunstgegenstände jeder Couleur feilboten.

Er registrierte vage Gesichter und Gesprächsfetzen, während er umherwanderte, ohne so recht zu wissen, was er als nächstes tun sollte.

»Ich kann auf zweiundzwanzig runtergehen. Mehr ist nicht drin, fürchte ich«, sagte ein Mann mit zurückweichendem, grauen Haaransatz und Schnauzbart ganz in der Nähe zu einer Frau.

»Nein, das sind Repros. Die da drüben sind echt«, erklärte ein hübsches Mädchen mit schulterlangem, schwarzen Haar an einem anderen Verkaufsstand.

Er warf nicht einmal einen Blick hinüber, um zu sehen, wovon sie sprachen. Ihm erschien das alles unwichtig. Er war ganz in seine eigene Frustration versunken. Warum war er hierhergeführt worden? Er kam zu dem Schluß, daß hier irgendwo etwas sein mußte, Bilder verschwammen zu reglosen und beweglichen Formen, und klar verständliche Gespräche verblaßten zu einem Hintergrundgeräusch. Er verlor die Orientierung und Perspektive. Etwas geschah mit ihm.

»Ja bitte, Sir? Kann ich Ihnen helfen?« fragte eine Stimme mit asiatischem Akzent.

Bernard blickte auf. Ein lächelnder junger Inder in einem altmodischen Hemd mit ausgefranstem Kragen stand hinter einem Verkaufstresen und wartete auf eine Antwort.

Vor dem Jungen lag eine Auswahl indischer und orientalischer Kuriositäten und Antiquitäten, größtenteils aus Messing oder Holz. Geometrisch gemusterte Teller standen hinter Weihrauchschälchen aus Messing, billigem Schmuck und Statuetten hinduistischer Gottheiten.

Bernard schüttelte den Kopf, ließ aber dennoch den Blick über die Auslage schweifen, auf der Suche nach etwas Interessantem. Sein Blick fiel auf eine aufgerichtete, knapp zehn Zentimeter große, antike Messingkobra inmitten der Statuettensammlung. Er nahm sie in die Hand. Sie war ein wenig abgenutzt, und als er sie herumdrehte, sah er, daß sich oben auf dem Kopf der Schlange eine winzige hinduistische Gottheit befand, die offenbar tanzte. Die aufrechte Haltung der Kobra war die gleiche wie bei zwei viel größeren Kerzenständern in Kobraform, die Andy zum Meditieren benutzte. Er fragte, was die Schlange kosten sollte.

Der junge Inder nahm die Figur an sich und betrachtete sie eine Weile. »Zwei Pfund«, verkündete er schließlich mit fester Stimme.

Bernard nickte und reichte dem Mann zwei Ein-Pfund-Münzen.

Der Inder packte die Messingschlange sorgfältig ein, ehe er sie ihm überreichte. Er zögerte einige Sekunden und sagte dann ganz deutlich: »Sie stehen im Konflikt mit dem, der das Rad umkehrt, nicht wahr?«

Die Frage kam für Bernard völlig unerwartet. Als er

zu dem jungen Mann aufblickte, stellte er fest, daß dieser die Frage für einen älteren indischen Gentleman gestellt hatte, der hinter dem Verkaufstisch saß und nun ebenfalls aufsah und auf eine Antwort wartete.

Bernard versuchte, die Situation zu erfassen, ehe er sich eine Antwort auf die sonderbare Frage überlegte. Der alte Mann sah merkwürdig aus. Er trug ein langes, weißes Gewand, das sich kraß von seiner tiefbraunen, runzligen Haut, seinen durchdringenden, schwarzen Augen und seinem langen, grauen Haar und Bart abhob. Zwischen den Fingern der rechten Hand drehte er rhythmisch – und wie unbewußt – eine Kette orangefarbener Gebetsperlen. Offenbar hatte der alte Mann, der wie Bernard vermutete, nur Indisch sprach, den Jungen aufgefordert, ihm die Frage zu stellen, auf dessen Antwort die beiden nun eifrig warteten.

Was meinten sie damit? »Sie stehen in Konflikt mit dem, der das Rad umkehrt.« Bernard kam zu dem Schluß, daß es sich um eine Referenz auf den Schwarzen Alchimisten und seine mißbräuchlichen alchimistischen und magischen Aktivitäten handelte. Konnte man nicht sagen, daß er »das Rad umkehrte«, indem er mittels dunkler Rituale Chaos schlug unter den harmonischen Kräften alter Stätten? Das war die einzige Erklärung, und so entgegnete er schlicht: »Ja.«

Der alte Mann nickte und bedeutete dem jungen Mann, erneut für ihn zu übersetzen. Er sagte ein paar Worte, woraufhin der Junge sich nickend wieder an Bernard wandte. »Es gibt jemanden, der den Damm frei machen möchte. Stimmt das?«

Er überlegte sorgfältig, ehe er hierauf etwas erwiderte. Jemand, der den Damm frei machen möchte. Damit mußte Andy gemeint sein. Ja, Andy. Zweifellos versuchte er, den psychischen Schaden wiedergutzumachen, den der Schwarze Alchimist anrichtete. Er mußte gemeint sein, und so antwortete Bernard erneut mit einem schlichten »Ja.«

Der alte Mann nickte wieder und gab dem Jungen erneut zu verstehen, sich zu ihm herunterzubeugen. Die beiden Inder wechselten ein paar Worte, dann richtete der Junge sich wieder auf und sah Bernard an. »Ist er derjenige, bei dem zwei Flüsse zusammenfließen?«

Wo zwei Flüsse zusammenfließen. Das war schwierig. Andy lebte bei seinen Eltern in Wickford, aber strömten irgendwo dort in der Nähe zwei Flüsse zusammen? Die Themse war weit weg. Aber was war mit den Flüssen Crouch und Blackwater? Er konnte nicht denken. Das schien keine Antwort zu sein.

Er überlegte wieder. Vielleicht handelte es sich ja gar nicht um echte Flüsse, sondern um Ströme psychischer Energie, gegensätzliche magische Energieströme, der eine positiv und der andere negativ, der eine schwarz und der andere weiß.

Andy folgte häufig einem schmalen Grat zwischen dem, was manche als schwarze und weiße Magie bezeichnen würden. In der einen Woche betete er zusammen mit orthodoxen Mönchen in einem abgelegenen griechischen Kloster, und in der nächsten beschwor er im Schutz der Dunkelheit mächtige und gefährliche okkulte Kräfte, bekämpfte gewissermaßen Feuer mit Feuer. Das war die Antwort, auf die beide Inder warteten, und so bejahte er auch dies und wartete auf ihre Reaktion.

Der alte Mann, der immer noch die Gebetsperlen in der Hand drehte, teilte ihm mit Hilfe des Jungen, diesmal aber mit ernsterem Gesichtsausdruck, mit: »Der, den du suchst, ist wie die zusammengerollte Schlange.«

Bernard spürte, daß das eine weitere Referenz auf die unheilvollen Aktivitäten war, und nickte.

Ein weiterer Wortwechsel zwischen dem alten und dem jungen Mann führte zu einer weiteren seltsamen Aussage: »Der Eine wird vielen Gefahren gegenüberstehen.«

»Oh«, sagte er nur, in der Annahme, es ginge wieder um Andy.

»Mein Großvater fragt, ob Sie vielleicht ein Geschenk annehmen würden?« Ein hintergründiges Lächeln erschien auf den Gesichtern der beiden Männer, als hätten sie endlich entschieden, Bernard ihr Vertrauen zu schenken.

»Sicher, aber wofür?« entgegnete er und fragte sich, was das alles zu bedeuten hätte.

Großvater und Enkel wechselten wieder ein paar Worte, dann räusperte sich der junge Inder und sagte: »Es wird jedoch nicht Ihnen gehören. Sie werden es nicht behalten.«

Bernard sah, daß der alte Mann beide Hände zu einer Geste hob, die soviel bedeutete wie: Muß ich noch mehr sagen? Sie werden schon wissen, für wen es bestimmt ist.

Ja, er wußte es. Das Geschenk war Andy zugedacht.

An diesem Punkt drehte der junge Inder sich um und holte einen langen, dünnen, in braunes Packpapier eingewickelten Gegenstand hervor, den er Bernard reichte. Er war über einen Meter zwanzig lang, gerade wie ein Stock und ziemlich schwer.

Sofort fühlte er ein Kribbeln in den Händen, fast so, als hätte er einen Draht berührt, der unter Strom stand. Was war das für ein Geschenk? Es schien, als strahle es ein sehr starkes Energiefeld aus. Tatsächlich war es so intensiv spürbar, daß er das Päckchen beinahe fallen gelassen hätte.

Die Unterhaltung zwischen Großvater und Enkel setzte sich fort. Der Junge blickte zu Bernard auf. »Er wird Sie und die Sieben schützen.«

Die Sieben schützen? Er verstand nicht. Sieben was? Und beschützen wovor? Vor dem Schwarzen Alchimisten? Sollte er das Ding einfach annehmen?

»Ja«, entgegnete der Enkel.

Wollte er Geld dafür haben?

Der Junge schüttelte den Kopf, und der alte Mann hob lediglich wie zum Abschied lächelnd die Hand mit den Gebetsperlen.

Es war an der Zeit zu gehen. Bernard entfernte sich von dem Stand und hielt dabei das Geschenk auf Armeslänge von sich, als wolle er möglichst großen Abstand dazu wahren. Er entfernte sich schnurstracks vom Marktgedränge und trat hinaus auf den Kies des menschenleeren Parkplatzes.

Als er im Wagen saß, entfernte er vorsichtig das Papier von seinem Geschenk. Zum Vorschein kam ein langer Gehstock aus lackiertem, schwarzem Holz, der von oben bis unten mit geschnitzten Linien und Kreisen verziert war. Am unteren Ende war die Spitze mit einer Metallkappe versehen, und um die untere Hälfte des Griffes befand sich ein zweieinhalb Zentimeter breiter, in das Holz eingelassener Messingring, an den ein Stück Elfenbein reichte, das mit einem sich wiederholenden Blumenmuster verziert war. In den Knauf war ein Löwenkopf aus Messing eingearbeitet.

Der Stock sah aus wie ein gewöhnlicher, orientalischer Gehstock, wäre da nicht dieses eine, einzigartige Detail gewesen. In das Holz waren seltsame mystisch aussehende Symbole geritzt, gezackte und gerade

Linien und Kreise. Teilweise erkannte er den Symbolismus, entschied jedoch, die Interpretation Andy zu überlassen, mit dem er am kommenden Abend im ›Griffin‹ verabredet war.

Aber noch viel beeindruckender als die äußerliche Erscheinung des Gehstockes war die helle Lichtaura, die den Schaft umgab und mehrere Zentimeter über die Enden hinaufreichte. Und das war noch nicht alles. Vom Handknauf bis zur Spitze zog sich eine pulsierende Energiespirale in allen Regenbogenfarben, die etwa auf halber Höhe des Stockes in einzelne farbige Lichtringe überging. Sie wanderten langsam in Richtung Spitze, ehe sie erneut eine Spirale bildeten, die unmittelbar unterhalb der Metallkappe erlosch. Ständig bewegten sich nicht weniger als fünf dieser einzelnen Lichtringe von der Mitte des Gehstockes abwärts.

Es war ein erstaunlicher Anblick, und doch auch einer, von dem Bernard wußte, daß ihn nur ein Medium wahrnehmen konnte.

Sein Nutzen war ebenfalls klar. Es war ein Stab, dem große, magische Kräfte innewohnten, ein wirkungsvolles rituelles Instrument, das jemand – möglicherweise der alte Inder, vielleicht aber auch jemand anders – zu einem bestimmten Zweck mit übernatürlichen Energien aufgeladen hatte. Wenn er sich nicht irrte, sollte Andy den Stab benutzen, um zu magischen Zwecken psychische Energien zu erzeugen, zu bannen und zu kanalisieren. Mehr noch, der Gehstock würde sie vor der wachsenden Macht des Schwarzen Alchimisten schützen.

Kapitel 22

Williams Warnung

Montag, 1. Dezember 1986. »... und so wickelte ich ihn wieder in das Papier und legte ihn in den Kofferraum«, schloß Bernard seinen Bericht. »Und dort liegt er seit gestern.« Er hob sein Glas an die Lippen und wartete auf meine Reaktion.

Ich seufzte ungläubig. Ich hatte mir schon manche unglaubliche Episode aus dem bemerkenswerten Leben des Mediums angehört, aber das war die Krönung. Ich bat ihn, den Stock zu holen.

»Gut, ich bin gleich wieder da«, entgegnete er, stand auf und verließ den ›Griffin Pub‹.

Ich grübelte über die verblüffende Geschichte nach. Wer waren die beiden Inder? Der alte Mann war zweifellos ein Mystiker gewesen. Die Beschreibung hätte klassischer nicht sein können. Aber hatte er auch gewußt, daß er auf dem Antikmarkt einer bestimmten Person begegnen würde? Es sah ganz so aus, da der Gehstock bereits verpackt gewesen war, als man ihn Bernard überreicht hatte. Vielleicht machten diese Leute ja regelmäßig ›Geschenke‹ an Menschen, zu denen sie eine gewisse Verbundenheit fühlten.

Bernard kehrte pfeifend zurück, in der Hand das lange, eingewickelte Päckchen.

Aufgeregt entfernte ich das braune Papier. Im ersten Moment starrte ich den Stock nur sprachlos an, aber dann hielt ich ihn näher ans Gesicht und studierte die Symbole, die in die lackierte Oberfläche eingeritzt waren.

In den Griff war eine Swastika im Uhrzeigersinn eingraviert. Das nächste Symbol, ein wenig tiefer, war schon etwas komplexer. Es bestand aus einem aus neun Zacken zusammengesetzten runden Stern mit einem kleinen Kreis in der Mitte und einem überlagerten Kreis, der mit einem viel dickeren Instrument durch die Zacken des Sterns gezogen war. Beide Kreise und zwangsläufig auch der Stern waren diagonal von einer geraden und einer gezackten Linie durchzogen.

Es handelte sich zweifellos um mystische Symbole. Die Swastika war ein hinduistisches Zeichen für die Sonne sowie eine Darstellung der einzigen kreativen Kraft des Universums. Eine umgekehrte Swastika repräsentierte allerdings sehr oft die dunkle, verborgene Seite der hinduistischen und buddhistischen Religion, die gemeinhin als tantrische Tradition bezeichnet wurde.

Der neunzackige Stern mit dem Kreis in der Mitte war ein weiteres Symbol für die kreative und treibende Kraft des physikalischen Universums. Der dickere, überlagerte Kreis und die gezackte Linie, die den Stern durchzog, waren schon ein wenig schwieriger zu interpretieren. Ich fühlte, daß es sich bei der gezackten Linie um eine stilisierte Schlange oder einen Wasserlauf handelte, die im universellen Symbolismus beide für das Fließen oder Strömen kosmischer und irdischer Energien standen.

Was die Person betraf, die den Stock beschriftet hatte, vermochte ich zu ihrer Identität nichts zu sagen. Beide Symbole wirkten hinduistisch, man konnte also annehmen, daß sie von einem indischen Mystiker im Rahmen eines rituellen Aktes, bei dem der Stock mit psychischer Macht aufgeladen worden war, in das Holz geritzt worden waren.

Ich drehte den Stock in den Händen und hörte ein

Klappern im Inneren des Schaftes. Ich blickte zu Bernard auf und hatte plötzlich Schmetterlinge im Bauch. Ich wußte, was das war. Indem ich den Messingring drehte, ließ sich der Griff abnehmen. Eine lange, schmale, zum Schutz gefettete Klinge kam zum Vorschein.

Ein Stockdegen!

Bernard schien entzückt und beugte sich über den Tisch, um sich die Klinge genauer anzusehen. In das Metall war zwischen zwei simplen dekorativen Mustern das Wort ›India‹ eingraviert. Schrift und Dekor waren mit einer sehr feinen Nadel graviert worden, und ich mußte sofort wieder an meinen Traum denken, in dem eine Gruppe von Personen mir einen Stockdegen überreicht hatte. In die Klinge jenes ›Traumstockes‹ war auch ein solches Muster eingraviert gewesen. Bernard wußte nichts von diesem Traum, da ich ihn als reines Phantasiegespinst abgetan hatte. Jetzt sah es allerdings so aus, als wäre es eine Ankündigung für die Übergabe des echten Stockdegens gewesen.

Mir kam ein sonderbarer Gedanke, den ich sofort in Form einer Frage Bernard mitteilte. Wie kam es, daß er nicht erkannt hatte, daß es sich um einen Stockdegen handelte?

»Ich habe ihn mir nicht so genau angesehen«, entgegnete er, obgleich ihn dies selbst verwunderte. »Ich habe nur einen flüchtigen Blick darauf geworfen, ehe ich ihn wieder eingepackt und in den Kofferraum gelegt habe. Und dort ist er bis eben geblieben.«

Ich gab mich mit dieser Erklärung zufrieden. Trotzdem war ich verblüfft. Was hatte der hinduistische Stockdegen mit der Konfrontation mit dem Schwarzen Alchimisten zu tun? Okay, er besaß den gleichen Stock …

»Nein, er ist nicht gleich«, verbesserte Bernard mich sofort. »Der, den ich bei ihm gesehen habe, hatte eine rundere Metallkappe. Und ich glaube auch nicht, daß er mit einem Messingring versehen war.«

Seiner war also offenbar traditionelleren Designs, erinnerte an jene, wie die Gentlemen im viktorianischen Zeitalter sie benutzt hatten. Aber wie alt war unserer?

»Ich weiß es nicht«, gestand er ein und stand auf, um an den Tresen zu gehen. »Noch mal dasselbe?« fragte er mit einem Nicken in Richtung meines leeren Glases.

Ich legte den Stockdegen einen Moment auf den Tisch. Ich fühlte ein pochendes Brennen auf der Handinnenseite. Ob es sich nun um ein Phänomen der Autosuggestion handelte, konnte ich nicht sagen, aber meine Hand fühlte sich an, als hätte man ihr einen Schlag mit einem Rohrstock versetzt.

Bernard stellte ein Glas Pils vor mich hin, ehe er sich mit seinem eigenen Glas Wasser wieder setzte. Er trank neuerdings nur noch sehr selten Alkohol.

Was war das für ein seltsamer Schmerz in meiner rechten Hand? Hatte ich ihn selbst bewirkt?

Er warf einen Blick auf den Stockdegen, ehe er antwortete. »Nun, wie ich schon sagte, es ist ein magischer Stab. Ich fühle, daß er benutzt werden kann, um subtile Energiefelder im Körper und außerhalb zu beeinflussen. Er kann Energien erzeugen oder verändern und auch gedankliche Wesen schaffen.«

Dann zögerte er einen Augenblick, als würde er seine Gedanken sammeln. »Weißt du, ich habe das deutliche Gefühl, daß der Stockdegen an sich nicht sehr alt ist, aber die Essenz oder den Geist eines anderen, viel älteren und unglaublich mächtigen rituellen Stabes enthält.«

Das bedeutete also, daß nicht der Stock an sich bedeutend war, sondern das, was ihm innewohnte.

»Ich denke, ja«, stimmte Bernard mir zu und drückte seine Zigarette in dem bereits vollen Aschenbecher aus.

Ich schüttelte mit einem ungläubigen Lächeln den Kopf, drehte mich um und lehnte den Stockdegen gegen den Tudor-Kamin. Er wirkte ein wenig deplaziert inmitten der Schürhaken und Kohleeimer.

Wir wandten uns anderen Gesprächsthemen zu, und so war bald eine weitere halbe Stunde verstrichen. Plötzlich und ohne Vorwarnung sprang Bernard auf und griff nach dem Stockdegen, als wäre der im Begriff umzufallen.

Was hatte das zu bedeuten?

Als er feststellte, daß der Stockdegen noch genauso dastand wie ich ihn hingestellt hatte, lehnte er sich leicht verlegen wieder in seinem Stuhl zurück. »Es sah wirklich so aus, als würde er sich in eine Schlange verwandeln. Vielleicht ist es eine Art Schlangenstock.«

Ein Schlangenstock. Ja natürlich. Das gezackte Symbol auf dem Schaft schien eine Verbindung mit Schlangenenergien anzudeuten. Außerdem hatte Bernard gesagt, das Energiefeld des Stockes bestehe aus einer schillernden Lichtspirale. Und jetzt behauptete er gar, der Stock hätte sich flüchtig in eine Schlange verwandelt. Das klang ein wenig wie die Geschichten um Moses' Stab, den der biblische Prophet Jehovas durch einen verbalen Befehl in eine Schlange und zurückverwandeln konnte.

Schlangen waren, wie ich bereits früher erwähnt hatte, universelle Symbole für das Fließen der kosmischen und irdischen Energien. Stock und Stab waren auf der anderen Seite Symbole für die Macht des Priestermagiers, der diese schlängelnden Energien kontrollieren konnte. Das war auch der Grund, weshalb Schlangen und Stöcke oft miteinander verbunden wurden.

Wenn man Bernards Überzeugung zugrunde legte, der Stockdegen enthielte eine Essenz oder einen Geist, der viel älter wäre als das Holz selbst, dann war es möglich, daß er eine Art alten Schlangenstocks verkörperte, der in der Vergangenheit benutzt worden war, um magische Kräfte zu erzeugen, zu bannen, zu verändern und zu kontrollieren. Immerhin hatte die ganze Affäre mit dem Schwarzen Alchimisten mit einer ganz anderen Suche begonnen, nämlich der nach dem sogenannten Stab des Nizar, einem goldenen Schlangenstock, der offenbar im Alten Ägypten angefertigt worden war. Vielleicht hatten wir ja das ätherische Gegenstück zu diesem Stab des Nizar gefunden?

Bernard fand diese Theorie amüsant. »Dazu kann ich nichts sagen«, meinte er lachend. »Aber es ist schon seltsam, daß die Suche nach einem altägyptischen Schlangenstock zu einer völlig anderen Suche nach einem Schwarzen Magier führt, der in derselben Gegend sein Unwesen treibt.«

Und wie um den Kreis zu schließen, fiel uns ein Schlangenstock in die Hände; nicht der, den wir ursprünglich gesucht hatten, aber seine Verkörperung in ätherischer Form in einem Stockdegen, den uns ein indischer Mystiker unter ziemlich absurden Umständen überreicht hatte. Wer sollte das alles glauben?

»Das Schicksal folgt verschlungenen Pfaden«, rief er lächelnd aus.

Ich nahm den Stockdegen wieder in die Hand. Wenn er so mächtig war, was würde dann geschehen, wenn wir ihn mit auf den Kirchhof von Danbury nahmen und dort ein wenig mit ihm herumspielten? Vielleicht würde Bernard die ihm innewohnenden Energien ja draußen im Freien deutlicher sehen können.

Bernard starrte mich verdattert an und schüttelte den Kopf. »Kommt nicht in Frage. Da draußen ist es eisigkalt. Außerdem regnet es, und überhaupt glaube ich, daß man mit diesem Stock nicht herumspielen sollte. Nein, ich denke, ich bleibe hier im Warmen sitzen.«

Ich ließ nicht locker. Ich war sicher, wenn wir draußen auf dem Kirchhof etwas probierten, würde irgendeine Reaktion seitens des Stockdegens erfolgen. Da Bernard an seine schlafende Macht glaubte, würde er vermutlich zumindest eine Veränderung des Energiefeldes um den Stock herum sehen oder spüren.

Schließlich gab er nach. »Okay, wenn wir ausgetrunken haben«, sagte er wie ein Vater, der seinem Sohn erlaubt, mit seinem neuesten Spielzeug zu spielen.

Ich war euphorisch. Ganz sicher würde sich etwas ereignen.

In der verhältnismäßigen Stille des naßkalten, dunklen Kirchhofes oben auf der Hügelkuppe blieben die zwei verstohlenen Gestalten stehen, auf dem Kiesweg neben der alten Roßkastanie, der Stelle, an der sie gewöhnlich psychische Aktivitäten durchführten. Hier bereiteten sie sich auf das paranormale Experiment vor.

Bernard sah zu, wie ich die Augen zur Hälfte schloß und in einer rituellen Geste den magischen Stockdegen in die weiche Erde seitlich neben dem Weg bohrte. Vor meinem geistigen Auge beschwor ich goldene Energien herauf, die von mir ausströmten und über den Stock in die Erde geleitet wurden. Ich sah sie in alle Richtungen ausstrahlen wie Speichen eines riesigen Rades, bis sie den gesamten Kirchhof ausfüllten. Im Geiste begann ich, das goldene Energierad im Uhrzeigersinn zu drehen, bis die Speichen zu einer Masse wirbelnder Lichtwellen verschwammen. Das war zumindest das, was ich selbst sah. Aber was war mit Bernard?

»Der Stock leuchtet golden«, sagte er mit ruhiger, fester Stimme und begann, umherzugehen. »Goldene Energien schließen den gesamten Kirchhof ein.«

Gut. Er konnte sehen, was ich mittels Visualisierung hervorbrachte.

Aber Bernard nahm noch viel mehr wahr. Er blieb stehen und lauschte. »Kannst du etwas hören?«

Nein. Ich fuhr fort, das goldene Energierad zu visualisieren, das pulsierend und wellenförmig den Kirchhof ausfüllte.

»Kannst du so etwas wie einen Chor hören … einen Engelschor?« fragte er und ging auf die dunklen Umrisse der Kirche zu. »Du mußt ihn hören können.«

Ich hielt weiterhin die Visualisierung aufrecht. Ich sah, wie Bernard in den großen Schatten des christlichen Gotteshauses eintauchte, den Blick immer noch himmelwärts gerichtet, als hielte er Ausschau nach der Quelle des Engelschors.

Einen Moment, nur einige wenige Sekunden vergaß ich Bernard. Dann hörte ich plötzlich einen lauten Knall aus der Richtung, in der Bernard in der Dunkelheit verschwunden war.

Ich sah auf. Was zum Teufel machte er nur?

Da ich um seine Sicherheit fürchtete und auch neugierig war, brach ich die Visualisierung ab und hastete durch das nasse Gras zur Kirche (ich hatte etwa siebzig Meter von dem Bauwerk entfernt gestanden).

Etwa zwanzig Meter von der Südseite der Kirche entfernt entdeckte ich Bernard. Er stand völlig reglos und stumm da und starrte auf das etwa fünf Meter entfernte Südportal.

Ich sah sofort, was ihn so beunruhigte. Die schwere Holztür stand sperrangelweit offen! Ganz offensichtlich stimmte hier etwas nicht. In den drei Jahren, die ich die Kirche regelmäßig aufgesucht hatte, war die Tür stets geschlossen, sogar abgesperrt gewesen.

Was war geschehen?

»Sie ist von ganz allein aufgegangen«, erklärte Bernard wie beiläufig. »Ich habe dem Chor gelauscht, der klang, als käme er aus dem Inneren der Kirche. Darum bin ich auch hier herübergekommen.«

Und was geschah dann?

»Als ich mich der Kirche näherte, konnte ich eine menschliche Silhouette vor der Tür stehen sehen. Als ich dann diese Stelle hier erreichte, flog die Tür ganz von allein auf, beinahe so, als wäre das Schloß weggesprengt worden!«

Das Ganze war verrückt. Erst der Stockdegen und jetzt die Kirchentür, die von allein aufsprang. Ich schüttelte den Kopf. Ich wußte nicht, ob ich noch für weitere Überraschungen gewappnet war.

Ich ging zu der offenstehenden Tür und untersuchte Schloß und Drücker auf Spuren einer Beschädigung. Nichts. Allerdings stand der Riegel auf Verschlußposition, was darauf hindeutete, daß die Tür sich von selbst entriegelt und geöffnet hatte. Ich sagte Bernard, daß dies für mich ein Zeichen wäre, daß wir aus irgendeinem Grund in die Kirche hineingehen sollten.

»Mich bekommst du da nicht rein«, protestierte er, allein bei diesem Gedanken sichtlich nervös. »Was, wenn jemand kommt und uns überrascht? Wie sollten wir unser unbefugtes Betreten erklären? Nein, ich bleibe hier draußen, danke.«

Ich wollte unbedingt, daß er die Kirche betrat. Türen öffneten sich nicht grundlos von allein. Es war offensichtlich, daß er eine psychische Botschaft des Schutzgeistes William de St. Clere empfangen würde, wenn wir hineingingen.

Vielleicht war der Schwarze Alchimist schon in der Kirche gewesen. Vielleicht sollten wir finden, was immer er zurückgelassen hatte. Wir mußten hineingehen. Ich versuchte noch einmal, Bernard zu überzeugen.

Ich betrat die Kirche und schaffte es, ihn zumindest soweit zu bringen, daß er über die Schwelle des Südportals trat.

»Weiter gehe ich nicht«, erklärte er kategorisch.

In dem Bewußtsein, daß eine Nachricht folgen würde und wir möglicherweise nicht viel Zeit hatten, sagte ich ihm, er solle William bitten, uns zu verraten, was genau los sei. Er nickte, und ich wartete schweigend darauf, daß etwas geschah.

»Er erzählt mir von einer Bedrohung«, sagte Bernard schließlich.

»Eine Bedrohung? Und von welcher Seite?«

»Besuchern«, kam die ernste Erwiderung aus dem Dunkel.

»Was … es werden Besucher kommen?«

»Ja.«

»Wann?«

»Das weiß er nicht. Aber ich werde wissen, wann.«

Ich erinnerte mich an den Stockdegen, den ich immer noch in der rechten Hand hielt. Hatte er vielleicht etwas mit dem Öffnen der Tür zu tun?

Hierauf folgte erst einmal Stille. »Keine Antwort auf diese Frage.«

Was also hatte das alles zu bedeuten?

Wieder eine Pause. »Ich weiß, was los ist, und ich denke, daß es an der Zeit ist zu gehen.« Bernard bewegte sich in der Dunkelheit, als wollte er gehen.

»Warum?«

»Ich sehe dieselben Bilder wie in meinem Alptraum. Den enthaupteten Geistlichen. Die Blutschlieren. Alles. Komm, es ist Zeit zu gehen.« Er entfernte sich von der Tür und trat wieder hinaus in die kalte Dezemberluft.

Ich schloß die schwere Tür und folgte ihm hinaus auf den Weg.

»Ich fahre heim«, sagte er und schritt zügig über die Wiese.

Es sah ganz danach aus, als wäre der Schwarze Alchimist wieder rührig geworden. Es schien, als wollten er und seine Anhänger der Kirche von Danbury einen Besuch abstatten – und das nicht, um an einem Gottesdienst teilzunehmen! Gott sei Dank hatte es aber den Anschein, als könnte Bernard den Zeitpunkt erahnen, so daß wir wenigstens Gelegenheit haben würden, uns angemessen auf die nächste Konfrontation mit unserem Widersacher vorzubereiten.

Im Augenblick hatten wir allerdings ein dringlicheres Problem. Sollten wir den Priester unterrichten? »Entschuldigen Sie, aber unser magischer Schlangen-Stockdegen – der Bernard von einem indischen Mystiker überreicht wurde –, hat eben das Südportal Ihrer Kirche aufgesprengt, so daß der mittelalterliche Ritter uns davon in Kenntnis setzen konnte, daß diese Stätte bald von einem ominösen schwarzen Magier aus Sussex entweiht werden wird?«

Unmöglich. Aber was sollten wir dann tun? Als ich dem Medium zum Abschied winkte, kam mir eine Idee. Was, wenn wir dem Geistlichen sagten, daß Bernard – von dem er wußte, daß er ein Medium war – als wir drüben im Pub saßen, plötzlich den Zwang verspürt hatte, zur Kirche rüberzugehen. Wir waren seiner inneren Stimme gefolgt und hatten entdeckt, daß das Südportal offenstand, was wir hiermit melden wollten.

Ja, das war die Lösung. Ich machte kehrt und schlenderte zurück zur Wiese vor der Kirche, ehe ich nach rechts in die lange Auffahrt zum Pfarrhaus abbog.

Die Frau des Pfarrers öffnete. »Tut mir leid, aber mein Mann ist im Augenblick nicht da«, sagte sie.

Ich erzählte ihr meine Geschichte, und sie versprach, ihrem Mann von der offenen Tür zu erzählen.

»Das war vermutlich der Chorleiter. Er benutzt den Südeingang für die Chorproben.« Sie seufzte besorgt. »Ich werde ihn darauf ansprechen müssen. Vielleicht hat er vergessen, die Tür gestern abend abzuschließen.«

Möglich. Vielleicht gab es aber auch noch eine andere Erklärung …

Kapitel 23

Der Verkünder

Montag, 5. Januar 1987. Die elfte Nacht. Das ›Griffin‹ hielt also immer noch an alten Traditionen fest und hatte noch einen Tag, um die Weihnachtsdekoration abzunehmen.

Ich setzte mich mit einem Glas des besten Bitterbieres in der Hand an einen Ecktisch des Pubs und wartete auf Bernard.

Ich hatte fest damit gerechnet, daß der Schwarze Alchimist uns über die Weihnachtstage eine weitere

Konfrontation aufzwang. Aber ich hatte keinen panischen Anruf von Bernard erhalten.

Nach Williams Warnung vor unmittelbar bevorstehenden Schwierigkeiten und der Entdeckung des indischen Stockdegens war ich überzeugt davon gewesen, daß der Schwarze Alchimist innerhalb der nächsten Wochen zuschlagen würde. Vermutlich um die Wintersonnenwende herum – zwischen dem 21. und dem 23. Dezember – dem nächsten bedeutsamen Ereignis im heidnischen Kalender. Und wenn nicht in dieser Zeit, war ich darauf gefaßt gewesen, daß sich entweder an Heiligabend oder zur Jahreswende etwas ereignete. Aber all diese Daten waren ereignislos verstrichen.

Es blieben nur noch zwei mögliche Daten: der altertümliche Heiligabend, am Montag, dem 5. Januar – also an eben diesem Abend – oder der altertümliche erste Weihnachtstag, also morgen. Wenn er sich auch an diesen beiden Tagen nicht manifestierte, würde ich akzeptieren müssen, daß ich mich geirrt hatte. Dann würde ich den Schwarzen Alchimisten vergessen müssen, bis sich wirklich etwas Greifbares ereignete.

In über einem Monat hatte ich nur einmal mit Bernard gesprochen, und das nur, um unsere Verabredung für den heutigen Abend zu bestätigen. Ich wußte aus Erfahrung, daß er zur Weihnachtszeit auf psychischer Ebene fast völlig abschaltete und nichts empfing.

Trotzdem würde dieses Treffen uns zumindest die Gelegenheit geben, die Psi-Ereignisse von 1986 Revue passieren zu lassen und einige neue Questing-Aktivitäten für das kommende Jahr zu besprechen.

Bernard betrat den Pub gegen 19 Uhr 30, wie gewöhnlich mit einem Lächeln auf den Lippen. Nachdem er ein paar Münzen gegen ein Glas Wasser eingetauscht hatte, kam er herüber und setzte sich zu mir an den Tisch. Fast sofort holte er zwei Blätter Papier hervor, die er auf den Tisch legte. »Schau dir das an und sieh zu, was du damit anfangen kannst«, sagte er.

Praktisch alle Notizen und groben Skizzen bezogen sich auf ein Thema, das uns beiden völlig neu war – die Mysterien Indiens und Tibets. Nachdem ich dies erst einmal verdaut hatte, las ich weiter von seinen Eindrücken, die er unerwartet am Neujahrstag empfangen hatte.

Unter dem Titel ›Notizen zum Schwarzen Alchimisten‹ hatte er geschrieben:

Roger Bacon sagt, daß zwei Antichristen erscheinen werden, der mythische und der wirkliche. Es gibt nur einen Weg, sich auf ihr Erscheinen vorzubereiten. Die Geheimnisse der Natur studieren, die Heilkräfte von Kräutern, die Natur der Steine.

Verwirrt blickte ich zu Bernard auf. Hatte wirklich Roger Bacon, der englische Alchimist und Philosoph aus dem 13. Jahrhundert das gesagt?

»So habe ich es empfangen«, entgegnete er, wobei er meine Frage offensichtlich nicht recht verstand. »Ich glaube wirklich, daß die Nachricht direkt von dem elisabethanischen Alchimisten kam.«

Ich erklärte ihm, daß Roger Bacon eine der führenden Figuren in der Geschichte der Alchimie war. Der Schwarze Alchimist hatte – wie wir bereits wußten, nachdem der Name ›Bacon‹ zum Zeitpunkt der Skizze auf dem Ide Hill bereits aufgekommen war – seine Werke studiert. Und doch war mir nicht geläufig, daß er sich mit apokalyptischen Angelegenheiten befaßt haben sollte. Warum also sollte Bernard solche Botschaften in Zusammenhang mit diesem bedeutenden Alchimisten empfangen?

Er zuckte nur die Achseln und trank noch einen Schluck Wasser. »Keine Ahnung. Es war einfach da, und so habe ich es aufgeschrieben.«

Einen Augenblick lang versuchte ich, die Bedeutung dieser Notizen zu ermessen. In den christlichen apokalyptischen Schriften hieß es, daß dem zweiten Erscheinen Christi auf Erden das Erscheinen seiner Antithese, des sogenannten Antichristen vorausgehen würde. Das war Satans Sproß, der auf die Erde gesandt werden sollte, um die Massen zu täuschen und in seinen Bann zu schlagen, indem er allerlei Wunder vollbrachte, angeblich in Gottes Namen. Dazu würde auch gehören, daß er das Leben Christi imitierte und die Kreuzigung und Auferstehung nachspielte. Aber letztendlich würde der Antichrist als Inkarnation des Bösen entlarvt und vernichtet werden, unmittelbar bevor der wahre Sohn Gottes zurückkehrte.

Und doch konnte ich mich, nach allem, was ich zu diesem Thema gelesen hatte, nicht daran erinnern, irgendwann auf zwei Antichristen gestoßen zu sein – einer wirklichen Person immenser mystischer Macht, dem personifizierten Satan, und einem zweiten, ätherischen Wesen, das sich physisch in dieser Welt manifestieren sollte, dem ›wirklichen Antichristen‹, wie Bernard ihn bezeichnet hatte.

In gewisser Weise machte es allerdings Sinn, da der christlichen Tradition zufolge Johannes der Täufer der Vorläufer von Jesus Christus gewesen war. Er hatte das baldige Erscheinen des Messias auf der Erde verkündet. Vielleicht würde der Antichrist einen ähnlichen

Verkünder haben, der den Weg für das Erscheinen seines Meisters auf Erden bereiten sollte. Zusammen wären die beiden also die zwei Antichristen.

Glaubte ich das? Die Antwort lautete nein, nicht wirklich, obgleich ich vertraut war mit den Idealen fundamentalistischer Christen, die zweifellos davon überzeugt waren, daß Christus sehr bald auf die Erde zurückkehren würde.

»Ich bin mir nicht mehr sicher, was ich glauben soll«, gestand Bernard. »Aber irgendwie fühle ich, daß der Name des Antichristen Apollyon ist. Er ist eine Art Gegenmacht zum griechischen Sonnengott Apollo.«

Apollyon? Ich war verblüfft. War das eine psychische Information, oder handelte es sich hierbei um etwas, das er bereits wußte?

»Ich empfange es gerade jetzt«, entgegnete er. »Der Antichrist ist ein siebenköpfiges Ungeheuer mit zehn Hörnern, das aus dem Meer aufsteigen wird.«

Ja, das stimmte. Im Buch der Offenbarungen des Heiligen Johannes wurde der Antichrist als riesiges Ungeheuer mit sieben Köpfen und zehn Kronen beschrieben, das aus dem Meer aufsteigen würde. Aber das war nur eine seiner Erscheinungsformen. Den Namen Apollyon hörte ich allerdings zum ersten Mal.

»Die sieben Köpfe stehen für die sieben Todsünden der Menschheit, das ultimative Böse, und die zehn Kronen repräsentieren die zehn Gegengebote, die der Antichrist zu predigen versuchen wird. Wußtest du das?« fragte er, als würde er die Informationen aus der Luft aufschnappen.

Er schnippte seine Zigarettenasche in den Aschenbecher, ehe er seinen Monolog fortsetzte. »Und was weißt du über die beiden Propheten Elijah und Enoch? Sie sind auf der Erde inkarniert geblieben, um in den Tagen der

Apokalypse den Antichristen zu entlarven und sich ihm zu stellen. Ich spüre allerdings, daß er sie töten wird, um den Massen zu demonstrieren, daß er stärker ist als sie.«

Ich wußte nichts von diesen beiden Propheten, konnte seine faszinierende Aussage also weder bestätigen noch ihr widersprechen. Noch nie zuvor hatte Bernard dieses delikate Thema angesprochen. Tatsächlich unterschied es sich kraß von dem psychischen Material, das er sonst empfing. Warum also schnappte er das alles jetzt, am 5. Januar 1987, auf?

»Es hängt irgendwie mit Roger Bacon zusammen«, schloß er, drückte seine Zigarette aus und griff nach seinem Glas. »Ich fühle, daß er vom Kommen Armageddons geschrieben hat.« Nach kurzer Pause fuhr er fort. »Ich würde außerdem sagen, daß sein Name nur ein Pseudonym war. Was sagst du dazu?«

Sehr wenig, aber das ließ sich leicht nachprüfen. Trotzdem war ich immer noch nicht zufrieden mit seiner Antwort auf meine Frage, und so stellte ich sie noch mal. Warum schnappte er diese Informationen ausgerechnet jetzt auf?

»Es muß für unsere Zukunft von Bedeutung sein. Die Ereignisse stehen unmittelbar bevor«, verkündete er beinahe prophetisch.

Unmittelbar? Wie unmittelbar? Und von wessen Zukunft sprach er? Der unsrigen oder der der gesamten Menschheit?

»Es muß irgendwie mit unserer persönlichen Situation zu tun haben.«

In Verbindung mit dem Schwarzen Alchimisten?

»Ja, ich denke schon. Du nicht?«

Ich wußte, daß er das sagen würde. Schon zum Zeitpunkt unserer Konfrontation mit dem Schwarzen Alchimisten am Running Well im vergangenen Oktober hatte einiges darauf hingedeutet, daß der Schwarze Alchimist glaubte, er bereite den Weg für das Kommen des Antichristen. Dies war erneut in dem langen Text angedeutet worden, der Bernard in der Senke von seinem spirituellen Führer, dem elisabethanischen Alchimisten eingegeben worden war. Damals hatte ich jede Verbindung zwischen dem Schwarzen Alchimisten und dem Antichristen verworfen, weil ich einfach nicht an eine wortwörtliche Übersetzung des Buchs der Enthüllungen glaubte. Für mich handelte es sich um christlichen Symbolismus, der nicht wortwörtlich gemeint war. Andererseits wußte ich nur zu gut, wenn genug Menschen an ein bestimmtes religiöses Konzept glaubten, konnten sie ihm damit Leben einhauchen.

Das alles bedeutete jedoch nicht, daß der Schwarze Alchimist nicht an den unmittelbar bevorstehenden Weltuntergang glauben konnte. Mehr noch, nichts konnte ihn davon abhalten zu glauben, daß er der Verkünder war, der Wegbereiter des ›wirklichen Antichristen‹, so wie Johannes der Täufer den Weg für das Kommen Jesu Christi bereitet hatte. War der Mann tatsächlich hiervon überzeugt?

»Ja, ich glaube schon«, bestätigte Bernard.

Okay. Dann eine andere Frage. Bereitete er wirklich den Weg für den Antichristen?

Er lächelte. »Das kann ich nicht beantworten.«

Die Unterhaltung brach abrupt ab. Die sonst so freundliche und entspannte Atmosphäre des Pubs wurde bitterkalt, als ein eisiger Luftzug über den Tisch wehte und das silberne und grüne Lametta an den Fenstern sacht hin und her schwang. Keins der Fenster war geöffnet, und es hatte auch niemand den Schankraum betreten oder verlassen. Ein interessantes Phänomen, vor allem in Anbetracht meiner letzten Frage.

Bernard sah mich verdattert an, ehe er den Kopf drehte und auf das flatternde Lametta starrte, einen Ausdruck unverhohlener Neugier auf dem Gesicht. Dann erschauerte er und richtete den Blick wieder auf mich. »Hast du das gespürt?« fragte er.

Ich antwortete ruhig, aber das konnte seine offenkundige Besorgnis nicht mildern.

»Eine Präsenz hat den Raum betreten. Hier drüben.« Er nickte in Richtung des großen Fensters unter der Lamettadekoration. »Mir ist eiskalt geworden.«

Also, das war nun wirklich ungewöhnlich. Bernard gehörte nicht zu den Medien, die alle fünf Minuten Geisterwesen spürten oder sahen. Tatsächlich konnte ich mich nicht erinnern, wann er das letzte Mal ein solches Phänomen wahrgenommen hatte. Ich notierte mir für alle Fälle die exakte Uhrzeit. Es war 20 Uhr.

»Jetzt sehe ich eine dunkle, schimmernde Form vor dem Fenster schweben. Sie ist einfach da; sie beobachtet uns. Paß auf, was du sagst.«

Ich hörte einfach zu, nahm mein Glas und nippte an dem dunkelbraunen Inhalt. Und wer war es?

»Keine Ahnung. Ignoriere ihn einfach. Irgendwann wird er wieder verschwinden.«

Als ich später am Abend wieder zu Hause war, zog ich mich in mein Zimmer zurück und suchte gleich nach einem bestimmten Buch, von dem ich wußte, daß es mir helfen würde, zahlreiche der Punkte zu überprüfen, die Bernard zur Sprache gebracht hatte. Es handelte sich um ein erstaunliches Werk mit dem Titel ›Antichrist in the Middle Ages – A Study of Medieval Apocalypticism‹ von einem gewissen Kenneth Emmerson, das ich vor einiger Zeit entdeckt hatte.

Nachdem ich im Inhaltsverzeichnis keine Referenz auf Apollyon gefunden hatte, suchte ich nach Hinweisen auf das siebenköpfige Ungeheuer, das aus dem Meer aufsteigen würde.

Bernard hatte recht gehabt. Mancher Gelehrte im Mittelalter hatte geglaubt, daß die sieben Köpfe die sieben Todsünden oder Laster der Menschheit repräsentierten. Allerdings war nirgendwo die Rede davon, daß die zehn Kronen des Ungeheuers die Antithese der Zehn Gebote darstellten, die Moses, der biblische Gesetzesmacher, niedergeschrieben hatte.

Ich wandte mich den beiden Propheten Elijah und Enoch zu und stellte fest, daß sie in dem Buch mehrfach erwähnt wurden. Sie wurden als die beiden Zeugen bezeichnet. Elijah (oder Elias) und Enoch hieß es, würden eintausendzweihundertsechzig Tage predigen – dreieinhalb Jahre lang – und durch ihre spirituelle Macht Wunder vollbringen, in dem Bestreben, die Massen von den falschen Lehren des Antichristen abzuwenden und auf den richtigen Pfad, zu Jesus Christus, zurückzuführen.

Aber Bernard hatte gesagt, daß der Antichrist sie töten und ihre Gebeine dreieinhalb Tage unbestattet bleiben würden, damit sie von den Anhängern des Antichristen genau betrachtet werden könnten. Hiernach sollten die beiden Zeugen jedoch wiederauferstehen und zu Gott und den Heiligen in den Himmel einkehren.

So hieß es in der Apokalypse des heiligen Johannes. Tatsächlich war die prophezeite Rückkehr Elijahs und Enochs unmittelbar vor Erscheinen des Antichristen eins der beliebtesten Themen der theologischen Kunst, Literatur und Diskussion im Mittelalter gewesen.

Als nächstes wandte ich meine Aufmerksamkeit den Gestalten zu, die der Antichrist während des Armageddons annehmen sollte. Gab es zwei Formen des

Antichristen; einen Mystiker oder Verkünder und den anderen wirklichen Antichristen, die übernatürliche humanoide Manifestation des falschen Heiligen Geistes?

Hierauf konnte ich keine eindeutige Antwort finden.

Emmersons Buch erklärte, daß die Apokalypse den theologischen Gelehrten bei ihrer Suche nach Symbolen für den Antichristen fruchtbaren Boden bot. Sie war voller Referenzen auf wundersame Wesen, die der Erde, dem Meer und irgendwelchen Abgründen entstiegen. Manche Wesen hatten mehrere Köpfe, während andere in ihrer Erscheinung aus verschiedenen Tieren zusammengesetzt schienen oder auch menschenähnlich wirkten. Sie alle würden gegen die Heiligen ankämpfen und waren mit dem Antichristen selbst gleichzusetzen. Und doch würden sie am letzten Tage dieser Zeit vom zurückkehrenden Erlöser vernichtet werden.

Apokalyptische Studien waren offenbar ein komplexes und widersprüchliches Thema, das umfassender Studien und Analysen bedurfte. Ich ließ den Alchimisten also eine Weile ruhen und konzentrierte mich stattdessen auf Roger Bacon. Bernard hatte gefühlt, daß der Alchimist, Philosoph und Wissenschaftler aus dem 13. Jahrhundert sich sehr intensiv mit der Apokalypse und dem Antichristen befaßt hatte. Das erwies sich als richtig. Als ich im Index von Emmersons Buch nachsah, entdeckte ich zahlreiche Einträge, die sich auf Roger Bacon bezogen. Ich las jeden einzelnen und machte mir ein paar Notizen.

Hinterher war ich schon um einiges schlauer. Offenbar hatte Roger Bacon in einem seiner Werke mit dem Titel ›Opus Majus‹ einen langen Kommentar zum Eintreffen des Antichristen verfaßt. Emmersons Buch enthielt jedoch nur sehr wenige Auszüge hieraus, so daß ich wenig fand, was Bernards Aussagen über den Mann bestätigt oder widerlegt hätte.

Als ich in anderen Büchern nachschlug, die sich mit dem Thema Alchimie befaßten, entdeckte ich, daß der Name ›Roger Bacon‹ als Pseudonym von anderen alchimistischen Autoren einer späteren Periode benutzt worden war, die anonym bleiben wollten. Es war also durchaus möglich, daß nicht alle Werke, die Roger Bacon zugeschrieben wurden, auch tatsächlich von ihm waren.

Ich startete einen neuen Versuch, etwas über Apollyon in Erfahrung zu bringen. In einem Buch mit dem Titel ›A Dictionary of Angels – including the Fallen Angels‹ von Gustav Davidson hieß es, Apollyon sei die griechische Version des hebräischen Titels Abaddon, was soviel bedeutete wie ›Zerstörer‹. Als solcher wird in den Offenbarungen 9,11 der dunkle Engel aus dem bodenlosen Brunnen bezeichnet, der aus der Tiefe aufsteigt, um Ödnis über die Erde zu bringen. Er wurde außerdem mit dem Engel des Todes und der Zerstörung identifiziert, sowie mit dem geflügelten Dämon-Wächter des Abgrundes, jener Form des Antichristen, die der Sage nach die zwei Zeugen Elijah und Enoch tötete.

In vieler Hinsicht war Apollyon also tatsächlich die griechische Bezeichnung für den Antichristen. Und wenn er die Antithese von Jesus Christus, dem christlichen Sonnenkönig war, konnte man daraus schließen, daß Apollyon auch der Gegenpart Apollos war, des Sonnengottes aus der griechischen Mythologie, ganz so wie Bernard gesagt hatte.

Ich stellte den schweren Band zurück ins Regal und dachte angestrengt über die aktuelle Situation nach. Hier stand ich und studierte christliche Interpretationen der biblischen Apokalypse, beinahe so, als akzeptiere ich eine Reihe bevorstehender Ereignisse als Realität. Aber das war ganz sicher nicht der Fall. Obwohl Bernards psychisches Material der Überprüfung standgehalten hatte, bedeutete das lediglich, daß er die Interpretationen und Schriften anderer aufgeschnappt hatte, die sich mit der Frage der bevorstehenden Apokalypse befaßt hatten, so wie beispielsweise Roger Bacon. Es bedeutete jedoch ganz sicher nicht , daß der oder irgend jemand anders, auch nicht der heilige Johannes, in diesem Punkt recht gehabt hatte. Niemand konnte sagen, was die Zukunft in den letzten Tagen des Weltuntergangs für uns bereithielt.

In den letzten Tagen des Weltuntergangs? Ich glaubte nicht daran. Ende der siebziger Jahre hatte ich sehr angesehenen Medien zugehört, die fest daran glaubten, daß die Welt sehr bald in eine armageddonähnliche Situation gestürzt werden würde. Sie hatten sich geirrt. Ihre angekündigten Daten großer globaler Katastrophen waren alle ereignislos verstrichen, und so war ich nicht gewillt, mich 1987 auf solchen Unsinn einzulassen.

Verärgert über die Situation und doch auch zufrieden mit dem, was ich an diesem Abend herausgefunden hatte, beschloß ich, einstweilen Schluß zu machen und zu Bett zu gehen.

Die Zeit verging. Der Winter ging in den Frühling über, der Frühling in den Sommer, und schließlich wurde es wieder Herbst. Die Nächte wurden länger, die Luft wurde kälter, aber der Schwarze Alchimist ließ sich nicht in Danbury blicken – ebensowenig wie sonst irgendwo.

Bernard und ich trafen uns weiterhin in der vertrauten Umgebung des ›Griffin-Pubs‹, und hier und da kamen wir unweigerlich wider auf den Schwarzen Alchimisten zu sprechen. Bernard schüttelte dann nur den Kopf und sagte: »Nein, überhaupt nichts über ihn.«

Da die Konfrontation am Running Well im Oktober 1986 mit jedem Monat in weitere Ferne rückte, geriet der Schwarze Alchimist nach und nach in Vergessenheit.

Die verborgenen Kräfte des indischen Stockdegens ruhten, und wir beschäftigten uns mit anderen, produktiveren Questing-Abenteuern.

Im August 1987 zog ich von meinem Elternhaus in Wickford in eine hübsche Erdgeschoßwohnung in Leigh-on-Sea, mit Blick auf die Themsemündung. Das war genau das, was ich gebraucht hatte – Unabhängigkeit und einen Ort, an dem ich ungestört schreiben konnte.

Kapitel 24

Die Nacht der Wolfsfrau

Donnerstag, 15. Oktober 1987, 20 Uhr 00.

»Heute möchte ich, daß Sie alle sich vorstellen, Sie wären ein Baum. Ihr Körper ist der Stamm, und Ihre Arme sind Äste«, verkündete die lebhafte Lehrerin der kleinen, aber aufmerksamen Klasse. »Spüren Sie, wie der Wind durch die Blätter streicht. Sehen Sie es. Fühlen Sie es. Erleben Sie es. Und dann schreiben und zeichnen Sie, was Ihnen in den Sinn kommt. Sie haben zehn Minuten.«

Die Schüler schlugen leise ihre Mappen mit den losen Blättern auf und griffen erwartungsvoll zu einem Stift.

Die kleine Chesca Potter war vor allem eine Künstlerin, die magische und mystische Themen und Objekte malte. Erfolg und Anerkennung waren ihr in den vergangenen Jahren in Form mehrerer Aufträge für Bucheinbände und Illustrationen zuteil geworden. Aber die Klasse, in der sie ganz in der Nähe ihrer kleinen Wohnung im Norden Londons kreatives Schreiben lehrte, half ihr, ihre schriftstellerischen Fähigkeiten weiterzuentwickeln. Außerdem genoß sie die Gesellschaft der anderen jungen Autoren.

Zufrieden nahm Chesca ihren Füller und stellte sich in Gedanken das Bild vor, das sie für diesen Abend gewählt hatte. Es war verhältnismäßig leicht zu visualisieren, da sie viele ihrer Bilder intuitiv in ähnlicher Weise malte.

Sie schloß einen Moment die Augen und wurde wie ein Baum. Sie mußte jedoch sofort wieder abbrechen und die Augen öffnen, als das Bild sie aus irgendeinem Grund beunruhigte. Übelkeit stieg in ihr auf, und sie schauderte besorgt. Irgend etwas stimmte nicht, und das bereitete ihr Sorge.

Chesca warf einen Blick auf ihre Schüler, die sich schweigend auf ihre Arbeit konzentrierten, und konnte ihre eigenen irrationalen Gefühle nicht verstehen. Warum sollte die Visualisierung eines Baumes ein solch bedrückendes Gefühl erzeugen?

Perplex skizzierte sie einen sturmgepeitschten Baum und fuhr dann mit der Schreibübung fort.

Freitag, 16. Oktober, 3 Uhr 00 früh. Chesca hatte nicht einschlafen können. Die beunruhigenden Gefühle, die sie während des Schreibunterrichts am Vorabend empfunden hatte, waren im Laufe der Nacht immer intensiver geworden, bis sich schließlich ein Gefühl der Hoffnungslosigkeit eingestellt hatte. Warum, vermochte sie nicht zu sagen. Es beunruhigte und beängstigte sie so sehr, daß sie beinahe daran verzweifelte. Und die heftigen Sturmböen trugen auch nicht dazu bei, ihre gereizten Nerven zu beruhigen. Sie hatten gegen elf Uhr begonnen und waren seitdem immer heftiger geworden.

Sie war schrecklich nervös, und jetzt geschah noch etwas anderes. Ein häßliches Bild tauchte immer wieder aus den dunklen Tiefen ihres Verstandes auf – eine abstoßende Dämonin mit langer Zunge. Sie erkannte die Gestalt dank ihrer Studien der hinduistischen Mythologie. Es war Kali, eine indische Göttin des Todes und der Vernichtung, die sie seit einiger Zeit schon hatte malen wollen.

Chesca konnte fast fühlen, wie ihre bedrückende Präsenz sich im Zimmer aufbaute, und das verwirrte sie. Aber da war noch mehr – sie erkannte plötzlich, daß dieses Bild irgendwie mit ihrem Erlebnis im Schreibunterricht in Zusammenhang stand sowie auch mit der zunehmenden Intensität der Sturmböen.

Irgend etwas braute sich in ihr selbst und auch draußen in ganz London zusammen. Verzweifelt suchte sie nach Antworten. Abrupt verspürte sie den Zwang, ein Bild der Dämonin zu malen – beinahe so, als würde Kali selbst sie dazu nötigen. Und sie wollte sich gar nicht dagegen sträuben. Das Malen würde sie von den Vorkommnissen der vergangenen Stunden ablenken und ihren Geist von innen befreien.

Chesca Potter nahm sich einen sehr feinen Bleistift und begann, ein Bild von Kali zu skizzieren, von dem sie wußte, daß sie es fertiggestellt haben mußte, ehe das erste Tageslicht die Dunkelheit besiegte.

3 Uhr 30. Der Lärm des heftigen Sturms weckte mich. Im Zimmer war es warm, sogar schwül. Seltsam für diese Jahreszeit, dachte ich.

Ich blieb im Bett liegen und lauschte. Noch nie hatte ich etwas Derartiges gehört. Das Heulen des Windes klang irgendwie gefährlich, ja richtig beängstigend. Fensterläden klapperten, Dachziegel krachten zu Boden, Zäune wurden fortgerissen, und Baumäste brachen wie Streichhölzer. Und die ganze Zeit brüllte, grollte und zischte der Wind.

Die Zeit verstrich, und die Böen wurden immer stärker. Plötzlich hörte ich über mir ein lautes Krachen. Ein Kamin, da war ich mir ganz sicher. Aber wessen? Mein eigener oder der eines anderen Mieters?

Die Windstärke nahm weiter zu. Mit jeder Böe nahm die Zahl der darauffolgenden Geräusche der Verwüstung zu.

Eine höhere Macht manifestierte sich. Ich konnte es fühlen. Ein Orkan, ja. Aber da war noch etwas anderes …

Ich stieg aus dem Bett und machte, ohne das Licht anzuknipsen, einen Kontrollgang durch die Wohnung, um mich davon zu überzeugen, daß alle Fenster auch fest verschlossen waren. Dann betrat ich das schwarze Zimmer, mein Meditationszimmer. Ich kniete nieder, konzentrierte mich auf die zerstörerische Gewalt des Windes und schloß die Augen.

Ich sah ein fast dämonisch anmutendes Frauengesicht, das gackernd lachte. Nein, ich konnte den Anblick nicht ertragen. Ich schlug die Augen wieder auf, hob beide Hände und fragte: »Was zum Teufel geht da vor?«

4 Uhr 00. Caroline Wise fand wegen der zunehmenden orkanartigen Böen in ihrer Londoner Wohnung keinen Schlaf. Sie beschloß zu lesen.

Minuten verstrichen, und das Heulen der furchterregenden Böen wurde lauter und bedrohlicher. Immer wieder unterbrach sie ihre Lektüre und blickte auf das vibrierende Schlafzimmerfenster, das aussah, als würde es gleich unter der Wucht der Böen zerbrechen.

Der Raum glich einer dunklen Miniaturstadt mit kantigen Konturen und Formen. Als sie erneut zum Fenster blickte, verdeckte eine neue Form das schwache, fluoreszierende, orangefarbene Licht der Straßenlaterne. Die Silhouette war menschenähnlich und bewegte sich auf sie zu.

Ätherisches Licht erhellte die gräßliche, übernatürliche Gestalt. Das Fußende des Bettes verdeckte seine untere Körperhälfte, aber sie konnte deutlich erkennen, daß Torso und Kopf zu einem Wolf gehörten. Einer Wölfin, wie sie spürte, und es war mehr als nur eine Vision. Das Wesen schien körperlich im Zimmer präsent zu sein, und sie konnte auch kleinste Details erkennen – die drahtigen Barthaare um die längliche rötliche Schnauze, sogar den zähen Speichel um die langen, spitzen Reißzähne herum.

Sie wollte das abstoßende Wesen nicht sehen und schob die Geistererscheinung zurück in Richtung des Fensters und der Windböen. Sie verschwand, aber allein die Erinnerung reichte aus, bei ihr Übelkeit und Abscheu auszulösen.

Sie kannte instinktiv die Natur des Geisterwesens – böse, weiblich und aus einem unerfindlichen Grund mit der chaotischen, zerstörerischen Gewalt des Orkans verbunden.

Sie wartete einige Minuten, ehe sie reagierte. Sie schlug ihr Plumeau zurück, stieg aus dem Bett und stolperte zur Tür. Als sie sie aufriß, schlugen ihr aus dem Flur nur Dunkelheit und ein Gefühl friedlicher Stille entgegen.

Ein Fenster in der Küche klapperte zum Auf und Ab des Windes. Sie mußte es schließen, ehe es zerbrach. Außerdem würde ihr das die Gelegenheit geben, sich in einem anderen Raum wieder zu fassen.

Sie knipste das Licht an und kniff die Augen zusammen, während sie mit einer Hand nach dem Fenster griff, das sie schloß und gleich darauf wieder vergessen hatte.

Die Tür hinter ihr schwang auf, und eine weibliche Gestalt tauchte in der Öffnung auf. Es war ihre Mitbewohnerin, die zwanzig Jahre ältere Gaynor Sunderland, mit verquollenen Augen und im Nachthemd. Sie schirmte mit dem Handrücken einen Moment die Augen vor dem hellen Licht ab und lehnte sich dann an die Arbeitsplatte. »Ich habe etwas gehört«, sagte sie mit tiefer Stimme, »und da dachte ich mir, ich sehe mal nach, was los ist.« Ihr fielen immer wieder die Augen zu, als würde sie jeden Moment wieder einschlafen.

»Ich hatte einen entsetzlichen Alptraum«, begann Gaynor, obwohl sie nicht erwartete, daß Caroline sich sonderlich dafür interessieren würde. »Ich wurde gegen meinen Willen in einem Haus festgehalten, von einer alten Frau mit einem Wolfskopf; eine Art Wolfsfrau. Und dann waren da noch zwei Männer, ebenfalls mit Wolfsköpfen.«

Caroline mußte sogleich wieder an ihre beunruhigende Vision denken. Noch ein Zwischenfall mit einem Wolfswesen, diesmal in Form eines Traumes. Gaynor war ein Medium – konnte sie vielleicht das Bild des Wolfswesens telepathisch von ihr aufgeschnappt haben? Oder war es etwas anderes – war vielleicht eine widerwärtige böse Macht ins Haus eingedrungen? Und wer war diese Wolfsfrau? Alles Fragen, die Caroline gar nicht beantwortet haben wollte.

Sie ließ Gaynor in der Küche zurück und legte sich wieder schlafen. Sie versuchte, die abstoßende Erinnerung an ihren eigenen übernatürlichen Eindringling und das beunruhigende Heulen der Windböen zu verdrängen, indem sie erneut versuchte, im schwachen Licht des Radioweckers zu lesen.

Eine Weile lag sie einfach da und lauschte. Dann jedoch ließ das Licht, das durch das Fenster hereinfiel, rasch nach und erlosch schließlich vollständig, als die Stromversorgung in ganz London vom Sturm lahmgelegt wurde.

Es war 4 Uhr 50.

9 Uhr 00. Die Wagenreifen knirschten auf den zerbrochenen Dachziegeln und dem abgeplatzten Putz, als ich einem weiteren Baum auswich, der quer über der Fahrbahn lag, die Äste verbogen und abgebrochen durch das Gewicht des schweren Stammes.

Der Orkan hatte in Leigh-on-Sea eine Schneise der Verwüstung und des Durcheinanders hinterlassen. Hausdächer waren abgedeckt worden, umgestürzte Bäume blockierten praktisch alle Straßen, Zäune waren schlicht verschwunden, und Schaufensterscheiben, Plexiglasüberdachungen, Glasscherben und Gartentore lagen überall verstreut. Es war ein Anblick wie aus einem apokalyptischen Alptraum.

Ladeninhaber sammelten verzweifelt ein, was von ihrer Ware noch übrig und auf der ganzen Straße verteilt war, während Glaser sich redlich bemühten, die zahlreichen zerstörten Ladenfronten provisorisch zu vernageln. Auf der gegenüberliegenden Straßenseite waren Leute damit beschäftigt, die Überreste einer eingestürzten Backsteinmauer zu beseitigen, die den Bürgersteig blockierte. Und überall waren Kaminabdeckungen in Dächer gekracht oder lagen in den Gärten der Umgebung verstreut.

Wo ich auch hinkam, überall bot sich mir das gleiche Bild. Kopfschüttelnd fuhr ich durch den Ort und besah mir den Schaden.

Schließlich bog ich in eine Seitenstraße ein und hielt Ausschau nach einem Parkplatz. An der Ecke waren Jalousien aus irgendeinem Geschäft um den Pfosten einer Straßenlaterne gewickelt, und gleich daneben lag eine Wetterfahne, die vom Dach der nahe gelegenen Bank stammte.

Nein, so etwas hatte ich noch nie gesehen.

9 Uhr 30. Jonathan Guy, Nachrichtenredakteur bei der ›Leigh Times‹, war der einzige, der es geschafft hatte, noch vor mir im Büro zu sein.

»Die Telefonleitungen sind gestört«, verkündete er und ging frustriert in der Redaktion auf und ab. »Wenn du es aber probieren willst, hab Geduld. Irgendwie ist es mir gelungen, zu meinem Vater durchzukommen. Ein Baum ist auf sein Auto gestürzt. Ein Zaun hatte den

Wagen meiner Mutter übel zugerichtet, und das Dach ihrer Wohnung hat unter einem umgestürzten Kamin nachgegeben. Er klang nicht sehr fröhlich!«

Das Telefon funktionierte nur sporadisch, und nachdem ich endlich eine freie Leitung hatte, nutzte ich die Gelegenheit, um Brian Fenning anzurufen, den Cheffotografen der Zeitung. Wir brauchten Fotos, da uns in den kommenden Jahren niemand mehr das Ausmaß der Katastrophe glauben würde.

Brian reagierte auf meine Bitte nahezu beleidigt. »Also, bevor du noch weiterredest ... Ich bin gerade erst nach Hause gekommen. Ich war seit Morgengrauen unterwegs und habe bislang über dreihundert Bilder geschossen«, erklärte er pikiert.

»Ganz Leigh, Chalkwell und Westcliff wurden völlig verwüstet. So etwas habe ich noch nie erlebt«, fügte er hinzu, bemüht, sich seine Aufregung nicht anmerken zu lassen.

»Die Häuser entlang der Klippen sind wirklich übel zugerichtet – Dächer wurden weggeweht und Fenster eingedrückt, Kamine sind reihenweise eingestürzt. Überall entwurzelte Bäume. In manchen Straßen sind sämtliche Bäume umgestürzt, jeweils auf das ihnen am nächsten stehende Haus. Es sieht richtig bizarr aus. Ich bin übrigens überall auf Fotografen vom »Echo« gestoßen; ich nehme also an, daß sie in der heutigen Abendausgabe einen Sonderteil mit Bildern der Katastrophe bringen werden.«

Hoffentlich würden wir das gleiche tun. So morbide es auch einigen erscheinen mochte, in einem Lokalblatt wie unserem mußte die von dem Orkan angerichtete Verwüstung akribisch für die Nachwelt dokumentiert werden.

Und überhaupt war das eine gute Werbung!

15 Uhr 00. John Merron, der zweite Mitbewohner in Carolines WG hatte es schließlich doch noch bis zu seinem Arbeitsplatz geschafft, obwohl er bei seinem ersten Versuch, in die Londoner Innenstadt vorzudringen, von der Polizei zur Umkehr aufgefordert worden war.

Obwohl es schon früher Nachmittag war, war der Strom noch nicht wieder eingeschaltet worden, und die Telefonleitungen waren ebenfalls noch gestört.

Caroline dachte über die absurde Lage nach. Blockierte Straßen, Stromausfall und gestörte Telefonleitungen: Unglaublich, daß eine der modernsten Hauptstädte der Welt durch die Naturgewalten völlig zum Stillstand gebracht worden war. Sie sprach mit Gaynor über ihre Gedanken, als sie nach Batterien suchten, um ein altes Radio in Gang zu bringen, in der Hoffnung, Kontakt zur Außenwelt herstellen zu können.

Dann, wie um seine Rückkehr ins Leben zu verkünden, klingelte das Telefon. Caroline nahm ab und hörte die erleichterte Stimme ihrer besten Freundin Cath, die ganz in der Nähe wohnte.

Nachdem sie einander versichert hatten, daß ihre Wohnungen den Sturm unbeschadet überstanden hatten, sprach Cath ein völlig anderes Thema an.

»Caroline, es ist etwas Schreckliches passiert, als ich gegen vier Uhr heute früh aufgewacht bin«, erzählte Cath zögernd und mit sorgenvollem Tonfall, was gar nicht zu ihr paßte. »Als ich die Augen aufschlug, habe ich Graham als Wolf gesehen.«

Cath war erst bereit, mehr zu erzählen, nachdem Caroline ihr versichert hatte, daß sie keineswegs verrückt war.

»Ich sah eine längliche Schnauze und ein haariges

Gesicht. Es war grauenhaft und hat mir solche Angst gemacht, daß ich laut geschrieen und dadurch Graham geweckt habe. In diesem Moment wurde sein Gesicht abrupt wieder normal«, erklärte sie. »Ich mache keine Witze, Caroline. Ich wette, du denkst, ich hätte einen Sprung in der Schüssel, stimmt's?«

Sie wußte, daß ihre Freundin weder log noch verrückt war. Obgleich Cath behauptete, kein Medium zu sein, hatte sie Caroline in den vergangenen Jahren ihrer Freundschaft mehrfach bewiesen, daß sie paranormalen Phänomenen gegenüber empfänglicher war als sie glauben wollte. Und daß sie ihren Mann als Wolf gesehen hatte, war nicht so ungewöhnlich, wie sie offenbar glaubte.

Wieder Wölfe. Drei einzelne Erlebnisse, und alle auf dem Höhepunkt des Orkans. Das mußte etwas zu bedeuten haben.

Minuten später klingelte das Telefon erneut, und wieder war jemand dran, der schon Stunden verzweifelt versucht hatte durchzukommen – Marion Sunderland, Gaynors Mutter, die im Norden von Wales lebte.

»Ich habe versucht durchzukommen«, bestätigte sie mit ihrem unüberhörbaren Liverpooler Akzent. »Die Leitungen waren in der ganzen Stadt gestört. Hier oben haben wir nicht viel von dem Orkan mitbekommen, aber ich habe im Frühstücksfernsehen Berichte gesehen. Geht es euch allen gut? Wie geht es Gaynor? Und dir selbst?«

Nachdem sie ihr versichert hatte, daß es ihnen allen gutgehe, fragte Caroline Marion, ob sie in der Nacht irgendwelche psychischen Botschaften empfangen hätte; hatte sie ungewöhnliche Träume oder Visionen?

»Nein, Liebes, nichts«, entgegnete Marion. »Warum? Hast du denn was empfangen?«

Caroline wollte jedoch noch nicht raus mit der Sprache und fragte statt dessen, ob Marion während ihres Gesprächs etwas fühle.

»Alles, was ich empfange, sind ein paar Worte. Ich weiß nicht, was sie bedeuten. Ich empfange ›Die Wölfe sind los‹.«

Die Wölfe sind los. Die vierte Person, die das Wolfsthema aufgriff. Aber warum Wölfe? Vielleicht waren sie eine Art mystischer Aspekt von Orkanen? Zweifellos handelte es sich um ein bestimmtes Muster, aber was hatte es zu bedeuten?

16 Uhr 30. Die ›Leigh Times‹ wollte eine Sonderausgabe über den Orkan bringen, also mußten wir herausfinden, was genau passiert war, ebenso auf lokaler Ebene wie auch landesweit.

Ende des Tages präsentierte sich die Lage wie folgt:

In den frühen Morgenstunden war England von den schlimmsten Windböen seit Menschengedenken und dem ersten Orkan seit dem Jahre 1703 heimgesucht worden. Tropische Winde von mehr als hundertzehn Meilen in der Stunde waren über den Südosten des Landes hinweggefegt und hatten eine schreckliche Schneise des Todes und der Verwüstung zurückgelassen.

Noch nie hatte irgend jemand etwas so Schreckliches an der englischen Küste erlebt. Tausende von Familien hatten ihr Heim verloren, als Gebäude wie Kartenhäuser einstürzten. Dächer waren fortgetragen worden und Fenster implodiert. Millionen von Menschen mußten ohne Heizung, Strom und Telefon auskommen, da überirdische Leitungen und Kabel gekappt worden waren. Wohnwagen, Lastwagen und Vans waren umgekippt und an der Küste Schiffe an Land geweht worden.

Hunderte von Jahren unseres Erbes waren in kürzester Zeit vernichtet worden, als geschätzte fünfzehn Millionen Bäume entwurzelt wurden und auf Straßen, Schienen, Oberleitungen und Häuser stürzten. Schlimmer noch: Als mit dem ersten Tageslicht auch resignierte Ruhe eingekehrt war, waren zwanzig Personen entdeckt worden, die unmittelbar durch die alptraumhaften Winde zu Tode gekommen waren.

Und alle stellten zornige Fragen. Warum hatten die Wetterstationen nicht vor dem Orkan gewarnt? Am Vorabend waren die heftigen Sturmböen mit keinem Wort erwähnt worden. Das Meteorologische Institut in Braknell, Berkshire, konnte mit keiner zufriedenstellenden Antwort aufwarten. Sie hatten die Entstehung der Böen in der Bucht von Biskaya gegen 12 Uhr am 15. registriert, als Heißluftströme aus Afrika auf kalte, arktische Luft aus dem Nordatlantik getroffen waren und das tiefste je gemessene Tief entstand. Allerdings war man davon ausgegangen, daß der bevorstehende Sturm über Nordfrankreich hinwegfegen würde und nicht über England.

Sie hatten sich geirrt. Und so hatte der Orkan das ganze Land überrascht. Als die Winde um 21 Uhr 00 den Ärmelkanal erreicht hatten, war bereits eine Windgeschwindigkeit von fünfundsiebzig Meilen in der Stunde gemessen worden. Um 1 Uhr 00 früh, als der Sturm die Kanalinseln überquerte, waren es bereits hundertzehn Meilen in der Stunde. Gegen 3 Uhr 00 am Morgen, als der Großteil der Bevölkerung schlafend im Bett lag, hatten die zerstörerischen Süd- und Südwestwinde ihren Weg der Vernichtung über die Grafschaften Dorset, Hampshire und Sussex angetreten.

Drei schreckliche Stunden lang hatte der Orkan auf seinem Weg an der Ostküste Englands Chaos und Verwüstung hinterlassen. Erst um 7 Uhr 00 morgens hatte der Wind nachgelassen und war hinaus auf die Nordsee gezogen.

Inzwischen hatten massive Aufräumarbeiten begonnen, obgleich es Wochen, wenn nicht gar Monate dauern würde, bis sich alles wieder normalisiert hatte und das Ausmaß der von dem Orkan angerichteten Schäden erfaßt war.

Kapitel 25

Die Dunkle Göttin

Samstag, 24. Oktober 1987. »Es hat in der Orkannacht mehrere seltsame Träume und Visionen gegeben«, berichtete Caroline, als der Wagen sich vor ihrer Wohnung im Süden Londons in Bewegung setzte und wir unsere Fahrt zur zweiten Thelemik-Konferenz antraten, die an diesem Tag in Oxford stattfinden sollte. Die Konferenz bezog sich auf die Lehren, die von Aleister Crowley (1875-1947), dem vermutlich bekanntesten rituellen Magier der vergangenen Jahrhunderte, praktiziert und entwickelt wurden.

»Ein Mädchen namens Karen aus derselben mystischen Londoner Gruppe, der auch ich angehöre, hat mir erzählt, sie hätte in jener Nacht von Wölfen geträumt. Und sie hat ganz von selbst davon erzählt, ohne daß ich sie danach gefragt hätte.«

Sonst noch jemand?

»Ja. Chesca Potter. Auf dem Höhepunkt des Orkans fühlte sie den Zwang, eine unheilvolle hinduistische Göttin namens Kali zu malen«, fuhr Caroline fort und blickte auf die Massen von Menschen auf den Bürgersteigen, die unterwegs waren, um ihre Samstagseinkäufe zu erledigen. »Ich habe sie vergangene Woche getroffen. Sie hatte das Gefühl, das Bild aus irgendeinem Grund vor dem Morgengrauen fertigstellen zu müssen.«

Kali. Ein widerwärtiges, indisches, menschenfressendes Ungeheuer, das als Göttin des Todes und der Vernichtung verehrt wurde, sowie Lilith, eine mesopotamische Dämonin waren unter anderem mit jenem Orkan und jener Nacht in Zusammenhang gebracht worden. Chesca war eine hervorragende Künstlerin und Illustratorin, von der ich wußte, daß sie eine sehr intuitive Person war.

»Sie wird auch auf der Konferenz sein und ihre Bilder ausstellen. Du kannst also gleich dort mit ihr sprechen.«

Mir war ebenfalls von seltsamen Träumen und psychischen Vorfällen auf dem Höhepunkt des Orkans berichtet worden.

In Leigh-on-Sea hatte Carole Smith – meine Bekannte, die im November 1986 die Gestalten in schwarzen Kutten in der Kirche von Danbury gesehen hatte – die Orkannacht damit verbracht, der erschreckenden Gewalt der Windböen zu lauschen. Gegen 4 Uhr 00 hatte sie dann ein beunruhigendes Geräusch gehört – einen langanhaltenden, durchdringenden Frauenschrei, der mehrere Sekunden anhielt und vom Wind getragen zu werden schien.

Die Stimme war so real, daß Carole sofort aus dem Bett sprang und zum Schlafzimmerfenster lief, weil sie glaubte, draußen wäre eine Frau in Not. Als sie niemanden sehen konnte, war sie zum Treppenhausfenster gegangen. Nur ein großer Baum war zu sehen gewesen, der von der Kraft des unglaublichen Windes die Straße entlanggeschleift wurde. Perplex hatte sie aufgegeben und sich wieder hingelegt, zu dem Schluß gekommen, daß der Frauenschrei übernatürlichen Ursprungs gewesen war.

Carole wußte nicht, daß das Kreischen einer schrillen Frauenstimme, vom starken Wind begleitet, ein Zeichen für die Schwarze Annis war, die alte englische Göttin der Finsternis, die als gebeugtes, altes Weib mit einer Kapuze auf dem Kopf dargestellt wurde; eine Gestalt, die allgemein unter Ihrem griechischen Namen Hekate in Erinnerung blieb.

In einem anderen Teil des Landes, in Buckinghamshire, hatte ein Mädchen namens Andrea aus Aylesbury mir von einem intensiven und sehr realen Traum erzählt, den sie in jener schicksalhaften Nacht geträumt hatte. Wie Gaynor war sie von einer abstoßenden Frau, die sie als ›buckliges, altes Weib‹ beschrieb, in einem Haus festgehalten worden. Das Haus hatte an einer Kreuzung gestanden, die man, wie das Aussehen der buckligen Frau mit Attributen und Traditionen der Hekate, der griechischen Göttin der Unterwelt, in Verbindung brachte.

Die Alte schien Andrea irgendwie in ihrer Macht zu haben, was das Mädchen zutiefst erschreckt hatte. Auf dem Höhepunkt des Traumes war die alte Frau immer näher gekommen und hatte den Mund voller verformter, fauliger Zähne geöffnet, so daß Andrea ihr stinkender Atem entgegengeweht war, der, wie sie meinte, nach ›verwesendem Fleisch und Blut‹ gestunken hätte – wie der Tod selbst.

Kurz darauf war Andrea von den Geräuschen des Windes geweckt worden, der in Buckinghamshire eher harmlos gewesen war. Schließlich war sie zu dem Schluß gekommen, daß der bizarre und ungewöhnliche Traum irgendwie mit der physischen Präsenz des Orkans in jener Nacht in Zusammenhang gestanden hätte.

»Ach ja. Graham Phillips hat in jener Nacht ebenfalls etwas Sonderbares erlebt«, fügte Caroline hinzu.

Graham Phillips. Das außergewöhnliche Medium, mit dem zusammen ich 1979 das verborgene Schwert und den grünen Talisman-Schmuck gefunden hatte. Er war seit vielen Jahren ein guter Freund von uns.

»Am Abend vor dem Orkan fühlte er sich intuitiv zu einem abgelegenen Teich in der Gegend von Midlands hingezogen. Dort angekommen, hat er das Bedürfnis verspürt, über die Elementarkraft der Luft zu meditieren sowie über das Bildnis des Mondes aus den Tarotkarten – darauf sind zwei heulende Hunde abgebildet. Und er hat eine Assoziation mit Wölfen und der Göttin Hekate benutzt.«

Schon wieder Wölfe und Hekate. Was war da los? Warum hatte es so zahlreiche verwandte Träume, Visionen und mystische Erlebnisse gegeben in der Sturmnacht? Und vor allem, warum hatten so viele Menschen Bilder, Eindrücke und Träume von Wölfen, Göttinnen der Finsternis und gebeugten, alten Frauen empfangen? Das mußte etwas zu bedeuten haben.

Während wir aus London und auf die M 4 fuhren, überlegten wir uns Antworten auf diese rätselhaften Fragen, und nach zwei Stunden hitzigen Diskutierens sah es folgendermaßen aus:

In der Vergangenheit wären die chaotischen, zerstörerischen Kräfte der Orkanböen mit einer weiblichen

Gottheit assoziiert worden, die aufgrund ihrer verschiedenen Erscheinungsformen und Namen von den mystischen Bruderschaften universell nur noch als Dunkle Göttin bezeichnet wurde. Sie hatte viele Namen – wie beispielsweise Astarte, Agriope, Kali, Lilith und Black Annis –, aber letztendlich waren das alles nur Variationen ein und derselben übernatürlichen Kraft oder Energie, denn genau das waren Götter und Göttinnen: mächtige, rohe Energie.

In der mystischen Tradition des Westens wurde die Dunkle Göttin vor allem als Hekate, die griechische Göttin der Unterwelt, verehrt, gefürchtet und angebetet.

Zu ihren Titeln gehörten auch Königin der Nacht, Leichenfresserin, Herrin der Selbstmorde und des plötzlichen Todes sowie Meisterin der Magie und Hexerei. Außerdem war sie als Dreifache Göttin bekannt, die über die drei Ebenen herrschte – Himmel, Erde und Unterwelt – und drei körperliche Erscheinungsformen besaß: Bei einer trug sie den Kopf einer tollwütigen Hündin auf den Schultern, bei einer anderen den Kopf eines Pferdes mit langer Mähne und bei der dritten den einer Giftschlange.

Als lunare Göttin symbolisierte und regierte Hekate den dunklen oder abnehmenden Mond – obgleich ihr oft am Vortag des Vollmondes gehuldigt wurde. Hierbei wurde sie als abstoßendes, häßliches, altes Weib in einem schwarzen oder grauen Kapuzengewand dargestellt, und in dieser Gestalt trug sie auch den Titel ›Königin der Hexen‹.

Für unsere aktuelle Debatte war von besonderer Bedeutung, daß Hekate – sowie die verschiedenen anderen Erscheinungsformen der Dunklen Göttin – zwischen dem Herbstäquinoktium im September und der Wintersonnenwende im Dezember am mächtigsten war. Den Höhepunkt ihrer Macht und ihres Einflusses erreichte sie zwischen diesen beiden Daten, am sogenannten Quartalstag des Jahreskalenders.

Dieser Quartalstag, der für gewöhnlich auf den 6. oder 7. November fiel, war von den nordeuropäischen Kelten als Samhain-Fest gefeiert worden. Im Laufe der Jahrhunderte war das Festtagsdatum jedoch auf den 1. November verlegt worden, und in den späteren christlichen Kalendern wurde er als All Hallow's oder All Saints Day (Allerheiligen) aufgenommen. Der Vorabend wurde als Halloween bezeichnet. Einem Aberglauben zufolgc steigen am Vorabend des All-Hallow-Festes die Toten aus ihren Gräbern, um die Lebenden heimzusuchen, eine Nacht der übernatürlichen Kräfte, in der Magie, Zauberei und Hexerei regieren.

Während des Samhain-Festes wurde Hekate – oder ihre lokale Erscheinungsform – mit großem Zeremoniell und Opfergaben besänftigt und verehrt, während ihre Präsenz durch Träume und Visionen der Orakel und Schamanen der Gemeinschaft bestätigt wurde.

Vor allem aber wurde Hekate nachgesagt, auf Sturmwinden zu reiten, zusammen mit ihren wolfsähnlichen Jagdhunden, ihren Lieblingstieren. Sie selbst nahm oft die Gestalt einer alptraumhaften Wolfsfrau an, und in dieser Erscheinungsform wurde sie als Lykaina – der griechische Name für Wolfsfrau – gefürchtet und verehrt.

Aber waren all diese psychischen Erlebnisse nur archetypische und symbolische Träume und Visionen gewesen? Oder war in jener Nacht eine sehr reale Urgewalt mit immensen magischen Kräften entfesselt worden?

»Es war, als würde Kali mich zwingen, das Bild fertigzustellen. Es war, als wäre ich besessen«, berichtete die zierliche und temperamentvolle Künstlerin Chesca Potter, während sie das Bild der hinduistischen Dämonin hochhielt, das sie auf dem Höhepunkt des Sturmes gemalt hatte. Sie stand während der Nachmittagspause der Konferenz im Rathaus von Oxford hinter einem Tisch, auf dem verschiedene ihrer Gemälde und Illustrationen ausgebreitet waren.

»Und dann der Zwischenfall während des Schreibunterrichts am Vorabend. Es war beinahe so, als hätte ich das Nahen des Orkans gespürt, als ich einen Baum visualisierte. Aber da ich nicht verstand, was los war, glaubte ich, es läge an mir. Ich habe den bevorstehenden Tod und die Vernichtung der Bäume gespürt – darum auch Kali, die für Tod und Vernichtung steht.«

Ich nickte zustimmend. Aufgrund meines miserablen Orientierungssinns waren wir erst kurz vor der Mittagspause vor Ort eingetroffen. Unglücklicherweise hatte ich meinen Fehler erst erkannt, als Straßenschilder verkündet hatten, wir hätten die Grenze nach Wiltshire passiert!

Ich lauschte Chescas Bericht mit großem Interesse, ehe ich ins Foyer hinausging, um eine Zigarette zu rauchen. Es gab jedoch noch andere Gründe für meine Anwesenheit bei der Thelemik-Konferenz. Ich wollte versuchen, jemanden zu finden, der in der Lage war, die aller Wahrscheinlichkeit nach griechischen Worte und vielleicht sogar die anderen fremdartigen Symbole auf den beschrifteten steinernen Speerspitzen des Schwarzen Alchimisten zu lesen und zu interpretieren. Ich hatte die Schiefer-Speerspitze mitgebracht, die wir exakt ein Jahr zuvor, im Oktober 1986, auf dem Hof der Kirche von Rettendon gefunden hatten. Sie wies genau dieselben griechischen Worte auf wie jene aus Lullington, nur daß die Symbole auf diesem Stück Schiefer ein wenig deutlicher waren. Wenn es sich tatsächlich um Griechisch handelte, würde sie bestimmt jemand lesen können. Aber wen sollte ich fragen?

»Terry DuQuesne ist hier«, teilte mir Caroline mit, als wir den Konferenzteilnehmern aus dem Weg gingen, die zu ihren Plätzen im großen Saal zurückkehrten. »Wenn jemand die Zeichen lesen kann, dann er. Er ist wohl die anerkanntermaßen größte Autorität auf dem Gebiet klassischer und ägyptischer sowie alchimistischer und magischer Texte.«

Das klang, als wäre er genau der Richtige, nur konnte ich mich nicht mehr erinnern, wie er aussah.

»Ich mache dich mit ihm bekannt, wenn er aus dem Saal kommt«, entgegnete sie und setzte sich auf einen alten neugotischen Thron, der wunderbar zum übrigen Dekor des Rathauses paßte.

Wir warteten draußen. Die Nachwirkungen des Bieres, das ich zur Mittagszeit getrunken hatte, hinterließen einen abgestandenen, mit kaltem Rauch vermischten üblen Geschmack in meinem Mund, der einfach nicht verschwinden wollte. Ich ging auf und ab, hatte Durst und sprach von anderen Dingen.

Endlich spuckte der Saal erneut sein Publikum aus, eine bunte Mischung aus jung und alt, langhaarig und kurzhaarig, Punks und Hippies. Alle schlenderten an uns vorbei, verteilten sich im Foyer oder steuerten die kleine Cafeteria an. Immer mehr Menschen tauchten auf. Die Konferenz war beendet. Caroline tauchte schweigend in die Menge ein und kehrte mit einem großgewachsenen, stämmigen Herrn mit kurzem, hellen Haar und rechteckiger Brille zurück.

»Vielleicht können Sie uns helfen«, sagte sie zu dem überraschten, aber neugierigen Mann, von dem sie wußte, daß er Terry DuQuesne hieß. »Ich möchte Ihnen meinen Freund Andy Collins vorstellen. Er hatte etwas Ärger mit einem gewissen Schwarzen Alchimisten, der an altertümlichen Stätten seine Visitenkarte hinterläßt.«

Der Mann reichte mir freundlich die Hand.

»Terry DuQuesne, Andy«, sagte Caroline und trat sichtlich zufrieden beiseite.

Noch ehe er ein Wort sagen konnte, reichte ich ihm die Speerspitze aus Rettendon und zeigte auf die möglichen griechischen Symbole, ohne ihm mehr über die Hintergründe der Entdeckung des Steins zu verraten.

Auf seinen Zügen, die eben noch Verwirrung ausgedrückt hatten, zeichnete sich jetzt Neugierde ab, als er den beschrifteten Stein vors Gesicht hielt und die Inschrift studierte. Wortlos trat er an einen Tisch, öffnete seine Aktentasche und holte mehrere leere Seiten mit persönlichem Briefkopf heraus. Er legte sie auf den Tisch und zeichnete alsdann die gleichen drei Worte auf, die auch in die Speerspitze geritzt waren.

Es sah gut aus. Dann war es also tatsächlich Griechisch?

»O ja, das ist Griechisch«, bestätigte er und studierte wieder die Speerspitze, die neben dem Papier auf dem Tisch lag.

»Sehen Sie hier, dieses Wort.« Er zeigte mit einem Finger auf das längste der drei Wörter auf dem Schiefer, ehe er es erneut auf das Papier schrieb. »M-A-L-I-A-P-I-O-S. Und hier«, fuhr er fort und schrieb das zweite Wort ab: »S-A-O. Was das dritte Wort betrifft, bin ich nicht ganz sicher.« Er schrieb es auf. »Es scheint sich aus den Buchstaben O-M-O-E-E zusammenzusetzen.«

Maliapios, Sao und Omoee. Und was bedeutete das?

Terry holte tief Luft. »Also, obwohl mir diese Schreibweise noch nicht begegnet ist, habe ich sehr ähnliche Worte auf griechisch-ägyptischen Papyri gesehen«, erklärte er. »Es handelt sich um barbarisch-goetische Namen. Worte der Macht, die in den ersten Jahrhunderten nach dem Tod Christi von Priestern und Magiern in Gesängen oder Anrufungen benutzt wurden, um magische Kräfte heraufzubeschwören oder zu bannen.«

Barbarisch-goetische Namen. Diese Bezeichnung hatte ich schon mal gehört, aber das war auch alles.

»Goetik bedeutet wortwörtlich übersetzt ›Heulen‹. Gelehrte glaubten immer, diese Worte wären Unsinn, irgendwelche sinnlose Ausdrücke«, fuhr er fort. Das Foyer um uns herum war inzwischen voller Menschen. »Ich befasse mich jedoch seit Jahren mit diesem Thema und habe festgestellt, daß es sich bei zahlreichen dieser Namen um Abwandlungen von aramäischen, ägyptischen und hebräischen Göttern handelt.« Er wandte sich wieder seiner Abschrift der drei griechischen Worte von der Speerspitze zu.

Caroline und ich standen rechts und links von ihm und hörten ihm sehr aufmerksam zu.

»Maliapios«, sagte er. »Dieses Wort findet man in einigen griechisch-ägyptischen, magischen Papyri als ›Modorio‹ oder ›Mabarroia‹, wobei es sich offenbar um Abwandlungen des aramäisch-hebräischen Titels ›Gott der Himmelskörper‹ oder ›Gott der Gestirne‹ handelt. Tatsächlich arbeite ich gerade an der Übersetzung eines magischen Papyrus, das dieses Wort enthält. Es handelt sich um eine griechisch-ägyptische, magische Formel, die als ›Der Kopflose‹ bezeichnet wird, dasselbe Ritual, das Crowley unter der Bezeichnung ›Der Ungeborene‹ praktiziert hat.«

Ich glaubte zu verstehen.

Sein Zeigefinger glitt weiter zum zweiten der drei Worte: Sao. Dieses erklärte er ganz ähnlich. »S-A-O ist vermutlich eine falsche Schreibweise von Iao, dem koptischen und gnostischen Namen des höchsten Wesens, wobei es sich hierbei bereits um eine Abwandlung des hebräischen Titels Sabaoth handelt, was schlicht ›Gestirne‹ bedeutet. Wie ich schon sagte, handelt es sich bei diesen goetischen Lauten sehr häufig um göttliche Namen für Macht.«

Und was war mit dem dritten Wort? Omoee?

Terry blickte von der Speerspitze und den Blättern, die auf dem Tisch lagen, auf. »Unglücklicherweise ist mir dieses Wort nicht geläufig.« Dafür hatte er aber einen Eindruck vom Charakter des Schwarzen Alchimisten gewonnen. »Alles, was ich über die Person, die diese Worte geschrieben hat, sagen kann, ist, daß sie das Griechische nicht fließend beherrscht. Die Worte sind schlecht geschrieben. Andererseits kennt diese Person sich sehr gut mit griechisch-ägyptischer Magie aus und kann das Wort Maliapios nur aus sehr zwielichtigen Quellen erfahren haben.«

Ich war mir nicht ganz sicher, was griechisch-ägyptische Magie wirklich war. Griechisch beeinflußte ägyptische Magie, nahm ich an.

Er schüttelte den Kopf. »Griechisch-ägyptische Magie ist eine Mischung aus ägyptischer, griechischer, römischer, hebräischer und gnostischer christlicher Ritualmagie, die zwischen dem ersten und dem fünften Jahrhundert n. Chr. in Ägypten entstand. Sie hatte sogar ihr eigenes magisches Alphabet und eine eigene Sprache, das sogenannte Koptische.

Ein großer Prozentsatz der heute angewandten alchimistischen Systeme und Magie-Rituale haben ihre

Wurzeln in der griechisch-ägyptischen Magie. Und doch ist nur sehr sehr wenig davon übersetzt worden. Jedenfalls würde ich sehr gern mehr über diesen Schwarzen Alchimisten erfahren.«

Ich ebenfalls. Ich steckte die Speerspitze und das Blatt Papier ein und sagte Terry, ich würde ihn anrufen, um ein späteres Treffen zu vereinbaren.

Eine Gruppe von Konferenzteilnehmern lenkte ihn von Caroline und mir ab. »Kommt ihr auf eine Tasse Tee mit in die Cafeteria?« rief er uns im Gehen über die Schulter hinweg zu.

Wir zogen es vor, auf den Balkon zu steigen, von dem aus man einen Blick auf das Rathausfoyer hatte.

»Der Schwarze Alchimist benutzt also griechisch-ägyptische, goetisch-barbarische Namen«, begann Caroline und stützte die Unterarme oben auf das Geländer.

Es sah so aus. Allerdings bestätigte dies etwas, das Bernard bereits im Juni 1985 nach seinem Traum vom Haus des Schwarzen Alchimisten in Eastbourne angesprochen hatte. Damals hatte er gemeint, unser Gegner sei ein Akademiker mit Zugang zu seltenen Büchern und Schriften.

Aber es war eben nur eine Bestätigung und wenig mehr. Ganz sicher brachte es uns der Aufdeckung seiner Identität keinen Deut näher. Hierzu würde es neuer Taten bedürfen, und das schien doch sehr unwahrscheinlich, nachdem inzwischen weit über ein Jahr ohne den leisesten Hinweis auf seine baldige Rückkehr verstrichen war.

»Vielleicht ist die Sache endgültig beendet«, sagte Caroline.

Vielleicht. Ich war mir da nicht so sicher.

Kapitel 26

Der Leib Christi

Sonntag, 25. Oktober 1987. In den zehn Tagen, seit der Orkan die südlichen Grafschaften verwüstet hatte, verbrachte Bernard den Großteil seiner Freizeit damit, die Schäden an seinem eigenen Besitz zu beseitigen. Einige Dachziegel hatten sich verabschiedet, ein Doppeltor war aus den Angeln gerissen und zerschmettert worden, und in seinem Garten waren drei ansehnliche Bäume umgestürzt.

Nachdem er Dach und Tor repariert hatte, wollte er sich die entwurzelten Bäume auf dem Rasen vornehmen. An diesem Tag holte er nach dem Mittagessen eine Säge aus dem Schuppen und machte sich an einem der dicken Stämme zu schaffen.

Die Zeit verging, und als die orangefarbene Sonnenscheibe begann, sich immer weiter dem westlichen Horizont zuzuneigen, verspürte er plötzlich den Drang, zur Kirche von Danbury zu fahren. Er spürte noch mehr – irgendwie war da noch eine Verbindung mit Feuer und Hitze. Er wurde unwiderstehlich dorthin gezogen und würde keine Ruhe finden, wenn er nicht hinfuhr.

Stirnrunzelnd legte er die Säge beiseite und teilte seiner Frau mit, daß er für etwa eine Stunde nach Danbury fahren würde.

Bernard brachte seinen Orion neben der dreieckigen Rasenfläche vor der Kirche zum Stehen. Mindestens acht Fahrzeuge parkten bereits vor dem Kirchenportal.

Offenbar war gerade Gottesdienst, in Anbetracht des Tages und der Uhrzeit wohl eine Taufe.

Als er den Kirchhof betrat, wurde er an die Orkannacht erinnert, denn er sah, daß mehrere Schieferschindeln aus der hohen konischen Spitze des mittelalterlichen Westturmes fehlten. Trotzdem konnte man nicht klagen, wenn dies der einzige Schaden war, den die Kirche davongetragen hatte. Er schlenderte am Westportal vorbei und betrat den ausgedehnten Friedhof innerhalb des alten Erdwalls aus der Eisenzeit, der die Stätte oben auf dem Hügel einfaßte.

Der Anblick, der sich ihm bot, stimmte ihn tieftraurig. Die alte Roßkastanie gleich rechts des Weges, unter der er und Andy bei so zahlreichen Gelegenheiten gestanden hatten, um psychische Botschaften zu empfangen, lag entwurzelt und zersägt da. Offensichtlich war sie während des Orkans umgestürzt.

Der Anblick bekümmerte das Medium. Bernard hatte sich immer auf unerklärliche Weise zu diesem Baum hingezogen gefühlt. Es war sein Baum gewesen. Er hatte immer eine freundliche, schützende Atmosphäre verströmt, die einfach ideal gewesen war für psychische Arbeit. Voller Zuneigung hatte er die Kastanie immer als ›Mittelpunkt des Universums‹ bezeichnet, da sie genau in der Mitte des Kirchhofes gestanden hatte. Und jetzt war sie für immer verloren. In seinem ganzen Leben würde er an dieser Stelle keinen ausgewachsenen Baum mehr stehen sehen.

Eine Weile stand er schweigend da und erwies dem toten Baum die letzte Ehre. Als er näher heranging, stellte Bernard verärgert fest, daß jemand – vermutlich Kinder – eine Seite des Baumstumpfes verkohlt hatte, der zwar noch in der Erde steckte, jedoch auf der Seite lag wie ein herausgezogener Stecker. Eine dicke Schicht feiner silberner Asche bedeckte den geschwärzten Stumpf und den Boden um ihn herum. Das Medium spürte, daß der Baum auf mehr als nur eine Art gelitten hatte.

Als ihm plötzlich die Eindrücke von Feuer und Hitze wieder einfielen, die er vorhin verspürt hatte, gewann der Stumpf mit einemmal eine besondere Bedeutung. Er konzentrierte sich auf die Stelle und fühlte sofort sehr deutlich, daß irgendwo in der Nähe des Baumstumpfes etwas verborgen war. Er ließ den Blick umherschweifen, konnte jedoch nichts entdecken. Er fühlte sich intuitiv zu einem spaltartigen Loch im Boden hingezogen, das dort entstanden war, wo der ballenartige Stumpf herausgerissen worden war.

Es war zur Hälfte mit weicher Erde und Asche gefüllt. Sein Instinkt verriet ihm, daß dort unten noch etwas anderes war.

Nachdem er sich davon überzeugt hatte, daß er nicht beobachtet wurde, hob er einen Stock auf und begann, in dem Loch herumzustochern. Er merkte, daß ihn das nicht weiterbringen würde, warf den Stock fort, sank auf die Knie und wühlte mit den Händen im lockeren Erdboden. Plötzlich ertastete er etwas Kaltes, Hartes und unregelmäßig Geformtes. Er zog den Gegenstand heraus und säuberte ihn: Zum Vorschein kam eine stark oxidierte gußeiserne Figur des gekreuzigten Jesus, etwa fünfzehn Zentimeter lang und zwölf Zentimeter breit. Offensichtlich war sie irgendwann einmal an einem Holzkreuz oder einer Plakette befestigt gewesen, aber wie war sie dort in die Erde gelangt? Und wer hatte sie dort hineingelegt und wann? Nur eines war klar: Sie mußte Jahre dort gelegen haben und wäre ohne den Orkan nicht wieder aufgetaucht.

Bernard entfernte die Erdschicht, die an der Metallfigur klebte, betrachtete das Fundstück und versuchte, seine Gedanken der Situation zu öffnen.

Er empfing nur einen Namen, ›Chris‹ oder ›Christopher‹, erkannte aber gleich darauf, daß es sich lediglich um das Wort Christos handelte, die griechische Version von Christus.

Etwas anderes verriet ihm, daß die Christusfigur psychisch ›sauber‹ war, obgleich ihr früher einmal eine wichtige Erinnerung im Zusammenhang mit den Umständen, unter denen sie vergraben worden war, innegewohnt hatte. Jedoch war diese versehentlich gelöscht – oder vernichtet – worden, als das Feuer den entwurzelten Stumpf verkohlt hatte. Jegliche Gefühle oder Energien, die dort einmal bestanden haben mochten, waren für immer verloren.

Es war ein frustrierendes und sonderbares Gefühl, aber es war noch etwas mehr als das. Etwas, das er nicht genau bestimmen konnte. Irgend etwas stimmte hier nicht …

Bernard nahm eine Windböe wahr, die plötzlich über den Kirchhof fegte und trockenes Herbstlaub aufwirbelte. Als der Wind sich wieder legte, schwebten die Blätter einige Meter weiter wieder zu Boden.

Sein Magen verkrampfte sich, als er den Blick wieder auf den traurigen Baumstumpf richtete. Ein kalter Schauer jagte ihm den Rücken hinunter, und er fröstelte. Irgendwie fühlte der Kirchhof sich fremd an, sogar ein wenig abweisend; eine Atmosphäre, die er in Danbury noch nie empfunden hatte. Er kam sich beinahe vor wie ein Eindringling und glaubte bohrende Blicke in seinem Rücken zu spüren. Das ist absurd, sagte er sich und entfernte sich kopfschüttelnd.

Er war wütend. Er ließ den Blick über den Kirchhof schweifen und stellte fest, daß von den Dutzenden von

Bäumen aller Arten und Größen nur ihre Roßkastanie und noch ein einzelner anderer Baum entwurzelt worden waren, während andere an exponierterer Stelle den Orkan schadlos überstanden hatten. Es war zwar ein sonderbarer Gedanke, aber es schien tatsächlich fast so, als hätte der Sturm sich seine Ziele sehr sorgfältig ausgewählt.

Er mußte weg von hier. Er wickelte die Christusfigur in ein Papiertaschentuch, steckte sie in seine Jackentasche und verließ den Kirchhof, verblüfft von seiner Haltung und seinen Gefühlen der Stätte gegenüber.

Der Kirchhof von Danbury war nicht mehr derselbe wie vor dem Sturm. Irgend etwas hatte sich dort verändert und veränderte sich noch, und das, was er fühlte, gefiel ihm ganz und gar nicht.

Kapitel 27

Die verderbte Jungfrau

Dienstag, 27. Oktober 1987. »Niemand hätte die Christusfigur je gefunden, wenn der Baum nicht während des Orkans umgestürzt wäre«, betonte Bernard, nachdem er mir ausführlich von den Umständen seiner Entdeckung zwei Tage zuvor berichtet hatte.

Als er zum Tresen des ›Griffin-Pubs‹ ging, um eine neue Runde zu bestellen, sah ich mir die gußeiserne Figur genauer an. Sie war auf der Rückseite hohl, und mehrere Klümpchen oxidierter Erde klebten noch immer wie winzige, orangefarbene Wucherungen an dem Metall. Die Oxidation war nicht auf natürliche

Weise erfolgt; vielmehr handelte es sich um einen Effekt, der eintrat, wenn ein vergrabenes Objekt starker Hitze ausgesetzt wurde. Kein Wunder, daß jegliche Vibrationen, die der Figur einmal innegewohnt hatten, durch das Feuer zerstört worden waren. Es war wohl angezündet worden, um die Äste und Blätter zu verbrennen, die kurz nach dem Orkan von dem umgestürzten Baumstamm entfernt worden waren.

Auf der ausgehöhlten Rückseite der Figur befanden sich zwei Schraubenlöcher, die darauf hindeuteten, daß sie ursprünglich an einem Holzkreuz befestigt gewesen war. Das Fehlen der Schrauben allerdings wies darauf hin, daß die Figur aus irgendeinem Grund allein vergraben worden war, entweder vor der Pflanzung des Baumes oder aber, als er noch sehr jung war. Wenn man zugrunde legte, daß der Baum hundert Jahre alt war, als der Sturm ihn entwurzelte, mußte die Figur in etwa ebenso alt sein. Aber wer hatte sie dort vergraben und warum? Die logische Antwort war die, daß jemand, vielleicht ein ehemaliges Mitglied der Kirchengemeinde von Danbury, den Christus als eine Art Devotionalie dort vergraben hatte, zum Gedenken an jemanden, der in der Nähe beerdigt war. Vielleicht war der Baum ja aus demselben Grund gepflanzt worden.

Da die Figur uns nicht mehr verriet, wandte unsere Unterhaltung sich wieder dem Orkan selbst zu. Ich fühlte, daß es sich um eine Säuberungsaktion gehandelt hatte; die Gegend war beschnitten worden, so wie ein Gärtner einen Baum stutzte. Und obgleich der Baum hiernach einige Zeit häßlich aussehen würde, das Beschneiden würde ihm letztendlich zugute kommen.

Bernard widersprach mir. »Sieh dir doch an, wie er zugeschlagen hat. Das war kalkuliert und zerstörerisch, und er hat im Schutze der Dunkelheit agiert. Es schien beinahe so, als würde eine übernatürliche Intelligenz seinen Schreckenspfad koordinieren.«

Wo hatte ich das schon mal gehört? Ich erzählte ihm, daß in der Orkannacht zahlreiche Menschen beängstigende Träume und Visionen gehabt hatten, die sich auf die Dunkle Göttin bezogen. Ich sagte nicht viel mehr dazu, da es ihn nicht sonderlich zu interessieren schien.

»Also, ich habe in jener Nacht nur Kugeln elektrischblauen Lichts gesehen, die in der Ferne über irgendwelchen Baumwipfeln auf und ab hüpften«, sagte er und zog an seiner Zigarette. »Wußtest du, daß der Orkan seinen Höhepunkt um vier Uhr erreicht hat – dem dunkelsten Augenblick der Nacht und der, an dem der Mensch am verwundbarsten ist?« Er lehnte sich zurück und machte ein Gesicht, als wüßte er, wovon er sprach. »Wußtest du außerdem, daß mehr Menschen um vier Uhr nachts sterben als zu irgendeiner anderen Tageszeit?«

Nein, aber was hatte das mit uns zu tun?

Bernard runzelte die Stirn, drückte seine Zigarette im Aschenbecher aus und machte ein ernstes Gesicht. »Hör zu. Ich weiß, daß der Orkan eine Naturkatastrophe war. Das kann niemand leugnen. Trotzdem waren die Winde eine Elementargewalt sehr großer Macht, die von einigen Eingeweihten angezapft und benutzt werden konnte.« (1)

Ich verstand nur zum Teil, was er sagte und wandte meine Aufmerksamkeit wieder der Christusfigur zu, die immer noch vor uns auf dem Tisch lag. Mir war soeben etwas eingefallen, was in Zusammenhang mit ihrer Entdeckung von Bedeutung sein konnte. Nur anderthalb Tage nach dem Sturm, am Abend des 17. Oktobers hatte Bernard ein sehr deutliches Bild empfangen – seine erste hellseherische Vision seit längerem. Er hatte einen eisernen Christus am Kreuz gesehen. Er hatte gesehen, wie die Figur über einer flackernden Lichterflamme schwebte. Gleichzeitig hatte er die Präsenz einer Heiligen namens Anne gespürt, die mit dem Einfluß des Kruzifixes irgendwie in Verbindung gestanden hatte.

Damals hatte ich entdeckt, daß in der christlichen Mythologie die Heilige Anne die christianisierte Form der altertümlichen britischen Göttin Anna war, auch Annis oder Schwarze Annis genannt, eine Form der Göttin der Finsternis. Da Bernard das Bild jedoch in einem völlig anderen Zusammenhang empfangen hatte, hatte ich es der damaligen Thematik zugeordnet. In Anbetracht der Christusfigur, die Bernard unter dem verkohlten Baumstumpf gefunden hatte, erschien die Vision jedoch in einem völlig neuen Licht. Stand das länger zurückliegende, hellseherische Bild wirklich in Zusammenhang mit der aktuellen Situation?

»Ich habe auch daran gedacht«, gab Bernard zu und nippte an seinem kalten Wasser. »Ich bin aber zu keinem Schluß gekommen.«

Ich ließ das Thema auf sich beruhen, dachte jedoch später ernsthaft darüber nach. Es war schon ein seltsamer Zufall. Doch in diesem Spiel gab es so etwas wie Zufall nicht. Es mußte also einen Zusammenhang geben. Das mußte er doch einsehen?

»Schon gut. Ich gebe zu, daß ein Zusammenhang wahrscheinlich ist«, erklärte er mit einem gequälten Lächeln.

Danke. Seinerzeit hatte ich ihn gefragt, ob das Kruzifix aus seiner Vision irgendwo vergraben wäre, und er hatte bejaht. Es sah also ganz so aus, als wären wir dazu bestimmt gewesen, diese Christusfigur zu finden, und ich war entschlossen herauszufinden, warum. Bernard wollte mir unbedingt den genauen Fundort zeigen, und so verließen wir, nachdem wir unsere Gläser geleert hatten, den lärmenden Pub und traten hinaus in die kalte Herbstluft.

In der Dunkelheit des frühen Abends schlenderten Kids über die Wiese und steuerten das kleine Rathaus neben der Kirche an. Sie riefen, schrien und brannten Feuerwerkskörper ab.

Feuerwerk. Natürlich, Donnerstag war Guy-Fawkes-Nacht.

Vielleicht sollten wir in den warmen Schankraum zurückkehren und später zurückkommen.

»Nein, wir ziehen das heute durch«, sagte Bernard und bahnte sich einen Weg durch die Jugendlichen, die sich dicht vor dem Kircheneingang versammelt hatten.

Da wir vergessen hatten, eine Taschenlampe mitzunehmen, versuchte Bernard mit einem Wegwerffeuerzeug, das spaltartige Loch seitlich neben dem Baumstumpf auszuleuchten. Abwechselnd wühlten wir mit den Fingern in dem mit Erde und Asche gefüllten Loch, um ganz sicherzugehen, daß dort nichts mehr versteckt war. Nachdem wir uns davon überzeugt hatten, daß das Loch leer war, fragte ich Bernard, ob er bereit sei zu versuchen, sich auf die Fundstätte zu konzentrieren, indem er die Christusfigur in der Hand hielt und seine Gedanken auf die ganze Situation richtete.

»Ich werde nichts empfangen«, entgegnete er knapp, stellte sich jedoch widerwillig in stiller, meditativer Pose neben dem umgekippten Baumstumpf auf.

Etwa eine Minute verstrich.

Er unterbrach seine Konzentration und schüttelte den Kopf. »Nein, ich empfange gar nichts. Nur wieder diesen Namen ›Christos‹.« Er verlor das Interesse, begann ungeduldig hin und her zu gehen und zündete sich eine Zigarette an. »Wie ich schon sagte. Das Feuer hat jede Erinnerung oder Botschaft, die in der Christusfigur oder der Erde selbst enthalten war, vernichtet.«

So leicht würde ich ihn nicht davonkommen lassen! Es mußte mehr über die Christusfigur in Erfahrung zu bringen sein als nur der Name! Ich bat ihn also, sich auf die andere Seite des Weges zu stellen und einen ähnlich großen Baum anzufassen, der vom Orkan verschont geblieben war. Vielleicht würde er sich über den Kontakt mit diesem Baum in die inhärenten Energien auf dem Kirchhof einklinken können.

Als er die rechte Hand nach dem Baum ausstreckte, wehte urplötzlich eine heftige Windböe über die Hügelkuppe und fegte zischend durch das Geäst. Ich gab einen Kommentar dazu ab.

»Ich weiß. Kein gutes Zeichen«, gab er bekümmert zu. »Ich glaube, das gefällt mir nicht.« Aber er zwang sich zur Ruhe, trat seine Zigarette aus, machte seinen Kopf frei und konzentrierte sich.

Minuten verstrichen, bis Informationen zu fließen begannen.

»Ich spüre, wie gute Absichten aufgrund des Orkans und des Feuers vernichtet werden ... und eine Kraft, die jener entgegengesetzt ist, die hier sein sollte, hier auf dem Kirchhof.« Er pausierte eine Weile, um seine Empfindungen zu analysieren. »Im Augenblick sind seltsame Kräfte am Werk. Jemand arbeitet auf magischer Ebene. In der Orkannacht haben mehrere okkulte Gruppierungen und Individuen die Situation ausgenutzt ... von denen viele sich nicht einmal kannten. Diese Kräfte sind immer noch präsent ... Ich fühle, daß ich sehr vorsichtig sein muß!«

Hierauf folgte wieder eine längere Unterbrechung, ehe er sich den Auswirkungen des Orkans zuwandte. »Die Böen haben innerhalb kürzester Zeit mehrere Millionen Bäume vernichtet. Jeder von ihnen war ein Brennpunkt konzentrierter Energien. Diese Punkte sind nun einfach nicht mehr da, und das hat große Lücken in der ausbalancierten und harmonischen Energiestruktur der Landschaft hinterlassen.

Das wiederum hat ein krasses Ungleichgewicht in sämtlichen Energieebenen des Landes bewirkt. Ich sehe viele andere Orte. Alle haben sich verändert. Außerdem sehe und fühle ich unkontrollierbare Hitze, die von hier und anderen, ähnlichen Orten im Land ausgeht. Der Orkan scheint aber auch wählerisch gewesen zu sein, was seine Ziele betrifft, beinahe so, als hätte jemand bestimmt, welche Orte verwüstet werden sollten.«

In völliger Dunkelheit versuchte ich, so gut es ging, das Wichtigste von dem, was er sagte, aufzuschreiben, ohne ihn zu unterbrechen.

»Es braut sich etwas zusammen«, verkündete er, nahm die Hand von dem Baum und lief in seiner unaufhaltsamen schamanischen Stimmung einige Schritte auf und ab. »Gegensätze … also ein Ungleichgewicht … Der Weg ist bereitet … damit andere dunkle Energien sich aufbauen können … ein Zustand chaotischen Durcheinanders.«

Aber was war mit der Christusfigur? Warum hatte er sie gefunden?

»Der umgestürzte Baum und das Feuer. Damit wurden ganz gezielt gute Absichten gelöscht, die derjenige hinterlassen hatte, der die Figur hier vergrub. Es besteht eine starke Verbindung zwischen dem Verderben dieses Ortes und unserem komischen Kauz.«

Komischen Kauz? Ich hielt inne und blickte zu ihm auf.

»Dem Schwarzen Alchimisten.«

Der Schwarze Alchimist also. Was hatte denn der mit alledem zu tun?

»Hat gearbeitet ... in jener Nacht ... die Situation ausgenutzt. Ich werde auf der Hut sein müssen«, warnte er sich selbst, während er seine rastlose Wanderung fortsetzte und nach weiteren psychischen Hinweisen suchte.

Dann blieb er abrupt stehen und schnippte mit dem Finger in meine Richtung, als versuche er, einen Eindruck schärfer zu empfangen. »Schreib auf. Ein Name. Ich buchstabiere. T-H-E-O-S-O-P-I-A.« Er versuchte, den Namen auszusprechen. »The-o-so-pia. Das ist eine gegensätzliche Kraft. Nicht gut. Weibliche Natur ... finster.«

Hierauf entfernte er sich vom Baum und betrat den Weg.

Schweigend folgte ich ihm, den Kugelschreiber weiterhin schreibbereit. Aber aufgrund früherer Erfahrungen erkannte ich bald, daß er tiefer und tiefer in seiner eigenen psychischen Vision versank. Ich würde ihn sehr genau beobachten müssen.

Langsam schlenderte er den Weg hinunter und schien gar nicht wahrzunehmen, daß ich dicht hinter ihm war. Er fiel ganz offensichtlich in Trance, was mich zutiefst beunruhigte. Was sollte ich tun? Ihn durch kräftiges Schütteln in die Wirklichkeit zurückholen? Oder war es besser, den Dingen ihren Lauf zu lassen? Ich beschloß, ihn nicht zu stören, zumindest für einige Minuten.

»Viele Dinge in der Luft«, verkündete er völlig ruhig, als er in den Nachthimmel blickte, bevor er weiter den Weg hinunterging. Dann schüttelte er erst den linken und dann den rechten Fuß.

Was zum Teufel hatte er vor? Irgend etwas stimmte nicht, soviel stand fest.

»Jetzt sehe ich eine gebeugte, alte Frau … heißt Pap-hot-tia oder so ähnlich.« Er hielt inne, um die hellseherische Erscheinung zu betrachten. »Herrin der Schlangen.«

Die Art, wie er die letzten beängstigenden Worte aussprach, bestätigte meine schlimmsten Befürchtungen. Sein Verstand wurde von einer bösen Macht überschattet. Ich hatte das schon früher erlebt. Er befand sich in Trance, und wenn er nicht sehr schnell in die Wirklichkeit zurückkehrte, würde sein Körper völlig durchdrungen und besessen werden. Obwohl ich ahnte, daß es bereits zu spät war, ihn zu retten, flehte ich ihn an, nicht noch tiefer in Trance zu versinken. Es war wie erwartet zwecklos. Er reagierte in keiner Weise.

Ich heftete mich weiter an seine Fersen und hörte, wie er fast unverständliches Zeug murmelte, in einem gedämpften, drohenden Tonfall, der zweifellos nicht für meine Ohren bestimmt war. Trotzdem schrieb ich alles auf, oder zumindest die Worte, die ich verstehen konnte. Worte wie ›Die dunkle Jungfrau‹, ›die vertraute‹ und ›Nelos‹.

Den Rest sagte er so leise, daß er nicht mehr zu verstehen war, ein seltsames Geplapper, das er mit abstoßend gutturaler Stimme von sich gab.

Bernard konnte die Stimme seines Freundes nicht mehr hören. Er fühlte sich, als befände er sich im Inneren einer großen Seifenblase, losgelöst von der dunklen friedlichen Stille des Kirchhofes. Um ihn herum hingen Hunderte sich windender, schwarzer, aalartiger Schlangen in der Luft. Der Anblick faszinierte ihn einen Moment.

Vor ihm auf dem Weg stand eine abstoßende Gestalt – eine gebeugte, steinalte Greisin in einer Kutte, deren Kapuze ihr Gesicht verbarg.

Sie stand einfach da, drang in seinen Geist ein, er spürte ihn, las jeden seiner Gedanken.

Aber er wußte, worum es sich handelte. Sie war ein Produkt. Eine sichtbare Manifestation des Chaos, das auf dem Höhepunkt des Orkans entstanden war.

Wer war sie? Wie war ihr Name? Er erkannte, daß sie mehrere Gestalten in sich verkörperte. Aber dann empfing er einen Namen – Paphotia, Herrin der Schlangen.

Was hatte sie hier auf dem Kirchhof zu suchen? Und was wollte sie von ihm?

Die übernatürliche Wesenheit antwortete ihm nicht. Sie stand einfach nur schweigend da, ihm zugewandt.

Bernard senkte den Blick und sah, daß er von einem wimmelnden Teppich aus sich windenden Schlangen umgeben war. Es dauerte nicht lange, und sie glitten auch über seine Schuhe.

Verzweifelt versuchte er, sie abzuschütteln, aber immer mehr von ihnen schlängelten sich über seine Schuhe und wanden sich an seinen Beinen herauf. Ihre Leiber fühlten sich warm und trocken an. Ihm wurde übel, schwindlig … er fühlte sich ganz schwach.

Aber der mentale Kontakt zu der Greisin verschaffte ihm Antworten, auch ohne daß sie etwas sagte. Es hatte sie hergeschickt – dieses wandelnde Böse. Es hatte in jener Nacht die Pforte geöffnet, und sie war hindurchgetreten. Die Christusfigur hatte sie ferngehalten, aber nur anderthalb Tage lang. Dann hatte das Feuer die letzte Hürde vernichtet, und jetzt wartete sie … auf ihn.

Dunkelheit hüllte langsam seine Sinne ein, und er konnte nicht länger kämpfen. Sie übernahm die Kontrolle, und er … verlor … das Bewußtsein.

Er mußte aus der Trance erwachen, und zwar sofort. Ich rief seinen Namen, legte ihm die Hände auf die Schultern und schüttelte ihn. Er reagierte nicht.

Ich sagte ihm, er solle ein weißes Kreuz aus Licht visualisieren, das sich im Inneren seines Körpers bildete und immer strahlender wurde. Nichts geschah. Ich überlegte fieberhaft und versuchte hastig, eine Schutzvisualisierung durchzuführen, indem ich verbale Befehle gab und Ströme goldener Energie über meine Arme in seinen Körper fließen ließ.

Er zeigte immer noch keine Reaktion. Ich führte ihn zu einem Grabstein in der Nähe und sagte ihm, er solle versuchen, die negative Energie über den Stein in die Erde abzuleiten, so wie er es in einem ähnlichen Fall auf dem Friedhof von Downham getan hatte.

Bernard, der immer noch gegen das Eindringen der fremden Kraft in seinem Kopf ankämpfte, klammerte sich mit einer Hand an das steinerne Kreuz.

Wenigstens wußte ich jetzt, daß er mich hören konnte. Ein Bannritual. Ja, das würde ich als nächstes versuchen, unter Verwendung sehr starker Worte der Macht. Ich rückte leicht von ihm ab und schrie hektisch die Worte heraus: Im Namen des Vaters, des Sohnes und des Vaters ... Es wollte mir einfach nicht richtig gelingen, und die Worte zeigten nicht die geringste Wirkung.

Was sollte ich tun? Eine weitere kabbalistische Quervisualisierung. Ich bat ihn, zu visualisieren, wie ein weißes Lichtkreuz sich in seinem Inneren bildete und ausdehnte, während ich ihn erneut bei den Schultern packte und versuchte, mir vorzustellen, wie Ströme goldenen Lichts von mir auf ihn übergingen.

Erst jetzt zeigte er eine Reaktion, hob die Hände und faßte sich an die Stirn. Nach und nach wachte er aus seinem psychischen Koma auf und kehrte zurück in die Welt der Lebenden.

Als er seine Sinne und seinen Orientierungssinn wiederfand, zündete er sich eine Zigarette an, um seine Nerven zu beruhigen.

Ich schlug vor, den Kirchhof sofort zu verlassen und in den Pub zurückzukehren, um herauszufinden, was zum Teufel hier los war.

Kapitel 28

Das Tor zum Chaos

»Bestell für mich ein Guinness«, rief Bernard mir nach, als ich zur Bar ging, während er sich an einen Tisch setzte. »Ich glaube, das brauche ich jetzt.«

Ich stimmte in sein Lachen ein. Das würde der erste Alkohol sein, den ich ihn in fast einem Jahr trinken sah, und wie sollte ich ihm widersprechen? Aber trotz der beängstigenden Szene, die ich eben erst auf dem Kirchhof erlebt hatte, schien ihm seine Begegnung mit Paphotia, der Herrscherin der Schlangen, nicht weiter geschadet zu haben.

Wer war diese ominöse Paphotia, und was war Theosopia? Bei ersterer handelte es sich offenbar um die Erscheinungsform der Göttin der Finsternis, vielleicht sogar um Hekate selbst. Letzteres war vermutlich eine Abwandlung des griechischen Wortes Theosophia, was göttliche Weisheit bedeutete.

»Ich muß aus irgendeinem Grund ständig an Zosimos denken«, meinte Bernard, nachdem er an der

Schaumkrone seines kalten, gezapften Guiness genippt hatte. Er schwieg eine Weile und lehnte sich dann plötzlich vor, wie um eine tiefgründige Erklärung abzugeben. »Sag mal, hatte Zosimos vielleicht eine Schwester?«

Mein Schweigen und mein verständnisloser Gesichtsausdruck sprachen Bände. Dann erinnerte ich ihn daran, daß nur sehr wenige historische Informationen über das Leben und das Zeitalter des griechisch-ägyptischen Alchimisten aus dem vierten Jahrhundert überliefert waren.

»Ich denke, du wirst feststellen, daß dem so ist«, entgegnete Bernard überzeugt, »sie war diese Theosopia-Frau. Sie war wie eine gegensätzliche Kraft zu allem, was Zosimos darstellte.«

Ich steckte mir eine Marlboro an und griff nach Notizblock und Kugelschreiber. Ganz offensichtlich schnappte er diese Informationen auf, während er sie aussprach.

»Zosimos war gewissermaßen eine Gestalt des Lichts. Ein anständiger Kerl. Während sie die dunkle Seite repräsentierte. Seinen Schatten.« Er lehnte sich wieder in seinem Stuhl zurück und ließ den Blick durch den gutbesuchten Pub schweifen. »Sie war eine Hexe, befahl Schlangen, beherrschte die Dämonologie und das Chaos. Diese Pap Soundso ...«

Paphotia, erinnerte ich ihn.

»Sie war eine Dunkle Jungfrau. Eine Art Gegenstück zur Jungfrau Maria, die aussah wie eine gebeugte Greisin. Ich schätze, das war als Hohn gemeint. Theo hat ihr zusammen mit anderen Dämonen eine sichtbare Form gegeben«, fuhr er fort und zündete sich eine Zigarette an.

Hastig notierte ich alles, was er sagte. Bei dieser

Paphotia schien es sich allem Anschein nach um eine lokale Form der griechisch-ägyptischen Dunklen Göttin zu handeln, in ihrer Erscheinung Hekate sehr ähnlich. Ich wies ihn darauf hin, daß Hekate in der Mythologie häufig von einem beweglichen Teppich aus sich windenden Schlangen dargestellt wurde.

Aber Bernard war bereits weiter. »Theo hat mit einem verderbten Priester zusammengearbeitet. Sein Name war ...« Er schwieg einen Augenblick und überlegte angestrengt. »Nelos.«

Nelos. Der Name, den er auf dem Kirchhof gemurmelt hatte.

»Gib mir deinen Block her«, sagte er, zog ihn zu sich herüber und griff nach einem Stift. Ein oder zwei Minuten saß er einfach nur da und starrte ins Leere. Dann begann er zu schreiben.

Ich ließ ihn gewähren. Die Gäste im ›Griffin Pub‹ kamen mir an diesem Abend besonders laut vor. Eine größere Frauengruppe – vermutlich feierten sie einen Junggesellinnenabschied – stand am Tresen und schrie und lachte in einem fort. Hoffentlich wechselten sie bald das Lokal.

Bernard schien immer noch meilenweit weg zu sein von dem betriebsamen Hintergrund plärrender Musik, lärmender Frauen und sich vorbeischiebender Gäste. Offenbar konnte nichts seine psychischen Fähigkeiten stören, wenn sie erst eingeschaltet waren.

Schließlich legte er den Kugelschreiber aus der Hand und schob mir den Block über den Tisch hinweg zu. Ich drehte ihn herum und überflog, was er geschrieben hatte.

Theo befaßte sich zusammen mit einer Jungfrau (Paphotia) und einem Priester (Nelos) mit der dunklen Seite der Alchimie. Nelos war ein kleiner, knorriger alter Mann. Es wurde auch Wasser benutzt. Ein offener Teich, wo sie ausgegrabene Tierknochen verstreuten, in der Hoffnung, Dämonen der Finsternis heraufzubeschwören.

Sie wurde von Zosimos gewarnt, zog es aber vor, diese Warnungen zu ignorieren. Auch wußte sie, daß es bei der ultimativen Suche nicht um einen Stein ging (siehe der Stein des Philosophen), sondern um eine höhere Macht, die Landschaften in Wüsten verwandeln, ihr jedoch zahlreiche Schlösser errichten würde, von wo aus sie ihr Wort predigen konnte, in der Hoffnung, das endzeitliche Chaos herbeizuführen.

Die Bezugnahme auf eine »höhere Macht, die Landschaften in Wüsten verwandeln« würde, erinnerte mich an die verheerenden Verwüstungen, die der Orkan angerichtet hatte.

»Und ich nehme an, daß nach ihrem Tod Theos Seele sich mit jener ihrer Gottheit Paphotia vereint hat«, fügte er hinzu und unterbrach damit meinen Gedankengang. »Sie wurden zu einer einzigen sehr mächtigen und unheilvollen psychischen Macht. Und ich gehe davon aus, daß ich dieser vorhin auf dem Friedhof begegnet bin. Meinst du nicht auch?«

Warum sollte eine Antithese der schwangeren Jungfrau Maria von einer alten, gebeugten Frau dargestellt werden? Das war unnatürlich. Die urtypische Gestalt einer Jungfrau, ob schwarz oder weiß, müßte jugendlich und rein erscheinen. Die alte Hexe stand gewöhnlich für eine unfruchtbare Frau jenseits der Menopause, die für die dunklen Mondphasen und die düsteren Herbst- und Wintermonate zwischen September und Dezember stand.

Seine Antwort war simpel: »Sie hat viele Erscheinungsformen und Namen, die sich alle im Laufe der Jahrhunderte zu einer einzigen urzeitlichen Macht vereint haben. Manchen erscheint sie tatsächlich als junge züchtige Frau, wenn auch von der unheilvollen Art. Anderen wiederum erscheint sie als alte Hexe oder Greisin. In dieser Gestalt habe ich sie heute abend gesehen.«

Während der nächsten Stunde versuchten Bernard und ich alles, was sich in den vergangenen zwölf Tagen ereignet hatte, zu ordnen. Das Ergebnis lautete wie folgt:

In der Orkannacht hatten die chaotischen, zerstörerischen Kräfte der heulenden Winde eine ebenso zerstörerische Macht entfesselt – eine immense urzeitliche, psychische Macht, die gemeinhin als die Dunkle Göttin bezeichnet wurde –, die Chaos, Finsternis, Tod, Vernichtung und Durcheinander brachte. Ihr wahrer Name war nicht von Bedeutung, da es sich bei ihren Manifestationen nur um Formen einer rohen Kraft oder magischen Energie handelte, die in den Köpfen der Menschen entstand, nicht um eine einzelne Gottheit. Verschiedene Medien würden sie unterschiedlich wahrnehmen und empfinden – obgleich ihr häufigstes und am leichtesten zugängliches Erscheinungsbild jenes der Hekate war, der griechischen Göttin der Unterwelt, die in zwei Gestalten auftrat: als Greisin oder als Lykaina, als Wolfsfrau.

Diese chaotische psychische Kraft war genau das – eine elementare Macht, die das Land verwüstet und sich erst verflüchtigt hatte, nachdem die orkanartigen Winde sich bei Morgengrauen legten und ein Gefühl der Ruhe und Realität eingekehrt war.

Dabei hätte es bleiben können, wenn nicht einige Anhänger der Schwarzen Künste einschließlich des

Schwarzen Alchimisten die magische Macht der Dunklen Göttin in jener Nacht erkannt und die Gelegenheit genutzt hätten, diese Macht zu ihren eigenen degenerierten Zwecken zu nutzen. Sie hatten sehr gut gewußt, daß jedes magische Ritual, das auf dem Höhepunkt des Orkans im Namen der Dunklen Göttin vollzogen wurde, um ein vielfaches stärker und effektiver sein würde als zu irgendeinem anderen Zeitpunkt. Sogar die Jahreszeit – Mitte Oktober – hatte gestimmt, als die Dunkle Göttin den Höhepunkt ihrer Macht erlangt hatte.

Der Schwarze Alchimist hätte die Dunkle Göttin unter jeder ihrer Erscheinungsformen – Astarte, Schwarze Annis, Lilith, Kali – anrufen können, aber er hatte eine Form gewählt, mit der er sich innerhalb seiner einzigartigen griechisch-ägyptischen Magie am ehesten identifizieren konnte. Er hatte Paphotia angerufen, offenbar eine griechisch-ägyptische Dämonin, die eins zu sein schien mit einer ihrer früheren Akoluthen, Theosopia, der verderbten Schwester von Zosimos von Panopolis.

Unser Widersacher hatte die urzeitliche Kraft benutzt, um das normalerweise harmonische, sonnenorientierte Energiefeld auf dem Kirchhof von Danbury zu stören, jener Stätte, derer er sich hatte bemächtigen wollen, seit er vor exakt einem Jahr, im Oktober 1986, vergeblich versucht hatte, Bernard und mich am Running Well in seinen Bann zu ziehen. Tatsächlich war der Orkan genau ein Jahr und einen Tag nach der Konfrontation an der Quelle über das Land hinweggefegt; eine Synchronität, die ihm, bei seinem Entschluß, in Danbury zuzuschlagen, sicher nicht entgangen war. Auch war es nicht das erste Mal gewesen, daß der Schwarze Alchimist im Schutz sehr starker Winde agiert hatte. Die rituelle Falle, die er im Mai 1986 im Shenfield Common für uns aufgestellt hatte, war am windigsten Tag jenes Jahres vollzogen worden.

Ob zufällig oder gezielt, der Orkan hatte die alte Roßkastanie in der Mitte des Kirchhofes von Danbury entwurzelt, die bis dahin das energetische Epizentrum dieser Stätte gewesen war. Hierdurch war der Ort psychisch destabilisiert worden, mit einem dunklen Krater oder Tor, dort, wo einst der Baum gestanden hatte.

Mit Hilfe dieser Pforte des Chaos hatte der Schwarze Alchimist eine psychische Verbindung zu der Stätte hergestellt, die es ihm ermöglicht hatte, in Erwartung seines nächsten Zuges dort eine Manifestation der Dunklen Jungfrau Paphotia zu materialisieren. Aber obgleich der Baum gefällt worden war, hatte noch ein Hindernis Paphotias völliger Inbesitznahme der Stätte im Weg gestanden – eine gußeiserne Christusfigur, die scheinbar als Devotionalie um die Jahrhundertwende dort von einem wohlmeinenden Mitglied der Kirchengemeinde vergraben worden war.

Solange die warme, psychische Erinnerung der Gefühle, die an die Christusfigur gebunden waren, bestanden hatte, hatte sie ihre vollständige Manifestation verhindert und die Pläne des Schwarzen Alchimisten durchkreuzt. Darum hatte die Figur entfernt werden müssen, und wie ich anhand meiner eigenen Verwendung des Michaelsfeuers am Running Well im vergangenen Jahr nur zu gut wußte, zerstörte Feuer solche ortsgebundenen Erinnerungen.

Also war, entweder zufällig oder bewußt, auch diese letzte psychische Barriere entfernt worden, als das Feuer die Fläche um den entwurzelten Baumstumpf herum verbrannt hatte. Hierdurch war die Erinnerung der Christusfigur unwiderruflich zerstört worden. Ich nahm an, daß das Feuer vermutlich an dem Tag gebrannt hatte, an dem Bernard seine hellseherische Vision des Kruzifixes empfing, das über einer flackernden Flamme schwebte, also am Samstag, dem 17. Oktober, dem Tag nach dem Orkan und auf den Tag genau ein Jahr nach seinem ekelerregenden Alptraum von dem enthaupteten Priester in der Kirche von Danbury.

»Sehr wahrscheinlich«, stimmte er mir zu und blickte auf die lärmenden Frauen, die gerade in trunkenes Gelächter ausgebrochen waren. »Nun, wer immer diese Dunkle Göttin ist, sie ist jetzt hier auf diesem Kirchhof. Allerdings spüre ich nichts davon, daß jemand hier gewesen ist, und ich bin sicher, daß ich das nicht übersehen hätte.«

Warum?

»Das Energiefeld, das ich mit grünen Kristallen um die Kirche herum errichtet habe, ist trotz des Orkans immer noch vorhanden.«

Wie konnte er sich da so sicher sein?

»Ich habe mich davon überzeugt, als ich am Sonntag hier war«, teilte er mir in einem Anflug von Selbstzufriedenheit mit.

Wie sollten wir Paphotia loswerden, bevor der Schwarze Alchimist Gelegenheit bekam, seine neue Macht über den Kirchhof zu seinen Zwecken zu mißbrauchen?

»Vielleicht sollten wir irgend etwas am Baum hinterlegen«, schlug er vor. »Wir könnten die Pforte wieder verschließen, wenn wir ein neues Kruzifix in das Loch legen, in dem wir die Christusfigur gefunden haben.«

Natürlich. Ein neuer simpler Glaubensakt wie das Hinterlegen eines neuen Kruzifixes würde ausreichen. Allerdings würde das Vorhaben bei Tage vollzogen werden müssen, um eine weitere Konfrontation mit Paphotia zu vermeiden. Und es würde mit einem simplen Ritual oder einem Gebet einhergehen müssen. Es war so einfach, daß es beinahe lächerlich war.

Wir einigten uns schnell auf Datum und Zeit. Die Aktion sollte um 16 Uhr am folgenden Sonntag stattfinden, kurz vor Sonnenuntergang, exakt eine Woche nachdem Bernard die ursprüngliche Christusfigur ausgegraben hatte.

Nachdem wir uns geeinigt hatten, wandten wir uns den goetisch-barbarischen Namen auf den Speerspitzen aus Lullington und Rettendon zu.

Während wir debattierten, kehrten meine Gedanken zurück zu unserem Vorhaben, ein neues Kruzifix zu vergraben. Wenn der Schwarze Alchimist beabsichtigte, diese Pforte des Chaos auf dem Kirchhof von Danbury zu benutzen, dann würde er zweifellos versuchen, vor Sonntag aktiv zu werden, vorausgesetzt, er fand heraus, was wir planten.

Vielleicht würde er sich sogar Paphotias bedienen, um Bernard eines Nachts allein zum Kirchhof zu locken. Oder der Schwarze Alchimist packte den Stier bei den Hörnern und kam persönlich nach Danbury. Die unausweichlichen Konsequenzen konnten einige wirklich häßliche Szenen nach sich ziehen!

Bernard drehte den Kopf und folgte einer elegant wirkenden Frau mit schulterlangem, dunklem Haar und verführerischem Parfum, die an unserem Tisch vorbeiging, mit den Blicken. »Ent… entschuldige«, rief er aus. »Ich war gerade abgelenkt. Was hast du gesagt?«

Der Schwarze Alchimist könnte Danbury persönlich einen Besuch abstatten.

»Ich hatte gehofft, du würdest es nicht erwähnen«, entgegnete Bernard mit einem gequälten Gesichtsausdruck. »Ich will gar nicht daran denken. Ich kann diese Sorge nicht brauchen.«

Er hatte immer gewußt, daß er auf psychischer Ebene ernste Probleme bekommen würde, falls der Schwarze Alchimist in Danbury zuschlug. »Wenn der Schwarze Alchimist tatsächlich herkommt, wird er sowieso gewinnen«, fügte er düster hinzu.

Ich schimpfte ihn einen Dummkopf. Trotzdem ermahnte ich ihn, unter keinen Umständen vor dem vereinbarten Termin allein zur Kirche von Danbury zu fahren. Falls er das überwältigende Bedürfnis verspürte, sich dorthin zu begeben, sollte er mich sofort anrufen, damit wir uns vor Ort treffen könnten.

Aber dann, und erst dann, kam mir ein entsetzlicher Gedanke. Mir drehte sich der Magen um. O mein Gott, Samstag war der 31. Oktober – Halloween – das alte heidnische Samhain-Fest, die Nacht großen magischen Potentials, in der die Mächte der Dunklen Göttin ihren Höhepunkt erreichten. Das war ihre Nacht – die Nacht, in der sie von Jüngern der Vergangenheit und der Gegenwart erspürt und angebetet wurde. Wenn der Schwarze Alchimist versuchen wollte, über Paphotia die Mächte der Dunklen Göttin zu manipulieren, dann ganz zweifellos Samstag nacht. Mit anderen Worten, am Abend bevor wir das neue Kruzifix in dem Loch unter dem entwurzelten Baumstumpf vergraben wollten.

Bernard ließ sich in seinem Stuhl zurücksinken und lächelte gequält.

Es war so offensichtlich. Warum war mir das nicht schon vorher aufgefallen? Hastig schlug ich vor, das Kruzifix nicht wie geplant am Sonntag nachmittag, sondern bereits am Samstag zu vergraben.

»Nein, belassen wir es bei dem vereinbarten Termin.«

»Was!? Warum denn?«

»Ich weiß nicht«, entgegnete er zögernd. »Neugier, nehme ich an. Wir haben die Aktion für Sonntag geplant, also sollte es offensichtlich auch so sein.«

»Ja, aber bedeutet das nicht, das Schicksal herauszufordern?«

»Ich weiß«, erwiderte er mit einem unsicheren Lächeln. »Und hinzu kommt, daß ich den ganzen Samstag abend allein sein werde. Meine Frau und meine Tochter wollen an diesem Abend ausgehen.« Er schwieg eine Weile nachdenklich. »Ich rufe dich an, falls etwas passiert.«

Kapitel 29

Zosimos' Schwester

Am Abend fand ich zu Hause in einigen Fotokopien eines Buches, die mir von einem Kollegen namens Clive Harper geschickt worden waren, die ersten Referenzen auf Theosopia. Sie stammten aus dem Buch ›Arcana Mundi‹ von George Luck und beinhalteten eine Zusammenfassung von Zosimos' Leben und Werk. Clive wußte von meinem Interesse an dem Alchimisten und hatte mir die Seiten vor einiger Zeit zugesandt.

Der Autor des Buches nahm Bezug auf ein Werk Zosimos' mit dem Titel ›On Completion‹, das, wie es hieß, Theosebeia gewidmet war, die er als ›vermutlich wohlhabende Lady mit großem Interesse an Zosimos' alchimistischer Forschung‹ bezeichnete. Nirgendwo wurde erwähnt, daß sie seine Schwester gewesen war, und der Name war auch anders geschrieben, aber für mich bestand kaum ein Zweifel daran, daß es sich um dieselbe Frau handelte, die Bernard am frühen Abend ›kennengelernt‹ hatte.

Ich wandte mich der ›Hiystory of Magic‹ von Kurt Seligmann zu. Auch hier wurde Theosebeia erwähnt, wenn der Name auch diesmal Theosebeia geschrieben war. Hier wurde sie eindeutig als ›Zosimos' Schwester‹ bezeichnet. Leider wußte der Autor über sie nicht mehr zu berichten, als daß sie eine Alchimistin gewesen war.

Ich beschloß, mich einstweilen mit diesen Informationen zufriedenzugeben, nachdem ich nun wußte, daß Theosopia tatsächlich existiert hatte und Zosimos' Schwester gewesen war. Dann fiel mir jedoch noch ein weiteres Buch in meinem Besitz ein, in dem Zosimos erwähnt wurde. Es handelte sich um einen dicken Band mit dem Titel »Hermetica – The ancient Greek and Latin writings which contain religious and philosophic teachings ascribed to Hermes Trismegistus. Volume IV«. Es war ein umfangreiches, schwieriges und doch unverzichtbares Werk, das allerdings reichlich Beispiele einer Manie aufwies, die ich an alten Büchern verabscheue – die ständige Verwendung von Begriffen aus der Originalsprache ohne Übersetzung! Mit anderen Worten, es war nicht sehr hilfreich, es sei denn, man konnte Griechisch, Koptisch und Latein lesen!

Ich hatte das nicht ganz billige Buch im vergangenen Jahr erworben, da es ein längeres Kapitel über ›Zosimos Panopolitanus‹ enthielt. Allerdings hatte es sich seinerzeit für mich als nicht sehr nützlich erwiesen, da es keinerlei Informationen über Zosimos' außergewöhnliche Vision des Priesters Ion enthielt, der sich selbst auf einem kuppelförmigen Altar opferte – etwas, das beim frühen Material des Schwarzen Alchimisten eine nicht unerhebliche Rolle gespielt hatte.

Ich überflog das Kapitel über Zosimos erneut und stellte bald fest, daß das größte Werk des Alchimisten – eine Reihe kurzer Bücher über Alchimie – Theosebeia gewidmet gewesen war. Tatsächlich schien es, als wären sämtliche achtundzwanzig Bände speziell an sie gerichtet, beinahe so, als handle es sich um persönliche Ratgeber über das A und O der Alchimie und Hermetica. Unglücklicherweise waren die verschiedenen Auszüge aus besagten Büchern in der Originalsprache Griechisch belassen worden, womit ich nichts anfangen konnte. Allerdings konnte ich den Anmerkungen und kürzeren, übersetzten Ausschnitten genügend Informationen entnehmen, um mir ein recht gutes Bild von Theosebeia und Zosimos' Ratschlägen an sie zu machen.

In den Anmerkungen war von bestimmten Personen die Rede – verruchten Priestern, wie es schien –, die versuchten, Theosebeia zu etwas zu überreden, was Zosimos entschieden ablehnte. Sie verlangten von ihr, ›Dämonen‹ zu beschwören, die bei Opferzeremonien zur Unterstützung angerufen werden konnten. Diese ›Dämonen‹ behaupteten, daß sie den Hunger abschaffen konnten, wenn ihnen Opfer dargebracht würden, und sie versprachen, jedem zu helfen, der ihnen huldigte.

Theosebeia gab nach und rief diese unheilvollen Wesen an, etwas, das Zosimos zutiefst beunruhigte, zumal ›Dämonen‹, wie er erläuterte, nur selten ihre Versprechen einhielten. Er flehte sie schriftlich an, ›nur den Herrgott allein anzurufen und Opfer nur darzubringen, um die Dämonen oder ihre unheilvollen Einflüsse abzuwenden, jedoch niemals, um sie heraufzubeschwören.‹

Später in seinen Büchern kam Zosimos noch einmal auf seinen Rat in dieser Angelegenheit zurück und schrieb: »Die lokalen (Dämone) gieren nicht nur nach Opfergaben, sondern auch nach deiner Seele, das heißt, sie suchen deine Seele zu vernichten, indem sie dich dazu verleiten, ihnen zu opfern, anstatt nur dem Allmächtigen allein zu huldigen.«

Bernard hatte also recht gehabt. Zosimos hatte – wenn auch recht erfolglos – versucht, Theosebeia davon abzuhalten, mit Hilfe von Opfergaben die ›Dämonen‹ anzurufen. Und er hatte sie gewarnt, daß sie ihre Seele gefährde, wenn sie ihr unheilvolles Treiben nicht einstellen würde.

Vielleicht war Theosebeias Seele nach ihrem körperlichen Tod tatsächlich mit jener dämonischen Seele der Dunklen Jungfrau Paphotia verschmolzen, so wie Bernard behauptet hatte. Die gerechte Strafe für ihre Spielerei mit den schwarzen Künsten, würde ich meinen!

So weit, so gut. Ich konnte jedoch weder einen Hinweis auf eine griechisch-ägyptische Göttin oder Dämonin namens Paphotia finden noch auf einen »knorrigen« alten verderbten Priester namens Nelos. Sie würden einstweilen noch unbestätigt bleiben müssen, das heißt, so lange, bis ich Altgriechisch lesen konnte.

Donnerstag, 29. Oktober. »Samstag, den 7. November, okay?« meinte Terry DuQuesne am Telefon, bemüht, mir einen Termin zu nennen, an dem ich ihn daheim in South West London besuchen sollte.

Das war mir recht. Am kommenden Wochenende hätte ich es nicht geschafft, da ich mit Ärger in Danbury rechnete. Ich würde ihm bei unserem Treffen alles erklären.

»Ach, kommen Sie, erzählen Sie mir zumindest ein wenig von dem, was geschehen ist«, drängte er. »Vielleicht kann ich Ihnen helfen.«

Ich berichtete ihm also ansatzweise, was sich früher in dieser Woche auf dem Kirchhof von Danbury ereignet hatte.

»Der Name Paphotia ist mir noch nie begegnet«, sagte er nach einiger Überlegung. »Aber Nelos, der Name dieses Priesters. Nelos ist der griechische Name für ›Nil‹.«

Vielleicht ein wichtiger Hinweis, da Panopolis, die ägyptische Stadt, in der Zosimos und vermutlich auch Theosebeia und Nelos gelebt hatten, am Ostufer des Nils gelegen hatte.

Der Rest der Geschichte würde warten müssen, bis wir uns sahen.

Kapitel 30

Ärger am Baum

Samstag, 31. Oktober 1987. Bernards Magen verkrampfte sich schmerzhaft, als die Zeiger der Kaminuhr halb elf abends anzeigten. Etwas braute sich zusammen. Es war an der Zeit, die Behaglichkeit des warmen Wohnzimmers zu verlassen und sich in das ruhigere Eßzimmer zurückzuziehen.

Er setzte sich an den großen Eichentisch in der Mitte des Raumes, legte Notizblock, Kugelschreiber und Zigaretten zurecht und wartete.

Es dauerte nicht lange, und er spürte eine Präsenz,

das Bewußtsein einer übernatürlichen Wesenheit, die konstant an Intensität zunahm. Es war eine Kraft, weiblich, und mit Macht und Verwendung magischer Sprüche vertraut. Woher er das wußte, vermochte er nicht zu sagen. Wer also war sie? Paphotia? Theosopia? Hekate?

Plötzlich nahm vor seinen Augen eine wunderbare Vision Gestalt an. Er sah ein Wesen unermeßlicher Kraft, eine Gottheit, urzeitlich und zeitlos. Nicht gut, nicht böse. Einfach roh. Eine altägyptische Göttin mit dem makellosen Körper einer wunderschönen Frau, jedoch mit dem schlanken Hals und Kopf einer Schlange. Langes schwarzes Haar wallte unter einer Krone aus Dornen, Federn und Silber hervor. In der linken Hand hielt sie das altägyptische Symbol des Lebens – das Ankh – und in der rechten Hand ein großes Lotuszepter.

Sie war dort, bei ihm, in seine Gedanken eingeklinkt. Und doch machte ihm das keine Angst.

Hastig versuchte er, ihre strahlende Gestalt auf Papier festzuhalten, ehe er nach ihrem Namen fragte. Ein Zischen wurde von vagen, unverständlichen Tönen begleitet, die nicht zu den Worten zu passen schienen, die er neben seine Skizze schrieb.

Ihr Name schien »Urtheku« zu sein.

Dann verschwand die kristallklare Vision ebenso plötzlich wieder, wie sie aufgetaucht war, so als würde eine Glühbirne ausgeknipst. Aber Bernard fühlte, daß sie noch da war, irgendwo in der Atmosphäre, und ob sie es nun wußten oder nicht, es war ihre Macht, die die Anhänger der schwarzen Künste in der Halloween Nacht, der Zeit der Dunklen Göttin – anrufen und benutzen würden.

Leicht beunruhigt beendete Bernard seine Zeichnung und wartete, daß etwas passierte. Plötzlich begann seine Hand, die Worte zu notieren, die eine strenge männliche Stimme verkündete:

Moses hat den Strauch mit Pflanzenwurzeln bestrichen, damit er sich bei der leisesten Berührung entzündet.

Bernard las das Geschriebene noch einmal durch. Die Behauptung schien von der harmlosen Art zu sein, und gleichzeitig stellte sie eine interessante Hypothese dar. Ein Feuer, das sich scheinbar von allein entzündete, würde die Israeliten sicher gebührend beeindruckt haben, sagte er sich und versuchte, sich die Geschichte von Moses und dem brennenden Strauch ins Gedächtnis zu rufen. Zeit verstrich. Als Bernard das nächste Mal auf die Uhr sah, war es etwa Viertel nach elf. Aber er wartete geduldig auf weitere psychische Botschaften, und die nächste ließ tatsächlich nicht mehr lange auf sich warten. Erneut spürte er den Drang zu schreiben. Worte, diesmal aus unbekannter Quelle, erschienen auf dem Papier.

Schwert des Dardanus … Sieben Vokale … Harmonie der sieben Töne …

Was ist das ›Schwert des Dardanus‹? fragte er sich. ›Ein Rivale Salomons‹, lautete die hellhörerische Antwort. Das ergab nicht viel Sinn. Er wußte jedoch ein wenig über die Verwendung bestimmter Töne und Laute zur Beschwörung magischer Kräfte, so daß er diesen Teil schon eher verstand.

Ohne Vorwarnung begann seine Hand wie von allein weiterzuschreiben. Hinterher sah er sich an, was er geschrieben hatte:

Saraphara … Araphaira … Bramarapha …

Nein, das ergab für ihn auch keinen Sinn.

Dann nahm er einen sehr deutlichen Eindruck wahr. Er war aus irgendeinem Grund wieder bei den sieben Vokalen und sieben Tönen. Die Töne wurden nicht gesungen, sondern zischend hervorgebracht. Ein wenig wie das Zischen einer Schlange, vermutete er. Bestand hier ein Zusammenhang mit Urtheku? Er schrieb die Botschaft auf.

Dann kreuzte eine andere Stimme die psychischen Wellen, und als würde sie verirrte Radiosignale empfangen, setzte seine Hand sich wieder in Bewegung:

Das Schwert wird Seelen beugen, so wie es gewünscht wird. Es wird foltern. Ritze ACHMAGERARPEPSEI in Stein. Verbrenne Psyche. ACHAPA ADONAIE BASMA CHATAKO IAKOB IAO E PHARPHAREI. An Baum binden und verbrennen.

Es war jemand auf dem Kirchhof von Danbury. Jemand trieb dort sein Unwesen. Aber es war nicht der Schwarze Alchimist. Nein, eine Frau, allein. Nicht nur eine gewöhnliche Besucherin. Ihre Energieform sandte starke Schwingungen aus. Sie führte etwas im Schilde. Aber wenigstens nichts Schlimmes. Er empfing keinen Hinweis auf ein Ritual oder darauf, daß sie etwas hinterließ; vielleicht ging sie nur um die Kirche herum. Dann brach das Gefühl ab. Sie war fort.

Bernard blickte erneut auf die Uhr. Kurz nach Mitternacht. Sie konnte höchstens zehn Minuten auf dem Kirchhof gewesen sein, länger nicht.

Es wäre sinnlos, Andy anzurufen, der nur dorthin

düsen würde, um doch nichts zu finden. Das konnte warten, bis sie sich später an diesem Tag sahen.

In dieser Nacht empfing er keine weiteren Botschaften mehr. Und doch wurde er das Gefühl nicht los, daß die Frau auf dem Kirchhof in irgendeiner Beziehung zum Schwarzen Alchimisten stand. Nicht nur das. Er benutzte auch das ›Schwert des Dardanus‹, wer oder was immer das sein mochte, um ›Seelen zu beugen‹, in Verbindung mit Feuer oder dem Element Feuer. Wie oder warum, darüber wollte er nicht nachgrübeln. Nein, damit sollte Andy sich auseinandersetzen.

Kapitel 31

Die Pfeilspitze

Sonntag, 1. November 1987. Die ländlichen Anwesen von East Hanningfield und Bicknacre fielen zurück und verschwanden außer Sichtweite, als der Wagen sich Danbury näherte. Schon war die hochaufragende Kirchturmspitze zu sehen, die über die bewaldeten Hügel des Dorfes hinausragte.

Ich hatte am Vorabend mit einem panischen Anruf von Bernard gerechnet. Als ich jedoch nachts um halb eins noch nichts von ihm gehört hatte, war ich davon ausgegangen, daß ich mich geirrt haben mußte bezüglich meiner Annahme, der Schwarze Alchimist werde an Halloween in Danbury zuschlagen.

Wenn nicht an Halloween, wann dann? Am folgenden Wochenende, dem 7. oder 8. November? Diese Tage markierten die Quartalstagperiode zwischen dem

Herbstäquinoktium und der Wintersonnenwende. Früher hatte es geheißen, daß exakt an diesem Punkt des Jahreskalenders die subtilen Energien der Natur am instabilsten waren. Obgleich der Vorabend des heidnischen Samhain-Festes und das christliche Haloween-Fest irgendwann auf den 31. Oktober gelegt worden waren, vollzogen einige gerissene Okkultisten und Hexen ihre Rituale weiterhin um den alten, ursprünglichen Quartalstag herum.

Ich parkte neben der Wiese vor der Kirche, schloß den Wagen ab und ging zum Stumpf der umgestürzten Roßkastanie hinten auf dem Kirchhof. Es war drei Uhr, und da Bernard nicht vor vier hier sein würde, wollte ich die Zeit nutzen, um ein paar Fotos zu schießen.

Plötzlich tauchte der lächelnde Bernard auf. Er hatte ebenfalls beschlossen, früher zu kommen, und so machten wir uns wortlos daran, mehrere Aufnahmen von dem entwurzelten Baumstumpf und dem Loch zu schießen, in dem Bernard in der vergangenen Woche die Christusfigur entdeckt hatte.

Ich blickte auf die verbrannte Erde vor dem Stumpf und fragte mich, wo wir das neue Kruzifix vergraben sollten. Im selben Loch, in dem schon die gußeiserne Figur gelegen hatte?

Ein schuldbewußter Ausdruck trat auf Bernards Gesicht. »Ich habe das Kruzifix vergessen«, gestand er. »Ich war völlig kopflos.«

Ob sich kurzfristig ein Ersatz finden ließ?

»Ich sehe mal im Wagen nach«, meinte er und kramte in seinen Taschen nach dem Wagenschlüssel. »Vielleicht findet sich ja etwas, das wir benutzen können.«

Er verschwand und kehrte einige Minuten später mit leeren Händen zurück. »Nein, dort ist nichts«, sagte er achselzuckend. »Nun, offensichtlich hat es nicht sollen sein. Wenn ich noch mal nach Hause fahre, ist es dunkel, ehe ich zurück bin. Ich fürchte, das Ganze wird noch etwas warten müssen.«

Vielleicht hatte er recht. Meine Freunde Carole und Ken Smith hatten gesehen, wie eine Frau in der Woche nach dem Orkan den Kirchhof mit einem Metalldetektor abgesucht hatte. Gut möglich, daß ein neu vergrabenes Artefakt sehr rasch entdeckt wurde, vor allem, wenn wir es in der Nähe des Baumstumpfes zurückließen.

Ich wechselte das Thema und fragte Bernard, ob er am vergangenen Abend irgend etwas empfangen hätte.

»Und du?« konterte er mit einer Gegenfrage.

»Ein, zwei Kleinigkeiten, aber nichts Besonderes.« Und was war mit ihm?

»Gestern abend war jemand hier«, erklärte er, die Hände in den Jackentaschen vergraben. »Eine Frau. Ein Mädchen, glaube ich. Aber sie ist nicht lange geblieben – nur etwa zehn Minuten –, und darum habe ich dich nicht angerufen.«

Ich wünschte, er hätte es getan. Vielleicht hätte ich sie noch angetroffen. Wenn ich zu diesem Zeitpunkt auf dem Kirchhof auf der Lauer gelegen hätte ... Nein, das war sinnlos. Und, hatte er sonst noch etwas empfangen?

Er balancierte oben auf einem abgesägten Stück des Baumstumpfes, einen selbstzufriedenen Ausdruck auf dem Gesicht. »O ja. Ziemlich viel. Aber ich kann damit nichts anfangen. Mal sehen, ob du daraus schlau wirst.«

Wir entfernten uns und tauchten in das vergleichsweise stille und warme dunkle Kircheninnere ein und setzten unser Gespräch dort fort.

Er zog mehrere Seiten aus der Tasche und reichte sie mir.

Ich faltete sie auseinander, setzte mich auf eine Kirchenbank und begann, seine Notizen zu lesen. Leider machten sie auch für mich nicht viel Sinn. Ich hatte nie von ›Urtheku‹, dem ›Schwert des Dardanus‹, den ›sieben Vokalen‹ oder dem ›Beugen von Seelen‹ gehört. Das einzige, was mir halbwegs vertraut vorkam, waren die fremdartigen Worte, die er aufgeschrieben hatte. Sie sahen aus wie goetisch-barbarische Namen ähnlich jenen auf den Speerspitzen aus Lullington und Rettendon. Den einen erkannte ich sofort wieder ›IAO‹ – der Titel des gnostisch-christlichen göttlichen Wesens, ebenfalls ein Wort, das Terry DuQuesne auf der Speerspitze aus Rettendon identifiziert hatte. Aber Bernard wußte nichts von barbarischen Namen, und unser Gespräch zu dem Thema bei unserem Treffen im Pub am vergangenen Dienstag war natürlich überlagert worden von den dramatischen Enthüllungen und Ereignissen jenes Abends.

Terry hatte also recht gehabt. Der Schwarze Alchimist bediente sich tatsächlich goetisch-barbarischer Namen, um geheime magische Kräfte anzurufen, die über siebenhundert Jahre alt waren. Das einzige andere Wort, das ich erkannte, war ›ADONAIE‹, ein sehr verbreiteter hebräischer Name für göttliche Macht.

Ich lenkte das Gespräch wieder auf das Mädchen und fragte Bernard, was er mir über sie sagen könne.

»Ich weiß von ihr nicht mehr, als ich bereits gesagt habe«, entgegnete er, erhob sich und trat zu einer Reihe von Ritterbüsten in Nischen an der Nordwand.

Ich war beinahe soweit, ihren Besuch abzutun. Es konnte sich um sonstwen gehandelt haben. Immerhin war Halloween, und vielleicht war sie nur ein Gast im

Pub und hatte plötzlich Lust verspürt, um Mitternacht einen Spaziergang um die Kirche herum zu unternehmen. Andererseits konnte auch mehr hinter ihrem Besuch stecken, also schlug ich vor, daß wir um die Außenmauern herumgingen, um zu sehen, ob er vielleicht weitere Informationen empfing.

Bernard stimmte mir zu, und so verließen wir die Kirche und traten wieder hinaus in die kalte Luft. War sie in einer bestimmten Richtung um das Gebäude herumgegangen?

»Im entgegengesetzten Uhrzeigersinn«, entgegnete er und bestimmte so unsere eigene Richtung.

Widdershins, wie Hexen einen Gang im entgegengesetzten Uhrzeigersinn bezeichneten.

»Widdershins«, wiederholte Bernard spöttisch.

Für ihn war es einfach ein Spaziergang. Er fühlte nichts. Allerdings machten wir halt, um drei parallel verlaufende Linien zu begutachten, die senkrecht in einen großen Sandsteinblock geritzt waren, der über einem offenen Entwässerungsgraben an der Nordostecke des Gebäudes lag. Wir kamen zu dem Schluß, daß die Spuren von Stiefeln stammten.

Nachdem wir das nördliche Portal ergebnislos untersucht hatten, kehrten wir zu dem umgekippten Baumstumpf zurück. Ich war fast soweit aufzugeben. Wir hatten nichts gefunden, und Bernard hatte nicht den Hauch von der Präsenz des Mädchens auf dem Kirchhof empfangen. Vielleicht war sie ja wirklich nur eine harmlose nächtliche Spaziergängerin gewesen.

»Nein, wenn dem so wäre, hätte ich ihre Anwesenheit nicht wahrgenommen«, entgegnete Bernard, als wir den Kiesweg hinuntergingen. »Es müssen gestern abend noch andere Personen hier gewesen sein, ohne daß ich etwas von ihrer Anwesenheit gespürt habe.«

Das Argument war nicht von der Hand zu weisen. Gewöhnlich empfing er keine Informationen über x-beliebige Personen, die die Energien der Kirche stör-ten. Nein, sie mußte aus einem bestimmten Grund hier gewesen sein. Vielleicht sollten wir uns den Baum-stumpf noch einmal genauer betrachten?

»Ich glaube, sie hat sich einen Eindruck von den Örtlichkeiten verschafft. Hat den Kirchhof aus irgendeinem Grund begutachtet«, erklärte er, als wir zurück in Richtung Westturm gingen.

Wieder beim Baumstumpf angelangt, steckte ich die Hand in das Loch, in dem Bernard die Christusfigur gefunden hatte, aber dort war eindeutig nichts versteckt.

Bernard ging um den Stumpf herum und musterte die anderen Spalten und Löcher in der Nähe des Hauptkraters. Vor einer tiefen Erdspalte auf der anderen Seite des Stumpfes blieb er nachdenklich stehen.

Was hatte er entdeckt?

»Ich weiß nicht. Vielleicht ist da etwas.«

Ging von der Spalte etwas aus?

Er zuckte die Achseln. »Möglich. Ein ganz leises Gefühl.« Er bewegte den Kopf hin und her, als versuche er, den richtigen Winkel zu finden, um in die Tiefe der Spalte hineinzublicken.

Wenn er sagte, daß von dem Loch ein »leises Gefühl« ausging, ließ das für mich darauf schließen, daß dort auch etwas war. Ich zog also Jacke und Pullover aus, rollte die Hemdsärmel auf, riß einige hervorstehende Wurzeln heraus, legte mich dann auf den Bauch und schob die Hand so weit als möglich in das Loch. Es wäre hilfreich, wenn wir wüßten, wonach wir suchten und wo in etwa es lag.

»Nun, es muß recht klein sein, und ich fühle nur, daß es irgendwo in diesem Loch ist«, entgegnete er.

Ich holte Erde und Steine hervor. Als ich dann einen weiteren kleinen Haufen hervorschaufelte, entdeckten wir etwas Fremdartiges, das uns doch vertraut war. Verblüfft hob ich den Gegenstand auf und betrachtete ihn – es handelte sich um eine etwa zweieinhalb Zentimeter lange schwarz-stumpfe Feuerstein-Pfeilspitze aus der Mittelsteinzeit. Auf beiden Seiten waren magische Symbole im Stil schwarzer Alchimie geritzt.

Auf der einen Seite prangten die Worte ›WIR KAMEN‹ in Großbuchstaben über einem Monas-Hieroglyphica-Symbol. Auf der Rückseite war links von einer simplen Darstellung eines Baumes das Wort ›STERBEN‹ zu lesen. Darunter standen vier der üblichen magischen Symbole in einer Reihe, am Anfang das vielverwendete CH-Monogramm und am Schluß ein griechisches Ypsilon, der Buchstabe E unseres eigenen Alphabets. Unter dieser Inschrift befand sich eine grobe Darstellung eines Schwertes mit einem Blitz über dem Griff, was ich als Symbol für Feuer interpretierte.

Es schien ziemlich eindeutig, daß diese echte, siebentausend Jahre alte Pfeilspitze aus der Mittelsteinzeit – ein recht seltsames Artefakt als Visitenkarte – vom Schwarzen Alchimisten stammte. Aber noch etwas anderes war ebenso offenkundig. Unser Fund schien zu den Begriffen »in Stein einritzen«, ›Psyche verbrennen‹ und ›an Baum binden und verbrennen‹ zu passen, die Bernard am Vorabend aufgeschnappt hatte.

Wir begutachteten abwechselnd unseren neuesten Fund und fragten uns, was wir davon halten sollten. Ein Komplize des Schwarzen Alchimisten – vermutlich das Mädchen – war zu dem umgestürzten Baumstumpf gekommen und hatte seine Visitenkarte hinterlegt, obgleich Bernard hiervon nichts gespürt hatte. Es schien beinahe so, als hätte er die Pfeilspitze nicht finden sollen, zumal sie über einen Meter tief in der Erde vergraben war. Es war anzunehmen, daß ein so kleiner Gegenstand tiefer in die Erdmulde unter dem Wurzelwerk kullerte, wenn man ihn in das Loch hineinwarf.

Der Schwarze Alchimist hatte Danbury also doch noch zu seinem nächsten Ziel bestimmt. Aber was hatte er vor? Auf meinen Vorschlag hin kehrten wir zurück in die verlassene Kirche und setzten uns auf eine Bank in der Nähe des Chores, um zu sehen, was Bernard empfangen würde.

Minuten verstrichen, ehe er anfing zu sprechen. »Wer immer es war, er hat sich Notizen gemacht, als er um die Kirche herumgegangen ist«, sagte er leise. »Sie waren zu dritt … zwei in einem Auto … nur das Mädchen ist ausgestiegen … Sie hat dunkles, schulterlanges Haar und trug einen bodenlangen schwarzen Mantel und Stiefel … Sie hat ein längliches Gesicht mit scharfgeschnittenen Zügen und ist nicht sehr groß. Mittelgroß, würde ich sagen.«

Konnte er den Wagen sehen? Und handelte es sich bei einem der beiden anderen um den Schwarzen Alchimisten?

»Nein, ich kann den Wagen nicht sehen. Nur den Kirchhof. Und nein, ich weiß nicht, ob der Schwarze Alchimist mit im Wagen saß. Ich fühle nichts in dieser Richtung.«

Nach kurzem Schweigen fuhr er fort. »Sie hatte ein sonderbares Kreuz bei sich … ziemlich groß … Warte, ich zeichne es.«

Er malte es in mein Notizbuch. Es sah aus wie ein christliches Kalvarienkreuz mit einer Querstrebe an beiden Seitenarmen; ein Symbol, das bei der Verehrung der Göttin weitverbreitet war. Aber was hatte sie getan?

»Sie ist nur um die Kirche herumgegangen und an

jeder Ecke stehengeblieben, um auf verschiedenen Ebenen zu fühlen«, fuhr er fort, während draußen das Tageslicht immer weniger wurde und sich Dunkelheit in der Kirche ausbreitete. »Ich frage mich, ob diese drei parallel verlaufenden Linien auf dem Steinblock etwas damit zu tun haben. Wir sollten sie besser fotografieren.«

Hierauf folgte eine weitere Unterbrechung. »Sie ist sonst nirgendwo hingegangen. Sie kam direkt hierher zu dem Baumstumpf ... Ich kann sehen, wie sie ein kleines Fläschchen unbestimmten Inhalts benutzt ... Sie verteilt Tropfen des Inhaltes um den Stumpf herum; an den vier Kardinalpunkten, glaube ich ... Die Flüssigkeit sieht aus wie Wasser; jedenfalls ist sie völlig klar. Das war, nachdem die Pfeilspitze in das Loch gelegt worden war.«

Dann war die Pfeilspitze also tatsächlich am vergangenen Abend von dem Mädchen deponiert worden.

Plötzlich hörten wir, wie die Westtür zuknallte. Da der Sonnenuntergang so dicht bevorstand, hatten wir sie absichtlich offenstehen lassen, um nicht irrtümlich über Nacht eingesperrt zu werden. Wir sprangen auf, suchten hastig unsere Siebensachen zusammen und eilten zum Ausgang. Gott sei Dank war die Tür noch unverschlossen.

Draußen begannen wir, ein zweites Mal den Weg des Mädchens abzugehen. Ich machte mehrere Aufnahmen der drei in dem Sandsteinblock parallel verlaufenden Linien in der Nähe des Stützpfeilers an der nordöstlichen Ecke des Gotteshauses, während ich Bernard weiter zu dem Mädchen befragte. Beispielsweise wollte ich wissen, wie alt er sie in etwa schätzte.

Er bog den Kopf zurück bei dem Versuch, ihr Alter zu schätzen, und platzte dann heraus: »Sie sieht aus wie Mitte Zwanzig. Ich fühle aber, daß sie viel älter ist. Anfang dreißig, würde ich sagen.«

Also nicht wirklich ein Mädchen. Mehr eine Frau.

»Ja, ich denke schon.«

War sie attraktiv?

Er lachte. »Ja, das würde ich schon sagen. Ist das alles, woran du denken kannst?! Ob sie gut aussieht?« Er schüttelte ungläubig den Kopf.

»War doch nur eine Frage!«

Offenbar hatte sie die Stätte für einen späteren Besuch vorbereitet. Also würde sie vermutlich am darauffolgenden Wochenende zurückkommen, aller Wahrscheinlichkeit nach am Abend des Samstags, des 7. November.

Schließlich erinnerte ich Bernard daran, daß es uns gelingen müßte, die Aktivitäten des Schwarzen Alchimisten hier in Danbury zu unterbinden. Sonst würde er sich Bernards Heim zuwenden. Ich bezweifelte, daß seine Frau und seine Tochter es amüsant finden würden, wenn eine Gruppe schwarzgewandeter Gestalten in ihrem Garten irgendwelche ominösen Rituale vollzögen!

Er entblößte die Zähne und grinste bei dem Gedanken schief. »Nein, wohl kaum.«

Diesmal mußten wir den Schwarzen Alchimisten aufhalten!

Er lächelte über meine Besorgnis. »Ich fürchte, ich nehme das Ganze nicht ernst genug. Stimmt's?«

Richtig. Allerdings hatten wir möglicherweise einen Vorteil.

»Und der wäre?«

Die Aktivitäten des Mannes, den wir als den Schwarzen Alchimisten kannten, hatten eine neue Wende genommen. Er gestattete nun seinen Handlangern, seine rituelle Arbeit in seinem Auftrag auszuführen, und das konnte sich als sein bislang größter Fehler erweisen. Denn auch wenn er selbst vorsichtig, berechnend, gerissen und medial außergewöhnlich begabt war, neigten Handlanger dazu, nachlässig zu sein und Fehler zu machen.

Bernard drängte zum Gehen, aber bevor wir gingen, hatte ich noch eine letzte Frage an ihn. Wie hatte der Schwarze Alchimist wissen können, daß der umgestürzte Baum für uns etwas ganz Besonderes gewesen war? Er war nicht in ›The Knights of Danbury‹ erwähnt worden, und ich konnte mich auch nicht erinnern, irgendeinem meiner Questing-Kollegen von seiner Existenz erzählt zu haben. Woher hatte er also davon gewußt?

»Er braucht es gar nicht zu wissen, oder?« entgegnete Bernard. »Er fühlte sich ebenso wie wir intuitiv zum psychischen Epizentrum der Stätte hingezogen. Der Baum kontrolliert das gesamte Energiefeld innerhalb des Erdwalles, und darum mußte er sich seiner bemächtigen und ihn zu seinen Zwecken benutzen. Er brauchte nichts von unserem Interesse an der Kastanie zu wissen.«

Das bedeutete jedoch, daß der Schwarze Alchimist die Existenz des Baumes auf psychischer Ebene erspürt haben mußte, entweder direkt vom Kirchhof ausgehend, oder aber anhand unserer Gedanken. Und wenn letzteres der Fall war, bedeutete das, daß unsere ureigensten Gedanken nicht mehr geheim waren. Wir würden beide auf der Hut sein müssen.

Am Abend nahm ich mir daheim Bernards psychisches Material vom vergangenen Tag vor und betrachtete nachdenklich unser neuestes Artefakt.

Ich fing mit seiner Vision der schlangenköpfigen Göttin namens ›Urtheku‹ an und suchte in meinen Büchern über altägyptische Mythologie und Religion nach Hinweisen auf ihre Existenz. Schließlich fand ich sie.

›Urtheku‹ war offenbar ein Titel, der sich aus zwei ägyptischen Worten zusammensetzte: urt, was soviel bedeutete wie ›die Mächtige‹ und hekau, das man mit ›Zauberkraft‹ oder ›Zauberworte‹ übersetzen konnte. Zusammengenommen lautete die Übersetzung von Urt-Hekau, so die korrekte Schreibweise, in etwa ›Die Göttin der magischen Kräfte und Zauberworte‹. Wie Bernard schon gesagt hatte, handelte es sich um eine urzeitliche magische Kraft immenser Macht, die angerufen und benutzt wurde, um sicherzustellen, daß Zauberworte und -rituale auch funktionierten. Tatsächlich war sie nur die Erscheinungsform einer anderen, viel bekannteren altägyptischen Gottheit namens Isis.

Sie wurde des weiteren mit dem ägyptischen Schlangensymbol, dem Uraeus, assoziiert. Ich konnte allerdings keine Abbildung Urt-Hekaus mit einem einzelnen Schlangenkopf finden, entdeckte jedoch eine, auf der sie mit drei Schlangenköpfen dargestellt war.

Darüber hinaus erfuhr ich, daß manche Gelehrte der klassischen und altägyptischen Mythologie glaubten, daß Hekate, obgleich eine griechische Göttin, ursprünglich in Ägypten verehrt worden und ihr Name von dem ägyptischen Wort hekau abgeleitet war – Zauberkraft. (1) Tatsächlich lautete einer von Hekates Titeln ›Herrin der Zauberworte‹, und einer der Köpfe der Dreifach-Göttin war der einer wilden Schlange. Wenn das alles stimmte, war Urt-Hekau eine ursprünglichere Form von Hekate.

Wir waren also wieder bei derselben dunklen Göttin, die in der Orkannacht so viele Menschen geplagt hatte, derselben Kraft, der der Schwarze Alchimist sich bedient hatte, um ein Loch in die gewöhnlich stabile Energiestruktur auf dem Kirchhof von Danbury zu reißen. Sie war also immer noch da. Hekate, Theosebeia, Paphotia und jetzt Urt-Hekau. Wie viele weitere Erscheinungsformen konnte diese urzeitliche Macht noch annehmen?

Aber nach allem, was Bernard gesagt hatte, handelte es sich bei Urt-Hekau offenbar um die älteste und mächtigste Form der Göttin der Finsternis, die uns bislang begegnet war. Bernards Vision hatte sie als die strahlendste, ehrfurchtgebietendste, makelloseste und schönste Erscheinungsform der Göttin gezeigt. Vielleicht war Urt-Hekau ja die wahre Identität hinter den zahlreichen Masken der Göttin der Finsternis.

Von Urt-Hekau ging ich zum »Schwert des Dardanus« über, wobei ich die Botschaft übersprang, derzufolge Moses eine Pflanze an einem Strauch gerieben hätte, damit dieser sich entzündete. Ich hatte das Gefühl, daß diese Information in keiner Beziehung zu dem restlichen psychischen Material stand.

Ich fand schnell heraus, daß Dardanus in der griechischen Mythologie der Gründer des Königreiches von Dardania gewesen war – sowie möglicherweise auch der Gründer des legendären Königreiches Troja. Er war als Sohn des Jupiter und der Elektra geboren worden, auf der Ägäis-Insel Samothrace, wo Hekate seinerzeit besonders verehrt wurde. Ich konnte jedoch keinen Hinweis darauf finden, daß er ein bestimmtes Schwert besessen hätte, und ich verstand auch den Vergleich mit dem biblischen König Salomon nicht, da die beiden Männer nicht einmal zur selben Zeit gelebt hatten. Also weiter.

Sieben Vokale. Harmonie der sieben Töne.

Was bedeutete das? Ich fand die Antwort in Richard Cavendishs hervorragendem Buch ›The Black Arts‹. Offenbar war in der griechisch-ägyptischen Magie der Verwendung der sieben Vokale des griechischen Alphabetes große Bedeutung beigemessen worden, z. B. bei den goetisch-barbarischen Gesängen. ›Die sieben Vokale‹ waren vermutlich eine Referenz auf die sieben Chakras oder Energiezentren, die dem menschlichen Körper innewohnen sollten und aktiviert werden konnten, indem man verschiedene Tonarten und Worte der Macht sprach.

Als nächstes folgten in Bernards psychischem Material die drei scheinbar sinnlosen Worte:

Saraphara ... Araphaira ... Bramarapha ...

Handelte es sich vielleicht um weitere goetisch-barbarische Namen? Ich hatte keine Ahnung. Ich fand jedoch, daß sie irgendwie hinduistisch klangen, vor allem das Wort »Bramarapha«.

Hiernach hatte Bernard notiert: »Die Töne wurden nicht gesungen, sondern zischend hervorgebracht.« Schlangenartig, sagte ich mir.

Dann hatte er geschrieben:

Das Schwert (offenbar war das Schwert des Dardanus gemeint) wird Seelen beugen, wie es gewünscht wird. Es wird foltern. Ritze ACHMAGERARPEPSEI in Stein. Verbrenne Psyche. ACHAPA ADONAIE BASMA CHARAKO IAKOB IAO E PHARPHAREL. An Baum binden und verbrennen.

Das alles hatte Bernard empfangen, während die Komplizin des Schwarzen Alchimisten auf dem Kirchhof gewesen war. Es schien, als handelte es sich um Worte, die sie selbst gesprochen hatte, während sie das Ritual um den umgekippten Baumstumpf herum vollzog. Außerdem paßten die Worte zu den Symbolen auf der Pfeilspitze, die in der Erdspalte versteckt gewesen war.

Die Verkündung ›WIR SIND GEKOMMEN‹ wies lediglich auf ihre Anwesenheit vor Ort hin, während das Monas-Hieroglyphica-Symbol meiner Meinung nach eine Art Signatur des Schwarzen Alchimisten darstellte.

Weiter kam ich nicht. Der Rest würde bis zu meinem Treffen mit Terry DuQuesne am folgenden Wochenende warten müssen.

Ich lehnte mich zurück, schenkte mir ein Glas Rotwein ein und grübelte über die Situation nach. Der Schwarze Alchimist war wieder aktiv geworden. Die Pfeilspitze aus der Mittelsteinzeit schien dies zweifelsfrei zu bestätigen. Aber was hatte er diesmal vor? Offensichtlich plante er, schon sehr bald den nächsten Schritt zu tun, und ebenso offensichtlich hatte er es auf Bernard abgesehen.

Unglücklicherweise war Bernard ein so sensibles und verwundbares Medium, daß man ihm durch okkulte Rituale auf psychologischer und physiologischer Ebene leicht Schaden zufügen konnte. Der Verrückte würde große Mühe haben, sich meines Dickschädels zu bemächtigen, aber Bernard konnte er umbringen – und das war kein Witz.

Und doch war die Annäherung diesmal eine andere gewesen. Zum ersten Mal hatte der Schwarze Alchimist einem seiner Gefolgsleute, einer Frau in den Dreißigern, erlaubt, an seiner Stelle ein simples Ritual zu vollziehen.

Ich dachte über diese Frau nach. Sie mußte für den Schwarzen Alchimisten mehr sein als nur eine Handlangerin. Vielleicht war sie seine neue Freundin oder seine weibliche Komplizin. Vielleicht hatte sie ihn sogar dahingehend beeinflußt, während des Orkans die Kräfte der Dunklen Göttin heraufzubeschwören. Ich wußte es nicht. Ich hatte jedoch das ungute Gefühl, daß sie in nicht allzu langer Zukunft wieder auftauchen würde.

Kapitel 32

Die Jüdin Maria

Mittwoch, 4. November 1987. Bernard wanderte ziellos in undurchdringlicher Dunkelheit durch einen dichten, unheilvollen Wald. Er war nicht sicher, wie er dorthin gelangt war oder wo er war, und so ging er einfach immer weiter.

Langsam wurden die Bäume weniger, und weiter vorn kam eine große Lichtung in Sicht. Der Rauch eines unsichtbaren Feuers wehte ihm entgegen.

Durch die dicke, wirbelnde graue Wolke hindurch gewahrte er eine Frau in einer schwarzen Kutte, deren weite Kapuze ihr Gesicht vollständig verbarg.

Sie stand vor dem Eingang einer tiefen Höhle, inmitten eines wimmelnden Teppichs sich windender, aalartiger Schlangen.

Sie blickte in seine Richtung und fuhr sich langsam

mit den Händen über den gewölbten Bauch, um ihm zu zeigen und hervorzuheben, daß sie schwanger war. »Bald wird er kommen«, krächzte sie selbstzufrieden.

Er antwortete nicht, stand nur reglos da, wie gelähmt von dem abstoßenden Anblick, und betrachtete sie eingehend, bemüht, sie zu identifizieren. Sie war nicht Paphotia. Wer war sie dann?

»Ich bin die Jüdin Maria«, verkündete sie stolz, als erwarte sie, daß der Name ihm etwas sagte.

Aber Bernard hatte noch nie von einer Frau dieses Namens gehört.

Sie wandte sich ab und betrat die abweisende Höhle, als erwarte sie ganz selbstverständlich von ihm, daß er ihr folgte.

Und das tat er auch, nicht etwa, weil er es gewollt hätte, sondern weil ihn irgend etwas dazu zwang.

Die Schwärze hüllte ihn ein, und er verlor langsam das Bewußtsein.

Als er die Augen wieder aufschlug, nahm er etwas Grauenhaftes wahr. Um seinen Hals lag eine Schlinge, und er baumelte an einem Baum und erstickte langsam.

Heftige Windböen ließen seinen Leib in der schaurigen Dunkelheit vor- und zurückschwingen.

Flüchtig erblickte er ein loderndes Freudenfeuer vor einer Gruppe in orangefarbenes Licht getauchter Bäume, deren Äste sich fast waagerecht neigten unter der Gewalt der entfesselten Winde, die heulend und zischend über die Hügelkuppe hinwegfegten. Erst jetzt erkannte er den Kirchhof von Danbury.

Langsam verlor er den Lebenswillen, und die Schwärze, die mit dem Tod einhergeht, begann, ihn zu verschlucken. Jedoch erst, nachdem die Schlinge sich soweit gedreht hatte, daß er zwei Gestalten – Männer, wie er spürte – sehen konnte, die zum Kirchturm aufblickten, der stolz wie ein Wächter vor ihnen aufragte.

Die Szene verschwamm, und er versank erneut in Bewußtlosigkeit.

Ein lauter Knall weckte Bernard und erlöste ihn abrupt aus seinem abscheulichen Alptraum. Er hatte pochende Kopfschmerzen, sein Hals schmerzte, und er wußte, daß er auf keinen Fall wieder einschlafen durfte, wenn er nicht in den gräßlichen Traum zurückfallen wollte. Er mußte aufstehen.

Ganz leise stieg er aus dem Bett, ging nach unten und schaltete in der Küche das Licht an. Es blendete ihn, aber wenigstens war ihm das Umfeld vertraut. Er sah auf die Uhr – 3 Uhr 30.

Er zündete sich eine Zigarette an, füllte den Wasserkocher und stöpselte ihn ein. Erst dann begann er, über seinen beunruhigenden Traum nachzudenken. Es war ein symbolischer Traum gewesen, soviel stand fest. Aber wer oder was hatte ihn veranlaßt, etwas Derartiges zu träumen? Niemand von ›unserer‹ Seite, sagte er sich. Die Frau in Schwarz – die Jüdin Maria, wie sie sich genannt hatte – war offenbar eine weitere Erscheinungsform der Göttin der Finsternis; oder genauer, eine Erscheinungsform der dunklen Jungfrau, eine verderbte Antithese der schwangeren Jungfrau Maria. Das war unnatürlich. Und doch hatte sie ihre Schwangerschaft mit den Worten ›Bald wird er kommen‹ bekräftigt. Wer würde bald kommen?

Stirnrunzelnd starrte er auf den Wasserkocher. Er glaubte, daß die Höhle einen Mutterleib darstellte. Er hatte also einen Mutterleib betreten – ihren Leib –, und dann war er auf dem Kirchhof von Danbury wiederaufgetaucht – in einer Schlinge von einem Ast baumelnd. Er überlegte eine Weile. Der Baum in seinem Traum hatte exakt an der Stelle gestanden, an der sich der entwurzelte Stumpf befand. Das bedeutete, daß jemand diese Stelle des Kirchhofes als Symbol für einen Mutterleib betrachtete und die Stätte dazu benutzte, etwas zum Leben aufkeimen zu lassen. Nein, das ergab keinen Sinn.

Er ließ die Angelegenheit fallen und genoß statt dessen seine Tasse Kaffee.

Tagsüber im Büro kam die lebhafte Erinnerung an seinen makabren Traum wie ein übler Nachgeschmack immer wieder in ihm hoch. Der Sinn war deutlich genug, aber er wollte etwas mehr wissen, und der einzige ihm bekannte Weg, mehr zu erfahren, bestand darin, das Schicksal herauszufordern und sich später am Abend auf den Alptraum zu konzentrieren. Er wußte, daß er nicht von ihm wohlgesonnener Seite geschickt worden war, so daß es kein ganz ungefährliches Unterfangen sein würde. Trotzdem war er entschlossen, dieses Risiko einzugehen. Er mußte einfach begreifen, was mit ihm geschah.

Als Bernard noch auf die richtige Gelegenheit wartete, sich in die Einsamkeit des Eßzimmers zurückzuziehen, klingelte das Telefon. Es war Andy, der sich versichern wollte, daß alles in Ordnung war.

Bernard mußte ihm unbedingt von seinem Traum erzählen, aber seine Frau und seine Tochter waren in der Nähe, und er hatte sie bewußt nicht in die Angelegenheit mit dem Schwarzen Alchimisten eingeweiht. Er dämpfte die Stimme.

»Ich hatte einen T-R-A-U-M« flüsterte er. »Ich kann nicht viel dazu sagen, aber er war sehr symbolisch, auch wenn er für mich keinen großen Sinn macht. Vielleicht kannst du ja etwas damit anfangen.«

Andy begriff sofort, daß er nicht frei sprechen konnte.

»Ich versuche später, an mehr Informationen heranzukommen. Wenn ich allein bin. Wenn etwas passiert, rufe ich dich an.«

Erst um halb elf kam Bernard dazu, sich zurückzuziehen und die Erinnerung an den bösen Traum wiederaufleben zu lassen.

Er schlüpfte ins Eßzimmer und setzte sich mit Papier und Kugelschreiber an den schweren Eichentisch. Nachdem er ein simples Schutzritual vollzogen hatte, begann er, sich auf den Traum zu konzentrieren.

Als er seinen Kopf von allem anderen befreite, tauchte wieder das Bild des dichten Waldes auf, und wieder trat er zügig aus dem Dunkel und auf die Lichtung. Als er sich jedoch umsah, stellte er fest, daß er diesmal allein war. Die Jüdin Maria war nirgends zu sehen. Ein wenig zögernd betrat er die Höhle und stieß auf keinerlei Widerstand. Wieder verdeckte undurchdringliche Schwärze seine Sicht, so daß sein geistiges Auge keine Bilder mehr empfangen konnte.

Dann spürte er, wie eine vertraute Empfindung durch seinen Körper pulsierte wie ein Adrenalinschub; der Impuls, ohne sein Zutun zu schreiben. Aber wer überschattete seine Sinne? Er war nicht sicher. Als der Impuls stärker wurde, notierte er, was er fühlte.

»Ich könnte jetzt aufhören«, schrieb er. »Vielleicht sollte ich das sogar. Meine Schrift wird krakelig, was gewöhnlich bedeutet, daß sich etwas anbahnt.«

Er wartete einen Moment, eher er weitere Eindrücke aufschrieb.

Schwarze Gestalten. Menschlich. Unbestimmte Zahl.

Dann verlor er die Kontrolle über die Situation, und ohne sein Zutun schrieb seine Hand seltsame Worte:

Die Wasser besuchen den Leichnam, der in Tod und Dunkelheit ruht, und die Wasser werden aus dem Schlaf erwachen und wiederauferstehen. Wo du Steine und Relikte von ihrer Ruhestätte entfernst, sind sie nicht reif, ehe sie nicht vom Feuer geprüft wurden. Das Feuer nährt sie, und der Embryo wird im Mutterleib genährt.

Zur festgesetzten Zeit wird das neue Kind kommen. Der Geist der Schwärze erscheint, erhebt sich und hüllt das Kind ein. Der Schrei des Erwachens des Hades (die griechische Form der Hölle) wird ertönen.

Erhebe dich aus deinem Grab und dem Abgrund. Bekleide dich, die Stimme der Wiederauferstehung ist erklungen, und das Leben ist in dich gefahren. Die Seele wird am Leib haften. Die Finsternis wird dein Triumph und dein Königreich werden, und sie werden für die Ewigkeit leiden. Vereint werden Körper und Seele eins. Die Vereinigung des Mysteriums ist abgeschlossen. Sein Aufenthaltsort ist versiegelt. Feuer hat sie seit dem Mutterleib verwandelt. Sie haben sich weiterentwickelt. Feuer holte sie aus dem Dunkel, vom Tod ins Leben.

Der Kugelschreiber hielt inne. Bernard war übel. Er konnte die körperliche Abscheu vor dem, was er soeben geschrieben hatte, nicht länger unterdrücken. Er stand auf, stolperte in die Küche und erbrach sich in die Spüle.

Während er das Spülbecken säuberte, versuchte er sich wieder zu fassen. Er zündete sich eine Zigarette an, um den schlechten Geschmack zu vertreiben, und setzte Wasser auf, ehe er ins Wohnzimmer hinüberging und sich einen Whisky einschenkte. Er mußte seine Nerven beruhigen.

Woher stammte dieses abstoßende Zeug? Jedenfalls nicht von einer der unheilvollen Göttinnen, die sich in den vergangenen Wochen immer wieder manifestiert hatten. Nein, der Text war ihm von einem Mann eingegeben worden. Er hatte seine Stimme gehört, und ein vager Eindruck verriet ihm, daß es sich um einen »Priester aus früheren Zeiten« handelte. Mehr wußte er nicht.

Als das Wasser kochte und der Wasserkocher sich automatisch abstellte, kippte er den Rest seines Whiskys herunter. Er fühlte sich ein wenig schwindlig, aber nicht wegen des Alkohols.Und ihm war auch noch flau im Magen. Er brauchte Rat. Sollte er Andy anrufen? Nein, es war bereits 23 Uhr, und was sollte er ihm sagen? Daß ein alter Priester ihm einen widerlichen Text eingegeben hatte? Bernard verwarf die Idee. Das würde warten müssen.

Als er in die Küche zurückging, um sich einen Kaffee aufzubrühen, dachte er weiter über die Situation nach. Der Vorfall an diesem Abend deutete offensichtlich darauf hin, daß seine Sinne relativ leicht von üblen Kräften beherrscht werden konnten. Warum hatte das simple Schutzritual versagt?

Er schüttelte den Kopf und gestand sich ein, daß er in dieser Auseinandersetzung der Unterlegene war. Noch einige Zwischenfälle wie dieser konnten ihn vernichten, das wußte er.

Kapitel 33

Das ›Griffin‹

Donnerstag, 5. November 1987. Nachdem ich den Werbeteil für die nächste Ausgabe der ›Leigh Times‹ fertiggestellt hatte und ins Büro zurückgekehrt war, saß ich an meinem Schreibtisch und versuchte, die Energie aufzubringen, aufzustehen und nach Hause zu fahren. Es war fünf Uhr, und im Fernsehen kamen ›Top of the Pops‹ und ›Eastenders‹, so daß ein ruhiger Abend angesagt war.

Das Telefon läutete, und Brian Fenning nahm ab. Er nannte die Nummer des Apparates und hörte dann eine Weile schweigend zu.

»Andy, für dich«, sagte er stirnrunzelnd. »Jemand namens … Bernard?«

Der Name sagte ihm nichts. Kein Wunder; es war das erste Mal, daß Bernard mich im Büro anrief, und das bedeutete, daß ein Notfall vorliegen mußte. Ich sprang auf und eilte zum Telefon.

»Ich fahre nach Danbury«, sagte Bernard hörbar erregt, sobald ich mich gemeldet hatte. »Als ich gestern abend versucht habe, mich auf den Traum zu konzentrieren, mußte ich mich übergeben. Außerdem habe ich heute nachmittag allerlei seltsame Gefühle und Eindrücke vom Kirchhof empfangen.«

Er verstummte und schwieg eine Weile, als suche er nach Worten, um seine Gefühle auszudrücken.

»Ich weiß nicht, was los ist. Ich habe wirklich keine Ahnung. Aber irgend etwas geht da vor sich.«

Ich teilte seine Sorge, und wir kamen überein, uns um sieben im ›Griffin‹ zu treffen. Ich nahm ihm das Versprechen ab, nicht allein auf den Kirchhof zu gehen, ganz egal, was auch passierte. Er sollte unbedingt auf mich warten, ehe er etwas unternahm.

Er verstand.

Ich legte auf und raste von Panik befallen nach Hause. Ich behielt Hemd und Krawatte an, warf mir einen weiten Tweedmantel über, suchte hastig verschiedene, auch magische, Schutzinstrumente zusammen und rannte dann wieder zur Haustür.

Dann fiel mir der Stockdegen ein, der Bernard im vergangenen November auf dem Antik- und Sammlermarkt von dem indischen Mystiker übergeben worden war. Bislang hatte ich ihn erst einmal benutzt und mit seiner Hilfe das Südportal der Kirche von Danbury »gesprengt«. Vielleicht würde er sich ja an diesem Abend als nützlich erweisen.

Die Uhr am Armaturenbrett meines Wagens zeigte 18 Uhr 35 an, als ich auf den Parkplatz des ›Griffin Pubs‹ fuhr. Da ich Bernards Orion nirgends sehen konnte, nahm ich den Stockdegen und beschloß, einen kleinen Spaziergang über den Kirchhof zu unternehmen, nur um ganz sicherzugehen, daß dort alles noch wie sonst aussah.

Ziemlich nervös überquerte ich die Wiese, ging an der Kirche vorbei und betrat den hell erleuchteten Kirchhof.

Der hell erleuchtete Kirchhof. Natürlich, in dieser Nacht war Vollmond. Ich blickte zu der leuchtend weißen Scheibe hinauf, die inmitten unzähliger funkelnder Sterne reglos am indigoblauen Himmel hing, und wußte, daß das die Antwort war. Wie um diesen Fakt zu unterstreichen, schoß plötzlich eine orangefarbene Rakete in den Himmel und explodierte in einem bunten Funkenregen. Der 5. November – Guy-Fawkes' Night.

Ich hatte fest damit gerechnet, daß der Schwarze Alchimist seinen nächsten Zug am Quartalstag unternahm – Samstag, den 7. November – und nicht an diesem Abend. Aber wie ich wußte, wurde Hekate oft bei Vollmond angebetet, so daß es in gewisser Hinsicht Sinn machte, daß er sich den heutigen Tag ausgesucht hatte, um zuzuschlagen.

Die Totenstille des mondbeschienenen Kirchhofes sagte alles. Eine dicke Nebelbank hing tief über den Grabsteinen und Grüften. Aber hiervon abgesehen war alles still und friedlich. Es schien niemand hier zu sein, und ich konnte auch nichts Ungewöhnliches feststellen. Trotzdem mußte sich irgend etwas ereignet haben, sonst hätte Bernard mich nicht so aufgeregt angerufen. Überhaupt müßte er bald eintreffen, und dann würde sich alles klären.

Ich ging zurück zum ›The Griffin‹ und sah Bernard auf dem Parkplatz stehen und auf mich warten. Er war auch früher als vereinbart eingetroffen. Nachdem ich den Stockdegen wieder ins Auto gelegt hatte, betraten wir den Pub und bestellten uns etwas zu trinken.

Als wir uns gesetzt hatten, holte er einige gefaltete Seiten voller Notizen hervor und bat mich um meine Meinung. Sie handelten von seinem sonderbaren Traum vor zwei Tagen und den ihm eingegebenen Notizen vom Vorabend.

Nachdem ich mehrere Minuten schweigend gelesen und den Inhalt verdaut hatte, klärte ich ihn über die Jüdin Maria auf. Es handelte sich um eine Alchimistin, die oft in den frühen griechisch-ägyptischen Abhandlungen über die alte Alchimie erwähnt wurde, einschließlich jener von Zosimos von Panopolis. Allerdings kannte niemand ihre wahre Identität, da der Titel Jüdin Maria als Pseudonym galt. Einige frühe Alchimiegelehrte glaubten sogar aus unerfindlichen Gründen, daß es sich um Miriam handelte, die Schwester Moses. Spätere Gelehrte meinten, daß es sich bei der Jüdin Maria schlicht um die gnostische Christin handle, die alchimistische Form der Jungfrau Maria, was ganz zweifellos zu Bernards Traum paßte.

Obgleich der Inhalt des Traumes offensichtlich symbolisch gewesen war, schien es, als hätte jemand – aller Wahrscheinlichkeit nach der Schwarze Alchimist – die traditionellen Assoziationen der Jüdin Maria mit der Jungfrau Maria und der Heiligen Geburt verbunden. Anstatt einer reinen Jungfrau, die nach unbefleckter Empfängnis den Sohn Gottes gebar, wurde sie wie Paphotia als Antithese dargestellt, als unfruchtbares, altes Weib, das auf verruchte und unnatürliche Weise eine teuflische Empfängnis zuwege gebracht hatte.

Wenn dem so war, bedeutete dies, daß die Dunkle Jungfrau aus seinem Traum einen Antichristen unter dem Herzen trug, eine neue, dunkle Kraft immenser magischer Macht, die schon bald über die Welt hereinbrechen würde.

Früher in diesem Jahr hatte Bernard einige Informationen aufgeschnappt, die darauf hindeuteten, daß der Schwarze Alchimist sich für den Verkünder hielt, für den Wegbereiter des Antichristen. Wenn der Traum von der Jüdin Maria tatsächlich vom Schwarzen Alchimisten beeinflußt gewesen war, sah es ganz so aus, als wären er und seine Anhänger der Überzeugung, daß das Erscheinen des Antichristen unmittelbar bevorstand. Zumindest glaubten sie das. Ob hierin auch nur ein Körnchen Wahrheit steckte, stand auf einem ganz anderen Blatt geschrieben.

Aber ich wußte ebensowenig wie Bernard, was der Rest seines Traumes – oder die medial empfangene

Nachricht – bedeutete. Viel wichtiger war das aktuelle Geschehen draußen auf dem Kirchhof. Was passierte dort draußen?

Er schnitt eine Grimasse, als wolle er seine offenkundige Sorge in dieser Sache überspielen. »Ich weiß es noch nicht«, lautete seine vorsichtige Antwort. »Ich empfange nur immer wieder flüchtige Bilder vom Kirchhof. Irgend etwas liegt in der Luft, und darum dachte ich mir, ich komme besser her.«

Also nichts Konkretes?

Er schüttelte den Kopf, griff nach seinem Glas Wasser und trank einen Schluck. »Nein ... nur so ein Gefühl, mehr nicht.«

Ich runzelte die Stirn und beschloß, meinen Plan durchzuziehen, davon ausgehend, daß tatsächlich jemand auf dem Kirchhof sein Unwesen getrieben hatte. Ich schlug Bernard vor, er solle versuchen, mental mit seinem spirituellen Führer, dem elisabethanischen Alchimisten, Kontakt aufzunehmen. Sollte der uns doch verraten, was dort draußen vor sich ging. Wenn es etwas zu entdecken gäbe, würde ich es persönlich finden und an mich nehmen, in dem Bewußtsein, daß Bernard noch im behaglichen, sicheren Pub saß, weit fort von den potentiellen psychischen Gefahren.

Bernard hielt das für eine gute Idee, und so nahm er einen Kugelschreiber und sah sich nach Papier um. Wir hatten keins. In unserer blinden Panik, nach Danbury zu gelangen, hatte keiner von uns daran gedacht, Papier mitzubringen!

»Ich benutze einfach das hier«, entschied er und drehte seine Notizen über den Traum von der Jüdin Maria und die Botschaft des ›Priesters‹ vom Vorabend um. Während er auf eine Reaktion seines Führers wartete, fühlte er sich plötzlich veranlaßt, eine Luftansicht von Kirche und Kirchhof zu zeichnen, für den Fall, daß es spezielle Stellen zu markieren galt. Es dauerte nicht lange, und der Kontakt zu dem elisabethanischen Alchimisten war hergestellt. Bernard schrieb:

Es waren zwei. Am Nachmittag.

Es waren also offenbar an diesem Nachmittag zwei Personen in der Kirche gewesen. Waren das die beiden Männer, die Bernard in seinem Traum auf die dunkle Kirche hatte starren sehen? Möglich.

›Geh um die Kirche‹, lautete die nächste Anweisung des Alchimisten. Bernard ging davon aus, daß seine Skizze der Kirche gemeint war, und begann, langsam mit dem rechten Zeigefinger die Außenmauern nachzuzeichnen. An einer Stelle unterhalb der Hälfte der Ostmauer hielt er inne. Gut möglich, daß der Schwarze Alchimist dort etwas versteckt hatte. Bernard markierte den Punkt mit einem X und zog dann eine durchgehende Linie um die ganze Kirche. Weitere Worte erklärten diesen Kreis:

Im Osten versteckt (am Ostende der Kirche) ... Bild auf Stein ... Kirche versiegelt ... Kein Zutritt zu Kirche ... Energien versiegelt ...

Bernard unterbrach die Kommunikation, um seine eigenen Gefühle zu dieser Situation zum Ausdruck zu bringen. »Also, ich verstehe das so, daß diese beiden Individuen einen Stein – mit einem Bild drauf – an der Ostmauer der Kirche versteckt haben. Hierdurch wurden offenbar die Energien der Kirche abgeschottet.«

Es sollte nicht schwer sein, auf den Kirchhof zu gehen, den bemalten Stein zu finden und seinen magischen Einfluß auf die Kirche aufzuheben, indem ich ihn mit Weihwasser bespritzte und wegnahm. Lag der Stein an der Oberfläche, oder war er vergraben?

»An der Oberfläche, glaube ich.«

Und lag der Stein direkt an der Mauer oder etwas entfernt im Gras?

Er überlegte erneut, als warte er auf eine Antwort auf die Frage. »In einiger Entfernung von der Mauer.«

Ich erhob mich und sagte ihm, er solle sich bis zu meiner Rückkehr nicht von der Stelle rühren. Ich wäre in längstens zehn Minuten zurück. In der Zwischenzeit sollte er versuchen herauszufinden, was dort draußen sonst noch geschah.

»Ich gebe dir fünf Minuten, ehe ich einen Suchtrupp losschicke«, scherzte er, wie gewöhnlich leicht belustigt über mein Handeln.

»Zehn Minuten«, wiederholte ich, ehe ich das Lokal verließ und in den kalten Novemberabend hinaustrat.

Kapitel 34

Auf der Suche

Ich holte meinen Fotoapparat, meine Taschenlampe und den indischen Stockdegen aus dem Kofferraum, ehe ich die verkehrsreiche Hauptstraße überquerte und zur Kirche hinüberging.

Als ich aufblickte, schoß eine weitere Rakete in den mondhellen Himmel und barst mit lautem Knall zu einer Galaxie bunter Sterne, die langsam zu Boden schwebten.

Auf der Wiese vor der Kirche herrschte nun reger Trubel. Über ein Dutzend Fahrzeuge spuckte ihre Insassen aus, die an dem abendlichen Gottesdienst teilnehmen wollten. Leute begrüßten Freunde, lachten, plauderten und bewegten sich langsam auf den Eingang der Kirche unterhalb des steinernen Turmes zu.

Ich mußte einen sonderbaren Anblick geboten haben – eine einsame Gestalt mit Nickelbrille und einem weiten Mantel über Hemd und Krawatte, die einen Stockdegen schwang. Und doch hatte ich keine andere Wahl, als mir einen Weg mitten durch die Kirchgänger zu bahnen und zu hoffen, daß mir niemand neugierige Fragen stellte.

Als ich den Kirchhof erreichte, ging ich hastig zum Ostende des Gebäudes und tauchte in den langen Schatten des hochaufragenden Gotteshauses ein. Ich knipste die Taschenlampe an und suchte an der von Bernard auf seiner Skizze markierten Stelle den Boden ab.

Nach mehreren Minuten hatte ich den beschrifteten Stein immer noch nicht entdeckt. Bernard fragte sich sicher schon, wo ich so lange blieb. Es nutzte alles nichts; ich würde zurückgehen und ihn um seine Unterstützung bitten müssen.

Kurz nachdem Andy gegangen war, hatte Bernard eine weitere Nachricht von dem elisabethanischen Alchimisten empfangen.

Auf die Frage »Was geht hier vor?« war ihm entgegnet worden:

In seinen Bann ziehen. Deine Energien sehr stark. Wunsch zu beherrschen. Hüte dich davor, in der Dunkelheit umherzustolpern. Die Seele kann nach dem Tod benutzt werden.

Er war nicht sicher, was das bedeutete. Aber die Nachricht wurde von einer neuen Botschaft seines Führers abgelöst, der ihm mitteilte:

Am Baum. Sehr stark.

Diese Worte wurden von dem Eindruck begleitet, daß draußen beim Baumstumpf ein zweites Artefakt verborgen lag, das so schnell wie möglich entfernt werden mußte. Es war ein Impuls, ein Drang, den er trotz Andys eindringlicher Warnung einfach nicht ignorieren konnte. Überhaupt hatte Andy versprochen, in spätestens zehn Minuten zurück zu sein, und inzwischen war über eine Viertelstunde verstrichen. Er mußte ihn warnen, ihn darüber aufklären, was los war.

Er suchte ihre Sachen zusammen, leerte sein Glas und verließ den Pub.

Als ich zügig die Wiese überquerte, sah ich, wie Bernard mir entgegenkam. Als er sich näherte, machte ich ihm Vorhaltungen, weil er nicht im ›Griffin‹ geblieben war. Im Grunde war ich jedoch froh, ihn zu sehen, und gab zu, daß es mir nicht gelungen war, den beschrifteten Stein allein zu finden.

»Draußen beim Baumstumpf ist noch etwas versteckt«, teilte er mir eifrig mit und ging nervös auf und ab. »Ich denke, wir sollten sofort nachsehen, was es ist.«

Offensichtlich wollte er bei der Suche nach beiden Artefakten dabeisein, und ein wenig widerstrebend gab ich nach. Allerdings bestand ich wie gewöhnlich darauf, daß wir, bevor wir uns der Kirche oder dem Baum näherten, das übliche Schutzritual vollzogen, nur um ganz sicherzugehen, daß er nicht in Schwierigkeiten geriet.

Wir folgten dem Weg, der am östlichen Rand des Kirchhofes entlangführte, bis zu dem alten, viktorianischen schmiedeeisernen Tor und führten dort die Schutzvisualisierung durch. Nachdem das erledigt war, hasteten wir hinüber zur Ostmauer der Kirche.

Unsere Blicke folgten dem Lichtkegel der Taschenlampe, der über das Gras unter der Mauer huschte. Immer noch keine Spur von einem beschrifteten Stein.

»Vielleicht war es nur eine mentale Beschwörung«, schloß Bernard, um seinen vorangegangenen Eindruck zu rechtfertigen, daß an der Stelle ein physisches Artefakt hinterlegt worden wäre.

Aber eine Minute später fanden wir, wonach wir suchten. Es war ein längliches Stück Schiefer, etwa zehn Zentimeter lang und acht Zentimeter breit. Der Stein lag auf der schrägen Seitenwand des Abwasserkanals, exakt auf halber Höhe der Ostmauer. Als wir den Strahl der Taschenlampe auf ihn richteten, sahen wir das ›Bild‹. Es handelte sich um ein modernisiertes Monas-Symbol, eingekreist von einer fetten Ouroboros-Schlange, die sich in den eigenen Schwanz biß. Beide Zeichnungen waren sorgfältig mit einer sehr feinen Spitze in den Stein geritzt worden.

Nur für den Fall, daß von dem Stein eine Gefahr ausging, wich Bernard einige Meter zurück, während ich eine Plastikflasche mit Weihwasser hervorholte und den Stein damit bespritzte, um seine psychische Macht über die Energien der Kirche zu brechen. Dann nahm ich meinen Fotoapparat und schoß zwei Fotos vom Stein, ehe ich ihn in die Jackentasche steckte und zu Bernard hinüberging.

Die Entdeckung schien keinerlei negative Wirkungen auf ihn zu haben, und so gingen wir zu unserem zweiten Ziel.

Knapp zehn Meter von dem Baumstumpf entfernt, der nur als dunkler Hügel auszumachen war, blieb Bernard abrupt stehen. »Es ist da; direkt vor uns«, sagte er. Ihm war gar nicht bewußt gewesen, wie nahe wir dem Baum gekommen waren.

Ich bestätigte seine Befürchtung und fragte ihn, ob es ungefährlich sei, sich dem Baumstumpf zu nähern.

Er stand immer noch reglos da und starrte den Stumpf an. »Ich sehe sie zwischen uns und dem Baum stehen«, sagte er sichtlich beunruhigt.

Wen?

»Dieselbe Frau wie in meinem Traum; in einer schwarzen Kutte mit Kapuze.«

Die Jüdin Maria?

»Ja; nein, sie sind eins. Die Jüdin Maria, Paphotia, sogar Hekate.« Er verstummte und lauschte, ehe er sich mit einem besorgten Ausdruck auf dem Gesicht abwandte. »Sie sagt ›Komm, komm, komm, komm, komm. Komm her zu mir‹.« Er schwieg erneut eine Weile, um ihrem Lockruf zu lauschen. »Jetzt höre ich sie gackernd lachen«, fuhr er fort und spürte, daß es höchste Zeit war, ein wenig Abstand zwischen sich und dem Ursprung seines Unbehagens zu bringen.

Am Rand des Kiesweges, der zur südlichen Ecke des Kirchhofes führte, blieb er stehen. Als er sprach, klang seine Stimme zutiefst beunruhigt. »Ich fühle ein tiefes Ziehen in der Brust. Sie zieht mich zurück zum Baumstumpf.«

Seine innere Qual steigerte sich, bis er langsam zu Boden sank, beide Hände auf die Brust gepreßt.

Ich mußte schnell handeln. Das Schutzritual funktionierte offenbar nicht, was sollte ich also tun? Ja, ein Bannritual. Ich würde versuchen, die Anwesenheit der Jüdin Maria vom Kirchhof zu verbannen. Ich schwenkte den Stockdegen und setzte meine begrenzten magischen Fähigkeiten ein, um zu versuchen, die unheilvolle, übernatürliche Wesenheit zu vertreiben. Es war ein hastig durchgeführtes Ritual, von dem ich nur hoffte, daß es Wirkung zeigte.

Dann lief ich zurück zu Bernard, der gekrümmt auf dem Weg lag. Er litt offensichtlich große Schmerzen und murmelte etwas vor sich hin, das klang wie: »Du bist abscheulich. Wie konntest du das tun?«

Ich stand da wie gelähmt und starrte auf ihn hinab. Offenbar waren seine Worte an die weibliche Erscheinung gerichtet, die immer noch in der Nähe des Baumstumpfes stand. Mein Bannritual hatte also nicht funktioniert. Aber was war abscheulich?

»SCHAFF ES EINFACH WEG«, flehte er mit schmerzverzerrter Stimme. »Ich ... ich kann mich nicht rühren ... HOL ES RAUS.«

Was? Wo?

»An derselben Stelle wie zuvor ... Etwas.«

Das Artefakt. Im selben Loch wie beim letzten Mal, dort, wo wir in der vergangenen Woche die Pfeilspitze gefunden hatten. Ich mußte es herausholen. Ich rannte hinüber zum Baumstumpf und leuchtete mit der Taschenlampe in die Erdspalte.

Scheiße. Was ich sah, verschlug sogar mir die Sprache. Es war wirklich abscheulich.

Aber was sollte ich tun? Niemals würde ich dort hineinlangen und es anfassen. Ich mußte mit Bernard sprechen. Sofort.

Ich lief zurück. Sein Zustand war jetzt wirklich besorgniserregend. Er krümmte sich vor Schmerzen und sah aus, als würde er jeden Moment das Bewußtsein verlieren. Ihm würde nicht gefallen, was ich entdeckt hatte.

»SCHAFF ES EINFACH WEG«, krächzte er verzweifelt.

Konnte er nicht vielleicht aufstehen und den Kirchhof verlassen, während ich mich um das kümmerte, was sich in der Erdspalte befand?

Ohne seine Antwort abzuwarten, zog ich ihn auf die Füße und schob ihn grob in Richtung des schmiedeeisernen Tores am Ostende des Kirchhofes. Er schaffte es, sich auf den Beinen zu halten, und torkelte wie ein betrunkener, alter Mann, während ich meinerseits zum Baumstumpf zurückkehrte.

Ich richtete wieder den Strahl der Taschenlampe in die tiefe Erdspalte und betrachtete den ekelerregenden Anblick, der sich mir bot. In einer Tiefe von etwa einem halben Meter lag auf einem Vorsprung ein bluttriefendes Herz, das von einem schwarzen Dolch mit einem Griff in Form eines kauernden Affen durchbohrt war. Als mir aufging, daß mir das niemals jemand glauben würde, holte ich den Fotoapparat hervor und machte mit Blitzlicht mehrere Aufnahmen des Gegenstandes unten in dem Erdloch. Dann griff ich vorsichtig in die Spalte hinab, packte den Griff des Dolches und hob das Herz hoch, wobei ich darauf achtete, das Messer so zu halten, daß das Herz nicht in das Loch zurückfallen konnte. Ich legte beides auf den Boden und schoß weitere Bilder.

Anschließend holte ich die Plastikflasche mit dem Weihwasser hervor, bespritzte Dolch und Herz und gönnte mir hiernach eine kurze Pause. Was sollte ich jetzt tun? Wenn ich meinen Fund Bernard zeigte, würde er sich nur wieder vor Ekel krümmen. Nein, ich mußte beides im Gras verstecken – zumindest für den Augenblick.

Wo steckte er überhaupt? Ich hob den Dolch mit dem aufgespießten blutigen Herz, ging in Richtung Tor und entdeckte eine Stelle, die mir gut geeignet erschien als vorübergehendes Versteck für meinen makabren Fund. Bernard war am Tor, hielt sich immer noch gekrümmt und klagte über entsetzliche Schmerzen in der Brust. In der Hoffnung, seine Qualen zu lindern, teilte ich ihm mit, daß ich den betreffenden Gegenstand entfernt hatte, so daß er ihm keine weiteren Probleme bereiten dürfte. Vielleicht sollten wir jetzt gehen und in den Pub zurückkehren.

»Ich kann nicht«, entgegnete er mit leiser, angsterfüllter Stimme. »Ich ... ich kann mich nicht bewegen.«

Er klang wie ein Kind, das sich davor fürchtet, im Dunkeln allein gelassen zu werden. Bemüht, logisch zu handeln, forderte ich ihn auf, mir zu folgen.

Statt dessen richtete er sich auf und stolperte blind auf das offene Feld, das sich südlich vom Kirchhof befand.

Ganz offensichtlich hatten wir ein Problem. Als ich ihn eingeholt hatte, sah ich, daß seine inneren Schmerzen und Qualen ihm immer noch ins verzerrte, mondbeschienene Gesicht geschrieben standen. Er kämpfte gegen das Besessenwerden an.

Irgendwie mußte ich dem ein Ende machen. Mir fiel das große Kruzifix in meiner Manteltasche ein. Ich holte es hervor und drückte es Bernard in die Hand. Ich hoffte nur, daß es irgendeine Wirkung zeigen würde. Aber er stand nur da, völlig vertieft in seinen inneren Konflikt, und nahm mich überhaupt nicht wahr.

Plötzlich hob er mit zitternden Händen das Kruzifix, als beginne er, gegen seine unkontrollierbaren Reaktionen anzukämpfen. Ich beobachtete argwöhnisch, wie seine Hände sich um seinen Hals legten.

Einen Moment lang stand er reglos da, dann schleuderte er das hölzerne Kruzifix und das kleinere Messingkreuz, das er an einer Kette um den Hals trug, mit aller Kraft ins hohe Gras.

Er verlor den Kampfeswillen. Ich wünschte mir verzweifelt, ihn zu retten. Bannrituale sprudelten aus meinem Mund hervor, zeigten jedoch nicht die geringste Wirkung. Mir fiel nichts mehr ein.

»Euer Christus ist gar nichts«, verkündete unvermittelt eine tiefe, spöttische Stimme aus Bernards Mund.

Besessenheit. Das hatte mir gerade noch gefehlt. Er schien immer noch gegen dieses barbarische Eindringen in seinen Verstand anzukämpfen, also mußte ich mir schnellstens etwas einfallen lassen. Ich hob mein Kruzifix auf und drückte es ihm mit beiden Händen an die Stirn.

»Eure Kreuze sind wertlos«, erklärte die unheilvolle Stimme mit einem alptraumhaften gutturalen Lachen. »Dummkopf.«

Eine andere Taktik war vonnöten. Mir fiel etwas ein. Ich würde dem Dämon erklären, daß ich ihm nur zuhören würde, wenn er aufhörte, Bernard seelisch und körperlich zu quälen. Möglich, daß es klappte. Ich sprach meine Forderung also laut aus.

Es funktionierte. Seine verzerrten Züge glätteten sich, obgleich er weiterhin die Schultern gebeugt hielt. Als hätte er einen Buckel, und seine Arme zuckten, als hätten sie ein Eigenleben entwickelt.

»Die Dunkelheit wird immer über das Licht triumphieren«, begann der Eindringling langsam und in entschiedenem Tonfall. »Ihr werdet unsere Macht niemals aufhalten können. Wir sind zu stark für euch.«

Ich war da ganz anderer Ansicht. »Und wer sagt das«, fragte ich freundlich.

»Comarius«, lautete die stolze, aber kaum hörbare Antwort.

»Wer? Sagtest du Temarios?«

»COMARIUS«, herrschte er mich ob meiner Frechheit an. »Hohenpriester, weiser Mann und Prophet.«

»Ich hab' seinen Namen immer noch nicht verstanden.« Und überhaupt, was wollte er von Bernard?

»Seine Seele.«

»Und warum seine Seele?«

»Weil sie stark ist«, entgegnete er, als genieße er das Gefühl, sich im Inneren eines menschlichen Körpers zu befinden. »Ich besitze sie.«

»Ach ja?«

»Rot plus weiß gleich schwarz. Das neue Kind wird kommen, und Schwärze wird aufsteigen und es einhüllen. Die Dunkelheit wird sein Triumph und sein Revier sein.«

Ich erkannte diese Worte wieder. Es waren ähnliche oder gar dieselben wie jene, die Bernard am Vorabend vom »Priester« empfangen hatte. Zweifellos entstammten sie ein und derselben Quelle. Aber wer war dieser Mann? Vermutlich einer von Theosebeias Komplizen.

Ich ließ den Eindringling seinen Monolog fortsetzen und nahm mir Zeit, gründlich über alles Gesagte nachzudenken. Wenn ich versuchte, ihn mit Hilfe derselben alten Rituale zu vertreiben, würde das ganz sicher nur neuerliche Qualen für Bernard bedeuten. Ich konnte ihn auch fortfahren lassen, bis er von sich aus ging, aber das kam mir falsch vor.

Comarius bezog sich weiter auf seine Worte vom Vorabend und sprach immer wieder von dem »neuen Kind«, das, wie ich annehmen mußte, für das Kommen des Antichristen stand. Aber ich hatte genug gehört. Ich mußte ihn austreiben.

... dem Pfad der Dunkelheit werdet ihr folgen ...

Nein, werden wir nicht. Seine Bemühungen waren vergebens, da wir niemals die Seiten wechseln würden. Die Mächte des Lichts würden letztendlich immer über die Kräfte der Finsternis triumphieren. Ich wünschte ihm nicht unmittelbar Böses, meinte jedoch, daß wenn er nicht verschwand, solange noch nichts Schlimmeres geschehen war, ich die Essenz seiner Seele für alle Ewigkeit verbannen würde.

... die Schlange wird sich erheben, und große Macht wird ...

Offenbar hörte er mir nicht zu, und in diesem Moment fiel Bernard wie unter Zwang auf die Knie und stieß merkwürdige Worte aus. Ich schnappte den Namen ›Septemos‹ auf, wer oder was immer das bedeuten mochte. Jetzt hatte ich wirklich genug gesehen. Mir kam eine Idee. Der indische Stockdegen. Das war die Lösung. Wenn die mächtigen Bilder und Symbole des christlichen Glaubens keine Macht über diese übernatürliche Intelligenz besaßen, würde ich eben die urzeitlichen, spiralförmigen Schlangenenergien einsetzen müssen, die angeblich dem Stock innewohnten.

Als der Stockdegen Bernard von dem alten indischen Mystiker und seinem Sohn überreicht worden war, war ihm gesagt worden, daß ich ihn benutzen sollte und er ›Schutz vor den Sieben‹ böte. Damals hatten wir noch nicht begriffen, warum er uns geschenkt worden war. Und wir wußten auch nicht, wer oder was ›die Sieben‹ waren. Jetzt wußte ich es. Es bezog sich auf die sieben Energiezentren des menschlichen Körpers, die sogenannten Chakren, wie sie in der hinduistischen Mystik genannt wurden. Jede einzelne befand sich in einer vertikalen Energiesäule, die das Rückgrat entlanglief und jeweils einen anderen Aspekt des physischen und spirituellen Körpers kontrollierte. Im Falle einer Besessenheit übernahm die fremde Macht die Kontrolle über diese sieben Energien, um in einen menschlichen Körper einzufahren. Jetzt ging mir auf, daß die Kräfte des Stockdegens dazu eingesetzt werden könnten, den Körper von dem unwillkommenen Eindringling zu befreien. Ich wußte genau, was ich jetzt zu tun hatte.

Mit neuem Enthusiasmus näherte ich mich Bernard, der immer noch auf dem Boden kniete. Ich umfaßte den Stockdegen mit beiden Händen und begann, sich drehende Speichen regenbogenfarbenen Lichts zu visualisieren, die an dem Stock hinabströmten, um dann wie ein psychischer Laserstrahl gebündelt aus der Metallspitze zu schießen. Langsam senkte ich den Stock auf seinen Nacken und sah, wie die leuchtenden Energien sein Rückgrat hinunterströmten und zu Kugeln vibrierenden, bunten Lichts zerplatzten, als sie die sieben Chakra-Zentren berührten und durchdrangen.

»Das ist wahre Schlangenkraft«, teilte ich dem Eindringling mit, »und nicht deine sich windenden, schwarzen Schlangen.«

Eine Zeit, die mir ewig vorkam, aber vermutlich nicht länger dauerte als fünf Minuten, setzte ich die machtvolle Visualisierung fort. Schließlich verstummte der Hohepriester. Es funktionierte.

Bernard begann, erst die Hände, dann die Arme und schließlich den Kopf zu bewegen. Aber war es auch wirklich Bernard?

»Ja ... ich bin es«, entgegnete er mit leiser, erschöpfter Stimme.

Ich nahm den Stockdegen von seinem Nacken. Er war wieder unter den Lebenden.

Eine Weile blieb er einfach knien und starrte über das Feld, als wäre es ihm völlig fremd. »Wie bin ich hierhergekommen?« fragte er, und ein verwirrter Unterton schwang in seiner Stimme mit.

Konnte er sich denn nicht erinnern?

»Das letzte, woran ich mich erinnere, ist, daß ich irgendwo beim Baumstumpf stand und plötzlich stechende Schmerzen in der Brust bekam.« Er stand auf und zündete sich eine Zigarette an.

Plötzlich kam mir ein schrecklicher Gedanke. Schmerzen? Wo genau in der Brust?

»Etwa hier«, entgegnete er und betastete die Mitte seines Brustkorbes. »Um das Herz herum.«

Ich stöhnte innerlich auf, als mir aufging, was ich hätte tun sollen, nachdem ich das durchbohrte Herz entdeckt hatte. Warum war ich nicht schon früher darauf gekommen? Zweifellos war es in der Erdspalte deponiert worden, um Bernard zu schaden, wie eine Wachspuppe, die mit einer Nadel durchstochen wurde. Als er seine Gedanken auf den Baum konzentriert hatte, hatte das von dem Dolch durchbohrte Herz bei ihm selbst starke Herzschmerzen hervorgerufen. Das war ein sehr übler Trick, der ihn vielleicht sogar hätte töten können.

Ich hätte den Dolch aus dem Herzen herausziehen sollen. Wäre die Klinge herausgezogen worden, hätten seine Schmerzen aufgehört, und ihm wäre auch die teuflische Besessenheit draußen auf dem Feld erspart geblieben. Das stellte nur meine Unzulänglichkeit in solchen Angelegenheiten unter Beweis. In vieler Hinsicht kam es mir vor, als hätte ich Bernard im Stich gelassen, so daß der Feind uns um den Finger wickeln könnte. Unsere Schutz- und Bannrituale funktionierten nicht mehr, so daß wir jetzt weiteren Attacken und Konfrontationen wehrlos ausgesetzt waren.

Dieser Tag war in vielerlei Hinsicht eine Niederlage.

Aber dann fiel mir ein, daß Bernard noch nicht gesehen hatte, was in der Erdspalte gewesen war. Ich führte ihn also zurück auf den Kirchhof und zu einem bestimmten Grab. Dort entfernte ich einen losen Grasbüschel und richtete den Strahl der Taschenlampe auf Dolch und Herz.

Bernard lächelte schief und schüttelte ungläubig den Kopf. »Was willst du damit machen«, fragte er neugierig.

Sie mit nach Hause nehmen.

Seine Kinnlade klappte herunter. »Du kannst das Herz nicht mitnehmen. Vergrabe es irgendwo. Draußen auf dem Feld. Irgendwo. Aber nimm es nicht mit nach Hause.«

Ich akzeptierte seine vernünftigere Lösung, grub in der Nähe der Stelle, an der Comarius in Bernard gefahren war, eine flache Mulde in die weiche Erde, und ließ das blutige Herz hineinfallen. Nachdem ich das Loch wieder zugeschaufelt hatte, kehrten wir zurück zum ›Griffin‹.

Kapitel 35

Der perfekte Meister

Nachdem wir uns die Hände gewaschen und einen freien Tisch im gutbesuchten Schankraum ergattert hatten, begutachteten Bernard und ich unsere neuesten Artefakte.

Zuerst untersuchten wir abwechselnd das Stück

Schiefer und die darin eingeritzten Symbole. Die fette Ouroboros-Schlange war ein vertrautes Zeichen, das mir schon in verschiedenen Büchern über Alchimie begegnet war.

Als es uns zu langweilig wurde, wechselten wir zum Dolch, den ich auf der Herrentoilette bereits gründlich abgewaschen hatte. Es handelte sich um ein handgeschnitztes, afrikanisches Messer aus Ebenholz, das aussah, als wäre es ursprünglich als Brieföffner für den Touristenhandel angeboten worden. Es handelte sich allerdings keineswegs um ein billiges, häßliches Stück, sondern vielmehr um ein meisterhaft geschnitztes Kunstobjekt von der Art, wie sie zu recht saftigen Preisen in Antiquitätengeschäften gehandelt werden.

Auch war leicht zu erkennen, warum der Dolch als rituelles Instrument ausgewählt worden war. Dank des schimmernden, polierten dunklen Holzes war der Dolch praktisch prädestiniert zum sogenannten schwarzgriffigen Messer oder ›Athame‹, wie es bei magischen Zeremonien Verwendung fand. Und doch war er vermutlich wegen des Griffes in Form eines hockenden Affen von seinem früheren Besitzer zu diesem Zweck ausgesucht worden. Für ihn hatte er vermutlich den Cynocephalus dargestellt, eine Art heiligen Affen, der einer altägyptischen religiösen Tradition zufolge eine dunkle oder abnehmende Phase des Mondzyklus darstellte, jene Phase, die am häufigsten mit der dunklen Göttin assoziiert wurde.

Ich zog den Dolch ein wenig näher heran und studierte seine Inschriften und Symbole. Auf der einen Seite waren zwei Reihen Inschriften in die Klinge geritzt worden:

All haile to the noble companie
A parfet Master made them call

Der Schreibstil war meiner Meinung nach ganz offensichtlich weiblich, nicht männlich. Keine Ähnlichkeit mit den Inschriften, die wir bisher auf Artefakten des Schwarzen Alchimisten gesehen hatten wie ›Berührung heißt Versklavung‹ auf dem Stein, den wir im vergangenen Jahr im Shenfield Common gefunden hatten. Der vorherige Besitzer dieses Dolches mit dem Affengriff konnte also durchaus eine Frau gewesen sein.

Aber wer war die ›edle Gesellschaft‹? Und wer war der ›perfekte Meister‹? (1)

Ansonsten befand sich auf dieser Seite der Klinge nur noch links der Inschriften ein Kreis, der vermutlich den Vollmond symbolisieren und möglicherweise seine Bedeutung für die Vorgänge dieses Abends hervorheben sollte.

Auf der Rückseite der Klinge fanden sich mehrere der üblichen Symbole im Stil des Schwarzen Alchimisten, angefangen mit dem CH-Monogramm und mit dem aktualisierten Monas-Symbol am Ende, das horizontal dargestellt war und zwar nahe der Klingenspitze. Die einzigen Symbole, die irgendwie fehl am Platze schienen, waren einerseits das astrologische Zeichen des Stiers direkt vor dem Monas-Symbol sowie das Zeichen für den Planeten Saturn am Rand des Griffes. Ich konnte mir keinen Reim darauf machen, warum diese Symbole in die übliche Zeile nicht zu entziffernder Zeichen eingefügt worden waren.

Ich beendete meine Begutachtung des Affendolchs und fragte Bernard, ob er seiner Meinung nach im Besitz einer Frau gewesen war und wenn ja, ob es sich um dieselbe Frau handelte wie jene, die an Halloween auf dem Kirchhof gewesen war.

Er dachte eine Weile über die Fragen nach und nahm den Dolch wieder in die Hand. »Ich fühle, daß obwohl er von zwei Männern in der Erdspalte hinterlegt wurde, er tatsächlich einer Frau gehört hat.«

Derselben?

»Möglich, aber diesbezüglich sind meine Empfindungen nicht eindeutig«, entgegnete er und drehte das rituelle Instrument weiter in den Händen.

Ich fühlte, daß es sich um dieselbe Frau handelte. Es stellten sich damit einige wichtige Fragen. Beispielsweise: Wo war der Schwarze Alchimist? Warum war er nicht selbst nach Danbury gekommen? Und wer war diese Frau, die seine Pflichten übernahm? Offensichtlich vertraute er ihr, was also war ihre Rolle bei alledem?

Ich war mir nicht sicher. Eins wußte ich allerdings ganz bestimmt: Den Affendolch aus Ebenholz zurückzulassen, damit wir ihn fanden, war vermutlich der größte Fehler, den der Schwarze Alchimist bislang begangen hatte. In der Vergangenheit hatte er stets Artefakte hinterlassen, die speziell für das betreffende Ritual angefertigt worden waren. Nie zuvor hatte er ein rituelles Instrument zurückgelassen, das ganz sicher von seinem Besitzer für die Verwendung bei magischen Operationen geweiht und psychisch geladen worden war.

Auf magischer Ebene konnte der Dolch nun als wirkungsvolles Instrument benutzt werden, um eben jene Kräfte abzuwehren oder zu manipulieren, die er ursprünglich hatte erzeugen sollen. Nicht nur das. Zu einem späteren Zeitpunkt ließ sich der Affendolch möglicherweise von Bernard psychometrieren und ihm konnte die eine oder andere Information über seinen Besitzer entlockt werden. Im Gegensatz zum Schwarzen Alchimisten, der, wie wir wußten, sehr effektiv jeden Versuch abzublocken vermochte, sich ihm oder seinem Haus anzunähern, war die Frau in dieser Hinsicht vielleicht weniger bewandert.

Was sollten wir also tun?

»Also, ich weiß, was ich jetzt tue!« entgegnete Bernard. »Ich fahre nach Hause. Ich habe genug für heute.«

Ich redete auf ihn ein. Wir brauchten Hilfe von unserem elisabethanischen geistigen Führer, um zu erfahren, was die Komplizen des Schwarzen Alchimisten an dem umgestürzten Baumstumpf im Schilde geführt hatten. Und wir mußten wissen, ob sie in naher Zukunft erneut zuschlagen würden.

Bernard war nicht begeistert: »Ich glaube wirklich nicht, daß ich noch mehr in Erfahrung bringen kann.«

»Bitte, Bernard.«

Er runzelte bei dem Gedanken an weitere psychische Arbeit unwillig die Stirn. »Also gut«, seufzte er schließlich. »Aber draußen im Wagen.«

In seinem Orion schloß Bernard die Augen und rief mental seinen spirituellen Führer herbei.

Minuten verstrichen, in denen ich geduldig in der Dunkelheit wartete, Kugelschreiber und eine neue Seite meines Notizbuches gezückt.

Eine Gruppe junger Leute ging vor Bernards Wagen vorbei zu einem Fahrzeug, das am anderen Ende des kleinen Parkplatzes stand. Plötzlich heulte der Motor auf, und die Scheinwerfer erstrahlten grell.

»Also gut«, sagt er und holte tief Luft. »Das Ritual, das heute draußen beim Baumstumpf vollzogen wurde. Es hatte etwas mit dem Baum in Verbindung mit der Alchimie zu tun« (2)

»Ich verstehe.«

Der Wagen raste mit durchdrehenden Reifen los, bog auf die Hauptstraße vor dem Pub ein und verschwand außer Sichtweite.

»Der Affendolch und das Herz sollten dort zurückgelassen werden, während die Energien der Kirche blockiert waren, um die Macht des Rituals zu erhöhen.«

Hastig schrieb ich alles auf, was er sagte. »Aber ganz sicher hatten sie doch damit gerechnet, daß wir oder jemand anders Dolch und Herz fanden. Jeder, der in die Erdspalte sah, mußte den Dolch sehen, der in dem Herz steckte.«

Das Medium antwortete nicht. Bernard war bereits weiter. »Der Name des Priesters. Comarius.«

Bis dahin hatte ich mich nur an einen Namen wie Temarios oder so ähnlich erinnert.

»Er war für die Jüdin Maria Hohenpriester, weiser Mann und Prophet und widersprach den biblischen Aussagen vom Wahren Kreuz und der Jungfräulichen Geburt …«

Er begann, leiser, langsamer und monotoner zu sprechen. Er bewegte sich nicht mehr und hatte die Augen immer noch fest geschlossen. Ich erkannte, daß er in Trance gefallen war. Er wurde von einer anderen Wesenheit beherrscht, wenn auch diesmal nicht von einer unheilvollen, sondern von unserem elisabethanischen Alchimistenfreund.

Ich ließ ihn gewähren, während ich versuchte, im Dunkeln schriftlich festzuhalten, was er uns mitteilte.

Höhle und Mutterleib sind ein und dasselbe. Seine (Comarius') Schriften interpretieren rot und weiß als schwarz, was die Menstruation darstellt, Fruchtbarkeit wird vereint, um eine Lebensform hervorzubringen, die nur als dunkle Form interpretiert wird und nicht verstärkt wird durch Feuer, um Weiß und Gold zu werden, sondern vielmehr mit Wasser weiter reduziert und kombiniert wird, um schwarzes Leben hervorzubringen, das im Verborgenen wächst.

Diese Praktik hat stets zur Katastrophe geführt, aber viele haben es versucht und vollziehen die Bildung von Chemie …

Ich ließ einige Worte aus in meinem Bemühen, die Botschaft aufzuschreiben.

… andere Namen sind Bolos (3) und Septemos … beide sehr frühe Anwender der Chemie.

Sie sagen, es sei frühe Chemie, aber sie (der Schwarze Alchimist und seine Anhänger) wollen immer noch das Weiß und Gold vorbringen, und viele sind in Schriften offenbart, von denen einige (noch) existieren und andere verlorengingen.

Comarius benutzte auch Steine, von denen er behauptete, sie stammten aus versiegelten Gräbern und verliehen somit das Recht, die Finsternis anzurufen. Auch vorgegebene Formen wurden benutzt; aber er irrt. Diese kostbaren Steine und Plaketten wurden gewöhnlich nur Königen und Edelleuten mit ins Grab gelegt, um ihnen die Reise (durch) das Dunkel zu erleichtern und ihnen zu Wissen in der Nachwelt (zu verhelfen).

Es entstand eine kurze Pause. Meine Hand schmerzte höllisch. Trotzdem mußte ich einfach die Gelegenheit ergreifen, eine Frage zu stellen, die für die aktuelle Situation von Bedeutung war. Beispielsweise: »Was hatte der Schwarze Alchimist derzeit wirklich vor?«

Er scheint verschiedene alte Formen der chemischen Schrift zu verwenden, die er kombiniert, in der Hoffnung, das zu entdecken, was er als ultimative Wachstumsform betrachtet.

Hierauf entstand eine weitere kurze Pause, die ausreichte, eine zweite Frage zu stellen. »Welche Schritte können wir in der nahen Zukunft vom Schwarzen Alchimisten erwarten?«

Zukunft ungewiß. Aber (er) wird sich wieder der Praxis zuwenden und möglicherweise neue Formeln (der) Kalzinierung entdecken, um dann an diesem Punkt wieder innezuhalten und (seine beschrifteten Steine und Artefakte) zu hinterlassen.

»Wer ist diese ›edle Gesellschaft‹ von der auf dem Ebenholzdolch die Rede ist?«

Dabei muß es sich um eine neue Brüderschaft handeln. Auch sie ist Finsternis ergeben und auf eine neue königliche Wesenheit hoffend, die sie anbeten kann. Haß ist verstrickt in alle sogenannten reinen religiösen Praktiken. Dazu gehören auch zahlreiche Praktiken fremder Nationen.

Hierauf folgte langanhaltendes Schweigen. Unser elisabethanischer Alchimist hatte uns abrupt verlassen. Schon bald begann Bernard, die Hände zu öffnen und zu schließen und die Arme zu bewegen, bevor er schließlich die Augen aufschlug. »Er trägt einen weichen Hut. Wie eine Baskenmütze«, erklärte er, offenbar unberührt von seinem Trancezustand. »Und er hat weißes Haar.«

Ich schrieb das auf.

»Und jetzt fahre ich nach Hause«, sagte er entschieden, in dem Bewußtsein, daß sein psychischer Beitrag an diesem Abend erfüllt war und er mit gutem Gewissen heimfahren konnte.

Ich sagte, daß ich ihn anrufen würde.

Kapitel 36

›The Demonic Connection‹

Freitag, 6. November 1987. Aufgrund der bizarren Ereignisse des Vorabends war ich den ganzen Tag über bei der Arbeit recht düsterer Laune. Ich hatte keine Lust, irgend jemandem zu erzählen, was geschehen war und was wir in der Erdspalte unter dem Baumstumpf entdeckt hatten. Niemand würde mir glauben, was auf dem Kirchhof von Danbury passiert war, geschweige denn, die Bedeutung des Geschehens begreifen.

Als ich am frühen Abend nach Hause kam, war ich immer noch schlecht gelaunt und kam zu dem Schluß, daß ich mit jemandem reden mußte. Also lud ich Carole und Ken Smith zu mir nach Hause ein. Ich hatte sie über die Entwicklungen im Fall des Schwarzen Alchimisten auf dem laufenden gehalten und ihre Bemerkungen und konstruktive Kritik bisher sehr zu schätzen gewußt.

Gegen halb acht verkündete das Läuten der Türglocke ihre Ankunft. Noch bevor ich die Gelegenheit hatte, ihnen meine Neuigkeiten zu berichten, versuchten sie, mir ein gebundenes Buch mit blauer Schutzhülle aufzudrängen.

»Ich denke, das solltest du unbedingt lesen, Andy«, sagte Ken nachdrücklich. »Carole und ich haben es heute in einer Buchhandlung im Southend gefunden.«

Es gab Wichtigeres zu besprechen. Das Buch konnte noch eine Weile warten.

Aber Ken ließ nicht locker. »Es heißt ›The Demonic Connection‹ und wurde von einem gewissen Toyne Newton geschrieben«, erklärte er, als wir ins Wohnzimmer gingen. »Es wurde erst dieses Jahr veröffentlicht und handelt von aktueller Schwarzer Magie und Satanismus in Sussex.«

Ken setzte sich auf das Art-déco-Sofa, das Buch immer noch in der Hand, während ich ging, um das psychische Material vom Vorabend zu holen.

»Andy«, versuchte Ken erneut, meine Aufmerksamkeit zu erregen. »Ich fühle, daß der Inhalt dieses Buches möglicherweise in Zusammenhang mit den Aktivitäten des Schwarzen Alchimisten steht.«

»Warum«, fragte ich, während ich die Unterlagen auf dem großen Holztisch am Fenster sortierte.

»Es handelt von den Aktivitäten einer Organisation, die sich der Schwarzen Magie verschrieben hat. Sie nennt sich ›Freunde Hekates‹ und operiert von einem Ort namens Clapham Wood in der Nähe von Worthing aus«, fuhr er fort. »Die Gruppe wird mit vier mysteriösen Todesfällen sowie dem Verschwinden mehrerer Hunde und diversen seltsamen paranormalen Vorfällen in der Gegend in Verbindung gebracht.«

Carole nahm in einem der beiden zum Sofa passenden Sessel Platz und bot mir eine Marlboro an, ehe sie sich selbst eine anzündete. »Du solltest dir das Buch wirklich einmal ansehen«, unterstützte sie Ken, wobei sie klang wie eine bestimmende große Schwester.

Ich hielt inne und warf einen Blick auf das Buch.

Clapham Wood. Hekate. Verschwundene Hunde. Mysteriöse Todesfälle. Das alles kam mir bekannt vor. Das war der Ort, über den Bernard während der Konfrontation am Running Well im vergangenen Jahr Informationen empfangen hatte. Er hatte gesagt, er hätte einen Wald in der Nähe eines Ortes namens Clapham in Sussex gesehen, von dem er glaubte, daß er irgendwie mit den Aktivitäten des Schwarzen Alchimisten in Verbindung stand. Außerdem hatte er eine Kirche am Ende einer langen gewundenen Straße gesehen.

»Das muß Clapham Church sein«, meinte Ken. »Sie befindet sich gleich am Wald, und es führt nur eine lange, gewundene, unbefestigte Straße hin.«

»War Hekate nicht die Göttin der Finsternis, die mehreren Personen in der Orkannacht erschienen ist?« fragte Carole und lehnte sich in ihrem Sessel zurück.

Das stimmte.

»Diese Leute machen sich die Macht Hekates zunutze. Ist der Orkan nicht von Sussex aus nordöstlich durch Kent nach Essex gezogen?« fragte sie.

Ken fiel ihr ins Wort. »Vielleicht hat das etwas damit zu tun, daß der Schwarze Alchimist die Dunkle Göttin gewählt hat, um während des Orkans in Danbury zuzuschlagen.«

Ich verstand, was er meinte. Ich las den Titel des Buches auf dem Cover: ›DIE DÄMONISCHE VERBINDUNG – Untersuchung über Satanismus in England und eine internationale magische Verschwörung‹.

»Die sind nicht zimperlich«, warnte mich Ken. »Einer dieser Toten war ein pensionierter Pfarrer, der am 31. Oktober 1978 verschwand. An Halloween, der

Nacht der Hekate. Ein anonymer Brief an den Autor deutet darauf hin, daß er als menschliches Opfer benutzt wurde. Du mußt dieses Buch lesen. Es ist wirklich gut.«

Ich fühlte mich unbehaglich. Ich stand auf und teilte Carole und Ken mit, daß ich versuchen wolle, Bernards Originalnotizen über Clapham Wood zu finden, um nachzulesen, was genau darin stand. Ich ging rüber ins Arbeitszimmer und blätterte in einem Ordner voller psychischer Notizen von Bernard, die ich über Jahre gesammelt hatte. Bald hatte ich gefunden, wonach ich suchte – die Notizen, die er am Dienstag, dem 14. Oktober 1986, am Running Well gemacht hatte. Und da stand auch, was er zuallerletzt an diesem Abend aufgeschrieben hatte: ›Sussex. Clapham. Kirche. Gewundene Straße.‹

Ich versuchte, mich an unsere Unterhaltung zu erinnern. Auf die Frage, was er bezüglich dieses Ortes empfände, hatte er geantwortet: »Ich sehe einen Wald. Dort geht etwas vor sich; ein Ritual, glaube ich. Und ich sehe ganz in der Nähe eine Kirche, die nur über eine lange, gewundene Straße zu erreichen ist. Ich empfange keine sehr positiven Schwingungen von diesem Ort«, hatte er erklärt. »Am besten rühren wir nicht daran, da es ohnehin nichts mit der aktuellen Situation zu tun hat.« So ähnlich zumindest. Aus irgendeinem Grund hatte ich mir nicht einmal die Mühe gemacht, diesen Informationen nachzugehen. Ich hatte ihm allerdings von meinem Besuch im nahe gelegenen Angmering erzählt, wo 1976 angeblich mehrfach UFOs gesichtet worden waren.

Ich grübelte über diese neue und doch recht beunruhigende Entwicklung nach und überflog einige weitere Originalnotizen und empfangene Texte von Bernard in Zusammenhang mit dem Schwarzen Alchimisten. Ich stieß auf die Notizen, die ich mit im Rathaus von St.

Anne's Castle in Great Leighs gemacht hatte, kurz nach der Episode im Shenfield Common im Mai vergangenen Jahres.

Ich las sie durch und erinnerte mich wieder.

Stinkendes echtes Herz. In der Nähe. St. Mary's. Mutterleib. Geburt. Blut. Funktioniert nicht. Merkur. Der Kreis schließt sich. Botschaft. Kreis enger ziehen. Stark genug. Herz hört auf zu schlagen. Etwas steht bevor. Veränderung.

Mein Gott. So viele dieser Aussagen schienen Prophezeiungen zu sein von Ereignissen, die inzwischen stattgefunden hatten, und ich hatte sie völlig vergessen. Das »stinkende echte Herz« war eindeutig eine Anspielung auf das Herz, das ich am Vorabend auf dem Kirchhof von Danbury entdeckt hatte. Bei der Erwähnung der Heiligen Maria handelte es sich möglicherweise um eine Bezugnahme auf die Kirche von Runwell, die der Heiligen Jungfrau geweiht war. Die Kraft Merkurs war deutlich gewesen bei der Konfrontation am Running Well im vergangenen Jahr. Und »das Herz hört auf zu schlagen« ... Ich fühlte mich sofort schlecht, als ich über die Bedeutung nachdachte. Was, wenn Bernards Herz draußen auf dem Kirchhof tatsächlich aufgehört hätte zu schlagen?

Ich runzelte bei dem Gedanken die Stirn und kehrte zurück zu meinen Gästen. Nachdem ich ihnen Bernards Material in bezug auf Clapham Wood gezeigt hatte, versprach ich, daß ich ›The Demonic Connection‹ lesen und ihnen meine Meinung dazu mitteilen würde.

Jetzt, da dieses Thema abgehakt war, konnte ich Carole und Ken endlich von den Ereignissen der vergangenen Tage berichten; alles von dem Traum der Jüdin Maria über den Bernard eingegebenen Text von

Comarius und die Entdeckung der Artefakte bis hin zu Bernards Besessenheit auf der Wiese hinter dem Kirchhof am Vorabend.

Am Ende meines Berichts waren meine Gäste sichtlich beunruhigt über das, was sie soeben gehört hatten.

»Ihr beide seid in großer Gefahr. Siehst du das denn nicht?« meinte Ken nachdrücklich. »Wenn das, was du uns erzählt hast, der Wahrheit entspricht, hast du es ganz offensichtlich mit einem Haufen Irrer zu tun. Verrückte, die vor nichts zurückschrecken, um unerkannt zu bleiben, nicht einmal vor Ritualmord.«

Okay, sie waren also gefährlich, aber wir würden schon mit ihnen fertig werden.

»Und du kannst die Sache mit dem Herzen nicht einfach auf sich beruhen lassen«, erklärte Ken, der nicht fassen konnte, daß ich es begraben hatte, ohne vorab seinen Ursprung zu klären. »Was, wenn es ein menschliches Herz war?«

Daran hatte ich gar nicht gedacht.

»Es muß baldmöglichst sichergestellt werden, bevor es verwest. Am besten noch heute abend.«

Ich pflichtete ihm bei und schlug vor, daß wir später hinfahren sollten.

»In Ordnung«, entgegnete Ken, zufrieden, daß ich offenbar endlich zur Vernunft gekommen war.

Carole nahm den Affendolch aus Ebenholz zur Hand und begann, die Inschriften und magischen Symbole auf der Klinge zu studieren. »Dieses Symbol hier«, sagte sie, »vor den Inschriften. Das stellt doch den Vollmond dar, richtig?«

Ja, aber warum fragte sie? War das wichtig?

»Nun, auf der anderen Seite befindet sich ein weiteres, scheinbar unzusammenhängendes Symbol – das Zeichen für den planetaren Einfluß Saturns.«

Okay, das wußte ich selbst.

»Bist du nicht auch der Meinung, daß das auf irgendeine Verbindung zwischen dem vollen Mond und Saturn hindeutet?« fragte sie, das rituelle Instrument noch in der Hand.

Ich war mir nicht sicher. Aber Carole war eine erstklassige Astrologin, und ich begann zu verstehen, worauf sie hinaus wollte.

»Das könnte auf etwas hindeuten, was in der Astrologie als Mond-Saturn-Konjunktion bezeichnet wird«, fuhr sie fort, zündete sich eine weitere Zigarette an und blies paffend den Rauch in die Luft.

Mond-Saturn-Konjunktion. Was bedeutete das?

Carole antwortete mir bereitwillig. »Wenn zwei Planeten eine Konjunktion eingehen, dann vereinen ihre individuellen Merkmale und Einflüsse auf den Menschen sich zu einem dritten Einfluß mit völlig neuen Charakteristiken«, erklärte sie. »Die Eigenschaften von Mond-Saturn-Konjunktionen werden gewöhnlich mit Dingen in Zusammenhang gebracht wie Altern, Dunkelheit, Trauer, Grobheit, Kälte, Sterilität und mangelnde Liebe. Gewöhnlich ist es ein sehr trostloser Einfluß oder Aspekt, der häufig in Gestalt einer alten Hexe dargestellt wird: kalt, hart, unfruchtbar und abstoßend. Das entspricht ziemlich genau Hekate in ihrer Erscheinungsform als gebeugte Greisin.«

Wieder eine Verbindung zum Einfluß der Hekate oder Dunklen Göttin. Ich bat sie, mir mehr darüber zu erzählen. Was war mit der Assoziation des Vollmondes mit Saturn? War das dasselbe?

Sie nickte. »Als planetarer Einfluß kann Saturn das ›In-Erscheinung-Treten‹ von irgend etwas ankündigen.« Sie suchte nach den richtigen Worten. »Der volle Mond seinerseits wird häufig mit dem Ende der

Schwangerschaft und der Geburt assoziiert.«

»Wie die meisten Hebammen dir bestätigen können, werden bei Vollmond mehr Kinder geboren als an irgendeinem anderen Tag des achtundzwanzigtägigen Mondzyklus. Wenn also jemand ein Ritual vollzieht, bei dem ein Konzept, eine Idee, eine Kraft oder auch ein Leben wachsen, in Erscheinung treten oder ›geboren‹ werden soll, wäre der Vollmond hierfür der beste Zeitpunkt. Wird der Einfluß des Vollmondes zur Mond-Saturn-Verbindung addiert, könnte dies eine Kraft oder einen Einfluß symbolisieren, die von einer alten, unfruchtbaren und doch schwangeren Greisin personifiziert wird, die beinahe gegen die Gesetze der Natur ein Kind zur Welt bringt. Eine Verzerrung oder Antithese der jungfräulichen Geburt; wieder Paphotia oder die Jüdin Maria«, schloß Carole.

»Für mich hat es ganz den Anschein, als hätte der Schwarze Alchimist versucht, gestern nacht auf dem Kirchhof von Danbury etwas höchst Unerfreuliches ins Leben zu rufen«, faßte Ken die Situation zusammen.

Das hatte ich befürchtet. Es erklärte auch, warum die Jüdin Maria in Bernards Traum ihre Schwangerschaft mit den Worten »Bald wird er kommen« hervorgehoben hatte. Und der alte Priester Comarius hatte am Abend nach dem Traum fast wortwörtlich das gleiche gesagt. Wir hatten das dahingehend interpretiert, daß der Schwarze Alchimist an das unmittelbar bevorstehende Erscheinen des Antichristen glaubte und diesem den Weg bereitete. Aber was hatte er dann auf dem Kirchhof von Danbury versucht, in Erscheinung treten zu lassen?

»Ich werde in meiner Emphemeris nachschlagen, sobald ich zu Hause bin, um zu sehen, ob gestern zur Zeit des Vollmondes tatsächlich eine Mond-Saturn-

Konjunktion bestanden hat«, sagte Carole und legte den Dolch wieder hin. »Aber das alles habe ich dir ja schon letzten Monat nach dem Orkan erzählt.«

Was? Ich starrte Carole an, als hätte sie den Verstand verloren. Was sollte das heißen, sie hätte mir das alles schon im vergangenen Monat erzählt?

»Die psychische Sitzung. Erinnerst du dich nicht? Es war von einem Mutterleib die Rede, von etwas, das aus dem Boden aufsteigen würde, und von einem alten Priester.«

Nein, davon wußte ich nichts. Halt. Doch, jetzt erinnerte ich mich vage an die Sitzung, wußte aber nicht mehr, wann sie stattgefunden und was sie ergeben hatte. Aber ich hatte irgendwo noch die Originalnotizen.

Ich verließ den Raum und blätterte in meinem Ordner »Diverses«, in dem ich alles psychische Material abheftete, das nicht zu dem paßte, womit ich mich gerade befaßte. Ich fand ihre Notizen, und erst jetzt fiel mir die außergewöhnliche Übereinstimmung mit den Ereignissen der vergangenen Wochen auf. Und das Datum auf den Notizen – der Nachmittag nach der Thelemik-Konferenz, Sonntag, der 25. Oktober, etwa um dieselbe Zeit, da Bernard die Christusfigur in Danbury gefunden hatte.

Als ich mit Carole zusammen in ihrem Wohnzimmer gesessen hatte, hatte sie plötzlich den Drang verspürt, verschiedene psychische Eindrücke aufzuschreiben, die sie bezüglich künftiger Ereignisse in Zusammenhang mit dem Schwarzen Alchimisten empfing. Sie hatte geschrieben:

Warten – im Mutterleib – Dunkelheit rundherum. Den auserwählten Körper in den Leib ziehen. Öffnen – aus der Dunkelheit – Tod – Wiedergeburt – den auserwählten Leib bereithalten – in Vorbereitung.

Ein großes Feuer – eine hochauflodernde Flamme (der Wille). Im höheren Mutterleib sterben – sterben und im vorbereiteten Leib wiedergeboren werden. Ein alter Körper verbrannt – keine Spuren.

Kann ein Gesicht sehen. Ein Mann – ein Priester. Er hat eine Glatze, ein rundes Gesicht und grobe Züge. Etwa fünfzig Jahre alt – verbreitet große Furcht. Ich sehe, wie sein Kopf geboren wird, nicht durch eine Frau, sondern durch zwei Säulen eines Tempels.

Gott sein oder Gott spielen – Geist und Körper auswählen und befehligen wie Gott – erscheint in diesem Sinne teuflisch.

Ich versuchte, ihre Eindrücke zu interpretieren. »Warten – im Mutterleib – Dunkelheit rundherum« konnte man als Bezugnahme auf die gestrige Situation auf dem Kirchhof von Danbury deuten. Bernards Traum von der Jüdin Maria hatte darauf schließen lassen, daß jemand den Baum als symbolischen Mutterleib betrachtete, was außerdem durch Caroles Aussage über die Mond-Saturn-Konjunktion anhand der Symbole auf dem Affendolch untermauert wurde.

Als nächstes hatte Carole geschrieben: ›Den auserwählten Körper in den Leib ziehen‹. Wer war der auserwählte Körper? ›Öffnen‹ bezog sich möglicherweise auf den Durchgang, der nach dem Orkan unter dem Baumstumpf entstanden war. Außerdem hatte sie ›ein großes Feuer‹ erwähnt, ›eine hochauflodernde Flamme (der Wille)‹. War das eine Bezugnahme auf das Feuer, das den entwurzelten Baumstumpf verkohlt und die ›Pforte‹ geöffnet hatte?

Sie hatte sogar das Gesicht eines alten Priesters gesehen, bei dem es sich möglicherweise um Comarius handelte. Auch der Rest ihrer psychischen Botschaft machte Sinn. Wenn man zwischen den Zeilen las, schien es unsere Überzeugung zu bestätigen, daß der Schwarze Alchimist versucht hatte, durch den Krater unter dem Baumstumpf etwas Unheilvolles in Erscheinung treten zu lassen. Aber aus einem unerfindlichen Grund hatte ich das alles völlig vergessen. So gründlich, daß ich die Sitzung nicht einmal Bernard gegenüber erwähnt hatte.

Kurz nach Mitternacht suchten zwei schattenhafte Gestalten sorgfältig einen kleinen Abschnitt auf dem Kirchhof von Danbury ab. Als sich in der Auffahrt eines nahe gelegenen Hauses etwas rührte, gingen sie in Deckung und mußten nun ihre Suche in völliger Dunkelheit fortsetzen.

Über eine Stunde suchten Ken und ich verzweifelt nach dem vergrabenen Herzen.

Auf Händen und Knien tastete ich ohne das Licht der Taschenlampe jeden Quadratmeter ab. Dann fand ich endlich, wonach ich gesucht hatte – ein loses Grasbüschel, nicht mehr als fünfzehn Zentimeter im Durchmesser. Ich zog es fort und schob die Finger in das Loch. Sie fühlten das kalte, schwammige Herz.

Ich holte das große Herz aus der Mulde, wickelte es in einen alten Lappen und verschloß das Loch wieder mit dem Grasbüschel. Ohne ein weiteres Wort verließen wir den Kirchhof und kehrten zurück zum Wagen.

»Ich habe in meiner »Ephemeris« nachgeschlagen«, erzählte uns Carole, als wir nach der erfolgreichen Suche nach dem Herzen bei ihr zu Hause eintrafen.

Ken verschwand in der Küche, um Tee zu kochen, während Carole und ich im Wohnzimmer Platz nahmen.

»Unglücklicherweise war am 5. November 1987 keine Mond-Saturn-Konjunktion«, seufzte sie. Offenbar kam es ihr vor, als hätte sie mich im Stich gelassen. »Aber die Verwendung der Symbole für den Vollmond und den Planeten Saturn war bestimmt ein Versuch, durch magische Einflüsse die gleiche Wirkung zu erzielen. Die unfruchtbare, greisenhafte dunkle Jungfrau, die etwas Unheilvollem das Leben schenkt, bleibt also bestehen.

Auf der anderen Seite habe ich etwas Interessantes über die astrologischen Einflüsse um den 5. November herum herausgefunden«, fuhr sie fort. »Exakt zu der Zeit, da der Vollmond aufgegangen ist – um 16 Uhr an diesem Nachmittag – stand der Mond bei zwölf Grad im Stier. Und da abgesehen von den Symbolen für den Vollmond und den Saturn das einzige andere ungewöhnliche Symbol auf dem Affendolch jenes für das Sternzeichen Stier ist, heißt das, daß, wer immer die Klinge beschriftet hat, hierüber Bescheid wußte.«

Ich glaubte zu verstehen, was Carole meinte. Offenbar hatte viel mehr hinter dem Ritual mit dem durchbohrten Herzen gesteckt, als Bernard oder ich vermutet hatten. Ob wir allerdings je die ganze Geschichte erfahren würden, stand auf einem anderen Blatt.

Kapitel 37

Die Freunde Hekates

Sonntag, 8. November 1987. Nach einem heißen Bad, einer Schale Müsli und drei Tassen Tee blieb ich faul in der Küche sitzen und versuchte, Entschuldigungen zu finden, mich nicht an die Hausarbeit zu machen.

Nachdem der Fleischer um die Ecke das Herz am Vortag als das eines großen Schweines oder eines kleinen Kalbes identifiziert hatte, war etwas von dem Druck von mir gewichen. Ich weiß nicht, was ich getan hätte, wenn es sich als menschliches Organ entpuppt hätte.

Was also sollte ich als nächstes tun?

Toyne Newtons Buch »The Demonic Connection« lag ungelesen auf dem Küchentisch. Es sah verlockend aus und wäre auch eine gute Ausrede. Carole und Ken waren der Ansicht gewesen, daß es mich möglicherweise zum Schwarzen Alchimisten führen könnte, und das, noch bevor sie gewußt hatten, daß Bernard schon vor längerer Zeit Informationen über seltsame Umtriebe im Clapham Wood aufgeschnappt hatte, der Mittelpunkt des Buches war.

Ich schenkte mir eine vierte Tasse Tee ein, zog das gebundene Buch heran und begann zu lesen.

Die sonderbare Saga hatte Mitte der siebziger Jahre begonnen, als sich plötzlich in den Wäldern um das abgelegene Dorf Clapham in der Nähe von Worthing allerlei unerklärliche Zwischenfälle ereignet hatten. Hunde waren spurlos verschwunden, während andere im Wald Anzeichen von ›Nervosität‹ und ›Furcht‹ gezeigt hatten. Es wurde sogar behauptet, daß auch ein Pferd unter höchst sonderbaren Umständen verschwunden war.

Menschen, die sich in den Wald wagten, spürten merkwürdige ›Präsenzen‹, ›psychische Barrieren‹, seltsame amorphe Nebel und unerklärliche physiologische Effekte wie Ohnmacht, Übelkeit und Magenkrämpfe und unerklärliches Muskelzucken.

Außerdem wurde von sonderbaren Feuern, Spuren

und Schwefelgeruch in bestimmten Abschnitten des Waldes berichtet. Für alle diese Erscheinungen gab es keine vernünftige Erklärung.

Ich erinnerte mich noch sehr gut, daß der Clapham Wood zu einem Mekka für UFO-Anhänger geworden war, nachdem man ganz in der Nähe des Waldes mehrere ungewöhnliche Lichter gesehen hatte. Die Medien hatten groß und breit über die Erscheinungen berichtet, was die UFO-Gläubigen schließlich zu dem Schluß veranlaßt hatte, daß im Wald weder Geister noch übernatürliche Kräfte am Werk waren, sondern Aliens, die ihn als Basislager benutzten!

In ›The Demonic Connection‹ wurden auch vier mysteriöse Todesfälle erwähnt, die sich in den Siebzigern und Anfang der achtziger Jahre in der Gegend ereignet hatten, der eine im Wald selbst, die drei anderen auf offenem Gelände in unmittelbarer Nähe.

Als erstes verstarb ein gewisser Polizist Peter Goldsmith unter mysteriösen Umständen. Er verschwand am 2. Juni 1972 spurlos in den South Downs, nicht weit von seinem Zuhause in Steyning. Obwohl die ganze Umgebung gründlich abgesucht wurde, dauerte es sechs Monate, ehe die verweste Leiche des Polizisten im nahe gelegenen Pepperscombe in dichtem Unterholz entdeckt wurde. Der Leichenbeschauer konnte die Todesursache nicht mehr bestimmen.

Noch seltsamer war das rätselhafte Verschwinden von Reverend Harry Neil Snellings, des fünfundsechzig Jahre alten pensionierten Vikars von Clapham und Patching. Er verschwand am Nachmittag des 31. Oktober 1978 nach einem Zahnarzttermin im nahegelegenen Goring-by-Sea. Er war guter Dinge gewesen, als er seine Frau angerufen und ihr mitgeteilt hatte, daß er von Findon aus über die South Downs bis nach Hause nach Steyning laufen wollte.

Aber Reverend Snelling kam nie zu Hause an. Trotz ausgedehnter Suche durch die Polizei und die Hilfe von Spürhunden dauerte es drei Jahre, ehe seine skelettierten sterblichen Überreste unter seltsamen Umständen in einem Waldstück in der Nähe des Dorfes Wiston gefunden wurden. Wie schon im Falle von Peter Goldsmith war auch dieser Abschnitt seinerzeit durchsucht worden. Obgleich die Ursache für seinen Tod nicht mehr feststellbar war, ging man von einem plötzlichen Herzanfall aus. Aber wie schon im ersten Fall hatte der Leichenbeschauer auch diesmal die Todesursache offengelassen.

Das war der Stand der Dinge, als 1978 der Verkäufer Charles Walker, der sich in seiner Freizeit mit der Erforschung paranormaler Phänomene befaßte, beschloß, das zunehmende Mysterium des Clapham Wood genauer zu untersuchen. Er gab seine Absicht über die Lokalzeitung bekannt und forderte jeden, der glaubte, ihm bei seinen Nachforschungen behilflich sein zu können, auf, sich unter seiner Heimatadresse in Worthing bei ihm zu melden.

Es gingen zahlreiche Anrufe und Briefe bei ihm ein – größtenteils unnützes Zeug. An einem Abend Anfang November 1978 erhielt er dann einen Anruf von einem offenbar kultivierten Gentleman, der seinen Namen nicht nennen wollte. Er sagte, daß Charles sich in einer halben Stunde an einer Stelle im Wald einfinden solle, die als Chestnuts (Kastanien) bezeichnet wurde, wolle er denn tatsächlich wissen, was in den Wäldern vorging.

Charles kannte den Treffpunkt gut; dort trafen mehrere Fußwege aufeinander. Und so beschloß er, sich auf das zweifelhafte Treffen einzulassen, ohne weiter über die möglichen Konsequenzen nachzudenken.

Als er zur vereinbarten Zeit – es war bereits stockdunkel – ein wenig nervös an der Kreuzung stand, sprach ihn eine Stimme aus dem Unterholz an. Er erkannte sofort, daß es sich um denselben kultivierten Herrn handelte, der ihn anonym angerufen hatte.

»Versuchen Sie nicht, mich zu sehen«, wurde Charles mitgeteilt. (1) »Zu Ihrer eigenen Sicherheit wie auch zu meiner ist es von allergrößter Wichtigkeit, daß Sie nicht wissen, wer ich bin.«

Charles erstarrte im ersten Moment, da er jedoch keine gefährliche Situation heraufbeschwören wollte, antwortete er nur:» In Ordnung.«

Daraufhin erklärte der unsichtbare Sprecher: »Ich bin ein Eingeweihter der Freunde Hekates, einer Gruppierung aus Sussex.«

Um was für eine Art von Gruppierung es sich dabei handelte, wollte Charles wissen.

»Am ehesten lassen sich unsere Aktivitäten wohl beschreiben, indem ich Ihnen verrate, daß wir Satanisten sind«, sagte die Stimme. »Bei jedem unserer Treffen wird das eine oder andere Tier geopfert. Ein zweites Mitglied der Gruppe, das ebenfalls hier ist, kann Ihnen das bestätigen, falls sie an meinen Worten zweifeln. Jeden Monat finden im Clapham Wood Zusammenkünfte statt, bei denen Hunde und andere Haus- oder Hoftiere geopfert werden«, enthüllte die Stimme. »Es richtet sich ganz danach, was sich zum gegebenen Zeitpunkt am leichtesten beschaffen läßt.«

Charles fielen die verschwundenen Hunde aus der Umgebung ein. Bestand ein Zusammenhang zu ihren Aktivitäten?

Die Antwort war schroff. »Wir haben Ihnen bereits erklärt, daß unser Kult bei jeder Zusammenkunft ein

Opfer verlangt. Sie befinden sich im übrigen ganz in der Nähe einer solchen Opferstätte.« Dann fügte der Okkultist hinzu: »Bei schlechtem Wetter finden die Begegnungen an einem geschützteren Ort statt.«

Wie lange bedienten sich die Freunde Hekates bereits dieses Waldes als Treffpunkt, wollte Charles als nächstes wissen.

»Wir sind seit zehn Jahren in dieser Gegend aktiv und gedenken, es noch weitere zehn Jahre zu bleiben«, lautete die Antwort aus dem Dickicht. »Danach werden wir andere Gebiete auswählen, um das Wort zu verbreiten. Wir benutzen den Clapham Wood, weil er für unsere Mitglieder am günstigsten gelegen und die Atmosphäre des Waldes für unsere Zwecke ideal ist.«

Charles wollte weitere Details wissen, doch es folgte nur noch eine ernste Drohung: »Es sind hochgestellte, einflußreiche und mächtige Personen Mitglied in unserem Geheimbund. Sie dulden keine Störungen. Wir machen vor nichts halt, wenn es darum geht, unseren Kult zu schützen.«

Hiernach folgte nur noch Stille. Der verborgene Eingeweihte sagte nichts mehr, woraus Charles schloß, daß die Unterredung beendet war und er gehen sollte.

Art und Inhalt des Geheimtreffens sowie auch der ernste Tonfall der kultivierten männlichen Stimme hatten Charles davon überzeugt, daß es sich nicht um einen Scherz gehandelt hatte. Er war überzeugt davon, tatsächlich mit einem Mitglied einer okkulten Gruppierung gesprochen zu haben, die den Clapham Wood für ihre perversen magischen Rituale benutzte, zu denen auch Blutopfer gehörten. Über die Gründe dafür, daß sie ihm Einzelheiten über die Gruppierung verraten hatten, konnte er nur Vermutungen anstellen. Er ging davon aus, daß das Treffen eine ernst gemeinte Warnung war, sich nicht weiter mit diesem Thema zu befassen.

Für Charles sollte diese Vermutung noch in diesem Monat zu alptraumhafter Realität werden, als er an einem Spätnachmittag mit dem Fahrrad von der Arbeit nach Hause fuhr und von einem Autofahrer, der hinterher unerkannt flüchtete, absichtlich von der Straße gedrängt wurde. Er hatte nichts von der Gefahr geahnt, bis ein plötzlicher Aufprall ihn urplötzlich auf den Bürgersteig beförderte, während das Fahrzeug, das ihn abgedrängt hatte, unerkannt davonraste.

Charles erlitt bei diesem ›Unfall‹ Kopf- und Rückenverletzungen. Darüber hinaus trug er eine partielle Lähmung davon und war mehrere Wochen arbeitsunfähig.

Für ihn stand zweifelsfrei fest, daß ein direkter Zusammenhang zwischen diesem Zwischenfall auf der Straße und seiner geheimnisvollen Begegnung mit jenem Mitglied der Freunde Hekates bestand.

Nach dem mysteriösen ›Fahrradunfall‹ beschloß er, das ›Clapham-Rätsel‹ bis auf weiteres ruhen zu lassen, was ihn jedoch nicht davon abhielt zu versuchen, möglichst viel über die Göttin in Erfahrung zu bringen, der die Okkultisten huldigten: Hekate, die griechische Göttin der Unterwelt. Er fand bald heraus, daß eine ihrer drei Erscheinungsformen die einer ›rasenden Hündin‹ war und Hunde und Wölfe die heiligsten Tiere des Kultes waren. Auch stellte er fest, daß ihr oft Hunde geopfert worden waren, entweder bei Vollmond oder an Halloween, der Nacht, in der ihre Macht am größten schien.

Das alles schien die Worte des Hekate-Anhängers zu bestätigen sowie seine eigenen Befürchtungen, daß zumindest einige der verschwundenen Hunde der Gegend den perversen Machenschaften dieser Satanistengruppe zum Opfer gefallen waren.

Im darauffolgenden Frühjahr hatte Charles seine Nachforschungen über den Clapham Wood wieder aufgenommen und die aus dem 13. Jahrhundert stammende Kirche St. Mary's direkt am Waldrand besucht. Als er auf dem Kirchhof stand und über die umliegenden Felder blickte, hatte er sich an eine der Aussagen des Eingeweihten erinnert: »Aber bei schlechtem Wetter finden die Zusammenkünfte an einem geschützteren Ort statt.« Sofort erregte ein leerstehendes Herrenhaus inmitten einiger landwirtschaftlicher Gebäude etwa hundertfünfzig Meter südlich seine Aufmerksamkeit.

Charles fragte sich, ob sich dort vielleicht Hinweise auf die Aktivitäten der Freunde Hekates finden ließen, und beschloß, sich das Haus aus der Nähe anzusehen. Er ging bis zu einer Stelle auf dem gewundenen, unbefestigten Weg, der zur Kirche führte – derselbe Weg, den Bernard seinerzeit gesehen hatte –, und kletterte über eine niedrige Steinmauer und einen Stacheldrahtzaun. Als er sich dann auf dem Gelände befand, überquerte er zügig den matschigen Hof – der als Schweineauslauf benutzt wurde – und näherte sich dem leerstehenden Haus. Zögernd öffnete er die Haustür und schlüpfte hinein. Als er einen Blick in die Zimmer im Erdgeschoß warf, bot sich ihm ein überraschender Anblick: Die ganze Wand links der Tür war mit einer abstoßenden und doch faszinierenden Darstellung eines Dämons bedeckt. Bei genauerer Betrachtung stellte er fest, daß das Bild mit leuchtendbuntem Lack und Buntstiften gemalt war.

Es zeigte sehr detailliert das Profil einer kauernden Dämonin vor einem Hintergrund roter und gelber

Flammen.

Der blau-weiße, mit Reptilienschuppen bedeckte Leib endete in einem teuflischen, gegabelten Schwanz, der gebogen in die lodernden Flammen ragte. In den klauenartigen Händen mit den rasiermesserscharfen Krallen befand sich eine religiöse Kugel mit einem blauen, achtarmigen Kreuz.

Aber Kopf und Gesicht waren es, die Charles' Blick fesselten. Das Bild zeigte ein gelbes, eindeutig weibliches Gesicht mit einem kahlen Schädel, langen Ohren und gebogenen, blauen Hörnern. Das Wesen starrte mit offenem Mund über das Kreuz hinweg auf einen Punkt in der Ferne. Auf der linken Wange waren schwarze Streifen und rote Flecken aufgemalt, die zweifellos Blutschlieren darstellen sollten.

Das Wandbild stammte weder von Kindern noch von jemandem, der sich mit Lehrbuchmagie befaßte. Es war ein komplexes, beeindruckendes Kunstwerk, das einem ganz bestimmten Zweck diente. Wen es darstellte, vermochte er allerdings nicht zu sagen. Hekate? Oder eine ihm unbekannte Dämonin? Oder handelte es sich vielleicht nur um eine abstrakte Darstellung, die als Hintergrund für magische Rituale diente?

Charles zückte seinen Fotoapparat und schoß drei Aufnahmen der Wandmalerei, um dann hastig das Gebäude zu verlassen, aus Sorge um seine Sicherheit. Als er auf die Mauer zuhastete, die das Anwesen einfriedete, tauchte wie aus dem Nichts ein Mann auf, der wüste Beschimpfungen ausstieß und mit einem Gewehr herumfuchtelte. Da er unbefugt Privatgelände betreten hatte, rannte Charles weiter, bis er über die Mauer geklettert war und sich wieder auf dem unbefestigten Weg zur Kirche befand.

Trotz des haarsträubenden Erlebnisses war Charles

guter Dinge, weil er nun weitere Beweise für die Existenz der Freunde Hekates hatte. Zwei der drei Farbfotos waren gestochen scharf, und eins davon wurde in ›The Demonic Connection‹ veröffentlicht.

Die Zeit verging, und 1981 hatte Charles angefangen, mit einem freiberuflichen Fotografen und Autor namens Toyne Newton zusammenzuarbeiten, der sich ebenfalls für die mysteriösen Ereignisse in Clapham interessierte. In jenem Jahr schrieb Toyne drei Artikel für ›The Unexplained‹, ein beliebtes Magazin, das sich mit paranormalen Phänomenen befaßte. In jedem einzelnen ging es um die seltsamen Vorgänge im Clapham Wood sowie an einer anderen, ganz in der Nähe gelegenen Stätte namens Chanctonbury Ring, einem irdenen Schutzwall aus der Bronzezeit hoch oben am Rand der Sussex Downs, nicht weit von Steyning entfernt.

Toynes Artikel konzentrierten sich mehr auf die angeblichen paranormalen Phänomene und UFO-Sichtungen an beiden Orten und vermied Einzelheiten über die okkulten Riten, von denen beide Männer glaubten, daß sie in den Wäldern stattfanden. Sie erwähnten weder Charles' Begegnung mit einem der Eingeweihten 1978 noch seine Entdeckung der dämonischen Wandmalerei in dem alten Herrenhaus im Frühjahr 1979. Vor allem aber unterließen sie es tunlichst, die Freunde Hekates zu erwähnen, weil sie abwarten wollten, welche Reaktionen die Artikel hervorriefen.

Ein Brief, der im März 1982 von ›The Unexplained‹ an Toyne weitergeleitet wurde, lieferte ihnen dann das nächste Puzzleteil des Rätsels um die heimlichen Umtriebe der sogenannten Freunde Hekates.

Der Brief war nicht unterschrieben, schlecht getippt und voller seltsamer Lücken. Der Inhalt lautete wie folgt (2):

Howard und T. Newton
›The Unexplained.‹

Sehr geehrte Herren,

in Ihrem Artikel über den Clapham Wood werfen Sie die Frage auf, ob die mysteriösen Ereignisse möglicherweise mit okkulten Umtrieben in Verbindung stehen. Ich kann Ihnen verraten, daß dem tatsächlich so ist, aber es steckt noch viel mehr dahinter als das. Vor einigen Jahren hat ein Freund von mir sich ihnen angeschlossen, sie nennen sich Freunde Hekates, und sie treffen sich im Wald oder in einer Scheune bei der Kirche, um zur Zeit Orions und des Schützen rituelle Opfer darzubringen.

Viele Leute aus Patching und Clapham gehören dem Geheimbund an, aber die an der Spitze sind aus London, zwei Frauen und ein Mann, der Mann ist Arzt, um die fünfundvierzig, die Frauen etwa dreißig und sechzig.

Nach den Zusammenkünften fahren sie immer zurück nach London, so daß niemand weiß, wer sie sind und daß sie mit diesen Zwischenfällen etwas zu tun haben, ich glaube, dann werden auch Menschen geopfert.

Mein Freund sagt, daß es in Winchester und Avebury ganz ähnliche Verbindungen gibt und eine große Gruppierung in London, ich kann mich nicht an die Namen erinnern, aber viele Leute machen mit, da es verschiedene Grade gibt, und Tausende von Mitgliedern gehören dem äußeren Zirkel an, aber nur zweihundert gehören dem inneren Zirkel an. Es ist alles streng geheim, die Hauptfiguren werden von den anderen beschützt, die sie als Spione und Bewacher benutzen, um sicherzugehen, daß alles geheim bleibt.

In Clapham gibt es etwa dreißig Mitglieder, wer sie sind, weiß ich nicht, und ich kann Ihnen auch nur davon berichten, weil mein Freund sich inzwischen im Ausland niederge-

lassen hat. Er war das alles leid, vor allem die Opfer. Er hatte große Angst, als die Polizei nach dem Vikar suchte, den Sie erwähnen (Reverend Harry Neil Snelling), und als ich sagte, ich wolle mich dem Suchtrupp anschließen, meinte er, das wäre unnötig, sie hätten ihn. Ich dachte, er meint damit, daß die Polizei ihn inzwischen gefunden hätte, aber dem war nicht so, und als ich ihn später darauf ansprach, sagte er, ich solle die Klappe halten.

In Clapham bekommen die Leute Kopfschmerzen und so komische Gefühle, weil der Ort gerade richtig ist, um die besten Schwingungen aufzubauen, die sie brauchen, um die Kräfte zu erzeugen, die sie benötigen. Das wirkt sich auf Menschen aus, aber auch auf Hunde, wie Sie ganz richtig erkannt haben, und hinterher kann eine energetische Mauer zurückbleiben, und der Grund hängt mit der 3. Armee zusammen und damit, auf mentaler Ebene den Widerstand der Menschen zu brechen, um sie und die ganze Situation zu kontrollieren.

Manchmal entzündet diese seltsame Kraft Feuer, und es kommt auch vor, daß sie die Elektrik von Fahrzeugen lahmlegt. Es hat in Long Furlong schon einige Unfälle und Brände gegeben, aber es wird alles vertuscht, weil sie jeden manipulieren, um zu bekommen, was sie wollen.

Sie können Menschen dazu bringen, nach ihrer Pfeife zu tanzen, und könnten einen Politiker dazu bringen, eine terroristische Vereinigung vor den Kopf zu stoßen, mit der er eigentlich nur reden will, nur um Ärger heraufzubeschwören und so.

Ich kann nicht mit meinem Namen unterzeichnen, aber seien Sie auf der Hut, sie besitzen weit größere Macht als nur ein Zusammenschluß von schwarzen Hexen und Hexern.

Die schockierende Bedeutung des anonymen Briefes war offensichtlich, da zu Recht oder zu Unrecht behauptet wurde, daß Reverend Harry Neil Snelling, der pensionierte Vikar von Clapham und Patching, am 31. Oktober 1978 entführt und von den Freunden Hekates ermordet und als Opfer dargebracht worden war.

Er war Hekate geopfert worden in jener Nacht, die ihr am heiligsten war, an Halloween. Und was für ein Fang – ein pensionierter Vikar, der als Kraftwerk christlicher magischer Energie betrachtet werden konnte, die sich, wenn sie durch einen rituellen Mord entfesselt wurde, perfekt dazu geeignet haben mußte, die Kräfte der Gruppe aufzuladen und die Gunst der Göttin zu erringen. Und er war nicht nur irgendein alter Vikar gewesen. Er war viele Jahre Pfarrer der St.-Mary-Kirche von Clapham gewesen, eben jenes Gotteshauses, das ihr eigenes Territorium beherrschte.

Es machte alles Sinn. Reverend Harry Neil Snelling war zum Menschenopfer geworden; zumindest behauptete das der Autor des anonymen Briefes. Aber konnte man diesem einen, so dürftig verfaßten Dokument trauen oder gar glauben?

Möglicherweise war der Briefeschreiber nur ein Panikmacher, da es keine Hinweise dafür gab, daß Reverend Snelling eines unnatürlichen Todes gestorben war. Allerdings enthielt der Brief auch einige Einzelheiten, von denen ein völlig Unbeteiligter nichts wissen konnte, so beispielsweise den Namen der okkulten Vereinigung ›Freunde Hekates‹. Toyne und Charles hatten den Namen bewußt für sich behalten, in der Hoffnung, daß ihn jemand – völlig unabhängig von ihnen – nochmals erwähnte. Jetzt war genau das geschehen, und auffallend war, daß der Name Hekate wie im Griechischen mit K geschrieben war und nicht mit C, wie in der moderneren Schreibweise üblich.

Außerdem war in dem Brief die Rede von einer ›Scheune bei der Kirche‹, die als Treffpunkt des ›Hexensabbats‹ diente. Die Scheune – jene neben dem alten Herrenhaus mit der dämonischen Wandmalerei – war bereits als weitere mögliche Begegnungsstätte für schwarze Messen erwähnt worden, und zwar von einem begabten Medium, das mit Toyne zusammen an den mysteriösen Vorfällen in Clapham arbeitete.

Darüber hinaus wurden in dem Brief einige seltsame und auffällige Behauptungen aufgestellt, etwa, daß sie sich »zur Zeit des Orion und des Schützen« treffen würden. Wie Toyne schnell erkannte, bezog sich das eindeutig auf die Sichtbarkeit bestimmter Sternenkonstellationen am Nachthimmel. Orion war im Herbst am deutlichsten auszumachen, während der astrologische Schütze von Mitte November bis Mitte Dezember am deutlichsten war. Hieraus hatte Toyne geschlossen, daß die Freunde Hekates ihre magischen Rituale vor allem in den Herbst- und Wintermonaten vollzogen, die am stärksten mit dem Hekatekult assoziiert wurden.

Beunruhigend war, daß es sich dem Brief zufolge bei den in Clapham ansässigen Freunden Hekates nur um eine Splittergruppe innerhalb eines viel größeren Netzes ähnlicher Gruppierungen in verschiedenen Teilen des Landes handelte. Und offenbar wurden sie von einer in London ansässigen Dachorganisation kontrolliert.

Der Briefschreiber behauptete außerdem, daß die Freunde Hekates aus etwa dreißig Mitgliedern bestünden, von denen einige sogar in dem Dorf Clapham bei Patching wohnten. Allerdings wurde die Gruppe allem Anschein nach von drei ominösen Gestalten geleitet, die zu jeder Zusammenkunft extra aus London anreisten. Der eine war ein Arzt von etwa fünfundvierzig

Jahren, und bei den beiden anderen Personen handelte es sich um Frauen, die eine um die sechzig und die zweite jünger, so um die dreißig.

Toyne glaubte, daß die ältere der beiden Frauen um 1968 herum die Vereinigung gegründet hatte. Damals war das Interesse an Hexerei und allem Okkulten sprunghaft angestiegen, vor allem aufgrund der Hippie-Philosophie, der jugendlichen Kultur jener Ära, die sich offen für Bewußtseinserweiterung durch Drogenkonsum und mystische Praktiken ausgesprochen hatte. Die jüngere der beiden Frauen mußte 1968 noch ein Teenager gewesen sein, und es war gut möglich, daß sie wie so viele junge Leute jener Zeit mit okkulten Praktiken in Berührung gekommen war, ehe sie sich dann den Freunden Hekates in Sussex angeschlossen hatte.

Toyne meinte, daß die ältere, inzwischen um die sechzig Jahre alte Frau, vermutlich eine vor allem beratende Funktion innerhalb der Gruppe einnahm, um es der jüngeren Frau zu ermöglichen, die Rolle der Hohenpriesterin der Hekate einzunehmen.

Was den Londoner Arzt betraf, die dritte Schlüsselfigur bei den dunklen Machenschaften der Freunde Hekates, so glaubte Toyne, daß er eine etwas differenziertere Rolle innerhalb der Vereinigung spielte und aller Wahrscheinlichkeit nach den beiden Frauen unterstand.

Seit Anfang 1980 hatten Charles Walker und Toyne Newton nur sehr wenige weitere Beweise für die Existenz der Freunde Hekates in der Gegend von Clapham finden können. Tatsächlich glaubten sie, daß die Gruppe durch das Interesse der Medien bewogen wurde, sich eine neue Heimstätte für ihre okkulten Aktivitäten zu suchen. Der letzte Sargnagel war natürlich das Erscheinen von »The Demonic Connection«, das die Welle aktueller okkulter Aktivitäten in West Sussex beleuchtete.

Ich klappte das Buch zu und dachte über diese neuen Informationen nach. Eins war klar: Als Bernard eine Verbindung zwischen dem Schwarzen Alchimisten und den okkulten Vorgängen im Clapham Wood aufgeschnappt hatte, hatten sich diese auf die geheimen Umtriebe der Freunde Hekates bezogen.

Es bestand also eine Verbindung zwischen dem Schwarzen Alchimisten und den Freunden Hekates. Vielleicht hatte er sich inzwischen mit Personen zusammengetan, die der Gruppe aus Clapham angehörten oder angehört hatten. Immerhin hatte Bernard die Verbindung nach der Konfrontation am Running Well im vergangenen Jahr gespürt, als er hellseherisch beobachtet hatte, wie der Schwarze Alchimist in einer Gruppe agierte.

Mir kam eine Person in den Sinn – Bernards Schätzung zufolge eine etwa dreißigjährige Frau mit schulterlangem, dunklem Haar, die an Halloween auf dem Kirchhof von Danbury gewesen war, um das Schwert-des-Dardanus-Ritual durchzuführen. Wohl dieselbe Frau, die auch das Ritual mit dem durchbohrten Herzen in der Guy-Fawkes-Nacht veranlaßt hatte.

Wer war diese Frau? Offenbar arbeitete sie eng mit dem Schwarzen Alchimisten zusammen, da er ihr die volle Kontrolle über die Vorgänge in Danbury überlassen hatte, die sich sehr deutlich auf den Einfluß der Dunklen Göttin stützten, vor allem in ihrer Erscheinungsform als Hekate.

Und so schien klar, daß, wenn sich durch ein wenig

investigativen Journalismus in und um Clapham ein ehemaliges oder aktuelles Mitglied der Freunde Hekates aufspüren ließ, mich dieser Kontakt zu der Komplizin des Schwarzen Alchimisten führen konnte, ja vielleicht sogar zur Identität meines alten Widersachers.

Kapitel 38

Der Affendolch

Montag, 7. Dezember 1987. »Ich werde es irgendwann einmal lesen müssen«, meinte Bernard und blätterte in den glänzenden Schwarzweißbildern in ›The Demonic Connection‹, nachdem er sich meine kurze Zusammenfassung des Inhalts angehört hatte. »Borgst du es mir?«

Nein, das Buch mußte in die Bücherei zurückgebracht werden, da bereits eine Säumnisgebühr zu entrichten war. Ich konnte es nicht länger behalten. Aber ich hatte in einem Buchladen eine Ausgabe bestellt, die ich ihm überlassen würde, sobald sie eintraf.

Es war unsere erste Zusammenkunft im ›The Griffin‹ seit der Geschichte mit dem durchbohrten Herzen einen Monat zuvor. Hatte er seither neues psychisches Material empfangen?

Bernard, der immer noch in dem Buch blätterte, blickte auf. Er wirkte gelangweilt. »Nein, an der psychischen Front ist alles ruhig. Hoffentlich war das endgültig das letzte Mal, daß wir mit ihm zu tun hatten«, meinte er dann optimistisch.

Ich hatte diese Worte schon so oft gehört, daß ich sie nur mit einem bösen Blick quittierte und ansonsten ignorierte.

»Was hast du im Laufe des vergangenen Monats denn noch alles herausgefunden?« fragte er.

Okay, er wollte also das Thema wechseln. Ich hatte endlich etwas über Comarius, den alten Hohenpriester, Weisen und Propheten gefunden, der am 4. November, einen Tag nach dem Traum von der Jüdin Maria, in Bernard gefahren war und ihm den abscheulichen Text eingegeben hatte. Derselbe, der sich eine Nacht darauf auf dem Feld hinter der Kirche von Danbury erneut Bernards bemächtigt hatte.

Ich war seinem Namen zufällig in George Lucks Buch »Arcana Mundi« begegnet, unmittelbar nach dem Abschnitt über Zosimos von Panopolis. Offenbar war er ein griechisch-ägyptischer Alchimist und Hohenpriester im 3. Jahrhundert n. Chr. gewesen. Außerdem hatte er eine alchimistische Abhandlung verfaßt, ›Das Buch des Comarius‹, einer gewissen Göttlichen Kleopatra gewidmet, in deren Diensten er ›Philosoph und Hohepriester‹ gewesen war.

Kleopatra, die auch als ›weise Frau‹ bezeichnet wurde, war offenbar auch eine vollendete Alchimistin. Natürlich durfte man sie nicht mit den verschiedenen Königinnen dieses Namens verwechseln, die in den letzten vorchristlichen Jahrhunderten in Ägypten geherrscht hatten.

Das ›Buch des Comarius‹ beginnt mit einem Bericht darüber, wie Comarius Kleopatra, die scheinbar eine Art Gönnerin war, in den alchimistischen Wissenschaften unterwiesen hat. Dann wendet das Buch sich praktischeren Dingen zu wie den Eigenschaften und Verwendungszwecken gewisser Metalle, Farben und Apparate. Hiernach wird eine Gruppe von Philosophen vorgestellt, und Kleopatra enthüllt ihnen das Wissen, das sie durch Comarius erlangt hat. Dieser letzte Abschnitt hatte des öfteren Gelehrte zu dem irrigen Schluß verleitet, Kleopatra und nicht Comarius sei Autorin des Buches.

George Lucks Werk »Arcana Mundi« führte auch einen Ausschnitt aus dem »Buch des Comarius« an, in dem Kleopatra erklärt, warum die Alchimie der Schlüssel zum Mysterium der Wiederauferstehung sei. Als ich den Abschnitt durchlas, stieß ich auf mehrere Aussagen, die sich deutlich mit dem deckten, was Comarius Bernard eingegeben hatte.

Als Beispiel bat ich Bernard, den folgenden Ausschnitt aus dem »Buch des Comarius« vorzulesen:

... da sie (die Pflanzen, die Elemente und die Steine) im Feuer genährt werden wie ein Embryo im Mutterleib genährt wird und langsam heranwächst. Wenn der errechnete Monat kommt, wird er nicht daran gehindert, herauszukommen ... aber wenn das Grab (in dem er ruht) geöffnet wird, wird er aus dem Hades aufsteigen, wie ein Baby den Mutterleib verläßt ... Das ist das besiegelte Mysterium.

Und dann sollte er den Text mit folgendem Ausschnitt jenes Textes vergleichen, den Comarius ihm im November 1987 in seinem Eßzimmer eingegeben hatte:

Sie (die Steine und Reliquien) werden im Feuer genährt, und der Embryo wird im Leib seiner Mutter genährt.

Zur vorgegebenen Zeit wird das neue Kind kommen. Der Geist der Finsternis erscheint, steigt auf und hüllt das Kind ein. Bedecke dich. Ein Schrei des Erwachens vom Hades wird ertönen.

Steige aus deinem Grab und Abgrund auf. Die Stimme der Wiederauferstehung ist erklungen.

Es gab viele Übereinstimmungen zwischen den beiden Texten, die bewiesen, daß sie von einer Person stammten. Und doch schien der von Bernard geschriebene Text eine düsterere, unheilvollere Botschaft zu enthalten, beinahe so als würde jemand die Bedeutung von Comarius' Originaltext verzerren.

Nachdem feststand, daß Comarius ganz offensichtlich der Urheber des Bernard eingegebenen Textes war, verlangte eine bohrende Frage nach einer Antwort. Warum sollte ein griechisch-ägyptischer Alchimist aus dem dritten Jahrhundert eintausendsiebenhundert Jahre nach seinem Tod im alten Ägypten Bernards Seele stehlen und besitzen wollen? Wußte er denn mit seiner Zeit nichts Besseres anzufangen?

Bernard zuckte die Achseln und machte ein ausdrucksloses Gesicht. »Ich weiß es nicht. Vielleicht hat der Schwarze Alchimist das ›Buch des Comarius‹ studiert und beschlossen, die Essenz der Seele dieses Mannes anzurufen, damit er ihm bei seiner eigenen alchimistischen Transmutation behilflich ist.«

Und hierbei hatte er eine gedankliche Form von Comarius geschaffen, die ihre eigene individuelle Lebensessenz und Intelligenz besaß. Ja, das klang irgendwie ganz vernünftig.

Bernard wirkte beunruhigt. »Dieses ganze Gerede von einem neuen Kind, das zur vorgegebenen Zeit kommen wird, und von Dingen, die aus Mütterleibern und Abgründen hervorgehen werden, macht mir Sorgen. Das führt uns zurück zu der Vermutung, daß der Schwarze Alchimist versucht, etwas zu erschaffen oder ins Leben zu rufen. Was oder wann, weiß ich nicht genau.«

»Eine Art Antichrist?«

»Möglich. Ich habe wirklich keine Ahnung«, gab er

zu und ging zum Tresen, um uns noch etwas zu trinken zu holen.

Ich öffnete meine Aktentasche und nahm den Affendolch heraus. Bernard hatte ihn seit seiner Entdeckung am Guy-Fawkes-Abend nicht mehr gesehen, und ich wollte ihm die Mond-, Saturn- und Stiersymbole zeigen, die in die Klinge geritzt waren. Außerdem hoffte ich, daß er sich einverstanden erklären würde, den Dolch zu psychometrieren, um zu sehen, ob er irgendwelche Informationen über seinen vorherigen Besitzer empfing. Genügend Hinweise führten uns vielleicht zu der Frau – vorausgesetzt natürlich, daß der Dolch tatsächlich ihr gehört hatte.

Als Bernard sich wieder an unseren Tisch vor dem Kamin setzte, reichte ich ihm den Affendolch und machte ihn auf die astrologischen Symbole aufmerksam. Bestand vielleicht die Möglichkeit, daß er den Dolch psychometrierte?

»Nein, ich werde meine psychischen Kräfte nicht auf den Dolch konzentrieren«, entgegnete er und legte das Messer aus der Hand, wie um seinen Worten Nachdruck zu verleihen. »Ich würde ohnehin nichts empfangen.«

Ich war da ganz anderer Ansicht, und nach etwas freundschaftlichem gutem Zureden gab er nach und nahm den Dolch.

Langsam drehte er ihn in einer Hand und hielt gleichzeitig mit der anderen einen Kugelschreiber über eine leere Seite meines Notizbuchs. Er begann, konzentriert ins Leere zu starren.

Zuerst sah das Medium gar nichts, aber dann tauchten vor seinem geistigen Auge Bilder eines bestimmten Ortes auf. »Es ist Nacht, und ich sehe etwas, das aussieht wie die Zinnen einer Festung; eine hochaufragende, wellige Mauer«, sagte er und begann, eine

Reihe von Zinnen zu skizzieren. »Es ist eine Festung hoch oben auf einem Hügel, oberhalb einer Stadt unten im Tal.« Er zeichnete die Stadt ein.

Davon ausgehend, daß es sich um einen Ort in Sussex handelte, fragte ich, ob er das Meer sehen könne.

Langsam schüttelte er den Kopf. »Ich fühle kein Meer in der Nähe. Nur einen breiten Fluß, der durch die Stadt strömt.«

Es folgte eine längere Pause, ehe er fortfuhr. »Hinter dieser Mauer befindet sich eine Kirche mit einem Weg, der um die Außenmauern und einen grasbewachsenen Kirchhof herumführt. Ich sehe Grabsteine, aber nur auf einer Seite, der Westseite, glaube ich. Ein Weg führt von der zinnenbewehrten Mauer zu einem Eingangsportal auf der Südseite. Ich sehe auch einen Eckpfeiler.« Eine zweite Unterbrechung, während er seine Skizze weiterzeichnete.

»Draußen vor der Mauer befinden sich ein stufiger Weg und eine Zufahrtsstraße.«

Konnte er die Festung sehen?

»Nein. Kein klares Bild von der Festung. Hinter der Kirche ist etwas. Ich kann nicht sehen, was es ist; ich fühle nur seine Präsenz, vielleicht handelt es sich also um eine Ruine.«

Er stellte seine Zeichnung fertig und konzentrierte sich wieder auf die Zinnen. »Jetzt ist jemand da, steht unter den Zinnen, mir zugewandt. Dieselbe Person, die ich auf dem Kirchhof von Danbury gesehen habe.«

»Wer? Paphotia? Die Jüdin Maria?«

»Nein, die Frau mit den dunklen Haaren, den Stiefeln und dem schwarzen Mantel«, entgegnete er. »Diesmal trägt sie eine schwarze Kutte mit Kapuze und versucht, mich zu sich hinzuziehen. Ich spüre ein Ziehen ... aber sie ist schwach ...«

Bernard schwieg eine Weile und richtete den Blick dann auf den Affendolch, wie um mir zu bedeuten, daß seine Psychometriedemonstration beendet war. »Sie ist weg«, erklärte er und griff nach seiner Zigarettenpackung. »Ich habe ihr Bild in weißes Licht getaucht, und da ist sie verschwunden.«

»Gehörte ihr der Affendolch?«

»Ja, ich denke schon«, bejahte er. »Irgendwie schien ein Zusammenhang zwischen ihr und dieser Stadt zu bestehen.«

»Lebte sie dort?«

»Vielleicht. Oder es besteht eine andere Verbindung.«

»Wo liegt diese Stadt? In Sussex?«

»Darauf habe ich keinen Hinweis erhalten. Ziemlich vage das Ganze, nicht wahr?«

Möglich. Andererseits waren die Bilder an sich keineswegs vage, sondern vielmehr klar und präzise, und wenn man bedachte, wie zutreffend sein vergangenes Material gewesen war, gab es ganz sicher irgendwo eine Stadt wie diese; und ich hätte gewettet, daß sie in Sussex lag. Anhand seiner Beschreibung dürfte sie nicht allzu schwer zu lokalisieren sein.

Dienstag, 8. Dezember. »Klingt ganz nach Arundel in Sussex«, meinte der bärtige Antiquitätenhändler hinter seinem Verkaufstresen, nachdem ich ihm die Stadt beschrieben hatte, die Bernard in Zusammenhang mit dem Affendolch aus Ebenholz wahrgenommen hatte.

Da der Ladeninhaber nach einigen Gesprächen Interesse am Schwarzen Alchimisten bekundet hatte, versprach ich ihm, ihn über neue Entwicklungen auf dem laufenden zu halten.

»Arundels berühmte Festung befindet sich oben auf

einem Hügel oberhalb der Stadt, genauso, wie Sie es beschrieben haben«, bestätigte er und versuchte, seine persönlichen entfernten Erinnerungen an die Stadt aus seinem Gedächtnis hervorzukramen. »Auf der einen Hügelseite befindet sich ein steiler Abhang, die andere Seite ist bewaldet, wenn ich nicht sehr irre. Die Festung ist von einer Brustwehr umgeben, und es gibt innerhalb der Festungsmauern eine große Kapelle.«

Was war mit einer Zufahrtsstraße zur Festung?

»Ja, auch die gibt es. Es ist alles genau so, wie Sie es beschrieben haben.«

Und die Festung selbst. War es eine Ruine?

»Nein, nicht wirklich. Allerdings ist es Jahre her, daß ich dort war. Hören Sie, ich habe zu Hause einen Touristenführer über die Festung. Wenn Sie später in dieser Woche noch einmal vorbeischauen, können Sie ihn sich ansehen.«

Ich bedankte mich, verließ den Laden und fuhr zu Grindley's Bookshop auf dem Leigh Broadway, um einen Blick auf die Ordnance-Survey-Karte der Gegend zu werfen.

Es sah tatsächlich so aus, als hätte Bernard Arundel in Sussex gesehen. Aber wo befand sich dieser Ort? Ich hatte völlig vergessen, den Antiquitätenhändler danach zu fragen. Außerdem mußte ich wissen, ob die Stadt in Meernähe lag oder nicht und ob ein breiter Fluß hindurchströmte.

Ich betrat den Buchladen und steuerte den Ständer mit den Straßenkarten an.

Eine schlanke Verkäuferin mit langem, blondem Haar trat an meine Seite. »Hallo. Was suchen Sie denn diesmal?« fragte sie höflich und zuvorkommend.

Es war Debbie. Sie wußte ein wenig über die Geschichte mit dem Schwarzen Alchimisten Bescheid, und so erzählte ich ihr von Arundel, während ich versuchte, die richtige Karte zu finden.

»Ich bin schon in Arundel gewesen«, entgegnete sie mit zurückhaltendem Eifer. »Der Arun fließt durch die Stadt, die etwa fünf Meilen landeinwärts liegt, in der Nähe von Worthing.«

War es ein großer Fluß?

»O ja, riesig«, bestätigte sie nickend.

Der Arun. Den mußte Bernard gesehen haben, und es war auch kein Wunder, daß er das Meer nicht gespürt hatte, das immerhin fünf Meilen südlich lag. Und Worthing. In der Nähe von Worthing, und somit wohl auch in der Nähe von Clapham, oder?

Ich faltete die Karte mit dem leuchtendroten Deckel auseinander und folgte dem Küstenstreifen von West Sussex, bis ich erst Worthing und gleich darauf Arundel entdeckte. Ich hatte richtiggehend Schmetterlinge im Bauch, als ich laut verkündete, daß Arundel über die A 27 nur fünf Meilen westlich von Clapham lag.

Es sah so aus, als käme die Komplizin des Schwarzen Alchimisten aus Arundel oder als bestünde zumindest zwischen ihr und dieser Stadt eine starke Beziehung. Der Umstand, daß die Stadt nur fünf Meilen von Clapham entfernt lag, bestärkte mich noch in meiner Überzeugung, daß sie das Verbindungsglied zwischen dem Schwarzen Alchimisten und den Freunden Hekates war.

Ich mußte baldmöglichst nach Arundel. Und ich mußte dringend Kontakt zu Charles Walker und Toyne Newton aufnehmen, um herauszufinden, ob sie inzwischen neue Informationen über die Freunde Hekates hatten, und ihnen von dem Schwarzen Alchimisten erzählen. Ich würde noch am selben Abend an Toyne Schreiben und den Brief an seinen Verlag adressieren, so daß er an ihn weitergeleitet werden konnte.

Freitag, 11. Dezember. Nachdem ich in der Bibliothek von Leigh nicht viel über Arundel gefunden hatte, holte ich den Führer bei dem Antiquitätenhändler ab und setzte mich am Abend hin, um das Heftchen durchzulesen.

Vom Fluß oder von der Ostseite des Arun-Tales aus biete Arundel einen sehr imposanten Anblick, hieß es. Die Stadt schmiege sich an einen zerklüfteten Hügel und werde von drei bedeutenden Bauwerken beherrscht: der Festung, der neugotischen katholischen Kathedrale und der Gemeindekirche St. Nicholas.

Die Festung thronte hoch oben auf der Hügelkuppe und war von zinnenbewehrten Mauern umgeben, mit einem Wachtturm, einem Tor und einer Geschichte, die bis in die Zeit der Normannischen Eroberung zurückreichte. Sie war jedoch größtenteils im viktorianischen neugotischen Stil restauriert worden, und zwar von eben dem Duke of Arundel, der den Bau der katholischen Kathedrale St. Philip Neri nur ein kleines Stück weiter die Straße hinunter in Auftrag gegeben hatte.

Die Luftansicht in dem Führer zeigte deutlich die Zinnen auf der Mauer, die die Festung umgab, zu der auch der normannische Hauptturm und einige weitere befestigte Gebäude gehörten. Die Karte zeigte aber auch, daß nur ein religiöses Gebäude auf dem Festungsgelände war, eine Privatkapelle, die direkt in die Außenmauer hineingebaut war. Es führte kein kreisrunder Weg um ihre Außenmauern herum, es gab keinen grasbewachsenen Kirchhof mit Grabsteinen, und das Bauwerk ließ sich auch bei größtem Euphemismus nicht als Kirche bezeichnen.

Die Unstimmigkeit ärgerte mich. Alles andere paßte, sogar Arundels räumliche Nähe zu Clapham Wood. Was also stimmte hier nicht?

Jetzt war ich um so entschlossener, selbst hinzufahren, sobald es Zeit und finanzielle Mittel erlaubten.

Kapitel 39

Das Schwert des Dardanus

Donnerstag, 24. Dezember 1987. Unter den verspäteten Weihnachtskarten auf der Fußmatte vor der Wohnungstür war auch ein recht dickes Päckchen von Terry DuQuesne.

Ich öffnete es und las den beiliegenden Brief. Er hatte endlich Einzelheiten über das Schwert des Dardanus in Erfahrung gebracht. Wie von mir schon zuvor vermutet, handelte es sich dabei um den Namen eines machtvollen, griechisch-ägyptischen Rituals. Terry hatte es inmitten einer ganzen Reihe ähnlicher magischer Formeln und Bannsprüche entdeckt, die erst kürzlich für ein neues Buch mit dem Titel ›Greek Magical Papyri‹ übersetzt worden waren. Herausgeber war ein gewisser H. B. Betz, und erschienen war das Buch im vergangenen Jahr in Chicago in den USA.

Die Seiten, die besagtes Ritual betrafen, lagen als Kopien dem Päckchen bei, und in einem PS bat Terry mich, ihn anzurufen, um über weitere Informationen zu dem Thema zu sprechen.

Ich sah die Kopien durch, und schon allein der Zweck des Schwertes des Dardanus (oder Dardanos, wie er in dem Buch geschrieben wurde) zeigte seine Bedeutung für uns auf. Wenn das Ritual erfolgreich durchgeführt wurde, diente es dazu, ›augenblicklich die Seele jeder x-beliebigen Person zu beugen und anzuziehen‹. Erinnerungen an Bernards psychisches Material aus der Halloween-Nacht gingen mir durch den Kopf, und so überflog und verdaute ich den Rest der magischen Formel:

Schwert des Dardanos: Ritus, der als ›Schwert‹ bezeichnet wird und aufgrund seiner Macht, augenblicklich die Seele einer beliebigen Person zu beugen und anzuziehen, nicht seinesgleichen hat. Während man den Zauberspruch spricht, sagt man außerdem: ›Ich beuge meinem Willen die Seele von Soundso.‹

Man nimmt einen atmenden Magnetstein und ritzt in die Oberfläche eine Aphrodite, die rittlings auf Psyche sitzt und mit der linken Hand ihr gelocktes Haar festhält. Über ihrem Kopf die Inschrift ›ACHMAGE RARPEPSEI‹. Unter Aphrodite und Psyche ritzt man Eros, der auf der Himmelswölbung steht, eine Fackel in der Hand hält und Psyche verbrennt. Unter Eros schreibt man die Namen: ›ACHAPA ADONAIE BASMA CHARAKO IAKOB IAO E PHARPHAREI‹. Auf die andere Seite des Steines graviert man Psyche und Eros, wie sie einander umarmen, und unter Eros' Füße schreibt man: ›SSSSSSSS‹ und unter Psyches Füße ›EEEEEEEE‹. Benutze den beschrifteten und geweihten Stein wie folgt: Lege ihn unter die Zunge, richte ihn auf dein Ziel aus und sage folgenden Zauberspruch auf:

›Ich rufe dich, Urheber der Schöpfung, der du deine eigenen Schwingen über die ganze Welt breitest … (der Zauberspruch setzte sich noch mehrere Hundert Worte lang fort,

darunter an die 40 goetisch-barbarische Namen) ... Beuge die Seele von ... der meinen , so daß sie (oder er) mich liebt, so daß sie (oder er) in Leidenschaft für mich entbrennt, so daß sie (oder er) mir alles in ihrer (seiner) Macht Stehende gibt. Laß sie (oder ihn) mir sagen, was ihre (oder seine) Seele beinhaltet, weil ich deinen großen Namen angerufen habe.‹

Das Ritual setzte sich hiernach noch fort, aber ich hatte genug gelesen. In den Fußnoten wurde erläutert, daß das Wort »Schwert« bestimmte Arten magischer Anrufung bezeichnete, so wie beispielsweise das Schwert Moses, ein uraltes, hebräisches, mystisches Ritual.

Ich legte die Kopien beiseite, suchte Bernards Originalmaterial jenes schicksalhaften Oktoberabends heraus und las es noch einmal durch:

Das Schwert (des Dardanus) wird Seelen beugen, so wie es gewünscht wird. Es wird foltern. Ritze ACHMAGER-ARPEPSEI in Stein. Verbrenne Psyche. ACHAPA ADO-NAIE BASMA CHARAKO IAKOB IAO E PHAR-PHAREI. An Baum binden und verbrennen.

Dann hatte er in seiner abschließenden Zusammenfassung die Frage aufgeworfen:

Benutzt der Schwarze Alchimist diesen Dardanus, wer immer er sein mag? Irgendwie geht es um Feuer und das Beugen von Seelen.

Offensichtlich hatte Bernard eine konzentrierte Version des Schwert-des-Dardanus-Rituals wahrgenommen. Bis dahin hatte ich nicht wirklich verstanden, was mit ›Beugen der Seele‹ gemeint war. Jetzt war es völlig klar – es handelte sich um ein magisches Ritual, mit dessen Hilfe man die Seele eines Menschen anziehen oder sich unterwerfen konnte, indem man ihr Liebe und Leidenschaft vorgaukelte, damit sie einem die Art der eigenen Macht und die persönlichen Gedanken offenbarte. Es erschien beinahe wie eine pervertierte Form eines Liebeszaubers aus der Vergangenheit, bei dem eine Hexe oder ein Magier jemandem half, die Liebe eines anderen Menschen zu gewinnen.

Und genau das hatte die Komplizin des Schwarzen Alchimisten zu erreichen versucht, als sie in der Halloween-Nacht das Ritual des Schwertes des Dardanus bei dem umgestürzten Baum auf dem Kirchhof von Danbury ausgeführt hatte. Zu Bernards Glück hatte es nicht funktioniert.

Interessanterweise beinhaltet das Schwert des Dardanus die Verwendung eines beschrifteten Steins, so wie ihn der Schwarze Alchimist gern benutzte. Tatsächlich war die Pfeilspitze aus der Mittelsteinzeit, die wir in einem Erdloch unter den Baumwurzeln gefunden hatten, dazu verwendet worden, die Absichten des Schwert-des-Dardanus-Rituals zu ›fixieren‹. Es schien, als wäre die Verwendung beschrifteter Steine und Edelsteine in der gnostisch-christlichen und griechisch-ägyptischen Magie weitverbreitet gewesen.

Ein Anruf bei Terry DuQuesne stand somit ganz oben auf meiner Liste.

Dienstag, 29. Dezember. Nach mehreren vergeblichen Versuchen gelang es mir endlich, Terry telefonisch zu erreichen. Ich wollte mehr über dieses neue amerikanische Buch mit der Schwert-des-Dardanus-Formel wissen, vor allem, woher ich es beziehen konnte.

»In England ist es nicht im Handel erhältlich«, erklärte er mir. »Ich bin erst über eine Werbebroschüre, die einer Ausgabe des ›Hermetic Journal‹ vor ein paar Monaten beilag, auf das Buch aufmerksam geworden.«

Das ›Hermetic Journal‹. Ja, ich kannte die Zeitschrift. Sie befaßte sich mit Themen aus den Bereichen Alchimie, Okkultismus und Rosenkreuzertum. Ich hatte das Magazin jedoch nicht abonniert und war ziemlich sicher, daß Bernard nicht einmal wußte, daß es überhaupt existierte.

Terry fuhr fort. »Das Buch mußte direkt beim Verlag in den Staaten bestellt werden, für vierzig bis fünfzig Pfund. Ich bezweifle, daß sehr viele Exemplare nach England gelangt sind.«

»Wer könnte eine Ausgabe besitzen?«

»Vielleicht ein paar Leute, die sich speziell mit griechisch-ägyptischer Magie befassen sowie ein oder zwei spezialisierte Universitätsbüchereien. Das ist alles. Es handelt sich um ein akademisches Buch, das für Nichtakademiker nur von sehr begrenztem Nutzen ist.«

»Könnte es noch andere Quellen geben, die sich mit der Schwert-des-Dardanus-Formel befaßten?«

»Soweit ich weiß, wurde das Ritual in diesem amerikanischen Buch das erste Mal übersetzt«, entgegnete Terry. »Und jetzt wird mir auch klar, woher es stammt. Nur um Ihnen seine Ominosität vor Augen zu führen, werde ich Ihnen seine vollständige Geschichte erzählen, so wie ich sie sehe.«

Terry erklärte mir, daß der Ritus ursprünglich aus einer Sammlung von Zaubersprüchen und Beschwörungsformeln stammte, die im 3. Jahrhundert n. Chr. von einem unbekannten Priester und Magier im griechisch-römischen Ägypten zusammengestellt worden war. Einige der Papyri waren im Koptischen verfaßt, während andere wiederum in holprigem klassischem Griechisch überliefert wurden. Jedes enthielt darüber hinaus zahlreiche goetisch-barbarische Worte und verwendete eine Reihe von Namen hebräischer, aramäischer, griechischer und römischer Gottheiten.

Im 19. Jahrhundert war dieses Buch der Zaubersprüche von den Franzosen in Ägypten entdeckt und nach Paris gebracht worden, wo es als ›Die große Sammlung magischer Papyri‹ bekannt wurde. Aber obwohl klassische Gelehrte der Sammlung große Aufmerksamkeit schenkten, wurde sie nie aus den Originalsprachen Koptisch und Griechisch übersetzt.

Die Sammlung lag mehr oder minder unbeachtet in einer Pariser Bibliothek, bis in den zwanziger Jahren ein deutscher Gelehrter namens Karl Preisendanz beschloß, eine Reihe bislang unübersetzter griechisch-ägyptischer magischer Papyri – einschließlich jener Pariser Sammlung – in einem dreibändigen Werk mit dem Titel ›Papyri Graecae Magicae‹, oder kurz ›PGM‹, wie es in akademischen Kreisen genannt wird, zusammenzufassen. Auf der linken Seite stand jeweils die Zauberformel in ihrer Originalform, und auf der rechten Preisendanz' deutsche Übersetzung des Textes.

Die Große Sammlung magischer Papyri aus Paris, die selbstverständlich auch das Schwert-des-Dardanus-Ritual umfaßte, war mit etwa sechzig Seiten in Abschnitt IV des ersten Bandes der 1928 veröffentlichten ›PGM‹ vertreten.

Die Folgebände der ›PGM‹ erschienen 1932 und 1941. Sämtliche Ausgaben des dritten Bandes in Deutschland wurden im Zweiten Weltkrieg vernichtet, aber mehrere Ausgaben der beiden ersten Bände gelangten in den Besitz bestimmter Experten und Universitätsbüchereien in England. Allerdings waren sie für die meisten Leute wertlos, da sie nur in Koptisch, Griechisch und Deutsch verfaßt waren.

Obgleich ich bemüht war, möglichst alles aufzuschreiben, fand ich das Ganze ein wenig verwirrend. Aber wie ominös der Schwert-des-Dardanus-Ritus tatsächlich war, wurde sehr deutlich. Jeder, der auch nur ein Grundwissen von seiner Existenz besaß, mußte sich sehr gut mit griechisch-ägyptischen magischen Papyri auskennen.

Hatten der Schwarze Alchimist und seine Komplizin die kürzlich erschienene englische Übersetzung des Schwertes des Dardanus benutzt, oder hatten sie die Zauberformel in ihrer griechischen und deutschen Originalversion aus einer Ausgabe des ›PGM‹ studiert? Schon 1985 hatte Bernard gespürt, daß der Schwarze Alchimist ein Akademiker war, der in einem ruhigen Umfeld arbeitete, möglicherweise einer College- oder Universitätsbücherei. Wenn dem so war, dürfte es ihm nicht sehr schwergefallen sein, sich mittels eines unter Büchereien nicht unüblichen Austausches eine Ausgabe des ›PGM‹ zu beschaffen.

Terry war skeptisch. »Wenn dieser Mann Akademiker ist und sich so gut in der griechisch-ägyptischen Magie auskennt, warum vergiftet er dann heilige Quellen?«

Natürlich bezog er sich auf die Beschmutzung des Running Well durch den Schwarzen Alchimisten. Ich entgegnete, daß er möglicherweise nur ein durchgedrehter, labiler Psychopath wäre, besessen davon, alte magische Schriften und Traditionen nachzustellen und zu pervertieren.

»Vielleicht. Aber ich nehme diese ganze Sache beinahe persönlich. Zu wissen, daß es irgendwo in diesem Land jemanden mit profunden Kenntnissen der griechisch-ägyptischen Magie gibt, der diese zu seinen eigenen obszönen Zwecken mißbraucht, ist wahrlich ein beunruhigender Gedanke.«

Ich enthielt mich eines Kommentars und berichtete über die neuesten Entwicklungen, die Komplizin des Schwarzen Alchimisten und ihre Verbindung zu Arundel betreffend.

»Also, ich denke, daß Sie bald feststellen werden, daß sie fortan die treibende Kraft hinter dem Schwarzen Alchimisten sein wird«, prophezeite er. »Sie besitzt die eigentliche Macht. Merken Sie sich meine Worte.«

Ich war skeptisch, dankte ihm für die Zeit, die er mir geopfert hatte, und versprach, mit ihm in Verbindung zu bleiben.

Terrys Schlußbemerkung über die Komplizin des Schwarzen Alchimisten ging mir den Rest des Tages nicht mehr aus dem Sinn. Vielleicht hatte er recht. Anhand des Wenigen, was wir über sie wußten, schien sie ein völlig anderer Mensch zu sein als ihr männlicher Gegenpart. Während er offenbar ein Einzelgänger war, der studierte, ausklügelte und brütete, um dann unvermittelt zuzuschlagen, der sich jedoch gleich wieder zurückzog, um seinen nächsten Schritt zu planen, sah die Sache bei ihr schon ganz anders aus. Ich spürte, daß sie eine sehr charismatische Persönlichkeit war, mit einer lebhaften, extrovertierten und sinnlichen Persönlichkeit; eine Frau, die, um es einmal so auszudrücken, den Stier bei den Hörnern packte und versuchte, uns von Angesicht zu Angesicht herauszufordern. Aber auf gar keinen Fall wollte ich Bernard dadurch beunruhigen, daß ich ihn vor einer fremden Frau warnte, die möglicherweise unerwartet bei ihm vorstellig werden könnte. Ich war mir nicht sicher, ob seine Frau hierfür Verständnis hätte.

Vielleicht würde es sich ja auszahlen, wenn ich eine Weile meine Bemühungen aufgab, den Schwarzen Alchimisten aufzuspüren, und mich statt dessen auf die Frau konzentrierte.

Das neue Jahr sollte – wie schon das vergangene – oben auf dem Glastonbury Tor willkommen geheißen werden, und so hielt ich es für eine gute Idee, auf der Heimfahrt einen kleinen Umweg über West Sussex zu machen und Arundel einen Besuch abzustatten.

Ich hatte immer noch nichts von dem Autor von ›The Demonic Connection‹, Toyne Newton, gehört, was mich sehr ärgerte. Nachdem ich nun geplant hatte, in ein paar Tagen nach Sussex zu fahren, hielt ich es für das Beste, zu versuchen, statt dessen Toynes Gehilfen Charles Walker, zu kontaktieren.

Ich schlug im Telefonbuch nach und fand in Worthing nur einen Eintrag unter dem Namen C. Walker. Ich wählte die Nummer und hatte gleich darauf den Mann in der Leitung, der im November 1978 das anonyme Mitglied der Freunde Hekates getroffen und im darauffolgenden Frühling in der Nähe der Kirche von Clapham das Wandbild in dem leerstehenden Landhaus entdeckt hatte.

Wir vereinbarten für den Neujahrstag ein Treffen bei ihm zu Hause.

Kapitel 40

Das Netz zieht sich zusammen

Freitag, 1. Januar 1988. Still, obgleich wir von einem schlimmen Neujahrskater weitgehend verschont geblieben waren, fuhren Ken Smith und ich nach dem Frühstück in Glastonbury los und durchquerten die verregneten Grafschaften Somerset, Dorset und Hampshire. Tiefhängende Wolken hüllten sämtliche Hügelkuppen ein, und es regnete den ganzen Tag hindurch.

Als wir am frühen Nachmittag die Grenze von Hampshire nach Sussex überquerten, wurden wir sofort mit den weitflächigen Verwüstungen durch den Orkan des vergangenen Oktobers konfrontiert. Überall lagen umgestürzte Bäume; ganze Wälder waren entwurzelt und in ein Chaos umgekippter Bäume und gesplitterter Äste verwandelt worden. In manchen Gegenden waren die Wipfel sämtlicher Bäume abgebrochen wie Streichhölzer, so daß nur noch häßliche Mahnmale der gewaltigen brutalen Kraft der Orkanwinde in jener Nacht übrig waren. Ich fand, daß Essex schon schlimm getroffen worden war, aber verglichen mit Sussex war das gar nichts.

In Arundel angekommen, kreuzten wir durch die schmalen, beinahe mittelalterlich anmutenden Straßen der Stadt und hielten Ausschau nach der Festung. Schließlich entdeckten wir ihre riesige Befestigungsmauer und machten auf einem kleinen Parkplatz vor dem Haupteingangstor halt.

Dem anhaltenden Regen trotzend, setzten wir unsere Erkundungstour zu Fuß fort. Ich mußte die Diskrepanz in Bernards Beschreibung von Arundel Castle und seinem Umfeld klären, nur um sicherzustellen, daß dies auch die richtige Stadt war. Er hatte aus der Luft eine freistehende Kirche gesehen, mit einem runden Weg, der um ihre Außenmauern herumführte, einem Friedhof auf der Westseite und einem Zugang durch eine Öffnung in der Befestigungsmauer, durch die man zu einer Vorhalle auf der Südseite gelangte.

Aber soweit ich wußte, existierte ein solcher Ort in Arundel nicht. Dieser Punkt mußte also unbedingt aufgeklärt werden.

Die Befestigungsmauer zu unserer Rechten, stiegen wir den Hügel hinauf zur beeindruckenden Kathedrale St. Philip Neri. Unmittelbar hinter einem Gebäude, das an die Befestigungsmauer angebaut war, entdeckte ich einen zurückgesetzten Torbogen, dahinter vage ein christliches Bauwerk, bei dem es sich – wie ein Schild verkündete – um die Gemeindekirche St. Nicholas handelte.

Ein Kiesweg führte vom Torbogen zu einer Vorhalle auf der Südseite, und als wir ihm folgten, sah ich einen kreisrunden Weg, der um die Außenmauern der Kirche herumführte.

Als Ken und ich im strömenden Regen standen und schweigend die Grabsteine, aufrechten Kreuze und Grüften betrachteten – der Friedhof beschränkte sich auf die westliche Hälfte des Kirchhofes – hatte ich ein gutes Gefühl. Bernard hatte sich nicht geirrt. Er hatte diese Kirche gesehen. Die Diskrepanz lag nicht in der psychischen Information, sondern in dem Touristenführer, der mir von dem Antiquitätenhändler überlassen worden war. Der Plan hatte zwar die Lage der Kirche ausgewiesen, aber es war nicht ersichtlich gewesen, daß es zwei Befestigungsmauern gab, eine äußere und eine innere.

Die äußere Mauer schloß die Gemeindekirche St. Nicholas in exakt der Art und Weise ein, wie Bernard es beschrieben hatte. Dieses Rätsel hatte sich also gelöst. Nachdem das Problem beseitigt war, sahen wir uns kurz das Kircheninnere an, ehe wir Arundel Castle verließen, um essen zu gehen.

Ich setzte mich in dem leeren Café an einen Fenstertisch und blickte auf die Befestigungsmauer auf der anderen Straßenseite, während Ken bei der lebhaften jungen Kellnerin unsere Bestellung aufgab.

Als sie sich entfernte, zog Ken seine völlig durchweichte Jacke aus und hängte sie über die Rückenlehne seines Stuhls. »Bist du jetzt überzeugt, daß Bernard Arundel gesehen hat?«

Ja, das war ich. Daran konnte nun kaum noch ein Zweifel bestehen. Die Komplizin des Schwarzen Alchimisten lebte in dieser Stadt, oder zumindest bestand zwischen ihr und Arundel eine starke Bindung.

»Hast du schon einen Namen für sie?« fragte er, womit er einen Vor- oder Nachnamen meinte.

Die Frage belustigte mich. Wie sollten wir sie nennen? »Wir haben bereits den Schwarzen Alchimisten. Wie wäre es also mit ›Schwarze Hexe‹? Oder ›Schwarze Hexe von Arundel‹?«

Am Abend waren wir bei Charles Walker in Worthing verabredet. Ich sagte, daß ich ihn anrufen würde, wenn wir in der Nähe waren. Ganz sicher würde er uns mit Toyne Newton bekannt machen.

»Und wenn wir versuchen, die Schwarze Hexe zu finden?« fragte Ken.

Sicher würden wir in nicht allzu ferner Zukunft nach Arundel zurückkehren müssen, um zu versuchen, sie aufzuspüren. Allerdings hatte ich das sichere Gefühl, daß sie von sich aus zu uns kommen würde.

In seinem kleinen Wohnzimmer lauschte der großgewachsene, schlanke Mann mit Schnauzer und langen Haaren zusammen mit seiner Frau sehr aufmerksam meinem Kurzbericht über die ganze Angelegenheit mit dem Schwarzen Alchimisten. Meine Erzählung endete mit den Einzelheiten unseres Besuches in Arundel am Nachmittag und meinen Eindrücken bezüglich der Komplizin des Schwarzen Alchimisten.

Nachdem er mich zweieinhalb Stunden lang geduldig angehört hatte, konnte Charles sich kaum noch beherrschen. »Diese Frau, die Sie da beschreiben, klingt verdächtig nach der Frau in den Dreißigern, die offenbar als Hohepriesterin die Freunde Hekates kontrollierte. Wir haben ebenfalls eine Beziehung zu Arundel festgestellt und vermuten, daß sie dort wohnt.«

»Arundel?«

»Wir haben mit einem sehr begabten Medium zusammengearbeitet, einer älteren Dame und guter Bekannten von Toyne. Sie hat uns erzählt, daß die Freunde Hekates ein Waldgebiet direkt außerhalb von Arundel in der Nähe des Dorfes Burpham, benutzt haben. Toyne kennt alle Einzelheiten. Wenn Sie möchten, können wir ihn gleich morgen früh aufsuchen.«

»Ja, das wäre eine sehr gute Idee. Aber Sie sagten, sie würde möglicherweise in Arundel leben?«

»Verschiedene psychische Hinweise und andere unbestätigte Informationen veranlassen uns zu der Annahme, ja. Gut möglich, daß sie in der Stadt wohnt.«

Jetzt machten wir endlich Fortschritte. Zog sich das Netz endlich zusammen?

Samstag, 2. Januar. »Das einzige, was ich Ihrer Geschichte über den Schwarzen Alchimisten hinzufügen kann, ist dieses psychische Material, das Charles gestern abend angesprochen hat«, erklärte der bärtige Mann im Jogginganzug, nachdem er sich seinerseits die vollständige Geschichte des Schwarzen Alchimisten angehört hatte.

Ich ging davon aus, daß diese Informationen von Bedeutung sein könnten, und so wartete ich in Gesellschaft von Toynes Mutter, während er den Raum für ein, zwei Minuten verließ.

Als er zurückkehrte, reichte Toyne mir eine maschinengeschriebene Seite. Sie beinhaltete Einzelheiten dreier Sitzungen mit einem betagten weiblichen Medium; eine 1982, eine 1984 und die letzte 1985.

»Die alte Dame, die dieses Material empfangen hat, ist über achtzig und zur Zeit sehr krank«, sagte Toyne, setzte sich am anderen Ende des Raumes in einen Sessel und griff nach dem Affendolch. »Sie wußte nichts von den Freunden Hekates oder ihren Aktivitäten. Sie werden also die Bedeutung dessen, was sie sagte, erkennen.«

Ich nickte und begann mit der Lektüre des Textes:

29. September 1982. Der Friedhof (der Kirche von Clapham) ist unangetastet geblieben, weil Totenbeschwörung für diese Leute Kinderei ist. Sie betreiben einen wahren Teufelskult, und ein Leben zählt gar nichts, weil diese Menschen keinen Funken menschlichen Anstands mehr im Leib haben … Die treibenden Kräfte sind fünf Personen, mit drei Hauptakteuren, zwei Frauen und ein Mann, ein Arzt. Sie taktieren aus der Ferne.

Sie haben auch den Wald in der Nähe von Burpham bei Arundel benutzt, in dem keine Vögel singen.

13. März 1984. Die jüngere der beiden Frauen ist um die dreißig und ihre Haupteinnahmequelle ist Erpressung. Der

Arzt ist der Meister. Sie kommen einmal im Jahr herunter und opfern für gewöhnlich um den 1. November herum gewöhnlich eine männliche oder weibliche Jungfrau oder kurz davor. Die ältere der beiden Frauen hat das Ganze seinerzeit initiiert.

Sie haben ihre Aktivitäten nach Norden verlegt. Ich kann den Hof nicht sehen, aber ich fühle, daß ich mich einem Hofgebäude nähere. Es muß dort noch ein anderes Gebäude geben. Ich fühle, daß ich unter der Erde bin. Eine Höhle oder etwas Ähnliches. Nur für wichtige Zusammenkünfte.

Sie benutzen ein mit weißem Faden markiertes Pentagramm. Die Frau um die dreißig hat gute Beziehungen. Aktuell besteht eine Verbindung nach Frankreich; es kommen Menschen aus Frankreich herüber. Die junge Frau lebt an zwei oder drei verschiedenen Orten, jedoch vorwiegend in einer Londoner Wohnung. Sie reist ein wenig umher. Ich fühle eine Adelskrone, ein Wappen über der Tür, eine Pferdekutsche. Es werden innerhalb der Hierarchie keine Drogen genommen.

10. Oktober 1985. Die Hohepriesterin (die Frau in den Dreißigern) ist am gefährlichsten.Sie sieht aus wie eine liebliche Rose, handelt jedoch teuflisch … Mir ist plötzlich schrecklich kalt. Ich habe noch nie ein so intensives Gefühl von Bösartigkeit empfangen … Sie ist blond, trägt jedoch Perücken.

Fünf Prozent des inneren Zirkels sind im Showbusineß oder stehen sonstwie in der Öffentlichkeit. Wenn dein Buch erscheint, werden sie woanders hingehen. Am ehesten ähneln sie dem Hellfire Club, nur daß sie (die Freunde Hekates) zerstörerischer sind und größeres Chaos anrichten.

Psychisches Material muß immer wie ein Hirngespinst behandelt werden, bis seine Echtheit bewiesen ist. Trotzdem staunte ich nicht schlecht. Der Text schien zahlreiche der Behauptungen zu bestätigen, die der anonyme Brief enthielt, der im März 1982 über das

Magazin ›The Unexplained‹ an Toyne weitergeleitet worden war. Außerdem deckten sich zahlreiche Informationen bezüglich der Hohenpriesterin der Freunde Hekates – jener Frau in den Dreißigern, die ›aussieht wie eine liebliche Rose, jedoch teuflisch handelt‹ – mit unseren eigenen Eindrücken von der Schwarzen Hexe von Arundel. Und obgleich die alte Dame erklärt hatte, daß die Frau blond war und nicht dunkelhaarig, glaubten auch wir, daß sie sich in Showbusineßkreisen bewegte, wo sie ihren charismatischen Charme und ihre Eleganz zu ihrem Vorteil nutzen konnte.

Auch der Eindruck des Mediums, daß die Frau an zwei oder drei verschiedenen Orten lebte, war interessant. Vielleicht hatte sie einen Wohnsitz in London und einen zweiten in Arundel. Letzteres war ein beliebter Ferienort bei wohlhabenden Leuten.

Schlußendlich mußte ich zugeben, daß es verblüffende Übereinstimmungen gab zwischen unserer Schwarzen Hexe von Arundel und ihrer Hohenpriesterin Hekates. Die Komplizin des Schwarzen Alchimisten schien eine bewanderte Okkultistin zu sein, die sich der Kräfte der Dunklen Göttin bediente – vor allem in Gestalt Hekates – und ihm vielleicht sogar gezeigt hatte, wie er diese weibliche Kraft während des Orkans nutzen konnte. Außerdem wußten wir, daß eine starke Beziehung zu Arundel bestand, wo die Freunde Hekates offenbar einen Wald in der Nähe Burphams für ihre magischen Operationen benutzt hatten. Aber handelte es sich wirklich um ein und dieselbe Frau?

»Ich halte das durchaus für möglich«, meinte Toyne ziemlich überzeugend.

Und doch hatte weder die alte Frau noch Bernard empfangen, daß sie in Arundel wohnte. Woher also kam dieser Eindruck?

Charles warf Toyne einen Blick zu, den dieser erwiderte. Offensichtlich widerstrebte es ihnen aus irgendeinem Grund, mir diese Frage zu beantworten. Schließlich kamen sie jedoch zu dem Schluß, daß es nicht schaden könnte, wenn sie Ken und mich einweihten, und Toyne beugte sich in seinem Sessel vor. »Das haben wir aus einer Information der alten Dame geschlossen, der wir nachgegangen sind.«

Toyne enthüllte uns die neue Spur, die er und Charles derzeit überprüften.

Endlich begann sich alles zusammenzufügen. Und doch war es beinahe zu einfach, davon auszugehen, daß die Hohepriesterin der Freunde Hekates und die Komplizin des Schwarzen Alchimisten ein und dieselbe Person waren.

Da wir in dieser Angelegenheit zu keinem eindeutigen Schluß kamen, meinte ich, wir sollten das Thema vielleicht besser eine Weile ruhen lassen. Was hatten sie also noch über die Aktivitäten der Freunde Hekates in Erfahrung gebracht, seit der letzten Nachricht des Mediums 1985?

»Glauben Sie, daß die Gruppierung immer noch existiert?«

»Wir sind uns nicht sicher«, antwortete Charles auf meine Frage. »Wir haben keine weiteren Beweise oder Informationen ihre rituellen Aktivitäten betreffend, sei es in Clapham oder anderswo. Aber wenn Sie wollen, kann ich Ihnen heute nachmittag die Kirche und den Wald zeigen«, erbot er sich.«

Darauf hatte ich gehofft.

»Hätten Sie etwas dagegen, wenn ich ein paar Aufnahmen von dem Affendolch mache?« fragte Toyne und hielt die Klinge in die Höhe.

»Natürlich nicht. Ich wollte Sie zu meiner rein privaten Nutzung auch um ein Foto der Wandmalerei aus dem leerstehenden Haus bitten.«

»Kein Problem«, entgegnete Toyne und verließ das Zimmer, um ein Foto zu holen.

Als er zurückkam, überreichte er mir eine vergrößerte Farbaufnahme.

Im Licht seines Wintergartens richtete ich das Objektiv meines Fotoapparates auf das Foto, und als ich die Schärfe einstellte, wurde mir erst bewußt, wie ausdrucksvoll es tatsächlich war, vor allem in leuchtenden Farben. Niemals war dieses Bild von Kindern oder auch irgendwelchen Idioten und Magieanfängern gemalt worden.

Das Bild mußte ich unbedingt Bernard zeigen; vielleicht war er ja bereit, es zu psychometrieren.

Wir folgten dem von Schlaglöchern übersäten unbefestigten Weg zur Kirche von Clapham, während Sturmböen – die schlimmsten seit dem Orkan im vergangenen Jahr – über die South Downs hinwegjagten.

Ich mußte immer wieder an das denken, was Bernard am Abend der Konfrontation am Running Well im Wagen gesagt hatte: »Jetzt sehe ich noch mehr Wälder an einem Ort namens Clapham in Sussex. Dort geht etwas vor; ein Ritual, glaube ich. Und ich sehe in der Nähe eine Kirche, die nur über eine lange, gewundene Straße zu erreichen ist. Ich empfange negative Eindrücke von diesem Ort. Man sollte besser nicht daran rühren.« So oder so ähnlich hatte er sich seinerzeit ausgedrückt.

Ich parkte den Wagen im Schutz einiger Bäume draußen vor dem Kirchhof, und Charles und Ken stiegen aus und sahen sich um, während ich einige Bilder von der größtenteils aus dem 13. Jahrhundert stammenden Kirche schoß. Trotz des starken Windes war der Himmel strahlendblau, mit einer tiefhängenden Wintersonne, die ideales Licht zum Fotografieren spendete.

Im Inneren der Kirche machten wir halt, um die Gedenkplaketten an die berühmte Familie Shelley zu lesen, ehe wir nach draußen zurückkehrten und das hölzerne Tor am Ostende des Kirchhofes ansteuerten. Von dort aus war es nur noch ein kurzer Weg über ein matschiges Feld bis zum Rand des Clapham Wood.

Charles zeigte uns das alte Herrenhaus, in dem er im Frühjahr 1979 die Wandmalerei entdeckt hatte. Es stand südlich der Kirche, inmitten mehrerer Gebäude eines Gehöftes, Nebengebäuden und Scheunen der Clapham Farm. Nach seiner umfangreichen Renovierung Anfang des Jahrzehnts war das Haus in Church House – Kirchenhaus – umbenannt worden. In der Auffahrt standen elegante Autos. Ich fragte mich, ob die derzeitigen Besitzer etwas von der Wandmalerei wußten, die einmal einen der Räume geschmückt hatte. Vermutlich nicht.

Als wir den Wald betraten, waren wir geschockt von dem Anblick, der sich uns bot: Ein Großteil des Waldes war durch den Orkan dem Erdboden gleichgemacht worden. Quadratmeilen dichten Waldes waren in ein wüstes Durcheinander umgestürzter, geknickter und ineinander verkeilter Bäume verwandelt worden. Einige Abschnitte hatten Waldarbeiter bereits aufgeräumt, während andere noch exakt so aussahen wie am Morgen nach jener schicksalhaften Nacht im Oktober des vergangenen Jahres.

Noch nie hatte ich etwas Vergleichbares gesehen. Die chaotische Verwüstung entsprach in etwa dem, was ich nach einer Atomexplosion erwartete.

Es sah überall gleich aus. Wohin wir uns auch wandten, Hunderte von Bäumen machten es uns unmöglich, die Wege zu verlassen.

Hinzu kamen die starken böigen Winde. Während wir vorsichtig unter den letzten hohen Bäumen hergingen, konnten wir nicht ausschließen, daß weitere von ihnen dem Wind zum Opfer fielen, der zischend und fauchend über das hinwegfegte, was von dem Wald noch übriggeblieben war. Es war ein unheimliches Gefühl, das der ganzen Situation eine sehr düstere und unheilvolle Atmosphäre verlieh.

Ein Stück weiter gelangten wir zu den ›Kastanien‹, dem Ort, an dem Charles sich im November 1978 mit dem anonymen Mitglied der Freunde Hekates getroffen hatte. Der Anblick erschütterte ihn, denn anstatt einer Kreuzung, auf allen Seiten von dichtem Unterholz umgeben, war rund um das Schild, das die Kreuzung verschiedener Fußwege markierte, nur noch eine weite offene Fläche übrig.

Charles blickte fassungslos um sich. »Der Wald ist nicht mehr wiederzuerkennen«, stellte er schließlich fest, als wir über einen weiteren umgestürzten Baumstamm hinwegkletterten, der den Weg blockierte. »Die ganze Umgebung ist völlig verwüstet. Bekannte Stellen und spezielle Punkte existieren einfach nicht mehr.«

Wir hatten genug gesehen und beschlossen, zum Wagen zurückzugehen.

Ich fuhr auf die zweispurige, verkehrsreiche A 27 und dachte ernsthaft über das Chaos nach, das wir eben erst im Wald gesehen hatten. Irgendwie wirkte es beinahe wie ein Symbol für die Abwanderung der Freunde Hekates. Es war, als hätten sie ihre Spuren verwischt, indem sie ihre früheren Treffpunkte auslöschten.

Als ich zurück nach Worthing fuhr, um Charles zu Hause abzusetzen, sagte mir sogar eine innere Stimme, daß die okkulte Vereinigung nicht mehr existierte. Sie war zersplittert und hatte neue Verbindungen, neue Vereinigungen und neue Splittergruppen gebildet.

Hinzu kam, daß ich jetzt ziemlich sicher war, daß es sich bei der ehemaligen Hohenpriesterin der Hekate um dieselbe Frau handelte, die sich mit dem Schwarzen Alchimisten zusammengetan hatte – unsere Schwarze Hexe von Arundel.

Kapitel 41

Marias Ruf

Dienstag, 9. Februar 1988. Den ganzen Tag über hatte ich das unheimliche Gefühl, daß etwas in der Luft lag. Die Meteorologen hatten einen weiteren Orkan angekündigt, und der Schwarze Alchimist schien sich bei seinen Machenschaften gern des Schutzes der Winde zu bedienen.

Seit dem Orkan im vergangenen Oktober war ich nervös gewesen, jedesmal, wenn es ein wenig stürmisch war, beinahe so, als könnte ich jetzt die rohe, elementare Kraft des Windes spüren.

Aber alles war ruhig geblieben. Bernard hatte kein neues psychisches Material über den Schwarzen Alchimisten mehr empfangen, seitdem er im Dezember eine Verbindung zwischen Arundel und der Komplizin des Schwarzen Alchimisten gespürt hatte.

Am vergangenen Wochenende waren Ken Smith und ich noch einmal in Arundel gewesen, in der Hoffnung, irgendeine Spur von der Schwarzen Hexe zu finden. Aber unsere Nachforschungen in Buchhandlungen, Antiquitätengeschäften und sogar bei der Polizei waren erfolglos geblieben. Trotzdem spürte ich, daß wir ein Samenkorn gepflanzt hatten. Wenn sie tatsächlich in Arundel lebte, würde sie vielleicht erfahren, daß jemand neugierige Fragen ihre Person betreffend gestellt hatte. Und das würde sie vielleicht zu weiteren Aktionen verleiten, die uns einander annäherten.

Auch am späten Nachmittag war in Essex noch nichts von dem angekündigten Orkan zu spüren, aber die Abendnachrichten bestätigten, daß heftige Orkanböen andere Landesteile verwüsteten.

Winde von bis zu hundertsieben Meilen in der Stunde fegten über Irland, Nordwales, Nordengland und Schottland hinweg – alles Gegenden, die von dem letzten Orkan sechs Monate zuvor verschont geblieben waren.

Die Sturmböen hatten bereits zehn Menschen das Leben gekostet. Umgestürzte Bäume blockierten zahlreiche Hauptverkehrsstraßen und Eisenbahnstrecken, und fast hunderttausend Haushalte waren vorübergehend von der Stromversorgung abgeschnitten.

Und es war noch nicht vorbei. Die orkanartigen Winde zogen ostwärts und würden später am Abend auch die östlichen Grafschaften erreicht haben. Hurrikan K., wie der Sturm bereits getauft worden war, war also auf dem Weg.

Der starke Wind erschwerte Bernard auf dem Heimweg das Fahren. Im Radio wurde gemeldet, daß in Essex bereits Windgeschwindigkeiten von fünfundsechzig Meilen in der Stunde gemessen wurden, Tendenz steigend.

Die Uhr am Armaturenbrett von Bernards neuem Montego zeigte bereits weit nach 18 Uhr 00 an. Er war um kurz nach sieben mit Andy im ›The Griffin‹ verabredet und hatte keine Zeit zu verlieren, wenn er pünktlich dort sein wollte.

Daheim parkte Bernard den Wagen in der Auffahrt und hastete mit aufgestelltem Mantelkragen zur Tür. Er steckte den Schlüssel ins Schloß und drehte ihn, bis die Tür aufsprang.

Auf dem Teppich lag ein kleiner, nicht adressierter Umschlag. Er hob ihn auf und musterte ihn mißtrauisch. Das Kuvert trug weder Namen noch Anschrift und war zugeklebt. Und doch ließ ihn allein sein Vorhandensein schaudern. Fast sofort glaubte er zu wissen, wer der Absender war, und er war froh, daß seine Frau und seine Tochter noch nicht zu Hause waren.

Er schlitzte den Umschlag mit einem Messer auf und zog eine schwarze Karte heraus. Auf beide Seiten waren sorgfältig magische Symbole mit Bleistift gezeichnet worden, so daß sie im schwacherleuchteten Flur schwer auszumachen waren.

Bernard ging mit der Karte in die hellere Küche, musterte dort die seltsamen Symbole eingehend und versuchte vergeblich, ihre Bedeutung zu interpretieren. Auf der einen Seite war ein großes, vertikal gezeichnetes, aktualisiertes Monas-Hieroglyphica-Symbol. Darunter ein vertrauteres Zeichen – eine ovale Form mit mehreren Linien, die von ihrem Rand ausstrahlten, wie er es bereits von einigen Speerspitzen des Schwarzen Alchimisten her kannte.

Auf der Rückseite befanden sich mehrere ihm völlig fremde magische Zeichen – zwei Zeilen insgesamt und darunter eine Zeichnung, die an ein langes Messer mit dreieckiger Klinge und Kugelgriff erinnerte. Auf der Klinge stand ein einzelnes Wort in griechischer Sprache.

Sein Magen begann zu grollen, und er runzelte unwillig die Stirn. Offensichtlich war es dem Schwarzen Alchimisten nach dreijähriger Suche gelungen, seinen Namen und seine Anschrift herauszufinden, und das hatte er Bernard mit diesem Brief wissen lassen wollen. Aber wie hatte er ihn aufgespürt? Etwa um die Zeit der Vorfälle in Danbury im vergangenen Herbst hatte er eines Abends auf der Heimfahrt das Gefühl gehabt, verfolgt zu werden. Damals hatte er es als leichte Form von Verfolgungswahn abgetan, aber jetzt schien es neue Bedeutung zu gewinnen.

Wie auch immer, jedenfalls war jemand heute hier gewesen und hatte seine Visitenkarte hinterlassen. Was hatte das zu bedeuten? Und was würde als nächstes geschehen? Bei orkanartigen Winden war er ganz in seinem Element, was also hatte er diesmal vor?

Plötzlich schoß ihm ein entsetzlicher Gedanke durch den Kopf. War vielleicht noch jemand in der Nähe; lauerte man ihm irgendwo auf? Aus vielen Gründen wollte er es lieber nicht wissen, aber er beschloß dennoch, seine Fähigkeiten einen kurzen Moment lang auf die schwarze Karte zu konzentrieren. Er gestattete nur einem einzigen Eindruck, in sein Bewußtsein zu dringen. Die Karte stammte nicht vom Schwarzen Alchimisten, sondern von seiner Komplizin – der Schwarzen Hexe von Arundel.

Er steckte die schwarze Visitenkarte zurück in den kleinen braunen Umschlag, legte ihn auf den Küchentisch und kochte sich einen Kaffee, ehe er nach Danbury aufbrach.

»Hier. Das wird dir zu denken geben«, sagte er, warf einen kleinen, braunen Umschlag auf den Tisch und schlenderte an die Bar, um sich etwas zu trinken zu bestellen.

Ich nahm die schwarze Karte heraus, drehte sie im Licht und versuchte, die Bleistiftzeichen zu entziffern. Das aktualisierte Monas-Symbol und die kleine ovale Form mit den Linien an den Enden verriet den Absender. Ich drehte die Karte um und betrachtete eingehend die vier Symbolgruppen. Es handelte sich um magische Zeichen aus einem der zahlreichen mittelalterlichen Grimoires, Büchern über Teufelszauber. Welcher sie jetzt genau entnommen waren, wußte ich nicht sicher zu sagen, aber vermutlich dem ›Clavicle of Solomon‹.

Das Messer mit der Dreiecksklinge hatte ich bislang noch nicht gesehen. Das Wort auf der Klinge war jedoch ganz zweifellos in Griechisch. Allerdings hatte ich keinen Schimmer, was es bedeuten mochte.

Bernard kam an den Tisch zurück und setzte sich. Erklärungen waren überflüssig. Der Umschlag war bei ihm zu Hause eingeworfen worden, richtig?

Er nickte und erzählte mir, wie er das Kuvert gefunden hatte, als er von der Arbeit nach Hause gekommen war. »Und die einzigen Eindrücke, die ich auf dem Weg hierher aufgeschnappt habe, betrafen einen Hahn, der geopfert wird. Ich sah, wie ihm der Kopf abgehackt wurde und man seine Federn zu irgendeinem Zweck aufbewahrte.« Er zündete sich eine Zigarette an, wie um seine ernsthafte Besorgnis bezüglich der Situation zu bekunden.

Ich hatte seit Monaten damit gerechnet, daß etwas in dieser Art geschah. Es paßte zur Schwarzen Hexe von Arundel, daß sie bei Bernard aufgekreuzt war. Sie meinte es ernst, soviel stand fest. Was also hatte sie vor?

Hierauf gab es keinen eindeutigen Hinweis. Ich wußte nur, daß die Verwendung mittelalterlicher Grimoire-Magie und blutiger Tieropfer für den Schwarzen Alchimisten neu waren.

In der Vergangenheit hatte er sich ausschließlich an die alchimistischen und magischen Traditionen der griechisch-römischen Ägypter und der europäischen Renaissance gehalten. Noch nie war er so tief gesunken, sich mittelalterlichen Teufelszaubers zu bedienen.

Es hatte also ganz den Anschein, als ginge dieser Schritt nicht auf das Konto des Schwarzen Alchimisten, sondern auf das seiner Komplizin, die scheinbar diese Art roher Ritualmagie praktizierte. Wenn sie tatsächlich die einstmalige Hohepriesterin der Freunde Hekates war, bedeutete das außerdem, daß sie mit Blutopfern vertraut war.

»Ja, ich weiß«, fiel Bernard mir ins Wort, um einen Dialog zu beenden, den er nicht hören wollte. »Das einzige, was ich in eben diesem Moment fühle, ist, daß jede Symbolgruppe auf der Karte erst nach Vollendung eines bestimmten Ritualstadiums gezeichnet wurde. Und erst als das Ritual vollständig war, wurde sie mir übergeben.«

Ich fragte mich, ob die Visitenkarte vielleicht auf psychischer Ebene mit einer Nachricht geladen worden war, die mit Hilfe der Psychometrie »gelesen« werden konnte.

Er schüttelte den Kopf. »Nein, ich werde die Karte nicht psychometrieren, und das ist mein Ernst.«

Ganz offensichtlich ging etwas vor, und je eher wir wußten, was los war, desto größer unser Vorteil in dieser Situation. Wir mußten davon ausgehen, daß sie irgendwo da draußen lauerte und auf eine Gelegenheit wartete, erneut zuzuschlagen.

Bernard blieb standhaft. »Ich werde diese Karte nicht

psychometrieren, Punktum«, wiederholte er und drückte wie im Protest seine Zigarette aus. »Es interessiert mich nicht, was da draußen vor sich geht. Wenn ich sie ignoriere, werden sie mich auch in Frieden lassen.«

Das war naiv und brachte uns nicht weiter. Den Kopf in den Sand zu stecken würde das Problem nicht lösen.

Ich seufzte tief, als ich erkannte, daß ich auf verlorenem Posten kämpfte. Ganz offensichtlich war er fest entschlossen, die Visitenkarte unter keinen Umständen zu psychometrieren, und so ließ ich die Angelegenheit auf sich beruhen – zumindest für den Augenblick. Aber vielleicht bewirkte ja schon allein die Präsenz der Karte etwas, und so ließ ich sie absichtlich neben dem Ascher liegen.

Ich wechselte das Thema, sprach von anderen Forschungsprojekten, mit denen wir uns derzeit befaßten, und informierte ihn über einige neue Entwicklungen.

Mehrere Minuten verstrichen, ehe mir, während ich immer noch sprach, Bernards abwesender Gesichtsausdruck auffiel; ein sicheres Zeichen dafür, daß er vor seinem geistigen Auge eine hellseherische Vision empfing. Was sah er?

Die Frage störte seine Konzentration. »Ach, nichts«, entgegnete er schnell und versuchte, eine interessierte Miene aufzusetzen.

Mißtrauisch fuhr ich fort, merkte aber bald, daß er mir noch immer nicht zuhörte. Sein leerer Blick verriet ihn. Er sah etwas. Also, was war es? Eine Kirche? Eine Festung? Ein heiliger Hügel?

Er schüttelte den Kopf. »Nein, eine Kreuzung; eine Straßenkreuzung irgendwo.«

Eine Kreuzung. Eine Stätte, die mit der Anbetung Hekates in Zusammenhang stand.

»Und ich fühle, daß es nicht weit von hier ist«, fügte

er hinzu und griff nach seinem halbvollen Glas. »Es ist jemand dort. Ich kann allerdings nicht sagen, ob es eine Person ist oder eine Energieform.«

Jetzt kamen wir endlich voran. Ich gab mich ein wenig desinteressiert und nahm den Faden unserer vorherigen Unterhaltung wieder auf.

Bernard leerte eilig sein Getränk, stellte sein Glas hin und stand auf. »Ich kann hier nicht bleiben. Komm, laß uns zum Wagen gehen.«

In der Annahme, daß er nur dem lärmenden Umfeld des Pubs entkommen wollte, folgte ich ihm nach draußen. Es war 20 Uhr 50.

Der böige Wind peitschte fauchend über den Parkplatz, als wir zum Wagen gingen. Der Orkan schien uns doch noch erreicht zu haben.

Er sperrte die Fahrertür auf, stieg ein, öffnete mir die Beifahrertür und startete den Motor.

Offensichtlich wollte er irgendwohin. Ich holte also eilig eine Taschenlampe aus meinem Auto, warf meine Ausrüstung auf den Rücksitz von Bernards Montego und stieg ein, als der Wagen bereits losrollte.

Bernard schwieg. Er antwortete nicht einmal auf meine Fragen, als der Wagen nach rechts abbog und den Hügel hinunterraste. Er war irgendwie sonderbar, wirkte beinahe wie ein Schlafwandler. Die Digitaluhr im Wagen zeigte 20 Uhr 57 an.

Er trat auf das Bremspedal, und der Wagen wurde langsamer. Er zögerte kurz, bog dann nach links ab in eine Nebenstraße und fuhr weiter.

Mehrere Hundert Meter weiter tauchte eine Querstraße auf. Bernard brachte den Wagen zum Stehen und schien eine Weile zu überlegen, ehe er schließlich nach rechts abbog.

Er sagte immer noch kein Wort.

Wohin wollte er? Zu der Kreuzung, die er im Pub gesehen hatte? Jedenfalls hatte es ganz den Anschein, als fahre er zu einem bestimmten Ort. Aber was war das für ein Ort? Links von uns erstreckten sich Äcker und Felder nach Süden, rechts war Wald.

Plötzlich verlangsamte Bernard mitten auf der Landstraße das Tempo. Offenbar hatte er erkannt, daß wir unser Ziel verfehlt hatten; er legte den Rückwärtsgang ein und setzte einige Meter zurück.

Vor uns war ein geschlossenes Holztor, durch das man auf den Parkplatz des Danbury-Country-Parks gelangte, einer hübschen Parkanlage mit bewaldeten Flächen und künstlich angelegten Seen – ein beliebtes Ausflugsziel in der Umgebung.

Bernard stellte den Motor ab und schaltete die Scheinwerfer aus. Er schwieg immer noch. Inzwischen war es exakt 21 Uhr 00.

Nach und nach entspannte er sich und wandte sich mir zu. »Wir sind aus irgendeinem Grund hierher gelotst worden. Es geschieht etwas, aber was, kann ich nicht sagen. Komm, steigen wir aus.«

Als ich in die eisige Kälte hinaustrat, wurde mir bewußt, daß die Sturmböen offenbar immer heftiger wurden. Alle paar Sekunden jagte eine Böe durch die Wälder und klirrende Kälte durch unsere Körper. Etwas braute sich zusammen – zumindest auf Elementarebene. Wir hielten es draußen in der Kälte nicht aus und setzten uns wieder in den Wagen.

Nach einigen Minuten des Schweigens fragte ich Bernard, was los wäre.

Er zuckte nur verwirrt die Achseln. »Ich bin immer noch nicht sicher. Ich bin hergezogen worden wie … wie von einem Magneten. Ich kann dieselbe Gestalt … dieselbe Energieform sehen. Sie ist es. Sie ist hier irgendwo.«

Wer? Die Schwarze Hexe von Arundel?

»Ja. Aber wo?« fragte er und versuchte offenbar, die Frage mit Hilfe seiner psychischen Fähigkeiten zu beantworten.

Wieder verstrichen mehrere Minuten, in denen ich stumm dem Brüllen und Pfeifen der Sturmböen lauschte. Die Bäume bogen und wiegten sich. Sie klangen wie knarrende Schaukelstühle.

Um 21 Uhr warf Bernard den Motor wieder an. »Ich fahre woanders hin«, erklärte er knapp und fuhr rückwärts auf die Straße zurück.

»Es war etwas hier – vielleicht ist es immer noch hier«, sagte er. »Aber jetzt möchte ich woanders hin.«

Wir kamen wieder an der Stelle vorbei, an der wir auf dem Weg zur Parkeinfahrt rechts abgebogen waren, und fuhren diesmal geradeaus weiter. Kurz darauf gelangten wir zu einer Kreuzung. Zweifellos handelte es sich um den Ort, den er vorhin im Pub gesehen hatte. Aber obwohl er langsamer wurde, als wir uns der Kreuzung näherten, fuhr er auf derselben Straße weiter, ohne anzuhalten. Ein Stück weiter tauchte zur Linken eine große Rasenfläche auf, und Bernard lenkte den Wagen auf den Schotterparkplatz. Offenbar waren wir am Ziel angelangt.

Ich wußte, wo wir waren. Auf der anderen Seite des Rasens, etwa hundertfünfzig Meter entfernt, waren ganz schwach die hellen Lichter des ›The Cricketer's Inn‹ zu sehen. Das bedeutete, daß wir uns noch in Danbury befanden.

»Ich bin noch nie hiergewesen. Du?« fragte er und blickte sich um.

Erst als ich ihm den Pub zeigte, erkannte er, wo wir waren.

Das Medium sagte nur sehr wenig, während wir dasaßen und geduldig darauf warteten, daß etwas geschah. Der heftige Wind jagte über den Parkplatz, während wir erwartungsvoll den Scheinwerfern jedes vorbeifahrenden Autos entgegenblickten, gespannt, ob es zu einer Art ominösem Rendezvous abbiegen würde. Aber alle fuhren weiter.

Während ich die roten und weißen Lichter von Flugzeugen am klaren Nachthimmel beobachtete, dachte ich über unsere Lage nach. Die weibliche Energieform, die Bernard scheinbar spürte, war mit der Wirkung einer Frau mit einem besonders schweren Parfum vergleichbar. Wenn sie einen Raum betrat, konnte man ihren Duft riechen, der, noch lange nachdem sie gegangen war, in der Luft hing. Falls eine gehörlose oder blinde Person den Raum betrat, vermochte sie dann nicht zu sagen, ob die Frau tatsächlich noch da war oder sie nur deren Duft wahrnahm.

Ganz ähnlich schien es Bernard auf psychischer Ebene zu ergehen. Er nahm die Nähe einer weiblichen Energieform wahr, vermochte jedoch nicht zu sagen, ob sie tatsächlich anwesend war oder er vielleicht nur irgendwann früher an diesem Tag von ihr zurückgelassene psychische Energien wahrnahm. Das intuitive Empfinden war genau das gleiche, ob sie tatsächlich anwesend war oder nicht.

»Vermutlich hast du recht«, gab er seufzend zu. »Sie ist – oder war – irgendwo da draußen. Aber ich fühle immer noch eine fast magnetische Anziehungskraft.« Er verstummte und analysierte seine Empfindungen. »Nein, ich spüre eindeutig, daß jemand – oder etwas – immer noch in der Nähe ist. Ich fühle es.«

Er drückte seine Zigarette in dem Aschenbecher unterhalb des Armaturenbrettes aus und ließ den Motor wieder an. »Komm. Ich fahre zurück zum Tor. Ich habe immer noch das Gefühl, daß dort etwas im Gang ist.«

Um 21 Uhr 35 hielt der Wagen vor dem zurückgesetzten Tor zum Danbury-Country-Park. Aber etwas war anders als vorhin; wir waren nicht am selben Tor. Dann verstand ich; ich erinnerte mich, daß zu dem Parkplatz im Wald ein bogenförmiger Weg mit zwei Toren führte: das eine diente als Einfahrt und das zweite als Ausfahrt. Vorhin hatten wir vor dem Einfahrtstor gestanden, während wir jetzt am Ausfahrtstor waren, etwa achtzig Meter weiter. Wir sprachen kurz über die Abweichung, beschlossen aber dann, zu bleiben, wo wir waren.

»Was gibt's denn überhaupt da drin?« fragte Bernard und nickte in Richtung der düsteren Baumreihe.

Spontan schaltete er die Scheinwerfer ein. Ein Weg und eine wogende Masse von Bäumen tauchten im gespenstischen Licht auf.

Ruhig erklärte ich, daß er vermutlich soeben jedem, der sich in dem Waldstück herumtrieb, unsere Anwesenheit verraten hatte. Er entschuldigte sich und schaltete die Scheinwerfer wieder aus.

Eine weitere heftige Windböe fuhr brausend durch die Baumwipfel. Der Orkan hatte nun eindeutig Essex erreicht und kam immer näher. Es mußte bald etwas geschehen. War die Schwarze Hexe von Arundel tatsächlich irgendwo da draußen?

Bernard runzelte frustriert die Stirn. »Also, ich schätze, sie ist hier gewesen, und es würde mich nicht überraschen, wenn sie oder sonst jemand immer noch hier wäre«, entgegnete er und starrte durch die Windschutzscheibe in die Dunkelheit hinaus.

Es war zu kalt, um auszusteigen und nachzusehen. Die Bäume schwankten heftig unter der brutalen Attacke des Sturmes. Nein, ich würde keinesfalls aussteigen, solange es nicht zwingend erforderlich war.

»Gibt es in diesem Wald schwarze Hunde?« fragte er.

»Geisterhafte Hunde mit Augen so feurig wie glühende Kohlen?«

»Ja, genau.«

Nein, ich wußte von keiner Legende, die von schwarzen Geisterhunden in den Wäldern um Danbury berichtete.

Kapitel 42

Kontakt

Bernard machte es bald ganz nervös, tatenlos herumzusitzen. »Gib mir die Karte her«, sagte er schließlich entgegen seiner früheren Weigerung, sie zu psychometrieren.

Ich reichte ihm die schwarze Visitenkarte. Er konzentrierte sich auf unsere Situation und wartete, daß etwas passierte.

Ich saß geduldig mit Kugelschreiber und Notizblock in der Hand da, bis ich hörte, wie seine Atmung sich beschleunigte, ein sicheres Zeichen dafür, daß sich bei ihm auf psychischer Ebene etwas abspielte.

Nach etwa einer Minute fragte ich ihn, was er fühlte.

»Wir gehen zu Fuß zum anderen Tor«, verkündete er und legte die Karte auf das Armaturenbrett. »Dort ist jemand. Weiblich. Ich glaube allerdings nicht, daß sie selbst dort ist, jedenfalls nicht körperlich.«

Als wir gleichzeitig die Wagentüren öffneten, wurde die schwarze Karte von einer Windböe erfaßt und in die Dunkelheit hinausgeweht. Mir blieb fast das Herz stehen. Der Verlust wäre verheerend im Hinblick auf zukünftige Nachforschungen. Wir mußten sie finden, und zwar schnell, bevor sie endgültig verloren war. Ich stieg aus dem Wagen und suchte die grasbewachsene Böschung neben dem Wagen ab, während Bernard einfach nur dastand. Ein paar Minuten später entdeckte ich die Karte im nassen Gras. Ich hob sie auf, steckte sie mit einem erleichterten Seufzer in meine Brieftasche.

Die Orkanböen nahmen weiter spürbar zu, während wir uns schweigend dem zweiten Holztor näherten. Knapp zehn Meter vor unserem Ziel versperrte Bernard mir plötzlich mit ausgestrecktem Arm den Weg und bedeutete mir, daß wir uns auf der anderen Straßenseite dem Tor gegenüberstellen sollten.

Die grellen Scheinwerfer eines Fahrzeugs rasten auf uns zu, und Sekunden später rauschte ein Range Rover vorbei, ohne langsamer zu werden.

Bernard begann, intensiv das Tor zu fixieren. »Ich sehe dasselbe wie vorhin«, rief er gegen den Wind. »Es ist dieselbe Frau wie auf dem Kirchhof an Halloween und vor der Festungsmauer in Arundel. Sie steht einfach da; vor dem Tor.«

»Was hat sie an?«

»Sie trägt ein schwarzes, knielanges Cape mit einer Kapuze, die ihr Gesicht verdeckt.« Hierauf begann er, langsam auf das Tor zuzugehen, während der Orkan weiter um uns herumfegte, mit ohrenbetäubendem Gebrüll, das eine Verständigung fast unmöglich machte.

Da ich mich noch gut an Situationen erinnern konnte, da Bernard schlimme Qualen hatte leiden müssen, weil er sich direkt auf die Negativenergien des Schwarzen Alchimisten eingestimmt hatte, ermahnte ich ihn zur Vorsicht. Ich hatte jedoch eine Idee. Wir sollten versuchen, sie nicht als gefährliche Feindin zu betrachten, die uns Übel wollte, sondern ihr als Gleichberechtigte begegnen, mit Mitgefühl anstatt mit Haß, gleich, wie unvorstellbar das auch erscheinen mochte. Er sollte ihr mental mitteilen, daß wir keine bösen Absichten ihr gegenüber hegten, sondern nur mit ihr sprechen, mit ihr in Verbindung treten wollten. Auf diese Weise blieb er möglicherweise von Abwehrmechanismen in Energieform verschont.

Er nickte auf meinen Vorschlag hin zustimmend und näherte sich der Frau mit wehenden Haaren und Kleidern.

Ich blieb an seiner Seite und rief die Energieform direkt an, versicherte ihr, daß wir nur mit ihr reden wollten, vorausgesetzt, sie versuche nicht, uns anzugreifen. Es war eine sonderbare Situation. Trotzdem glaubte ich fest daran, daß es funktionieren konnte, auch wenn sie eine Widersacherin war.

Als Bernard nur noch einen Meter von der Frau im schwarzen Cape entfernt war, erreichten das Heulen und die rohe Gewalt des Orkans ihren Höhepunkt. Langsam streckte sie die rechte Hand nach ihm aus.

Er geriet in Versuchung, obwohl er wußte, daß es sehr riskant war. Wenn er mit ihrem Geist kommunizieren wollte, hatte er jedoch keine andere Wahl. Und so ergriff er nach kurzem Zögern ihre Hand, als gerade eine besonders heftige Sturmböe durch die Baumwipfel pfiff und ihn beinahe von den Füßen riß.

Als er seine Widersacherin berührte, durchzuckte Energie seinen Körper. Er zuckte zweimal hintereinander zusammen vor Schmerz. Aber es war zu spät, noch einen Rückzieher zu machen. Ihrer beider Geister waren eins geworden. Als Bilder und Eindrücke in seinen Kopf strömten, wußte er, daß er direkt mit ihren ureigensten Gedanken verbunden war. Und doch spürte er gleichzeitig, daß die Symbiose ihren Preis hatte, da sie seine Gedanken ebenfalls nach Antworten durchforstete.

Er begann, stoßweise zu atmen, und ein Ausdruck seelischer Qual trat auf sein Gesicht, als die ganze Kraft der strahlenden Erscheinung in seinen Körper drang. Er mußte sprechen. »Ich sehe Bilder und höre Namen«, schrie er, um sich über die Kakophonie des Orkans hinweg Gehör zu verschaffen.

»Adonaie ... ein Name ... und Frimost«, brüllte er, seine Hand immer noch die ihre umschlossen haltend.

»Und es ist wieder ein Ritual in Lullington erfolgt ... wenngleich diesmal nichts hinterlassen wurde.«

Das Gesicht immer noch von inneren Qualen verzerrt, verstummte er kurz, um seine Gedanken zu ordnen, ehe er fortfuhr.

»Jetzt höre ich eine weibliche Stimme ... die Zeichnung auf der Karte stellt tatsächlich ein Messer dar ... eins, das sich in ihrem Besitz befindet ... und auf der Klinge stehen die Worte ›Die Schönste‹. Sie ist blutverschmiert ... Ich sehe, wie ein Ritual vollzogen wird ... eine auf dem Boden ausgebreitete Tierhaut ... sie sieht weiß aus. Sie ist Teil des Rituals, das sich um die Symbole auf der Karte dreht ... und das Hahnenopfer ... jemand ist hier, in diesem Augenblick.«

Bernard wich zurück, nicht länger in der Lage, den Energiefluß im Zentrum seiner Seele zu ertragen. Aber es ging ihm gut. Er war nicht angegriffen worden, und der – wenn auch quälende Kontakt – schien ihm keinen Schaden zugefügt zu haben. So war er für den Augenblick zufrieden. Dann bemächtigte seine Sinne jedoch ein grauenhaftes Gefühl. Der Wagen. Sein Verstand versuchte, ihm etwas über seinen Wagen mitzuteilen.

»Himmel«, rief er aus. »Der Wagen! Wir haben den Wagen verlassen. Wir müssen zum Wagen zurück. Sofort.«

Er ging mit zügigen Schritten los und wurde immer schneller, bis er schließlich rannte. Der Wagen. Etwas war mit dem Wagen passiert.

Von den Böen gebeutelt, die ungehindert über die offene Straße peitschten, folgte ich ihm. Ich hörte Bernard fluchen. Obwohl er nichts dergleichen gesagt hatte, ahnte ich, daß wir aus einem bestimmten Grund vom Wagen weggelockt worden waren.

»Gib mir die Taschenlampe«, schrie er mich an.

Ich reichte sie ihm, und er leuchtete panikartig in die Radaufhängungen und auf die rückwärtige Stoßstange, umgeben von Blättern und Abfällen, die der Orkan über die Böschung wehte.

Was suchte er?

»Ich habe so ein Gefühl, das mir ganz und gar nicht gefällt«, schäumte er und setzte seine Suche auf der anderen Wagenseite fort. Er leuchtete ins Wageninnere. Er zog am Griff, und die Tür öffnete sich. »Verdammt, ich hatte nicht abgeschlossen«, schimpfte er und richtete den Strahl der Taschenlampe auf den Fußraum vor dem Fahrersitz. »Es ist etwas hier, und wir müssen es entfernen. Geh rüber auf deine Seite.«

Ich zog am Griff der Beifahrertür. Sie ließ sich mühelos öffnen.

»Du hast sie nicht abgeschlossen.«

Ohne etwas auf den Vorwurf zu erwidern, fuhr ich fort, den Bereich um den Beifahrersitz abzusuchen.

Dann zog Bernards Hand etwas hervor, das sich

unter dem Fahrersitz befand. »Hier, nimm das«, sagte er resigniert und setzte sich ans Steuer.

Es handelte sich um eine zweite schwarze Karte, etwas kleiner als die erste und in der Mitte gefaltet. Als ich sie auseinanderfaltete, sah ich ein weitere Bleistiftzeichnung ähnlich jener auf der Visitenkarte, die bei ihm daheim eingeworfen worden war. Sie stellte ein Schwert mit schmaler Klinge dar, das schräg einen Stock oder Stab kreuzte. Beide, Schwert und Stab, waren mit magischen Zeichen aus einem mittelalterlichen Grimoire bedeckt. Ich zeigte die Zeichnung Bernard.

Er reagierte sehr verärgert. »Also, ich verschwinde jetzt von hier«, sagte er stirnrunzelnd, ließ den Motor an und fuhr zügig rückwärts auf die Straße. »Ich habe genug. Mir reicht's.«

Als wir davonfuhren, stieg mir plötzlich ein seltsamer Geruch in die Nase. Es war der Geruch von Parfum – schwerer, durchdringender Parfumduft. Auf der Herfahrt hatte ich nichts dergleichen gerochen, wo also kam der Geruch her?

Bernard schnupperte. »Ja, ich rieche es auch. Ich wüßte nicht, was diesen Geruch erzeugen sollte. Sieh doch mal nach, ob du feststellen kannst, woher der Geruch kommt.«

Ich hob die gefaltete schwarze Karte an die Nase. Nein, sie war es nicht, die den Duft verströmte. Ein Lufterfrischer? Nein, es war keiner im Wagen.

Während Bernard weiterfuhr, untersuchte ich jeden Winkel des Wagens, bis ich schließlich auf ein Stück grünes Papier stieß, das in einer winzigen Ausbuchtung des Metallrahmens steckte, der den Fahrersitz trug. Ob der Parfumgestank daher rührte? Vermutlich nicht. Da Bernard den Montego erst vor wenigen Wochen gekauft hatte, handelte es sich vermutlich nur um einen Zettel, den der vorherige Besitzer weggeworfen hatte.

Als Bernard vor dem »Griffin« parkte, langte ich nach unten und zog das Stück Papier heraus. Es stank penetrant nach Parfum. Aber da war noch mehr. Ich konnte deutlich Spuren eines tiefroten Lippenstiftes erkennen, so als hätte jemand sich mit dem Papier über die Lippen gewischt, um die Schminke zu entfernen.

Der Zettel ließ darauf schließen, daß jemand die Fahrertür geöffnet und nicht nur eine schwarze Visitenkarte, sondern außerdem ein Stück Papier voller Lippenstift und Parfum im Inneren versteckt hatte.

Hinzu kam, daß das limonengrüne Papier – eindeutig eine weibliche Farbe – aussah, als wäre es hastig von einem größeren Blatt Notizpapier abgerissen worden, wie man es in Karten- und Geschenkläden fand. Entlang der Rißstelle waren auf der unteren Hälfte mehrere Buchstaben zu sehen, die jedoch nicht zu identifizieren waren. Anders als die beiden sorgfältig präparierten, schwarzen Visitenkarten schien dieses mit Lippenstift verschmierte Stück Papier einer spontanen Eingebung folgend im Wagen deponiert worden zu sein. Es erschien mir beinahe wie eine direkte Antwort auf unser vorheriges Gespräch, bei dem ich psychische Energieformen mit Parfum verglichen hatte. Das war ein unangenehmer Gedanke, der Bernard ganz und gar nicht gefiel.

Und es war auch kein gewöhnliches Parfum, sondern vielmehr ein penetranter Geruch, der mir bisher erst einmal begegnet war, und das unter recht sonderbaren Umständen.

Im Jahre 1983 hatte ich an Séancen des Mediums Rita Goold in Leicester teilgenommen. In völliger Dunkelheit hatte sich die Erscheinung der edwardianischen

Music-Hall-Operettensängerin Laura materialisiert. Ein wirklich bemerkenswertes Phänomen. Und die Geisterform gestattete den Anwesenden nicht nur, ihr langes Kleid anzufassen (Rita trug während der Sitzungen nur einen einfachen Trainingsanzug), sondern trällerte dazu Lieder und verströmte einen penetranten, süßen Parfumduft, der verflog, sobald sie selbst verschwand. Es war dasselbe Parfum wie jenes, mit dem das limonengrüne Stück Papier getränkt war. Somit war eindeutig bei nächster Gelegenheit ein Anruf bei Rita fällig, um sie zu fragen, ob es jemals jemandem gelungen war, Lauras Parfum zu identifizieren.

Kapitel 43

Teufelszauber

Inmitten des Betriebs in der gutbesuchten Bar ergatterten wir noch einen freien Tisch und setzten uns mit unseren Gläsern in der Hand. Ich holte das lippenstiftverschmierte Papier hervor und studierte es eingehend, während Bernard fragte, ob er meinen Notizblock benutzen dürfe, und einige Eindrücke und Gefühle aufschrieb, die ihm im Kopf herumgingen.

Der rubinrote Fleck wurde nach links hin weniger, während das limonengrüne Papier auf der rechten Seite am stärksten verknittert war. Beides zusammen veranlaßte mich zu der Schlußfolgerung, daß, wer immer seine Lippen an dem Papier abgewischt hatte, Rechtshänder war. Bei näherer Betrachtung machte ich dann auch links, ein paar Zentimeter unterhalb des Lippenstiftes, eine andere glänzende Substanz aus, die ich rasch als hautfarbenes Make-up identifizierte.

Lippenstift, Make-up, Parfum, Hautfett und limonengrünes Papier addierten sich zu der wohl offensichtlichen Tatsache, daß der Gegenstand von einer Frau stammte. Nicht nur das: Die gezackte Abrißstelle und die Ungleichmäßigkeit des Lippenstiftflecks deuteten darauf hin, daß die Frau schon einige Zeit lang geschminkt gewesen war, ehe sie sich dazu entschlossen hatte, diese außergewöhnliche Visitenkarte zurückzulassen. Das Ganze schien mir eine völlig spontane Geste gewesen zu sein.

Bernard hörte meinen Theorien zu, beendete seine Notizen und schob sie mir herüber.

Ich las vor:

Ich glaube, daß zwei Personen im Wald waren, höchstwahrscheinlich männlich, und auf Befehl von ›oben‹. Die Frau war nur in ihrer Energieform dort.

Ich forderte ihn auf, mir das näher zu erklären. Zwei Personen im Wald, und beide männlich? Das erschien mir höchst unwahrscheinlich in Anbetracht der Tatsache, das wir eben erst ein Stück Papier gefunden hatten, das Spuren von Lippenstift, Make-up und Parfum aufwies. Wenn die »Visitenkarte« spontan von zwei Männern zurückgelassen worden war, wie waren diese dann an die Schminke gekommen? Das machte einfach keinen Sinn.

»Das ist es aber, was ich empfange«, beharrte Bernard stur.

Nein, diesmal mußte ich ihm widersprechen. Mein Gefühl sagte mir, daß eine Frau vor Ort gewesen war, möglicherweise die Schwarze Hexe von Arundel persönlich. Ansonsten würde der mit Lippenstift verschmierte Zettel jeglicher Realität spotten.

Als Bernard ohne weitere Erklärung nur die Achseln zuckte, las ich weiter:

Die dreieckige Form (auf der Visitenkarte, die bei ihm zu Hause eingeworfen worden war), stellt ein Messer dar, und die griechische Inschrift auf der Klinge bedeutet ›die Schöne‹ oder ›die Schönste‹. Die Klinge wurde in Blut getaucht und ist neu.

»Bezog sich die Inschrift auf eine Frau?«

»Ich denke schon«, entgegnete er und nahm den grünen Zettel in die Hand. »Ein Geisterwesen oder eine Göttin. Etwas in der Art. Hier, ich rieche ständig dieses Parfum. Es verfliegt nicht.«

Das war mir auch schon aufgefallen. Ich nahm ihm das Papier aus der Hand, hielt es mir an die Nase und schnupperte vorsichtig. Der Geruch wurde ganz eindeutig von dem Zettel verströmt.

»Außerdem habe ich etwas aufgeschnappt, was mit einem Lamm in Verbindung steht«, fuhr er fort. »Ein Opfer. In Zusammenhang mit der gespannten Tierhaut und den Symbolen auf der ersten schwarzen Karte.«

»Und wo hatte das Ritual stattgefunden? Hier in der Nähe oder in Sussex?«

»Keine Ahnung.«

Ich hatte so ein Gefühl, daß es ganz in der Nähe gewesen war. Konnte er irgendwelche Einzelheiten sehen von dem Ort, an dem das Ritual vollzogen worden war?

»Wälder, Sträucher, Dickicht, Dornenranken um eine kleine offene Fläche herum. Eine Lichtung vielleicht. Das ist alles.«

»Sonst nichts?«

»Nein.«

Zusammenfassend sah es so aus, als hätte die Schwarze Hexe zusammen mit mindestens zwei männlichen Komplizen ein Ritual durchgeführt, bei dem ein Hahn und ein Lamm geopfert worden waren, wobei jemand in verschiedenen Phasen des Rituals Symbole aus Grimoires auf eine schwarze Karte gezeichnet hatte. Außerdem waren im Rahmen des Rituals eine weiße Tierhaut gespannt, Hahnenfedern benutzt und die Dolchklinge mit dem griechischen Wort für ›Schöne‹ oder ›Schönste‹ – in Blut getaucht worden.

»Das wäre in etwa alles«, schloß Bernard. »Und die Namen Frimost und Adonaie hängen irgendwie damit zusammen. Wie würdest du Frimost buchstabieren?«

»F-R-E-E-M-O-S-T«, entgegnete ich.

Er schrieb es auf. Aber wer war das?

»Eine Person, die in irgendeiner Weise mit Magie verbunden ist, denke ich. Ich bin mir allerdings nicht sicher. Und Adonaie – der zweite Name, den ich aufgeschnappt habe. Wie würdest du das schreiben? A-R-D-O-N-A-I-E?«

»Ja, schreib es auf.« Der Name war mir noch nie begegnet, aber so klang es irgendwie richtig. Was war mit Lullington? Was war dort vorgegangen?

Er lehnte sich gähnend auf seinem Stuhl zurück und schüttelte den Kopf. »Ich weiß es nicht. Aber was immer es war, es wurde nichts dort zurückgelassen, es wäre also zwecklos, wenn ich Hals über Kopf hinführe. Ich würde nichts finden.«

Seine Stimmung schlug plötzlich um. »Gut, dann war's das also.«

Wie meinte er das?

»Das waren die letzten Informationen, die ich

gedenke, über den Schwarzen Alchimisten zu empfangen. Ich habe genug. Endgültig. Basta.« Er zog einen dicken Strich unter seine Notizen und schrieb das Wort »Schluß«, ehe er sich trotzig wieder zurücklehnte.

Ich seufzte enttäuscht. Wie ich schon sagte, man konnte kein Problem lösen, indem man den Kopf in den Sand steckte. Wenn er das wirklich glaubte, war er noch naiver, als ich je angenommen hatte.

»Vergiß nicht, daß meine Frau und meine Tochter nichts von den ganzen Vorfällen ahnen. Ich möchte nicht, daß sie eines Tages auf meiner Türschwelle eine obszöne Warnung vorfinden. Das Ganze ist schon weit genug gegangen, fürchte ich. Wenn ich ihnen bedeute, daß ich sie künftig in Frieden lassen werde, werden sie auch mich in Frieden lassen. Mir erscheint das ganz logisch und simpel.«

Diesmal meinte er es wirklich ernst, und es schien, als könnte ich nichts tun, ihn umzustimmen. Ich hatte ihn bislang noch bei keinem unserer übernatürlichen Abenteuer der vergangenen vier Jahre so verärgert gesehen.

»Ich gehe jetzt«, verkündete er, drückte seine Zigarette im Aschenbecher aus, leerte sein Glas Wasser und stand auf. »Was ist mit dir? Bleibst du noch?«

Nein, ich wollte ebenfalls nach Hause. Ich hatte vieles zu überprüfen. Aber es würde nicht einfach aufhören. Das zu glauben, war dumm.

»Ruf mich an«, sagte Bernard dann noch.

Ich nickte nur, und da ich einsah, daß ich auf verlorenem Posten kämpfte, ließ ich ihn ohne ein weiteres Wort gehen.

Ich hatte noch nicht einmal Mantel und Handschuhe ausgezogen, als ich bereits meine Regale nach Büchern durchforstete, die Informationen über Grimoires enthalten konnten – die mittelalterlichen Schriften über diabolische, zeremonielle Magie.

Mir fiel ein bestimmtes Buch ein, meine Secondhand-Kopie von ›The Book of Black Magic and of Pacts‹ von dem viktorianischen Okkultisten Arthur Edward. Das Werk beinhaltete lange Auszüge aus verschiedenen bekannten Grimoires einschließlich der eigentlichen Rituale, ihrer Vorbereitung und der zeremoniellen Instrumente, die angefertigt und beschriftet werden sollten, ehe man mit der Zeremonie begann.

Ich hatte irgendwie das Gefühl, daß ich die verschiedenen Symbole, die mit Bleistift auf die beiden schwarzen Visitenkarten geschrieben worden waren, in diesem Buch finden würde. Ich blätterte es durch und hatte schon bald gefunden, was ich suchte. In einem Kapitel, das einem Grimoire mit dem Titel ›Book of the True Black Magic‹ gewidmet war – tatsächlich handelte es sich um eine abgewandelte Version des Grimoires ›The Clavicle of Solomon‹ – entdeckte ich exakt die gleichen Symbole wie jene auf dem Stab und dem Schwert auf der Visitenkarte, die im Auto hinterlegt wurde.

Auf derselben Seite befand sich außerdem eine Zeichnung eines Dolches mit dreieckiger Klinge und kugelartigem Griff wie jener auf der schwarzen Karte, die bei Bernard daheim eingeworfen worden war. Das Messer wurde als Lanzette bezeichnet, und obgleich die Zeichnung nicht mit einer Inschrift versehen war, sollte es unter anderem zur Vorbereitung im Blut eines Mondkalbes ›gelöscht‹, das heißt, hineingetaucht werden.

Als ich mir die Zeichen auf Stab, Schwert und Lanzette auf den schwarzen Visitenkarten genauer ansah, stellte ich fest, daß sie jenen in Waites Buch nicht nur ähnlich, sondern mit ihnen identisch waren.

So weit, so gut. Dann wandte ich meine Aufmerksamkeit den sonderbaren magischen Symbolen auf der ersten der beiden Karten zu. Etwas weiter im selben Buch fand ich ein Kapitel über ein Grimoire mit dem Titel ›The Sworn Book of Honorius‹, ein abscheuliches Werk aus dem Mittelalter, das Waite als das »vielleicht teuflischste aller Rituale der Schwarzen Magie« bezeichnete und von dem er dringend empfahl, es um jeden Preis zu meiden.

Als ich die Seiten las, auf denen die Vorbereitungen und der Ursprung des komplizierten Honorius-Rituals beschrieben waren, stellte ich fest, daß zahlreiche Sätze und Symbole mit Dingen übereinstimmten, die Bernard früher am Abend gesagt hatte. Alle Elemente des perversen Rituals, die er aufgeschnappt hatte, sowie die Symbole auf der schwarzen Karte, die bei ihm daheim eingeworfen worden war, fanden sich in dem komplexen Ritus wieder.

Das zeitaufwendige Ritual sollte darüber hinaus in verschiedenen Etappen zu ganz bestimmten Zeiten durchgeführt werden, insgesamt über einen Zeitraum von mehreren Wochen. Es gipfelte in der Anrufung eines der sieben genannten Dämonen, von denen jeder einem anderen Wochentag entsprach und zu einem ganz bestimmten Zweck beschworen wurde.

Wie Bernard bereits angesprochen hatte, umfaßte das Ritual auch das Opfer eines schwarzen Hahns und die Verwendung seiner Federn, sowie das Opfern eines Lammes, dessen Haut abgezogen und für einige Zeit auf dem Boden gespannt werden mußte. Verschiedene Gruppen magischer Symbole sollten zu bestimmten

Zeitpunkten des Rituals gleichzeitig auf die Haut und ein unbeschriftetes Pergament geschrieben werden. Diese Symbole entsprachen exakt jenen, die mit Bleistift auf die Karte gezeichnet worden waren, die Bernard daheim vorgefunden hatte.

Ganz offensichtlich hatte jemand – allem Anschein nach die Schwarze Hexe und ihre Komplizen – mit der Durchführung des Honorius-Rituals begonnen und bereits einen Hahn und ein Lamm geopfert, um den vorgegebenen Schritten zu entsprechen.

Aber damit war das Ritual noch nicht beendet. Ich entdeckte noch zwei weitere bedeutsame Übereinstimmungen mit dem heutigen Abend. Erstens lautete der Hauptname des Gottes, der benutzt wurde, um die dämonischen Kräfte des Honorius-Rituals zu beschwören und zu kontrollieren, Adonaie – eben jener Name, den Bernard aufgeschnappt hatte, als er am Tor den Kontakt mit der Schwarzen Hexe hergestellt hatte. Zweitens fand ich im letzten Abschnitt des Honorius-Rituals, in dem die Methoden beschrieben wurden, die verschiedenen Dämonen der Woche zu beschwören, auch den Namen Frimost, wie er richtig buchstabiert wurde. Hierbei handelte es sich um den Dienstagsdämon – also jenen des heutigen Tages. Mehr noch: Er sollte zwischen neun und zehn Uhr abends angerufen werden.

Unser Wagen hatte das erste Mal Punkt neun vor dem Zufahrtstor des Danbury-Country-Parks gehalten, und um 21 Uhr hatte Bernard die Hände der Energieform der Schwarzen Hexe ergriffen und unter anderem den Namen Frimost gerufen.

Hieraus schien sich ein logischer Schluß zu ergeben. Jemand, vielleicht die beiden Männer, die Bernard erwähnt hatte, vielleicht auch die Schwarze Hexe selbst, hatte auf dem Höhepunkt des Honorius-Rituals zwischen neun und zehn heute abend den Dämon Frimost angerufen. Aber das war noch nicht alles. Es bestand durchaus die Möglichkeit, daß sie das Ritual im Wald des Danbury-Country-Parks vollendet hatten.

Und doch störte mich etwas. Jeder halbwegs aufgeklärte Okkultist, ob schwarz oder weiß, wußte, daß Grimoire-Zauber sehr rohe Magie war, mit der man nur niedere Wesenheiten und übernatürliche Energien beschwören konnte. Ganz sicher ließ sie sich nicht mit der mächtigen griechisch-ägyptischen Alchimie und Magie vergleichen, derer der Schwarze Alchimist sich in der Vergangenheit bedient hatte.

Es gab nur einen ganz kleinen Hinweis auf seine irregeleiteten griechisch-ägyptischen, magischen Aktivitäten – das griechische Wort auf der Lanzettenklinge der schwarzen Visitenkarte. Was bedeutete dieses Wort? Ein Anruf bei Terry DuQuesne löste das Rätsel. (1) Wie Bernard schon vermutet hatte, bedeutete das Wort ›Kallistee‹ soviel wie ›die schönste aller Frauen‹ ähnlich wie ein bei einem Schönheitswettbewerb verliehener Titel.

Terry meinte, es könne sich um einen der Titel Aphrodites handeln, der griechischen Göttin der Liebe und Schönheit.

Er hatte recht. Eine Überprüfung anhand eines Wörterbuches der Mythologie ergab, daß Aphrodite einen goldenen Apfel überreicht bekam, der der ›schönsten aller Frauen‹ zugedacht war, nachdem Paris sie bei einem Schönheitswettbewerb zur schönsten Göttin gekürt hatte.

Bernard hatte außerdem gesagt, daß die Frau dieses Wort auf ihren neuen Ritualdolch graviert hatte; jenen, der mit Macht aufgeladen worden war, indem sie ihn in Blut getaucht hatte. Warum vereinigte die Schwarze Hexe ein so deutlich hebräisch-christliches diabolisches Ritual mit dem Einfluß der griechischen Göttin der Liebe und Schönheit?

Zuerst schien die Erwähnung Aphrodites keinen Sinn zu ergeben. Dann erinnerte ich mich jedoch, daß es nicht das erste Mal war, daß die griechische Göttin der Liebe in Zusammenhang mit der Komplizin des Schwarzen Alchimisten aufgetaucht war. An Halloween im vergangenen Jahr hatte sie auf dem Kirchhof von Danbury das Ritual ›Schwert des Dardanus‹ angewandt, um sich unter anderem Macht und Einfluß Aphrodites anzueignen – bei ihrem Bestreben, Bernards Seele ›zu beugen‹. Er hatte mit Hilfe emotionaler Anziehung, die auf vorgetäuschter Liebe und Leidenschaft basierte, unter ihren Einfluß geraten sollen, damit er ihr nicht nur seine Macht offenbarte, sondern auch seine Gedanken. Gott sei Dank hatte das Ritual bei Bernard versagt. Aber es sah ganz so aus, als versuche sie immer noch, ihn in ihren Bann zu ziehen, indem sie dieselbe magische Strömung benutzte, die von der griechischen Göttin der Liebe symbolisiert wurde. Was also hatte sie diesmal vorgehabt?

Die schwarze Visitenkarte, die bei ihm zu Hause eingeworfen worden war, war mit einer psychischen Ladung versehen gewesen, die dazu bestimmt war, Bernard zum Danbury-Country-Park zu führen, wo er den Wagen verlassen und sich der Energieform der Schwarzen Hexe stellen sollte. Dies hatte es ihren beiden männlichen Komplizen offenbar gestattet, die zweite Visitenkarte und das lippenstiftverschmierte Stück Papier im Wagen zu deponieren.

Alles an dem limonengrünen Zettel schien darauf hinzudeuten, daß sie immer noch versuchte, Bernard mit Hilfe eines Liebeszaubers in ihren Bann zu ziehen. Die grüne Farbe des Papiers wurde ebenso mit Aphrodite assoziiert wie mit Venus, ihrem römischen Gegenpart. Der Zettel war mit ihrem Parfum, ihrem Make-up und Lippenstift von ihrem Mund versehen worden, alles Faktoren, die mit ihrer eigenen psychischen Energie geladen sein mußten.

Der Zettel mußte in der Hoffnung hinterlegt worden sein, daß er ein falsches emotionales und mentales Band zwischen ihr und Bernard herstellte – damit er sich zu ihr hingezogen fühlte wie ein Liebender zu seiner Herzensdame. Sogar die Jahreszeit schien zu passen. Am kommenden Sonntag war Valentinstag, ein Tag, an dem Männer anonyme Karten von Verehrerinnen und der eigenen Frau erhielten, die meisten mit Parfum imprägniert.

Was den Beweggrund betraf, der hinter diesem ganzen Irrsinn steckte, konnte ich nur raten. Eins stand jedoch fest: Wie schon bei dem Zwischenfall mit dem durchbohrten Herzen in Danbury im vergangenen November hatten unsere Gegner erneut bewiesen, wie leicht sie Bernard und mich um den Finger wickeln konnten. In gewisser Weise erinnerte das alles an eine Übung im Manipulieren; eine Andeutung darauf, wozu sie in der Lage waren, wenn wir eine gewisse Grenze überschreiten oder der Wahrheit zu nahe kommen würden.

Kapitel 44

Die Überarbeitung

Mittwoch, 8. Juni 1988. Bernard versuchte bereits seit Tagen, das fertige Manuskript für Andys Buch ›Der Schwarze Alchimist‹ durchzulesen.

Bei der ersten Lektüre hatte alles sehr korrekt gewirkt – ein oder zwei Kleinigkeiten, die geändert werden mußten, aber nichts Essentielles. Und doch war es ein komisches Gefühl gewesen, die Ereignisse noch einmal Revue passieren zu lassen, vor allem aus einer anderen Perspektive. Eigentlich hatte er das Manuskript gar nicht lesen wollen, da es zu viele aufwühlende Erinnerungen wiederaufleben ließ, die er versucht hatte zu verdrängen.

Und doch mußte er das Manuskript korrekturlesen, da er es beim ersten Mal nur überflogen hatte.

Er zog sich ins stille Eßzimmer zurück, fort vom anhaltenden Plärren des Fernsehers und der Stereoanlage seiner Tochter, machte es sich mit einer Tasse Kaffee am Tisch bequem und warf einen widerwilligen Blick auf das bereits aufgeschlagene Manuskript. Auf der aufgeschlagenen Seite begann das Kapitel, das vom Kreis-der-Finsternis-Ritual des Schwarzen Alchimisten handelte sowie von seiner späteren Entweihung des Running Well im Oktober 1986.

Oktober 1986. Das alles schien so weit zurückzuliegen, und seither war so vieles geschehen. Und es war immer noch kein Ende abzusehen. Er lächelte über die vielen Male, da er im Buch gesagt hatte »Das war's. Das war das allerletzte Mal, daß ich mich auf diese Sache konzentriert habe, basta«, um dann bereits kurze Zeit später unweigerlich weiteres psychisches Material in derselben Angelegenheit zu empfangen.

Es war früher in jenem Jahr gewesen, nach seiner Begegnung mit der Schwarzen Hexe von Arundel draußen am Tor des Danbury-Country-Park. Er hatte kategorisch erklärt, daß er keine weiteren psychischen Informationen über die Sache empfangen werde, und dann beim Frühlingsäquinoktium hatte er ungebeten weitere Informationen über ihre Widersacher aufgeschnappt.

Er rief sich den Zwischenfall ins Gedächtnis. Es war am frühen Abend des 21. März gewesen, als er in den Garten hinausgegangen war, um das Garagentor zu schließen. Draußen im Freien hatte er plötzlich den Drang verspürt, zum Neumond aufzublicken. Die beiden Spitzen der Sichel hatten nach oben gezeigt und einen starken Kontrast zum Planeten Venus gebildet, der unmittelbar unter dem konvexen Bogen stand.

Der einzigartige Anblick fesselte ihn mehrere Sekunden, bis er schließlich ganz deutlich spürte, daß der Schwarze Alchimist außer Landes war; in Belgien, wie es schien, auf einer Art großer Europatournee. Er war dort, um ein seltenes Schriftstück zum Thema Magie zu erstehen, das im Rahmen einer größeren Privatsammlung veräußert wurde, die seit einiger Zeit zum Verkauf stand. Das Manuskript war unverzichtbar für die Fortführung seiner alchimistischen Operationen, so daß er es sich um jeden Preis beschaffen mußte.

Weitere Informationen hatte er diesbezüglich nicht empfangen, und Andy hatte nicht in Erfahrung bringen können, worum es sich bei diesem Schriftstück aus Belgien nun genau handelte. Allerdings hatte er auf die interessante Tatsache hingewiesen, daß der zunehmende Mond mit der Venus unmittelbar darunter an die Hörner von Dees Monas-Symbol mit dem Kreis darunter erinnerte. Vielleicht war das ja der Grund gewesen, weshalb sein Verstand sich wieder den Aktivitäten des Schwarzen Alchimisten zugewandt hatte.

Und dann war da der seltsame Traum im vergangenen Monat gewesen, wenn auch so vage, daß er ihn als Ausgeburt seiner Phantasie abgetan hatte – trotz allem, was Andy gesagt hatte.

Er schüttelte diese Gedanken ab und fuhr fort, in dem umfangreichen Manuskript zu lesen, das vor ihm lag, wobei er hier und da mit einem roten Filzschreiber die eine oder andere Bemerkung anfügte.

Eine Stunde verging. Er sah auf die Uhr. Es war 23 Uhr 45.

Als er das Kapitel mit dem Titel »Rückkehr zur Quelle« las, mußte er unwillkürlich daran zurückdenken, wie er mit dem Klemmbrett in der Hand unten in der Senke gestanden und gewartet hatte, daß etwas geschah.

Er hatte gesehen, wie der Schwarze Alchimist seltsame Symbole auf einen Talisman schrieb, und gleich darauf gespürt, daß ihr Widersacher irgendwo in einem Wald saß und über seine Lage nachgrübelte. Dann war da das unheimliche Gefühl von einer Präsenz ganz in der Nähe gewesen, wobei er gehofft hatte, daß es sich nur um einen Rest von Energie handelte, die der Mann bei seinem früheren Besuch an der Quelle zurückgelassen hatte, und nicht um seine tatsächliche Anwesenheit. Und dann hatten ihre Gedanken sich ungewollt überlagert, so daß er die Gedanken seines Gegners hören und aufschreiben konnte.

Seine Augen lasen eben jene Gedanken, als er ihnen auf dem Blatt begegnete.

Plötzlich unterbrach er die Lektüre und blickte auf.

Irgend etwas geschah. Er fluchte leise. Das ihm bereits so vertraute Gefühl drängte sich ihm auf. Er versuchte, es zu unterdrücken, aber es war zwecklos: Die Erinnerung an die Ereignisse an der Quelle an jenem Abend im Oktober 1986 wurde von einem neuen, fremden Bild ersetzt.

Er sah den Schwarzen Alchimisten oben auf der Kuppe eines flachen, grasbewachsenen Hügels – offenbar ein alter Grabhügel – inmitten eines Feldes hohen Grases und wilder Sommerblumen irgendwo an einem Waldrand stehen. Wie schon früher trug er eine schwarze Kutte mit Kapuze. Er hielt in jeder Hand einen Dolch, die Klingen hoch über seinem Kopf gekreuzt, genau so wie in seinem Traum im vergangenen Monat, in dem dieselbe Gestalt durch einen langen Tunnel wirbelnder, grauer Nebelschwaden auf ihn zugekommen war. Seinerzeit hatte allerdings nichts darauf hingedeutet, daß es sich bei der geheimnisvollen Gestalt um den Schwarzen Alchimisten handelte, und so hatte er den Traum abgetan, obgleich Andy gemeint hatte, daß gekreuzte Dolche eine symbolische Provokation darstellten, eine okkulte Herausforderung.

Jetzt stand der Mann still und reglos auf einem Grabhügel, als warte er geduldig darauf, daß etwas geschah.

Wo befand sich dieser Grabhügel? Es fühlte sich nicht an, als wäre er in der Nähe. Ja nicht einmal in Essex. Möglicherweise irgendwo in der Nähe seines Wohnortes, irgendwo bei Eastbourne?

Bernard zündete sich eine Zigarette an, um seine Nerven zu beruhigen, und dachte über die Situation nach. Was zum Teufel wollte er diesmal wieder von ihm? Würde er ihn denn nie in Frieden lassen?

Er unterbrach seine Konzentration und warf einen

Blick auf das Manuskript, ehe er sich erhob, um das Zimmer zu verlassen.

Aber es war sinnlos, das Bild blieb, und hinzu kam der sehr deutliche Eindruck, daß der Schwarze Alchimist bereit war für seinen nächsten Schachzug.

Nachwort

September 1988

Was glauben Sie, wie die Angelegenheit mit dem Schwarzen Alchimisten enden wird? Das ist die Frage, die die meisten Menschen, die von der Geschichte hören, spontan stellen.

Die einzige Antwort darauf lautet, daß sein nächster Schritt geduldig erwartet werden muß, auch wenn Bernard sich immer noch weigert, mir weiteres psychisches Material zu diesem Thema zu beschaffen. Er will nur in Ruhe sein Leben weiterleben, ohne die zusätzliche Bürde seiner ausgeprägten psychischen Fähigkeiten.

Und doch werden wir ganz zweifellos wieder vom Schwarzen Alchimisten und seiner Komplizin, der Schwarzen Hexe von Arundel, hören. Noch während Sie dies lesen, bauen sie ihre Macht aus und scharen Gesinnungsgenossen um sich, Okkultisten, die vom rechten Glauben abgefallen sind. Und Sie können mir glauben: Diese Leute sind gefährlich. Wenn das, was wir herausgefunden haben, stimmt, dann sind sie wahrhaftig überzeugt davon, sie seien dazu auserwählt, einen teuflischen Plan durchzuführen, und sie werden vor nichts zurückschrecken, um dieses Vorhaben umzusetzen.

Wie jeder informierte Okkultist bestätigen wird, brodelt es in Sussex derzeit vor magischen Aktivitäten. Warum dem so ist, weiß niemand so genau. In einem Punkt sind wir uns aber alle einig: Diese Aktivität nimmt konstant an Intensität zu. Toyne Newtons Buch ›The Demonic Connection‹ zeigt dies sehr deutlich.

Vielleicht wäre es gut, sich der prophetischen Worte des Mitglieds der Freunde Hekates zu erinnern, so wie Charles Walker sie an jenem schicksalhaften Abend im November 1978 im Clapham Wood zu hören bekam: »Wir benutzen diese Gegend seit zehn Jahren und planen, sie noch weitere zehn Jahre zu benutzen. Hiernach erst werden wir andere Gebiete auswählen, in denen wir das Wort verkünden.«

Zehn Jahre vom November 1978 an führen uns genau zum November 1988.

Wie heißt es noch so schön am Ende von Fernsehfilmen? Fortsetzung folgt.

In der Forschung finden sich ständig weitere Bestätigungen für Bernards psychisches Material. Vieles davon wird in den umfangreichen Notizen im Abschnitt ›Anmerkungen‹ erläutert.

Die bedeutendste Entdeckung war – nach fast drei Jahren der Nachforschungen – die Übersetzung der Sequenz magischer Zeichen und griechischer Worte auf den Speerspitzen von Lullington und Rettendon sowie auf anderen Artefakten des Schwarzen Alchimisten in aktualisierter oder konzentrierter Form.

Sie wurden in einem Buch von Allison Coudert entdeckt, das 1980 unter dem Titel ›Alchemy: The Philosopher's Stone‹ erschienen ist. Bei der vollständigen Sequenz, so wie sie vom Schwarzen Alchimisten verwendet wurde, handelt es sich um eine Reihe magischer Symbole – unter der Bezeichnung ›Krebsformel‹ bekannt – die ursprünglich von Zosimos von Panopolis zusammengestellt und aufgeschrieben wurde.

Der Krebs wird vom fünften Zeichen von links dargestellt, bei dem es sich scheinbar um eine Art Panzerkrebs handelt. Dasselbe Symbol tauchte auch allein unter dem Monas-Symbol auf der schwarzen Visitenkarte auf, die im Februar dieses Jahres bei Bernard daheim eingeworfen wurde.

In oben genanntem Buch heißt es, daß die Symbolsequenz einschließlich der griechischen Wörter nicht entziffert wurde. Mit Terry DuQuesnes Hilfe waren wir aber in der Lage, die griechischen Worte wenigstens als griechisch-ägyptische, goetisch-barbarische Namen zu identifizieren.

Auch das schwere Parfum, mit dem der lippenstiftverschmierte Zettel aus Bernards Wagen benetzt war, wurde identifiziert. Eine Teilnehmerin einer Séance von Rita Goold erkannte Lauras Parfum als T-Rose – eine auf Rosenduft basierende Essenz, die zu Beginn dieses Jahrhunderts sehr beliebt war. Sie ist heute nicht mehr leicht zu bekommen, wird aber immer noch in synthetischer Form vom ›Perfumers' Workshop of New York‹ hergestellt und ist in exklusiven Parfümerien erhältlich.

Caroline Wise zufolge, die einmal für einen führenden Parfumproduzenten gearbeitet hat, ist T-Rose ein teures, ekelhaft süßes Parfum, das nur von Frauen der Pelzbrigade benutzt wird, wie sie sie nennt. Mit anderen Worten, von eleganten Damen der exklusiven Oberschicht, wie vielleicht auch von der Schwarzen Hexe von Arundel?

Bitte beachten Sie, daß es noch einen speziellen Anhang zu diesem Buch gibt, für all jene, die die Affäre des Schwarzen Alchimisten noch ein wenig weiterverfolgen möchten.

Er enthält das gesamte Originalmaterial, die gekritzelten Notizen sowie die Korrespondenz zu diesem Buch.

Außerdem sind Einzelheiten einiger Neuentwicklungen zur Saga enthalten, die sich ereignet haben, nachdem die einzelnen Kapitel bereits fertiggestellt waren.

Questing-Wortschatz

Psychic questing ist eine neue und aufregende Form der Psi-Forschung, die das Medium aus dem Séance-Raum hinaus in die Welt führt. Im folgenden finden Sie einige Begriffe, die innerhalb der Questing-Gemeinde gebräuchlich sind und in diesem Buch vorkommen.

Ableiten: Das Ableiten unwillkommener negativer Energien in die Erde erfolgt mit Hilfe eines Gegenstandes, der fest in die Erde eingelassen ist, wie etwa eines Menhirs, eines Grabsteins oder einer Mauer.

Archetypus: Symbolische Erscheinungsform eines Gottes, einer Göttin, einer Gottheit, eines Dämons oder jeder anderen übernatürlichen Manifestation oder Erscheinung, so wie im Vorfeld von Geschichte, Mythologie oder einem bestimmten Symbolismus vorgegeben.

Artefakt: Gegenstand gemeinhin von mystischer oder religiöser Bedeutung, der auf psychischem Wege definiert, lokalisiert und entdeckt wird.

Automatische Schrift: Notizen eines Mediums, durch die sich eine externe Intelligenz manifestiert.

Einstimmen: Den Geist auf einen bestimmten Gegenstand, einen Ort oder eine Situation konzentrieren, in der Hoffnung, so psychische Informationen zu erhalten.

Elementar: Eine übernatürliche Gedankenform, die von Magiern, Okkultisten oder Schamanen geschaffen wird und in Gebäuden oder draußen im Freien in Erscheinung tritt. Siehe auch Schutzgeist und Gedankliche Form.

Empfangen: Von Empfangen spricht man, wenn ein Medium auf mentaler Ebene psychische Informationen ›aufschnappt‹.

Energien: (oder Erdenergien): Subtile Formen natürlicher Energie im menschlichen Körper, draußen in der Natur und im Universum als Ganzes, die durch magische Prozesse erfühlt, heraufbeschworen, verändert oder kanalisiert werden können.

Energieform: Das subtile Energiefeld des menschlichen Körpers, das den sogenannten Astralkörper bildet, den ein Medium auf psychischer Ebene um eine Person herum oder als separate externe Form wahrnehmen kann.

Energiestruktur: Zusammengesetzte Formationen subtiler Energiestrukturen in der Natur.

Fixpunkt: Psychisch oder magisch geladener Gegenstand, der an einem bestimmten Ort zurückgelassen wird, um die Absichten eines Rituals zu besiegeln.

Gedankliche Form: Übernatürliche Wesenheit oder Manifestation mit eigener Grundintelligenz und Persönlichkeit, zufällig oder durch religiösen Eifer an einem bestimmten Ort entstanden, oder aber von einem Mystiker, Okkultisten oder Schamanen erschaffen, um eine bestimmte magische Funktion auszuüben.

Heilige Stätte: Ein bestimmter Ort, gewöhnlich mystischen oder religiösen Ursprungs, der spirituelle Qualität angenommen hat.

Hellhören: Externe Stimmen, die nur von einem Medium wahrgenommen werden.

Hellsehen: Bilder oder übernatürliche Erscheinungen, die nur von einem Medium wahrgenommen werden. Siehe auch Vision.

Meditation: Entspannung des Geistes, gewöhnlich mit

geschlossenen Augen, um die geistige Kraft der Visualisierung für ein Ritual einzusetzen.

Negativität: Unausgewogene, disharmonische und oft unheilvolle Energien an bestimmten Stätten. Sie entstehen entweder durch einen Zusammenbruch ihrer gewöhnlich ausgeglichenen Energiestruktur oder durch die Ausführung pervertierter ritueller Prozesse.

Omen: Bedeutungsvolles Ereignis, das dahingehend interpretiert wird, daß es eine positive oder negative zukünftige Situation ankündigt.

Ortsbezogene Erinnerung: Informationen, die in visueller, auditiver oder sensorischer Form durch vergangene menschliche Interaktion, sei es zufällig oder bewußt, an einem bestimmten Ort gespeichert wurden.

Ortsbezogene Psychometrie: Die Fähigkeit eines Mediums, die an einem Ort gespeicherten Informationen zu ›lesen‹.

Pforte: Stelle oder Ort in der Natur, an der/dem die Schicht zwischen dieser Welt und der nächsten besonders dünn ist. Solche Stätten stehen bei Okkultisten hoch im Kurs, um verborgene Kräfte und Wesen aus anderen Welten heraufzubeschwören.

Psychometrie: Die Fähigkeit eines Mediums, sich durch die Berührung eines Gegenstandes Informationen aus dessen Vergangenheit zu beschaffen.

Quest, Questing: Eine Reihe miteinander verbundener Ereignisse und Zwischenfälle im Rahmen derer Visionen, Träume und übernatürliche Manifestationen ein Medium auf ein bestimmtes Ziel zuführen; gewöhnlich geht es um die Entdeckung verborgener Artefakte oder die Lösung eines ortsbezogenen Rätsels.

Rückkopplung: Die katastrophalen Nebenwirkungen psychischer Einstimmung auf eine Stätte und den hierauffolgenden Empfang negativer, unheilvoller Energien, die entweder durch eine rituelle Falle, ein magisches Ritual oder dem Auslösen der Selbstverteidigungsmechanismen einer bestimmten Stätte in Gestalt eines sogenannten lokalen Wächters in Erscheinung treten.

Seelenessenz (oder Geist). Der Teil des menschlichen Verstandes, der nach dem Tod übrigbleibt und über Inkarnation in anderen Körpern weiterlebt oder aber als unabhängige Intelligenz fortbesteht, die medial veranlagten Personen zugänglich ist.

Schutzgeist: Übernatürliche Wesenheit, gewöhnlich ein Tier, die einer Hexe oder einem Hexer bei der Ausübung seiner Pflichten zur Seite steht.

Schutzritual: Ein kurzes Visualisierungsritual mit verbalen Komponenten, das dazu benutzt wird, eine psychische Barriere um den Körper herum zu errichten, um sich gegen störende äußere Einflüsse zu schützen.

Super-Medium: Ein hochbegabtes Medium, das regelmäßig zutreffendes, faktisches psychisches Material liefern kann, darunter Namen, Daten und Orte. Der Begriff wird derzeit für Medien oder moderne Schamanen benutzt, die auf dem Gebiet des Questings arbeiten.

Synchronizität: Ein bedeutsamer Zufall, der eine vorangegangene Entscheidung bestätigt oder einen Hinweis auf eine unmittelbar bevorstehende Entscheidung oder Situation liefert.

Trancezustand: Ein Zustand großer Entspannung oder Meditation, der angewandt wird, um sich psychische Informationen zu beschaffen. Sehr oft kommt es während einer solchen Trance zu einer ›Überschattung‹.

Überschattung: Hiervon spricht man, wenn die körperlichen und geistigen Funktionen eines Mediums von einer mutmaßlichen externen Intelligenz übernommen und kontrolliert werden. Im Spiritualismus wird dieses Phänomen als Trance bezeichnet.

Vision: Bedeutungsvolles externalisiertes hellseherisches Bild oder auch eine Erscheinung, die von einem Medium wahrgenommen wird.

Visualisierungsritual: Die Verwendung mentaler Bilder, um subtile Energien mittels psychokinetischen, geistigen oder sonstwie gearteten Kräften zu manipulieren.

Wächter (einer Stätte) – astral: Gedankenform oder Elementar, entweder bewußt von einem Priester und Magier oder zufällig durch anhaltende religiöse oder mystische Verehrung geschaffen, um die Interessen einer Stätte oder eines Artefaktes zu wahren.

Wächter (einer Stätte) – körperlich: Beim Questing versteht man hierunter eine Person, die ohne es zu wissen vom Astralwächter auserwählt und zum lebenden Vertreter besagter Stätte bestimmt wird. Ihre Aufgabe besteht darin, Schaden von der Stätte abzuwenden und die ihr innewohnende Weisheit – oft in verschlüsselter Form – aufrichtig interessierten Besuchern zu offenbaren. Körperliche Wächter leben für gewöhnlich in der Nähe der Stätte und führen ein Leben, das stark mit ihrem eigenen natürlichen Umfeld harmoniert.

Anmerkungen

Kapitel 1: Das Omen

(1) Dieser Bericht basiert vollständig auf Bernards Erinnerung an das Ritual, als er am Donnerstag, dem 30. Mai 1985, die steinerne Speerspitze auf dem Kirchhof von Lullington berührte. Die gesprochenen Worte wurden anhand später erlangter Kenntnisse über das Ritual sowie aus weiteren psychischen Informationen und späteren Recherchen rekonstruiert. Siehe auch die Kapitel vier und fünf.

Kapitel 2: Wilmington

(1) Einzelheiten über die kirchliche Immunität der Priorei von Wilmington sowie über die dortigen unorthodoxen religiösen Praktiken erfuhr ich erst am Dienstag, dem 4. Juni 1985, als Nigel Pennick mir seine Ausgabe des Buches ›The Wilmington Giant‹ von Rodney Castleden zeigte.

Kapitel 3: Der Wächter

(1) Die Informationen über Peter von Savoyen, Pevensey Castle und die Instandsetzung der Brustwehr erhielten wir erst nach unserem Besuch in den Sussex Downs.

Kapitel 5: Die erste Ebene

(1) Ich fand später heraus, daß der Name Peredur angeblich von dem Titel ›Stahlspeer‹ abgeleitet sein soll. Siehe das Buch von Rachel Bromwich: ›Trioedd Ynys Prydein – The Welsh Triads‹ (University of Wales Press, Cardiff, 1978). Offensichtlich spielte dies auch eine Rolle bei der Hinterlegung der beschrifteten Speerspitze in Lullington.

Ich bin ziemlich sicher, daß der Schwarze Alchimist Lullington wegen der Assoziation dieses Ortes mit der Episode des weißen Hirsches aus der Peredur-Geschichte ausgesucht hat wie von S. F. Annett 1932 angenommen.

(2) In Zosimos' Vision – und in der Alchimie ganz allgemein – wird das Köpfen des Alchimisten als symbolische Extraktion und Wiedergeburt seiner göttlichen Seele betrachtet.

In der Alchimie repräsentiert der Hirsch die Seele des Alchimisten. Darum wäre auch eine heilige Stätte, mit der eine Legende, in der ein Hirsch enthauptet war, in Verbindung gebracht wird, eine ideale Wahl als Schauplatz einer Wiedergeburt im Rahmen einer alchimistischen Transmutation.

Indem er den abgetrennten Kopf aus dem Zosimos-Ritual durch eine Speerspitze ersetzt – und sich so der Peredur-Verbindung der Stätte bedient –, hat der Schwarze Alchimist diesen rituell aufgeladenen Gegenstand benutzt, um die Absichten seiner alchimistischen Transmutation zu bestätigen und zu fixieren.

Er wußte, daß er bei der Entfernung der Speerspitze – die der Entwendung des Hirschkopfes in der Peredur-Legende entspricht – das erste Stadium seiner Transmutation erreicht haben würde, das auch als Schwarzer Mann, Negrido oder Krähenkopf bezeichnet wird. Dieses spiegelt sich auch im folgenden Abschnitt der Peredur-Saga wider, in der sich ein Schwarzer Mann aus dem Hügel erhebt. Nach Abschluß dieses Stadiums konnte der Schwarze Alchimist sich dann der nächsten Etappe seines Rituals zuwenden.

Kapitel 7: Die Kuppel von Kent

(1) Remien Vigilia und Ratio Experimentia so wie auch das Bild der Höhle, das Bernard auf psychischer Ebene im ›Griffin Pub‹ empfangen hat, stammen aus Illustrationen in Henricus Khunraths ›Amphitheatrum Sapientiae Aeternae‹.

Unten auf einer der beiden vorderen Säulen des Portikus im Inneren des alchimistischen Labors stehen die Worte Ratio und Experimentia – ›Vernunft‹ und ›Experiment‹ –, die zwei Begriffe, die das Werk eines Alchimisten beherrschen.

Über der Tür am Ende desselben Laboratoriums stehen die Worte Dormiens Vigilia – ›Wachsam auch im Schlaf‹ –, eine Bezugnahme darauf, daß der Alchimist ständig über seine Transmutation wachen mußte, damit sie nicht außer Kontrolle geriet und verdarb.

(2) ›The True Glass of Alchemy‹ ist eine alchimistischen Abhandlung, die im Jahre 1683 unter dem Pseudonym ›Roger Bacon‹ verfaßt wurde.

Spätere Nachforschungen ergaben, daß der Priester des Sanktuariums in Zosimos' Vision tatsächlich Ion hieß. Siehe auch ›Die Alchimistischen Schriften‹ von C. G. Jung.

Kapitel 11: St. Anne's Castle

(1) Die Bemerkung über die Eigenschaften Monas' entsprechen Dees eigenen Worten zu dem Symbol.

Allison Coudert schreibt in ihrem Buch ›Alchemy: The Philosopher's Stone‹, daß Dee sein Monas-Symbol als Talisman betrachtete, der sämtliche Mächte des Universums verkörperte. Darüber hinaus soll er geglaubt haben, daß ein Mensch bei der Betrachtung diese Mächte in sich aufnehmen und eine Veränderung erfahren würde. Er lobte Gott dafür, daß er es dem Monas gestattete, den Menschen ›solch große Weisheit und Macht über andere Wesen und Gebiete‹ zu verleihen. Unter anderem erklärt er auch, daß der Punkt in der Mitte des Monas-Kreises ›das Zentrum aller Dinge‹ darstellt.

Das alles deutet darauf hin, daß der Absender der Nachricht mit Dees eigener Interpretation der Monas-Hieroglyphica vertraut war.

Kapitel 16: Noch neun Nächte zu leben

(1) Spätere Nachforschungen zu den Symbolen auf der Rückseite der Speerspitze aus Rettendon warfen ein neues Licht auf die Umtriebe des Schwarzen Alchimisten an jenem Abend.

Inzwischen glaube ich, daß der Schwarze Alchimist das Ritual am Running Well begonnen hat und erst hinterher den Kreis der Finsternis schuf, wobei er bei der Kirche in Rettendon anfing und anschließend die anderen drei Stätten im Uhrzeigersinn aufsuchte, und nicht im entgegengesetzten Uhrzeigersinn, wie wir damals annahmen.

Das würde vieles erklären, beispielsweise, wie der Schwarze Alchimist den Running Well querfeldein finden konnte. Außerdem würde es die Eins auf der Speerspitze aus Rettendon und die gleichen Symbolreihen auf dem Stein aus Lullington erklären. Auch wäre somit die Zwei auf dem Stein aus Runwell logisch, sowie Bernards Eindruck, daß der Schwarze Alchimist ganz in der Nähe war, als wir durch South Hanningfield fuhren. Vermutlich hatte der Schwarze Alchimist sein Ritual gerade beendet, als wir die Gegend aus der entgegengesetzten Richtung erreichten.

Kapitel 17: Zurück in die Schule

(1) John Dee ist bekannt für seine ›spirituellen‹ Tagebücher, die Einzelheiten seiner zahlreichen psychischen Kontakte enthielten. Ich glaube, daß Bernards Eindruck von einer Person, die ›Tagebuch führt‹, sich auf Dee bezog, zumal sich herausstellte, daß es sich bei seinen nächsten Eindrücken um Referenzen auf Dees Monas-Symbol handelte.

(2) Robert Turners Buch wurde erst mehrere Wochen nach der Konfrontation am Running Well entdeckt.

Kapitel 18:Rückkehr zur Quelle

(1) Die fremdartigen Zeichen wurden später von Terry DuQuesne als Zeichen der griechischen Schrift identifiziert. Allerdings konnten nur die ersten beiden Worte ›Das ist‹ übersetzt werden, ehe die Buchstaben unleserlich wurden.

(2) In der St. Mary's Church in Runwell befindet sich ein mittelalterlicher Sarg, der in der Region als Priorinnensarg bezeichnet wird. Auf dem Deckel ist ein rautenförmiges Muster zu sehen, das Runwell Cross (Kreuz von Runwell) genannt wurde. Es soll einer der Priorinnen des Klosters gehört haben, auf deren Gelände sich die Quelle einst befunden haben soll. Als der Sarg während der Restaurierungsarbeiten 1907 geöffnet wurde, stellte sich heraus, daß er leer war. Siehe ›The Running Well Mystery‹, Seiten 15-17.

(3) Die ständige Verwendung von Blasebalgen brachte den Alchimisten den herabwürdigenden Spitznamen ›Bläser‹ ein.

(4) Der Abschnitt von ›Man findet ihn‹ bis ›von allen geächtet und abgelehnt‹ wurde fast wortwörtlich einem Essay mit dem Titel ›Gloria Mundi‹ aus einer Sammlung alchimistischer Texte entnommen, die 1678 unter dem Titel ›Musaeum Hermeticum‹ veröffentlicht worden waren.

Offenbar ist Bernards elisabethanischer Alchimist und geistiger Führer, der lange vor 1678 verstarb, in der Lage, auf Quellenmaterial späterer alchimistischer Entdeckungen vorzugreifen, ein weitverbreitetes Phänomen bei Medien mit direktem Zugriff auf Informationen.

(5) Kether ist ein hebräisch-kabbalistischer Begriff, der die höchste ätherische Existenzebene bezeichnet oder die erste Manifestation Gottes innerhalb dieses Universums.

Bei den ›zehn Zimmern‹ handelt es sich um eine Bezugnahme auf die zehn Sphären oder Ebenen der Existenz in den Lehren der Kabbala.

(6) Die ›32 Stufen‹ beziehen sich auf die zehn Existenzsphären und die

22 Wege, die die 10 Sphären miteinander verbinden wie auf der kapitalistischen Glyphe oder der visuellen Hilfe dargestellt, dem Baum des Lebens. Außerdem beziehen sie sich auf die 22 Bilderkarten des Tarotspiels.

(7) Neshama, Yecidah und Chioa sind drei der zehn Aspekte der göttlichen Seele, so wie sie in der kabbalistischen Tradition festgelegt ist. Ain Soph, der sogenannte Grenzenlose, ist dieser kabbalistischen Tradition zufolge eine der drei primären Manifestationen Gottes jenseits dieses Universums.

(8) ›Caput Corvi‹ bedeutet soviel wie ›Krähenkopf‹. Das ist einer der Namen für die erste Ebene der alchimistischen Transmutation. ›Corpus Invisible‹ ist die lateinische Bezeichnung für ›unsichtbaren Leib‹, womit vermutlich die Seele des Alchimisten gemeint ist.

Seit Oktober 1986 ist es mir gelungen, sämtliche Buchtitel zu identifizieren, die der elisabethanische Alchimist Bernard genannt hat:

The Book of Knowledge, Concerning the Cultivation of Gold, von Abul Qasim al-Iraqui, herausgegeben und übersetzt von El Holmyard, Paris, 1923.

Artis Auriferae, Quam Chemian Vocant ..., Basilaca, 1610.

Bonus, Petrus, Pretiosa Margarita Novella de Thesauro ac Pretiosissimo Philosophorum Lapide ... herausgegeben von Janus Lacinis, Venedig, 1546.

Musaeum Hermeticum, 1678. Übersetzt von A. E. Waite, London, 1893.

Ko Hung, The Nei Pein of Ko Hung: Alchemy, Medicine, Religion in the China of AD 320, übersetzt von J. R. Ware, Cambridge, Massachusetts, USA, 1966.

Khunrath, Henricus, Amphiteatrum Sapientiae Aeternae, Hanau, 1609.

Stolcios, Daniel, Viridarium Chymicum ... Frankfurt, 1624.

Dee, John, Monas Hieroglyphica, Antwerpen, 1564.

(9) Interessanterweise wurde mindestens die Hälfte dieser Bücher erst nach dem Tod von Bernards elisabethanischem Führer veröffentlicht. Dies stellt jedoch keinesfalls die Authentizität der Kommunikation in Frage, da bewiesen wurde, daß manche Medien durchaus in der Lage sind, Informationen direkt aus dem vollständigen okkulten Wissensschatz zu schöpfen. Siehe ›Strange Phenomena‹, Heft Nr. 2, Oktober 1979.

Kapitel 27: Die Dunkle Jungfrau

(1) Die Behauptung, der Orkan hätte sich seine Ziele gezielt ausgewählt, ist möglicherweise nicht so absurd, wie es auf den ersten Blick erscheinen mag. Abgesehen von der Roßkastanie auf dem Kirchhof von Danbury wurden auch andere bekannte Stätten, die ebenfalls in diesem Buch vorkommen, in jener Nacht verwüstet.

In Lullington wurde etwa die Hälfte des Wäldchens, das den Kirchhof umgab, zerstört. Ebenso wurden zahlreiche Birken um den Kirchhof von Ide Hill herum entwurzelt und das Wahrzeichen der Stätte – die Kuppel von Kent – vernichtet. Die North Downs um Ide Hill herum gehörten zu den vom Orkan am schlimmsten betroffenen Gegenden. Der Ide Hill wurde mehrfach im nationalen Fernsehen gezeigt, weil die Stromversorgung auch Tage nach dem Orkan noch nicht wiederhergestellt war.

Im Shenfield Common fielen nur einige wenige Bäume den Windböen zum

Opfer, wobei nicht weniger als vier der Bäume, die die Lichtung einfaßten, umstürzten, darunter auch jener, unter dem die Speerspitze verborgen war. Heute ist die Lichtung nur noch eine Ansammlung umgestürzter Baumstämme inmitten einer offenen Fläche in der Nähe einer Eisenbahntrasse, mehr nicht.

In Rettendon wurde der vom Blitz getroffene Baum, der im Zentrum der geometrischen Form des Runwell Cross stand und auf dem Einband von ›The Running Well Mystery‹ abgebildet ist – ebenfalls vom Orkan gefällt.

Die verheerende Verwüstung des Clapham Wood ist im Kapitel 40 beschrieben.

Nach allem, was ich von verschiedenen Personen gehört habe, die sich mit der Erforschung mysteriöser Ereignisse im Süden Englands befassen, scheint es, als wären zahlreiche heilige Bäume – Bäume, die Wäldchen um heilige Stätten herum bildeten – in jener Nacht vernichtet wurden, so daß in großem Umfang lokale Energiefelder aus dem Gleichgewicht gerieten.

Kapitel 31: Die Pfeilspitze

(1) Für weitere Einzelheiten über die Ableitung des Namens Hekate vom ägyptischen Wort Hekau siehe auch ›Cults of the Shadow‹ von Kenneth Grant, Frederick Muller Ltd., London, 1975. Außerdem ›Goddesses of the British Museum‹, Seite 20.

Kapitel 35: Der perfekte Meister

(1) Später fand ich heraus, daß die beiden Sprüche auf dem Affendolch Wort für Wort aus dem ›Theatrum Chemicum Britannicum‹ stammten, einer Sammlung alchimistischer Essays, die 1652 von Elias Ashmole herausgegeben wurden.

Das erste ›All haile to the noble companie‹ stammt aus folgendem Spruch auf Seite 278:

All haile to the noble Companie
Of true students in holy alchemie
Whose noble Practice doth men teach,
To vaile their secrets with mistie speach.

Bei der ›edlen Gesellschaft‹ handelt es sich also um Studenten der Alchimie. Der zweite Spruch befindet sich auf Seite 103 desselben Bandes:

A Parfet Master ye maie him call trowe,
Which knoweth his Heates high and lowe.
Nothing maie let more your desires
Than ignorance of Heates and your Fiers.

Dies läßt darauf schließen, daß es sich bei dem perfekten ›Meister‹ um einen vollendeten Alchimisten handelt.

(2) Der sogenannte alchimistische Baum symbolisiert das Wachstum der Transmutation und den Philosophenstein. Zusammen mit dem Ritual des von

einem Dolch durchbohrten Herzens auf dem Kirchhof von Danbury ist der alchimistische Baum in einer alchimistischen Abhandlung aus dem 16. Jahrhundert mit dem Titel ›De Alchimia‹ am besten erklärt. Sie beschreibt, wie er aus einem Leichnam in einem Sarg herauswächst, der das alchimistische Gefäß oder auch den Mutterleib symbolisiert. Der Leichnam ist das Samenkorn, der göttliche Funke oder die Seele, die sterben muß, ehe sie keimen oder wiedergeboren werden kann. Inmitten der fertigen Äste hockt seelenruhig das Königskind, die reife Frucht des alchimistischen Opus.

(3) Es scheint, als hätte der Schwarze Alchimist versucht, dieses Konzept in Danbury anzuwenden.

Bei dem Wort Bolos handelte es sich, wie ich später herausfand, um eine Bezugnahme auf Bolos von Mendes, der um 200 n. Chr. – in manchen Schriften auch 200 v. Chr.- in Ägypten lebte und als Autor des wohl ältesten alchimistischen Textes gilt, der ›Physica Kai Mystica‹.

Kapitel 37: Die Freunde Hekates

(1) Der Wortwechsel anläßlich Charles Walkers Begegnung mit dem anonymen Mitglied der Freunde Hekates wurde mit freundlicher Erlaubnis Toyne Newtons Buch ›The Demonic Connection‹ entnommen. Charles und Toyne versicherten mir, daß es sich um eine korrekte und vollständige Wiedergabe des Gesprächs der beiden Männer handelt.

Kapitel 43: Teufelszauber

(1) Der Anruf bei Terry DuQuesne erfolgte erst am darauffolgenden Tag.

Literaturverzeichnis

Questing

Collins, Andrew, The Sword and the Stone, Eathquest Books, London, 1983.

Phillips, Graham, und Keatman, Martin; The Green Stone, Granbada Publishing Ltd., London, 1984.

Phillips, Graham, und Keatman, Martin; The Eye of Fire, Grafton Books, London, 1988.

Alchimie

Burland, C.A., The Arts of the Alchemists, Wiedenfeld & Nicholson, London, 1967.

Coudert, Allison, Alchemy: The Philosopher's Stone, Wildwood House, London, 1980.

Redgrove, H. Stanley, Alchemy: Ancient & Modern, EP Publishing Limited, Wakefield, 1973 (1. Auflage 1911).

Dr. John Dee

Dee, Dr. John, The Hieroglyphica Monas, Samuel Weiser, Inc., New York, 1975 (1. Auflage 1564).

Morgan, Chris (Hrsg.), Strange Oxford, Oxford Golden Dawn Publishing, Oxford, 1986.

Suster, Gerald (Hrsg.), John Dee, Essential Readings, Crucible, Wellingborough, 1986.

Turner, Robert, Herausgeber, The Heptarchia Mystica of John Dee, Arkana, London, 1986.

Griechisch-ägyptische Alchimie und Magie

Betz, H.D. (Hrsg.), Greek Magical Papyri, Chicago, 1986.

Hopfner, Th. (Hrsg.), Griechisch-ägyptischer Offenbarungszauber, Bd. 1, Amsterdam, 1974 (1. Auflage 1922).

Luck, George, Arcana Mundi, Crucible, Wellingborough, 1987.

Preisendanz, Karl, Papyri Gracae Magicae, Bd. 1, Teubner, Leizig, 1928.

Scott, Walker (Hrsg.), Hermetica etc., Bd. IV, Shambhala Publications, Inc, 1985 (1. Auflage 1936).

Der Orkan

Ogley, Bob, In the Wake of the Hurricane, Froglets Publications Ltd., 1988.

Landschaftliche Mysterien

Castleden, Rodney, The Wilmington Giant, Turnstione Press Ltd., Wellingborough, 1983.

Collins, Andrew, The Running Well Mystery, Earthquest Books, London, 1983.

Collins, Andrew, The Knights of Danbury, Earthquest Books, London, 1985.

Graves, Tom, Needles of Stone, Granada Publishing Ltd., London, 1980 (1. Auflage 1981).

Mittelalterlicher Weltuntergangskult

Emmerson, Richard Kenneth, Antichrist in the Middle Ages, Manchester University Press, Manchester, 1981.

Das Okkulte

Cavendish, Richard, The Black Arts, Routledge und Kegan Paul, London, 1974 (1. Auflage 1967).

Newton, Toyne, The Demonic Connection, Blandford Press Ltd., Poole, 1987.

Seligmann, Kurt, The History of Magic, Pantheon Books, New York, 1948.

Waite, Arthur Edward, The Book of Black Magic and of Pacts, L. W. de Laurence, Chicago, 1940 (1. Auflage 1910).

Yates, Frances A., The Rosicrucian Enlightenment, Paladin, St. Albans, 1975.